U0101317

后浪出版公司

锦衣卫

易强

著

中国友谊出版公司

目　录

序　言

　　"锦衣卫"这三个字，就我以往的感觉而言，有些像记忆神经网络上的某个敏感节点，一旦触及它，就会想起武侠小说或电视电影中的某些精彩场面，或者想起历史小说和明人笔记中的某些悲惨情节。当然，这些场面或情节都发生在明朝，中国历史上最具戏剧性的朝代。但是，现在我得承认，以往的感觉和认识在一定程度上被误导了。

　　锦衣卫到底是怎样的机构？它在历史舞台上到底扮演了怎样的角色？明朝，是否真如人所言，误于厂卫？早在二十多年前，我还是一个终日神游武侠世界的懵懂学生时，就已经被这些问题困扰着。由于本人先天资质已属不足，后天教化又备受摧残，长时间沉溺并迷失在毫无养分的思维真空之中，严重欠缺主动探索的精神，以致于老大以后，问题犹在，困扰犹在，骤然清醒，羞从中来。本书，算是我对自己的一个交代。

　　回答上述这些问题，是我写这本札记的初衷。然而，在寻求答案的过程中，更多的问题扑面而来，其中，最重要的几个问题是，对明朝皇帝而言，锦衣卫及相关机构——例如东厂——到底具有何种价值？这些价值在多大程度上得到实现？为此又付出了怎样的代价？这些代价是否值得？这些问题的答案于今日是否有借鉴意义？

等等。

对于自己提出的大部分问题，我在书中给出了自己的答案，但是，因为有的问题悬而未决，有的答案失之晦涩，我觉得有必要在这里集中表述自己的看法，希望在亡羊补牢的同时，收到抛砖引玉的效果。不过，在此之前，先对本书的主要内容简做介绍。

大体而言，本书主要围绕两条线索展开：其一是锦衣卫的建制始末与职能的发展过程；其二是锦衣卫及相关机构在重大历史事件中的表现。联结这两条线索的关键，是包括皇帝及皇亲贵族、朝臣、太监以及锦衣卫官员在内的重要历史人物的活动。这些历史人物的才干与性情各不相同，其立场与需要则或者相同，或者相异，或者时而相同、时而相异。通过观察他们及他们的活动，本书得出以下几个初步结论：

其一，明太祖设立锦衣卫的初衷，是要用它维护纲纪礼仪；仪卫（仪仗以及侍卫）是这个机构起初拥有的主要职能。但是，基于现实的需要，它被授予越来越多的权力。例如，基于反腐及铲除后患的需要，太祖临时授予锦衣卫治理诏狱的职能；基于外交与政治上的需要，又授予锦衣卫官员受降、出使、安顿外宾等职权；基于缉奸弭盗的需要，明宪宗又正式授予锦衣卫官员提督五城兵马司的权力。

其二，锦衣卫拥有的某些职能或权力，起初可能只是皇帝出于权宜之计而临时授予的，并无建制上的相应安排。随着这些职能的常规化、正式化，相关建制才逐渐完善。例如，早在洪武中后期，锦衣卫已经被授予治理诏狱的权力，可专治诏狱的北镇抚司则直至永乐年间才设立。又例如，锦衣卫早在建文年间已经参与缉奸弭盗，然而专门负责缉查不轨、亡命、机密大事的东司房，以及专门负责缉拿贼盗的西司房，可能直至成化年间才设立。

其三，东厂之设，意在监督与制约锦衣卫，但这两个机构之间的关系并非监督与被监督、制约与被制约那么简单，孰强孰弱，取决于掌事者才干的高下，以及他们与皇帝间关系的亲疏远近。

读者或许会嫌以上陈述过于枯燥，那么，让我们来换种表述方式。

假设你可以穿越时空——我相信这是所有人都想拥有的能力，回到洪武十五年（1382年），即锦衣卫初设之年，进入位于南京承天门外西南侧的锦衣卫署衙，你可能会发现，官校们整日都忙于礼仪方面的事务，例如陈设仪仗、纠治文武大臣在朝堂上的失仪过错，而非缉奸弭盗、敲诈勒索、巧取豪夺。

或许你可以在洪武十八年至二十年（1385—1387年）的南京找到锦衣卫治理诏狱的蛛丝马迹。可是，要想一探臭名昭著的北镇抚司，你需要调整穿越设备上的时间仪器，前往永乐四年（1406年）、也可能是永乐六年（1408年）的北京。想要摸摸这个机构最早的印信，则必须前往成化十四年（1478年）。

如果你想切身感受一下郑和下西洋的盛景，去了永乐三年（1405年）六月的太仓刘家港，并且登上了那艘世界上最大的海船，你会发现，通使外国也是锦衣卫的职责之一。王复亨、李满、刘海、马贵等几位正四品锦衣卫指挥金事一定会告诉你，这项职责非常辛苦，但升迁速度快。马贵在这一点上最有发言权，因为临出发之前，他还只是一名小旗（相当于班长，手下只有十名士卒）。

在明世宗嘉靖年间中后期，你将有机会见到一位身材高大、面容沉鸷、行步类鹤、总是穿着一袭火红色官服的人物，他就是锦衣卫历史上最具权力的传奇人物——正一品掌锦衣卫事左都督陆炳，他能让东厂太监俯首帖耳。

可是，如果你去了天启三年至七年（1623—1627年），并且潜入魏忠贤的府第，你可能看到这样一幕：一群锦衣卫高官跪倒在这位东厂太监面前听其训话，他们脸色苍白、汗如雨下、浑身栗抖、体似筛糠；其中包括他的两个义子，即锦衣卫掌卫事左都督田尔耕，以及锦衣卫北镇抚司掌司事都指挥金事许显纯。

如果你在明朝停留的时间足够长，跨越的年代足够多，你一定还会认同这样一个结论，即锦衣卫是"官X代"——姑且借用这个现代人耳熟能详的词语——的先锋队、休养所、领取津贴的去处，以及理想的升职跳板。这是锦衣卫被授予越来越多权力的最主要原因之一。

正是基于上述几个初步结论，可以得出一个可能具有某种现实参照性的最终结论，这是对前文提到的几个最重要的问题的回答。

为了表述上的方便，在这里提出三个概念：其一是专制资产，其二是专制成本，其三是专制收益。最终结论如下：

锦衣卫及东厂等相关机构是极具明朝特色的专制资产，通过运用这些资产，皇帝试图收获可观的专制收益，例如维护帝位或者政权的稳定。这里要指出的是，专制收益并不限于政治层面，它还包括皇帝个人欲望的实现，例如实现其作为独裁者的自由与任性妄为，以及实现其作为普通人在生理、心理及情感上的需求，等等。

在很大程度上，正因为皇帝的个人欲望相异，在明朝的不同阶段，锦衣卫及东厂等相关机构掌事者的地位与权势各不相同。例如，明英宗对太监王振的感情，决定了锦衣卫必然要屈从于东厂；明世宗对卫帅陆炳的信任，决定了锦衣卫的权势必然要居于东厂之上；明神宗对个人财富的追求，决定了锦衣卫及东厂等机构必然要投入大量的精力用于攫取财富；明思宗对朝臣的猜忌与怨恨，决定了锦衣卫必然会成为他泄私愤的工具。

为了获得专制收益，明朝皇帝支付了昂贵的专制成本。这些成本主要体现在锦衣卫一再增加冗员带来沉重的财政压力，在锦衣卫任职的皇亲国戚及元勋权贵的家人或子嗣对人事制度的挑战与破坏，以及司法秩序的混乱带来的社会动荡等方面。

至于专制收益是否多于专制成本，则取决于皇帝个人的价值判断。例如，明太祖与明成祖可能更重视政权的稳定、社稷的福祉，而不是个人欲望或者私人享受的满足，但明武宗、明神宗的标准可能正好相反。因此，面对锦衣卫官校以权谋私的事件时，太祖与成祖可能会用重典，武宗、神宗则甚至可能嘉奖。成化年间的锦衣卫官员可以通过向明宪宗进献财宝而获得擢升的机会，但是这种投机的做法在洪武年间极有可能是死罪。

确实，皇帝的个人欲望或者价值判断可能存在很大的差异，但是他们至少在两个方面相同：其一是他们都十分照顾自己的亲戚及亲信；其二是他们都坚守同一条底线，即决不姑息谋逆行为，无论对方是谁，无论对方有何种背景，或者立下过何种功劳。

其实，不管在任何时代，在任何制度下，任何人照顾亲戚与亲信都是可以被理解和容忍的规则。但在专制制度下，对皇帝而言，这条规则会带来巨大的专制成本。以锦衣卫系统来说，在锦衣卫担任要职的武官都是皇帝的亲信，而这些武官也会委任自己的亲信担任下级要职，如此依次往下。整个系统似乎从上到下由一条信任链贯穿起来，按道理不会出现大的问题，但事实并非如此。因为拴在信任链上的每个人，他们的地位、品性、才干、欲望等并不完全相同，但是他们都明白这样一个道理，即只要不触犯皇帝的底线，基本上任何罪过都可以得到原谅。因此，下级官员往往会倚仗上级的信任与支持——这种信任与支持一般都会通过分享贿金的形式进一步稳固与加强，在其职权范围内肆无忌惮地徇私枉法，于是，巨额的专制成本随之而来。

崇祯之初，给事中许国荣曾言："其（锦衣卫及东厂旗校）受皇上重托，而冀其不欺（君）者，止掌厂、掌卫之臣耳，（然其）势不得不转寄耳目于伙长、旗番，此辈又辗转旁寄，岂尽忠肝义胆，见利不摇者乎？"[1]这番话可谓一语中的，但它同时也留下不少余地。事实上，无论是明成祖的篡位，还是明英宗的复辟，都在一定程度上得到"掌厂、掌卫之臣"的鼎力相助。也就是说，为了自身的前途与利益，即便是作为皇帝心腹的"掌厂、掌卫之臣"，有时可能也会为势所迫，不得不做出卖主求荣的选择。这个时候，专制皇帝试图维护的专制利益（甚至包括自由与生命），被他倚仗的专制资产出卖了。

明末史家沈起甚至将厂卫列为导致明朝垮掉的罪魁祸首；他语出惊人："明不亡于流寇，而亡于厂卫。"明思宗却在自缢殉国的前一刻哀叹："皆诸臣误朕！"事实上，这笔长达两百多年的糊涂账，真不是三言两语就可以说得清的。

是为序。

---

[1] 《古今图书集成·明伦汇编·官常典·仪卫部》

第一章　洪武权变

在锦衣卫历史上，李若琏绝对不是一位大人物。作为指挥同知，他的官阶不过从三品，也没有记诸史籍的卓绝功勋，但他拥有一段十分传奇的经历，死后还享有非同一般的殊荣。

李若琏原籍山东济南，其父李士茂是正六品锦衣卫百户，训子甚严。一日，李若琏犯了一点小错，他怒不可遏，竟想用棍子将儿子打死。万般无奈之下，年少的李若琏出走河南。不知是家学渊源使然，还是异乡际遇不凡，总之，他练就了一身不错的武艺，先是中了武举人，后又中了武进士。官授正五品锦衣卫千户之职后，他才回到老父跟前，老老实实地下跪叩头，涕泣请罪。李士茂老怀甚慰，免不了装模作样地训诫他一番，又勉励他要日日精进。

李若琏没有辜负父亲的期望。若干年后，他晋升为锦衣卫指挥同知，主管专治诏狱的北镇抚司。他在任上兢兢业业，遭逢有冤情者，则反复陈情，多所开释。崇祯三年（1630年），袁崇焕蒙冤入狱后，他竭力为其辩解，故而得罪当道，被降职两级。但他对降职一事并不在乎，还笑称："要俺拿人命来换升官的机会，俺不干！"

明朝末年，风雨飘摇，大厦将倾：这是李若琏所处的时代。但是，他可能不会有"生不逢时"的感慨，因为那个时代可以成就他和他的父亲都十分重视的美德——忠君报国。

崇祯十七年（1644年）三月十八日，李自成的军队攻陷北京外城。正值守崇文门的李若琏见大势已去，驰马到家，朝着紫禁城的方向叩了头，慨然曰："平生忠孝怀庭训，肯教声名辱品题！"之后举火焚屋，全家殉国。[①]

上面这段史料出自清代官修地方志《畿辅通志》，其整体内容的可信度，至少得到三份清代官修史籍——《山东通志》（卷二十八）、《皇朝通志》（卷五十四）以及《钦定胜朝殉节诸臣录》——的支持。在乾隆皇帝确认的《钦定胜朝殉节诸臣录》中，李若琏被列入"通谥'忠节'诸臣"名单。[②]

在《钦定胜朝殉节诸臣录》中，李若琏并非唯一一位锦衣卫官员。正二品锦衣卫都指挥马国城，正三品锦衣卫指挥使萧偲、张养所、张国维、高甲、王朝相，指挥同知许达允、马献图，以及锦衣卫千户李国禄、高文彩、徐晓可等人，也在名单之上。其中，高甲和高文彩都是举家殉国。高文彩的表现相对又更为惨烈一些：据说，在穿上朝服自缢前，他还将投缳而死的妻妾以及子孙等十几人的尸首埋在宅第的后园。

试想一下，如果真的存在另一个世界，在那里，明太祖朱元璋与这些殉国者见了面，那么，这位锦衣卫的创立者一定会动情地表达自己的欣慰之意。在此之前，因为不断听闻锦衣卫及东厂、西厂、内厂等相关机构的误国误民作为，朱元璋或许对锦衣卫的价值产生过怀疑，对自己创造了这个机构萌生过悔意。可是现在，见到这些殉国者之后，他大概会认为，以往的怀疑与悔意都不再重要了。

---

① 《畿辅通志》，卷七十六。
② 《钦定胜朝殉节诸臣录》，卷三。

不过这位当过僧人的皇帝也可能完全无悔，如果他认识到这样一个最为寻常而又最为奇怪的规律：这个世界上出现过无数伟人，他们基于不同的现实，怀抱着至少表面上看起来堪称伟大的目的，创造出许多至少自认为十分完美的思想、制度或者机构，但是因为人性与时势使然，在他们去世之后，他们创造出来的东西往往会沿着一条他们完全想象不到的轨迹发展。

锦衣卫就是这样一个机构。朱元璋及其辅臣们创设它的目的，起初只是让它履行仪仗职能。但是，基于现实的需要，太祖本人及其继承者逐渐赋予它越来越多的权力。而锦衣卫在拥有了足够多的权力之后，又通过自己的影响力，或者通过与其他组织的合作，争取到了更多的机会。最终，它起到的作用，或者说它的发展轨迹，已经远远偏离了创始者的初衷。

始于礼

大元至正十二年（1352年），24岁的朱元璋做出了人生中最重要的决定：他脱下了身上那袭破旧不堪、让他尝尽人间冷暖的僧袍，放下了手中那只既能勉强帮他压制腹中饥火、又让他饱受白眼的钵盂，带着一帮誓言同甘共苦、生死与共的兄弟，投奔在濠州起义的同乡、他未来妻子马皇后的养父、死后将被他追封为"滁阳王"的红巾军领袖郭子兴。

他当时一定不会想到，这个虽然不无投机成分、但主要可能只是为了换个活法的决定，不仅将彻底改变他自己和一帮兄弟的前途，还将深刻影响这块带给他生命、痛苦以及希望的土地的命运。

但是，最迟在12年后，朱元璋已意识到自己将是这个国家的主宰。至正二十四年（1364年）正月初一，辅臣李善长、徐达等人屡表劝进，要尊奉朱元璋为吴王，被他拒绝。他委婉而充分地表达了他的鸿鹄之志。他说，现在戎马未息，疮痍未苏，人心未定，称王有些过于仓促，昔日武王何曾遽自称尊？等天下大定后再论此事不迟。[①]

显然，"吴王"的称号并非向往武王霸业的朱元璋真正想要的（他后来用年号"洪武"表达了这种向往之情）。更何况，在两个多月前，他的主要竞争对手张士诚已经自称"吴王"。

可能在正月初一之前，李善长、徐达等人已经与他讨论过帝王霸业，并且已经提议奉他为皇帝，但这个提议被务实的朱元璋拒绝了，因为他不想过早成为元军的主要目标。他甚至可能希望张士诚一时头脑发热，自称皇帝，因为如果那样，元惠宗（明朝给他的谥号是顺帝，元朝最末一位皇帝）就会想办法集中更多兵力，以对付这位昭告天下要抢夺锦绣江山的竞争者。

但是，在李善长、徐达等人的"固请"之下，朱元璋最终还是即位吴王。这种推脱在先、接受在后的做法可能会被一些人认为是假惺惺的客套，可是，如果我们理解他在正月初一说的那段话的真意，或许就能够体会到他在接受"吴王"称号时的复杂心情，甚至可以想象挂在他脸上的那丝实在难以完全隐藏的委屈表情。他之所以接受这个在一般人看来可能不无滑稽意味的称号，可能是为了蒙蔽元朝的皇帝，让元惠宗产生这样一种错觉，即正在发生的事情，只不过是一个缺少追求或野心的汉族草寇头目在挑战另外一个汉族草寇头目，从而使他放松对自己的警惕。

如果元惠宗能够像他的祖先成吉思汗一样，拥有一套高效并且可靠的情报系统，那么他一定会对朱元璋在两天以后说的一段话感

---

① 《明太祖实录》，卷十四。

到震惊，因为这个草寇头目已经将重建纲纪礼法——对历代帝君而言最为重要的问题——提上了朝议日程。

《明太祖实录》记载，正月初三，退朝之后，朱元璋对左相国徐达等人说，诸卿为了天下百姓而推戴我为吴王，然建国之初，应当先正纲纪，元朝之所以天下大乱，就是因为纪纲不立，主弱臣强，威福下移，导致法度不行，人心涣散。诸卿身为辅臣，当以此为鉴，希望诸卿与我同心，一起成就功业，千万不要苟且因循，尸位素餐。

朱元璋还说，礼法为国之纪纲，礼法立，则人志定、上下安，建国之初，这是第一要务。当初在濠梁起兵时，所见主将都不讲礼法，任性妄为，也不知驭下之道，而自己旗下的将帅，都是昔日同功一体之人，自归心之日起，即定名分，明号令，所以诸将皆听命，没人敢有异议。你们身为辅相，也要这样，千万不要有始无终。①

需要交代的背景是，两天前，即正月初一，亦即朱元璋称"吴王"这一日，"百司官属"已初步确定，上至正一品的左、右相国，下至正七品的考功所考功郎，均各就各位：李善长出任右相国，徐达出任左相国，常遇春和俞通海出任从一品的平章政事，汤和出任正二品的中书左丞。

或许这些封侯拜相者因为过度兴奋或者激动，忘记了上下尊卑，而那些认为自己获得的职位或地位与自己做出的贡献不相匹配的将帅，也因为心有不平而闹出纠纷，甚至事故。这些情况让敏感多疑的朱元璋感到不快和忧虑，使他觉得有必要赶快"正纪纲""立礼法"，以稳固和维护自己的权威；同时还要"定名分""明号令"，以改造那支以他的严格标准来说尚是乌合之众的军队，从而巩固和

———————————

① 《明太祖实录》，卷十四。

扩大自己的事业。于是，他在正月初三郑重地讲了上面这番话。

即便是在六百多年后的今天，我们在研读朱元璋正月初三讲话的时候，也能感受到隐藏其中的警告与威胁意味。对此，朱元璋手下那些以钩心斗角为家常便饭的将相们不可能体会不到，但他们有可能低估了这种警告和威胁的严重程度，或者高估了自己的运气和朱元璋对自己的情意，以至于即便幸运地挺过了之后十几二十年的艰苦征战，在"归马于华山之阳，放牛于桃林之野，大告武成"之时，几乎被屠戮得干干净净。

四个月后的某日，退朝之后，正在白虎殿阅读《汉书》的吴王朱元璋，与随侍在侧充当顾问的宋濂、孔克仁等人讨论汉高祖的政治得失时，再次重申了自己对礼法的重视。

当时，朱元璋向宋濂等人提出了一个问题，即汉代治国之道不纯正的原因何在？孔克仁给出的回答是，王道与霸道混杂在一起了。

朱元璋又问，谁应该承担责任？

孔克仁回答，汉高祖。

但朱元璋不认同他的看法。他认为汉文帝应该承担主要责任。因为汉高祖立国之时，礼法制度已被前朝（秦朝）破坏无遗，立国之后，又要与民休息，来不及制定礼乐制度，实在情有可原；而汉文帝在位期间，正当制礼作乐，却逡巡徘徊，错失良机。①

朱元璋说："帝王之道，贵不违时。"他想效仿重建《通礼》《正乐》的周世宗柴荣，即便是在艰苦创业期间，时间并不充裕，也要建立一套可保江山无虞的礼乐制度。朱元璋确实做到了，而且做

----

① 《国榷》，卷二；《明太祖实录》，卷十五；《明史》卷一百三十五之《孔克仁列传》也记载了这段对话，但内容稍有不同。

得比周世宗更多。他甚至专为其子孙创立了一套纲常礼仪制度，即《皇明祖训》。只是历史跟他开了一个玩笑，因为在他死后，其中的很多规范都被抛弃了。

总之，"正纪纲""立礼法""定名分""明号令"等礼乐事项，既然被朱元璋视为建国之初的第一要务，其重要性不言而喻；而解决此要务的责任，换句话说，主导设计和建立一套礼仪制度的重担，被委托给了有"再世萧何"之誉的右相国李善长。[①]

从至正二十四年四月呈上"宗庙祭享及月朔荐新礼仪"，到吴元年（1367年）十二月呈上"即位礼仪"，以及"册立皇后、皇太子礼仪"，[②]历时三年有余，一套新的礼仪制度得以初步确立。在这三年的时间里，于至正二十三年（1363年）饮恨而终的陈友谅的残部已经被收编；被朱元璋斥为"外假元名，内实寇心，反复两端"[③]的张士诚，已于至正二十七年（1367年）九月被彻底打败，并在被俘后自缢身亡。不无巧合的是，南京的"新内城"（紫禁城）——朱元璋将要在那里登基——于同月落成。[④]

正是在建立礼仪制度的过程中，作为锦衣卫前身之一的拱卫司被创设，时间是至正二十四年（1364年）十二月。《明太祖实录》有载："（甲辰，十二月）乙卯，置拱卫司，以统领校尉；属大都督府；秩正七品。"[⑤]

这段史料明确交代了拱卫司的隶属关系以及行政级别。它的上级大都督府，是一个由枢密院改革而来的庞大的从一品机构，职掌

[①] 《明太祖实录》，卷二十六。另，由于吴元年（1367年）十月确定的百官礼仪以左为尊，李善长又改任左相国。
[②] 《明太祖实录》，卷二十八。
[③] 《明太祖实录》，卷二十。
[④] 《明太祖实录》，卷二十五。
[⑤] 《明太祖实录》，卷十五。

是统领军务。①当时担任大都督的是朱元璋的侄子朱文正，他还是徐达的连襟。但这段文字并没有明确交代拱卫司的具体职责，而且"校尉"一词的含义也十分模糊；②不过，其语焉不详的定义本身，在某种程度上也预示着这个机构充满了变数。或许可以这样理解：一个正七品的单位竟然直接隶属一个从一品的机构，无论如何这都具有非同寻常的意义。

通过左相国李善长等人在吴元年（1367年）十二月呈上的"即位礼仪"，我们可以了解当时的拱卫司——它应该比三年前初设时更加完善——承担的某些具体职责：

> 是日清晨，拱卫司陈设卤簿，列甲士于午门外之东、西。列旗仗于奉天门外之东、西：龙旗十二，分左、右，用甲士十二人；北斗旗一、纛一，居前，豹尾一，居后，俱用甲士三人。虎、豹各二，驯象六，分左右。左右布旗六十四：门旗、日旗、月旗、青龙白虎旗、风云雷雨江河淮济旗、天马天禄白泽朱雀玄武等旗、木火土金水五星、五岳旗、熊旗、鸾旗，及二十八宿旗，各六行，每旗用甲士五人，一人执旗，四人执弓弩。设五辂于奉天门外：玉辂居中，左金辂，次革辂，右象辂，次木辂，俱并列丹墀左右。布黄麾仗：黄盖、华盖、曲盖、紫方伞、红方伞、雉扇、朱团扇、羽葆幢、豹尾龙头竿、信幡、传教幡、告止幡、绛引幡、戟氅、戈氅、仪锽氅等各三行。丹陛左右，陈幢节、响节、金节、烛笼、青龙白虎幢、班

---

① 《明太祖实录》，卷十四。
② 据《明史》卷七十六，锦衣卫校尉"专职擎执卤簿仪杖，及驾前宣召官员，差遣干办"。但似乎并无任何可信史籍解释过拱卫司校尉的职掌；可以确定的是，"擎执卤簿仪杖"应该是其中的一项。

剑吾杖、立瓜、卧瓜、仪刀、铠杖戟骨朵、朱雀玄武幢等各三行。殿门左右，设圆盖一。金交椅、金脚踏、水盆、水罐、圆黄扇、红扇，皆校尉擎执……鼓初严，百官具朝服……鼓三严，丞相以下文武官以次入，各就位。皇帝衮冕，升御座……拱卫司鸣鞭。引班引文武百官入丹墀拜位，北面立……各拱手加额呼万岁者三……四拜，贺毕。①

显然，陈设仪仗，是拱卫司的主要职能之一，而具体负责的是"甲士"以及"校尉"。洪武元年（1368年）正月初三，已经掌握半壁江山的朱元璋，在南京南郊祭祀天地之后，正是通过有拱卫司参加的"即位礼仪"登基为帝。②

在之后由李善长和礼部官员们呈上的"亲王受册仪""遣将出师受节钺礼仪""正旦朝会仪""锡宴之仪""东宫朝贺仪""皇太子婚礼"等重要礼仪中，都规定了拱卫司需要履行的职责，这些大都与陈设卤簿和仪仗有关。

锦衣卫的另一个前身是"（职）掌侍卫、法驾、卤簿"的仪鸾司。③根据《明太祖实录》和《明史》的记载，这个机构设置于洪武三年（1370年）六月。④

但这个时间可能另有答案。吴元年十二月上呈的"即位礼仪"已经规定，皇帝驾临奉天殿之前，仪鸾司官员要侍立于奉天殿中门左右迎候。⑤太祖朱元璋即位之日，仪鸾司确实也在遵照"即位礼

①《大明会典》，卷四十五。
②《明太祖实录》，卷二十九；《大明会典》，卷四十五。
③《罪惟录》，志，卷二十四《锦衣志》。
④《明太祖实录》，卷五十三。
⑤《明太祖实录》，卷二十八；《大明会典》，卷四十五。

仪"的规定履行职责；太祖在奉天殿接受百官上表称贺之前，仪鸾司官员侍立于殿中门之左右，八名护卫千户侍立于殿东西门之左右，皆相对而立。当然，具体履行职责的，除仪鸾司的官员，还包括在仪鸾司任职的"将军"。①

在洪武元年十月确定的"正旦朝会仪"中，仪鸾司的主管官员及其僚属侍立的位置以及出勤人数与"即位礼仪"的规定基本相同。②

值得一提的是，仪鸾司的主管官员并非礼官，而是武官。在其僚属中，最有意思的是"天武将军"，他们由条件较为突出的"将军"充任。根据《明太祖实录》的记载，天武将军的职掌是，凡早晚朝及宿卫、扈驾，都手执金瓜，身披铁甲，佩弓矢，头戴红缨铁盔帽，列侍左右；逢大朝会，则身披金甲，头戴金盔帽，列侍殿庭，俱有定数。

与现代招募仪仗兵的要求相似，拱卫司招募的天武将军，也都是身材高大、长相中等以上、没有体臭、勇敢且有武艺的男子。天武将军亡故后，若其子嗣兄弟愿意顶替，也必须通过勇气及武艺的双重验证才可。当然，逢有补缺的机会，符合条件的普通百姓也可以投考，并无出身上的限制。③

天武将军后更名为"大汉将军"。锦衣卫创设之后，他们中的大多数人皆隶属锦衣卫，因而又称"锦衣卫将军"。

锦衣卫将军的编制是1507人，其中1500人为将军，另外7人是统领将军的千户、百户以及总旗。他们自成一军，一般三日轮休一次，遇大朝会以及重大祭祀活动，则全体当值，下值后要进行操

---

① 《大明会典》，卷四十五。
② 《明太祖实录》，卷三十五。
③ 《明太祖实录》，卷八十二。

练。人员不足时，缺满50人才作补充。

相对于各卫军士，锦衣卫将军的待遇较高。洪武六年（1373年）的标准是，有官职的将军，依品级领俸，没有官职的，皆月粮200升。永乐十九年（1421年）的标准是，锦衣卫将军每月领取禄米100升，其余禄米折现；而各卫旗军、力士、校尉、厨役人等，有家小者，每月仅领取本色米60升，无家小者，每月仅领取本色米45升，其余禄米折现。三年后，朝廷上调了军人的待遇：锦衣卫将军、总小旗，每月领取禄米50升；而各卫总小旗军、力士、校尉人等，有家小者，每月仅领取禄米40升，无家小者，仅领取禄米15升。

因为朝夕侍卫在皇帝左右，其劳苦皆看在皇帝的眼里，天武将军（即大汉将军、锦衣卫将军）晋升的机会比较多。例如，永乐二十二年（1424年）九月，明仁宗朱高炽一次性将128位锦衣卫将军擢为百户。擢升他们的前一日，仁宗在与兵部尚书李庆等人交流意见时提到，这些人在太宗、真宗麾下效力，时间长的有三四十年，短的也不下二十年，头发都白了，也没犯过大错，做皇帝也要讲人情啊。[①]

至于时披铁甲、时披金甲的天武将军与在拱卫司任职的"甲士"有何区别，尚未查证清楚；不过，他们在职责上有相似或者相重之处应属无疑。

事实上，职责重叠的不仅是低级武官。例如，"册立皇后礼仪"规定，拱卫司、宣徽院官员站在奉天殿门的左右两侧，相对而立；[②]"皇太子婚礼"也规定，拱卫司、光禄寺官员站在奉天殿门的左右两侧，相对而立。[③]对照上文可以发现，拱卫司官员与仪鸾司

---

① 《明仁宗实录》，卷二中。
② 《大明会典》，卷四十六。
③ 《明太祖实录》，卷三十七。

官员侍立的位置完全相同。

另据《明史》，"凡正、至、圣节，朝会，及册拜、接见蕃臣，仪鸾司陈设仪仗"。[1]而这些职能也正是拱卫司所要承担的。

正是职能上的重复，决定了仪鸾司被裁撤的命运。但是，在此之前，先改变的是拱卫司。这个机构先是改为拱卫指挥使司（正三品），后又改为都尉司。从正七品升级为正三品，拱卫司（都尉司）的地位明显得到提升。

但是，最重要的变化发生在洪武三年（一说洪武二年）[2]，都尉司在这一年又改为亲军都尉府，"管左、右、中、前、后五卫军士"。[3]"亲军"二字意味着，原先以"仪卫"为职掌的拱卫司已经脱胎换骨。

大概在洪武四年（1371年），仪鸾司的归宿已定，成为亲军都尉府的下属机构。正是在这一年，仪鸾司的级别确定为正五品，设大使一人，副使二人。[4]

因此，至迟在洪武四年，作为锦衣卫前身的亲军都尉府至少已经有六个附属机构，即仪鸾司，以及左、右、中、前、后五卫。五卫的具体情况仍不清楚。如果它们是未来锦衣卫统领下的左、右、中、前、后五所，那么，其建制无疑起了很大的变化，因为卫的建制一般是5600人，而千户所一般只有1120人，百户所则一般只有102人。[5]

无论如何，回顾拱卫司——或者说锦衣卫——的历史，我们会

---

① 《明史》，卷六十四。

② 《明史》，卷八十九；《钦定续文献通考》，卷一百二十六。

③ 《明史》，卷七十六。

④ 《明史》，卷七十六。

⑤ 《明史》，卷九十。

发现，这是一个快速壮大的机构。至于其壮大的原因，明初建国形势的发展固然是一个方面，但更深层次的原因，应该是维护纲纪与礼仪——皇帝的安全与威权所系——的迫切需要。

随着大局逐渐稳定，亲军都尉府的管理制度也在日益完善。

洪武四年六月，太祖"诏定武臣金银牌制"。最终确定的金银牌制度是：牌符宽两寸、长一尺，牌首为圆窍，贯以红丝绦；指挥使佩带纯金牌符，上钑①双龙，下钑双虎；千户佩带镀金银牌，上钑独云龙，下钑独虎符；百户则佩带素银牌符。双龙、双虎符金牌共制作了500面，独云龙、独虎符镀金银牌制作了2000面，素银牌符制作了11 000面。牌符上还钑有太祖亲笔书写的一句话："上天佑民，朕乃率抚，威加华夷，实凭虎臣。锡尔金符，永传后嗣。"②

因为亲军都尉府武官的金牌与其他武官并无不同，假冒亲军都尉府武官并非难事，甚至不妨假定这种情况曾经发生，皇帝的人身安全曾经受到威胁。因此，在发现实践中的漏洞之后，于洪武五年（1372年）九月，皇帝下诏，命工部造"扈驾先锋"金字银牌10面：牌符长五寸，宽二寸五分，上为狮吻，下为伏虎，外方内圆，钑"驾前先锋"四个金字。③

根据定制金字银牌的数量，可以推断这是一个谨慎的尝试。它的效果应该比较理想，因此，八个月之后，即洪武六年（1373年）五月，太祖开始大范围推广。他命人打造1500面"扈驾先锋"金字银牌（不久后更改为守卫金牌）；同时还规定了十分严格的金牌管理制度，以杜绝亲军都尉府的管理漏洞。④

---

① 钑，用金银在器物上嵌饰花纹。
② 《明太祖实录》，卷六十六。
③ 《明太祖实录》，卷七十六。
④ 《明太祖实录》，卷八十二。

根据《明太祖实录》的记载，所谓的守卫金牌，实际上是镀金铜牌；高一尺，宽三寸；正反面皆有篆文，正面文字为"守卫"，反面为"随驾"。牌首仍为圆窍，贯以青丝绦，以"仁义礼智信"为号。"仁"字号金牌钑独龙盘云花，只有公、侯、伯、都督有资格佩带；"义"字号钑伏虎盘云花，由指挥使佩带；"礼"字号钑獬豸盘云花，由千户、卫镇抚佩带；"智"字号钑狮子盘云花，由百户、所镇抚佩带；"信"字号钑盘云花，由将军佩带。

守卫金牌由尚宝司掌管。凡公、侯、伯、都督、指挥、千户、百户、镇抚及将军，执行随驾、应直、宿卫任务，只有上直（值班）期间才能悬带此牌，下直（下班）就要将它交还尚宝司，而且禁止外借。[1]

尚宝司是一个与锦衣卫关系极为密切的机构，其职能是"掌宝玺、符牌、印章，而辨其所用"。主管官员是正五品的尚宝司卿，在卿之下，还有一位从五品的少卿，以及三位正六品的司丞。这是一个相对清闲却又非常重要的机构，只有得到皇帝信任的勋卫、大臣及其子弟才有机会在其中任职。与锦衣卫一样，这个机构未来也充斥着"以恩荫寄禄者"[2]。

权变于法

洪武十五年（1382年）四月，亲军都尉府与仪鸾司皆被裁撤，取而代之的是从三品的锦衣卫。三年后，这个机构升级为正三品。[3]

关于锦衣卫初设时的下属机构，史籍有不同的记载。

---

① 《明太祖实录》，卷八十二。
② 《明史》，卷七十四。
③ 《明太祖实录》，卷一百六十。

《明太祖实录》的记录是，锦衣卫初设时有七个下属机构，分别是御椅、扇手、擎盖、幡幢、斧钺、鸾舆、驯马七司，皆为正六品机构。①

《明史·职官志》的记录是，除了上述"七司"，还包括"掌文移出入"的经历司，以及"掌本卫刑名，兼理军匠"的镇抚司，亦即总共有九个下属机构。②

至于专治诏狱（即皇帝亲自下诏过问的案子）的机构北镇抚司，锦衣卫初创之时并不存在。关于这个机构的设立时间，《明太祖实录》未有明确的记载，《明史》《钦定续文献通考》等史籍的记录则是自相矛盾的。

例如，《明史·兵志》写道："（洪武）十五年，罢府及司，置锦衣卫。所属有南北镇抚司十四所。所隶有将军、力士、校尉，掌直驾侍卫、巡察缉捕。"③

《明史·刑法志》又写道："洪武十五年添设北司，而以军匠诸职掌属之南镇抚司。"④

正是上述两条记录，让许多人误以为锦衣卫初设之时已有北镇抚司，进而误以为洪武十五年以后发生的诏狱，皆由北镇抚司治理。

但根据《明史·职官志》的记录，北镇抚司的创设，乃是成祖即位之后的事情："（洪武）二十年，以治锦衣卫者多非法凌虐……罢锦衣狱。成祖时复置。寻增北镇抚司，专治诏狱。"⑤

---

① 《明太祖实录》，卷一百四十四。
② 《明史》，卷七十六。
③ 《明史》，卷八十九。
④ 《明史》，卷九十五。
⑤ 《明史》，卷七十六。

　　上述史料的矛盾之处，应该是行文不严谨导致的，因为《明史》并无以编年体的形式记录锦衣卫历史的专章。换句话说，涉及锦衣卫建制的记录，并不十分讲究时间上的先后次序，因而失之笼统；再加上存在语法与句读上的差异，以至于引起后人的误会。例如，引自《明史·兵志》的那条记录，前一句指的是发生在洪武十五年的事情，后两句则指的是锦衣卫建制完善之后所具有的职能；它强调的是建制与职能，而非时间上的次序。

　　北镇抚司创设的时间，不太可能早于永乐六年（1408 年），因为直至该年十二月（一说为永乐四年①），早已筹备迁都北京的明成祖朱棣才命礼部铸造了行在锦衣卫（即北京锦衣卫）的印信。②也就是说，最早在永乐六年，北京锦衣卫才正式设立。作为其附属机构的北镇抚司，设立时间不太可能在此之前。

　　出生于万历二十九年（1601 年）的查继佐也说，"所谓北镇抚司者，非旧制也"。他甚至认为，直至宪宗朝增铸北镇抚司印信之后，这个专治诏狱的机构才正式创立。

　　至于锦衣卫初设时的镇抚司，在明朝迁都北京之后，仍留南京，作为南京锦衣卫的附属机构继续存在。由于并未查到能够证明北京锦衣卫下设有南镇抚司的文献，我一度以为，所谓"南镇抚司"，指的就是南京锦衣卫下辖镇抚司，与北京锦衣卫下属"北镇抚司"相对。但中国社科院历史研究所明史研究室研究员张金奎指出，南京锦衣卫只有"镇抚司"，不分南北。南北镇抚司兼具，是北京锦衣卫才有的建制。

　　值得一提的是，镇抚司并非锦衣卫的独有机构，它实际上是

---

① 《明史》，卷七十五。
② 《明太宗实录》，卷八十六。

明代卫所的标准配置。不过，即便是金吾前卫、金吾后卫、羽林左卫、羽林右卫等亲军卫所下辖的镇抚司，也无法与锦衣卫镇抚司相提并论，他们要做的事情似乎琐碎得多，甚至要带管皇城四门的厨房。例如，金吾前卫镇抚司带管长安左右门厨房二所，羽林左卫镇抚司带管东安门厨房一所。①

而且，除了卫镇抚司，还曾经出现过从四品的都镇抚司。这个机构起初隶属大都督府，职能是统领禁卫，统率各城门千户所。它先被改为宿卫镇抚司。洪武三年（1370年）二月，再改为留守卫指挥使司，专领军马，负责守御各城门、巡警皇城，还要兼管修护城墙。②统领禁卫的职能，则交给同年由都尉司（拱卫司）改制而成的亲军都尉府。

后来，留守卫指挥使司的职能进一步收缩，先改为留守都卫，统辖天策、豹韬等十卫。洪武八年（1375年）又降为留守卫，与天策、豹韬等八卫平级，俱为亲军指挥使司。再三年后，又改为留守中卫。洪武十三年（1380年），大都督府被裁撤，留守中卫改隶中军都督府，再也不属于亲军系统。③

正因为专治诏狱的北镇抚司要到永乐年间才设立，发生在洪武二十年（1387年）正月初二的那件大事，才显得非同寻常。这一日，太祖下令焚毁锦衣卫的刑具。在此之前，凡是犯了罪的人，无论官民，都由法司审理；但太祖有时也会命锦衣卫将一些重罪犯逮至京师收监，审其情辞。《明太祖实录》记载，当太祖听闻锦衣卫有非法凌虐犯人的情况后，非常愤怒，命锦衣卫焚毁全部刑具，将

---

① 《大明会典》，卷一百四十三。
② 《明太祖实录》，卷四、卷十四、卷二十五、卷四十九。
③ 《明史》，卷七十六。

在监囚犯全都转交刑部审理。①

　　无论上述这条史料看上去如何奇怪，它足以说明这样一件事，即洪武二十年正月之前，锦衣卫确实已经参与执法，而且其中一些案子由明太祖亲自过问。不过，既然"专治诏狱"的北镇抚司尚未设立，那么，将重罪犯"收系锦衣卫，审其情辞"的做法，可能只是太祖的权宜之计，或者说是太祖的一种尝试。

　　从理论上说，明朝的诏狱最早始于洪武元年，但若将标准放宽些，也可以说始于至正二十四年，即朱元璋自称吴王那一年。而洪武年间最大的诏狱，莫过于"胡惟庸案"。这起案件与锦衣卫的历史有很大关系。

　　朱元璋在至正二十四年正月初三表达的忧虑，非但没有因为建国而淡化，而是变得更加深重。原因在于，至正二十四年的忧虑更多是假设性的，因为他当时虽然已经"谋其政"，却还没有完全"在其位"，建国之后的忧虑则是现实性的，因为他已经有了切身的体会。

　　他对同乡胡惟庸以及其他许多朝臣的不信任，可能早在吴元年（1367年）就已经埋下了根。正是在这一年的六月，与杨宪、胡惟庸等人交厚的参知政事（从二品）张昶因为谋叛而被诛。②如果按照朱元璋建国之后的行事作风，胡惟庸当年或许就会因为与张昶的交情而被处死，可他并没有受到牵连，而且在张昶伏诛的第二个月，他还被擢为太常寺卿（正三品）。③考虑到当时宇内未清、内

---

① 《明太祖实录》，卷一百八十。
② 《明太祖实录》，卷二十四。
③ 《明太祖实录》，卷二十四。另，太常寺"掌祭祀礼乐之事"，因此，在确立礼乐制度方面，胡惟庸一定贡献过自己的力量。也正因为如此，他日后的僭越和反叛，尤其不能被朱元璋容忍。

政求稳、人才缺乏的政治现实，这可能是朱元璋不得不采取的安抚手段。

胡惟庸的仕途十分顺利。洪武三年正月，他被任命为中书省参知政事。次年正月初二，在中书左丞相、太师韩国公李善长致仕的当日，他被擢为中书左丞（正二品）。洪武六年（1373年）七月，升中书右丞相（正一品）。两个月之后，"特进荣禄大夫"。[①]洪武十年（1377年）九月，被擢升至左丞相（正一品）。[②]

胡惟庸是明朝第四位丞相，前三位分别是李善长、徐达和汪广洋。前文提到过，朱元璋接受吴王称号时，百司官属已初步确定，李善长为右相国，徐达为左相国；吴元年决定官位尚左，李善长改为左相国，徐达为右相国。因为徐达常年在外征战，中书省事务由李善长独擅。

明朝建国之后，于洪武元年，"相国"的称号改为"丞相"。在李善长于洪武四年（1371）致仕之前，他实际上是唯一的丞相。其后，徐达任左丞相，汪广洋任右丞相。由于徐达继续统军征战，相事由汪广洋独专。洪武六年，汪广洋外调广东行省参政，胡惟庸接任右丞相一职，开始了为期四年的独相生涯。

洪武十年九月，在胡惟庸被委任为左丞相的同时，汪广洋被委任为右丞相。显然，通过几次独相的尝试，太祖已经认识到，必须通过权力制衡的方式，才能最大限度维护自己的利益。

根据《五礼通考》，洪武十二年（1379年）正月，太祖祭天之后，当着中书省左丞相胡惟庸等人的面，说了这样一番意味深长的话。他说，祭祀是国家的头等大事，相关礼仪起自古先圣王，一举

① 《明太祖实录》，卷八十三。
② 《明太祖实录》，卷一百十五。

一动、一进一退，都有规矩，最重要的是心要诚，然而，"人心难测，至诚者少，不诚者多，暂诚者或有之"①。

但是，无论这些话是否别有暗示，它已经无法阻止胡惟庸僭越及反叛的步伐。

用《明史》的话说，胡惟庸也曾经小心谨慎地奉行皇帝的旨意，但是，随着宠遇日盛，独相数年，他不免恃宠而骄，甚至不奏而径行生杀予夺之事，据说御史中丞刘基就是被他害死的。将侄女嫁给李善长的侄子李佑之后，更是大权独揽，以致"四方躁进之徒及功臣武夫失职者争走其门"，其势益炽，继而有异谋。②

对于胡惟庸的这些动作，太祖不可能一无所知，因为他在每一位重臣身边都安插了眼线。《明史》中的一则故事即是佐证：某日，宋濂家里来了客人，于是摆酒设宴，相谈甚欢。第二天，太祖问宋濂昨日是否饮酒，坐客又是哪一位，宋濂一一据实相告，太祖笑着说："确实如此，你没有欺骗朕！"（诚然，卿不朕欺。）③

某日，在与两位有勇而无谋的将领交流谋反计划时，胡惟庸吐露了内心深处的担忧。他说，我们做的多是不法之事，一旦事发，可怎么办呀！然而，他对权力的追逐已经难以自拔。

在太祖说完"人心难测"的八个月后，即洪武十二年九月，胡惟庸因瞒报占城国王阿答阿者遣使进贡之事（明显无视"纲常礼仪"的僭越之举）而激怒了太祖。④对太祖来说，这件事情无疑证实了他之前所获情报（包括胡惟庸通元、通倭的情报）的可信性，因此，他果断而迅速地剪掉了胡惟庸的羽翼。

---

① 《五礼通考》，卷十九。
② 《明史》，卷三百八。
③ 《明史》，卷一百二十八。
④ 《明太祖实录》，卷一百二十六。占城乃越南古国，位于今越南中南部地区。

同年十二月，对胡惟庸的反迹"知而不言、但浮沉守位而已"的中书右丞相汪广洋死于贬谪海南途中。[1]次年（1380年）正月，胡惟庸也走到了生命的尽头。据说，胡惟庸一案，"词所连及坐诛者三万余人"[2]。

在处死胡惟庸的次日，为防"奸臣窃持国柄，枉法诬贤，操不轨之心……谋危社稷"，太祖进行了以分权为核心原则的大规模机构改革，主要内容有二：其一，裁撤中书省，废丞相等官，更定六部官秩序；其二，将大都督府改组为中、左、右、前、后五军都督府，分领军卫。[3]与此同时，他还将负责守卫宫禁的金吾、羽林、虎贲、府军等十个亲军卫单列出来，使五军都督府无权调遣它们。[4]

三万余人因"胡惟庸案"被株连的事实，以及迅速而果断的权力结构调整，说明这件事对太祖的心理造成了很大影响，甚至可以说是巨大打击。正如前文已经提到的，早在至正二十四年，"正纪纲""立礼法""定名分""明号令"等建国"先务"就已经被提上日程，可是，在几近二十年之后，尽管已经建立起了一套制度，却是形同虚设，甚至朝夕相见的股肱之臣汪广洋也对胡惟庸的反迹知情不报。

或许正是基于这一现实，太祖才在分权的同时，又进行"合权"：在"胡惟庸案"过去两年之后，他将亲军都尉府以及仪鸾司的职权并入新设的锦衣卫，并且逐渐赋予这个他寄予厚望的机构更大的权力。

洪武二十年正月"焚锦衣卫刑具"一事足以说明，在初设之后

---

① 《明太祖实录》，卷一百二十八。

② 《明史》，卷三百八。

③ 《明太祖实录》，卷一百二十九。

④ 《明史》，卷七十六。

的五年时间里，锦衣卫获得了一项可怕的执法特权。而且根据现有史料，它获得这项特权的时间不会迟于洪武十九年（1386年）五月，因为正是在这个月，太祖命锦衣卫去处理了一件案子。

这件案子发生在处州丽水县（今浙江丽水）。某日，一位以占卜谋生的当地人拜访了该县一户有钱人家，想强行为其占卦，结果被拒。于是，他远赴京城（南京）告御状，指控当地大族陈公望等57人聚众谋乱。太祖命锦衣卫千户周原去丽水县逮捕谋乱者。原籍南昌的丽水知县倪孟贤听说周原将至，赶紧密召乡村父老，询问实情，但乡村父老都否认有聚众谋乱之事。于是，倪孟贤微服私访，发现当地秩序井然，男女耕织如故。

回到县衙之后，倪孟贤很快写好了奏本，向皇帝解释这件事情。他还派了40位耆老前往京城，将实情禀告太祖。最终，太祖命法司论罪妄告者，并赐予耆老酒食及盘缠，让他们返乡。①

太祖将执法特权授予锦衣卫，原本只是权宜之计，是为了满足其按照自己的想法迅速高效地"正纪纲""行法度"的需要。这样做主要基于两点现实，其一是司法制度迟迟未能建立；其二是朝臣和地方官"苟且因循，取充位而已"（至正二十四年正月初三语）。

太祖在诏书里一再提到的"法司"，指的是三个司法部门，即刑部、都察院和大理寺，简称"三法司"。其中，刑部掌天下刑名，都察院主管纠察，大理寺负责驳正。这三个部门早就存在，但直至洪武十七年（1384年），位于南京太平门外钟山北面的署衙才落成，太祖命其名为"贯城"。②

---

① 《明太祖实录》，卷一百七十八。
② 《明史》，卷九十四。

至于三法司的执法依据，即《大明律》，虽然草创于吴元年，但在屡经删改之后，直至洪武三十年（1397年）才得到太祖的认可，并颁示天下。①

按照太祖的说法，他之所以要亲审大案要案，而不是将案件交由法司，是为了防止捏造、诬陷、罗织罪名的弊端。②而且，他亲审的案件，并不限于军政范畴。

为了方便下情上达，早在吴元年（1367年）十二月，他就命人在午门外安置了登闻鼓，每日有一位监察御史轮值看守。③后来，登闻鼓移置于长安门外，每日有科道官及锦衣卫守值。④凡是遇到法司不做审理，或有冤情，或有机密重案，允许官民击打登闻鼓。⑤但击打登闻鼓也有风险：被判申诉不实者，杖一百；事重者，从重论；申诉属实者才免罪。⑥

根据《明史》的记载，洪武十五年，即锦衣卫创设之年，太祖下令将议案之事全部交予三法司。⑦如果这条记载属实，它显然可以支持上文提到的论点，即太祖创设锦衣卫的初衷，并非是要让它参与执法。换句话说，太祖实在没有必要在设立专治诏狱的机构的同时，又将司法权力全部交给三法司。

可是，惨烈的"胡惟庸案"及其引发的权力结构调整，并没有杜绝"法度不行""恣情任私"现象的发生。例如，洪武十八年（1385年）三月，户部侍郎郭桓、胡益、王道亨等人，即因"盗官

①《明史》，卷九十三。
② 原文：凡有大狱，当面讯，防构陷锻炼之弊。见《明史》，卷九十四。
③《明太祖实录》，卷三十七。
④《明书》，卷七十三；《明会要》，卷六十七。
⑤《明会典》，卷一百七十八。
⑥《明会典》，卷一百六十九。
⑦ 原文：逾年（洪武十五年），四辅官罢，乃命议狱者一归于三法司。见《明史》，卷九十四。

粮七百万石"而下狱，礼部尚书赵瑁、刑部尚书王惠迪、兵部侍郎王志、工部侍郎麦志德等人牵涉其中，以至于"举部伏诛"①。

据说，郭桓案发之后，太祖怀疑北平的官员李彧、赵全德等人与他狼狈为奸、谋取私利，于是敕令法司拷讯。结果这些人的供词牵连数万人入罪，"自六部左右侍郎下皆死"，"民中人之家大抵皆破"，以致朝野纷纷指责朝廷办事太过。当御史余敏、丁廷举等人将批评之声禀告太祖时，太祖列数郭桓等人的罪状，表示不愿意放弃重典治国的做法。

根据《明通鉴》的记载，御史余敏、丁廷举等人对太祖说，受到牵连的人，很多是由于郭桓不堪忍受法司的严刑逼供而诬告的，因此冤狱不少。太祖叹了一口气说，朕诏令有司除奸，怎么又引出此等侵扰朕的子民的坏事呢？于是下令将郭桓的罪行昭告天下，又下诏将右审刑吴庸等人处以极刑，以收买人心。②

对于"正纪纲""立礼法""行法度"之难，以及天下吏治之腐败，太祖有着深刻的认识。他亲自编著的三篇《御制大诰》提到无数足以使任何人对吏治失去信心的例子。

其中的一个例子是，刑部官员胡宁、童伯俊等人贪污受贿，纵容囚犯代办公务，书写文案。司狱王中将情况密告太祖。太祖大怒，亲诣太平门，即法司署衙所在，惩戒贪官污吏，情节严重的，甚至处以刖刑，然后命刑部通告这些人的罪状，以儆效尤。太祖写道，朕的这种做法，连朕自己都觉得毛骨悚然，想必不会有人再犯了。孰料没过半个月，刑部员外郎李燧、司务杨敬等人竟然为了贪污480贯，串通医人、狱典、狱卒等人，以死囚邵吉一尸，开出三

---

① 《国榷》，卷八。
② 《明通鉴》，卷八。

具尸体的凭据，试图私放罪犯张受甫等二人出狱，"人心之危，有若是耶！"①

又例如，刑部尚书王峕在处理一个"与军属通奸"的案子时，竟然将军人姚某、军属史某以及奸夫唐某一同羁押在刑部。在问出史某在三岁的时候曾与唐某的兄长定亲，在唐某的兄长夭折之后，才嫁给姚某的情况后，王峕竟然抛下主案不理，派人去史某的原籍，拘押为三岁时的史某做媒的媒人到堂。②

还有上文提到的郭桓，他名义上是以盗粮700万石入罪，可实际上，若折算成米价，他贪污的总额达到2400多万石之巨。太祖解释，之所以在公告中将郭桓的贪污数额减至700万石，而不据实公告，是因为担心百姓不信③。

总之，在太祖看来，现在的臣子都是蔽君之明、张君之恶、邪谋党比之徒，他们无时无刻不在作恶，所作所为"皆杀身之计、趋火赴渊之筹"④。于是，他想到了一条正纲纪、立礼法的计策，即发动百姓监督官吏的一举一动，鼓励他们在发现重大违法案件后赴京上告。他想借此及时了解官民动态。在这位时常不忘自己是"以布衣起兵"的皇帝想来，如果百姓愿意充当他的耳目，何愁纲纪不正、礼法不立？

洪武十八年（1385年）十月，他的这个想法通过《御制大诰》一文颁示天下。⑤ "耆民奏有司善恶"一节写道：

---

① 《御制大诰续编》，第四十二条。
② 《御制大诰》，第七条。
③ 《御制大诰》，第四十九条。
④ 《御制大诰》，第一条。
⑤ 《明太祖实录》，卷一百七十六。

今后所在布政司、府、州、县，若有廉能官吏，切切为民造福者，所在人民必深知其详。若被不才官吏、同僚人等，捏词排陷，一时不能明其公心，远在数千里，情不能上达，许本处城市乡村耆宿赴京面奏，以凭保全。自今以后，若欲尽除民间祸患，无若乡里年高有德人等，或百人，或五六十人，或三五百人，或千余人，岁终议赴京师面奏，本境为民患者几人，造民福者几人。朕必凭其奏，善者旌之，恶者移之，甚者罪之。呜呼！所在城市乡村耆民智人等，肯依朕言，必举此行，即岁天下太平矣！民间若不亲发，露其奸顽，明彰有德，朕一时难知。所以嘱民助我为此也。若城市乡村，有等起灭词讼，把持官府或拨置官吏害民者，若有此等，许四邻及阖郡人民指实赴京面奏，以凭祛除，以安吾民。呜呼！君子目朕之言，勿坐视、纵容奸恶患民。故嘱。[①]

这就是为何丽水县那位普通的算命先生有勇气并且有机会在洪武十九年赴京告御状，而太祖也派了锦衣卫千户周原前去办案的根本原因。

在发布《御制大诰》之前四个月，即洪武十八年六月，太祖加强了锦衣卫的实力，以满足执法工作——这方面的工作量无疑将激增——的需要。其具体措施是，将14 200多个足堪胜任力士的民丁征调至南京，分别充入新设的锦衣卫中左、中右、中前、中后、中中、后后6个千户所，剩下的人则拨入旗手卫。[②]因此，这个时候的锦衣卫至少已经有了15个下属机构。

---

① 《御制大诰》，第四十五条。
② 《明太祖实录》，卷一百七十三。

制度上和机构上的这些安排，使太祖通过锦衣卫亲自过问的案件，不仅包括从九品以上官员的贪污受贿、不入流的皂隶差役的害民恶习，甚至连土豪劣绅的为富不仁、奸商猾贾的欺行霸市也不放过。《御制大诰》即记载了一宗他亲自参与审讯的"医人贩卖毒药案"。案情大致如下：

被关押在锦衣卫监狱的厨子王宗知道自己罪无可恕，担心被处死后不能落个全尸，于是嘱咐家人购买毒药，想服毒自尽。家人找到以卖药为生的医人王允坚。王将毒药卖给他们。王宗的家人将毒药隐藏在送入监狱的牢饭中。看守外监门的力士杨贵得了钱财，放他们进了监牢。但是，牢饭里藏毒的事情被看守内监门的力士郭观保验出。太祖听闻这件事之后，命锦衣卫将王允坚缉拿归案，并让他以身试毒。最终，太祖判了王允坚枭首之刑。[①]

值得一提的是，太祖虽然在洪武二十年正月初二命人焚毁了锦衣卫刑具，并下令将拘押在锦衣卫监狱的犯人转送刑部审理，但是，利用锦衣卫去处理大案疑案的做法并没有停止。

洪武二十年正月二十九日，下令焚毁锦衣卫刑具尚未足月，太祖亲自审理了一宗"诽谤都御史案"。事情的始末大致如下：

正月二十九日，通政司某位官员上奏，有人状告都御史詹徽受贿。于是，太祖命锦衣卫将上告者安顿下来，打算亲自审问。次日，锦衣卫将告状者宋绍三带到太祖面前。太祖问他如何得知詹徽的隐秘。宋绍三回答，是与他一同被囚禁在都察院监狱里的许原告诉他的：许原说自己很快就要出狱了，因为他的兄长许昂已经通过都御史詹徽的熟人王舍贿赂了审案的官员。太祖觉得事有蹊跷，质问宋绍三，凡是想通过贿赂而脱罪的，没有不担心秘泄而事败的，

---

① 《御制大诰三编》，第二十二条。

最好是连鬼神都可以瞒着，怎么会透露给邻囚呢？他难道不明白，只要有一个囚犯知道了，很快整个监狱的人都知道？宋绍三无言以对。

太祖怀疑这是一个圈套，于是命锦衣卫将许原带至御前审问。可是，当锦衣卫官校赶到北平道，北平道御史任辉等人却告诉他们，许原已发送户部。于是官校又赶往户部。户部官员则说，许原已于正月二十八日身故。太祖愈发觉得这是一个阴谋，命锦衣卫详加审讯。

原来，北平道监察御史何哲先后因徇私舞弊及渎职被都御史詹徽责骂，故怀恨在心。洪武十九年十二月二十八日，他将同为北平道监察御史的任辉、齐肃，以及各道御史魏卓等人召集在一起，直言自己不想再受窝囊气，希望能商量出一个报复的办法。众人心有戚戚，安慰他："你且耐心等等，等到有机会再做打算。"

接下来的故事是：次年正月初十日下朝回家后，何哲邀请魏卓等言官去他家品茶。在品茶的过程中，他诈捏词情，对在座的言官们说，他所在的北平道有两个原告，其中一个原告叫作许昂，他密告曹为是胡惟庸党，但许昂不曾与曹为对证；另一个原告叫作徐阿真，他状告莫粮长的不法事项，结果反倒被发配充军。可以利用这两件事，让人检举詹徽收了贿赂。在座言官们说，待各道的人都到齐了，大家再好好商量。

正月二十七日，何哲又对言官们说，如今北平道有一个名叫宋绍三的人状告都察院渎职，可以想办法让他去通政司告状，就说是从许原那里了解到都御史受贿的事情。[①]于是就有了宋绍三赴通政司状告都御史詹徽受贿一事。最终，何哲、任辉、齐肃以及魏卓等四

---

① 《御制大诰三编》，第四十条。

人因"捏词排陷，妨贤蠹政"被凌迟处死，其余14名御史也都受到惩处。

在洪武年间，因锦衣卫指挥使的直接参与而引发的最值得一提的大案，应该是"蓝玉案"。

蓝玉是开平王常遇春的妻弟，屡从征伐，功勋累累。他曾牵涉胡惟庸案，但太祖念及常遇春的功劳，对他宥而不问。因老将多殁，蓝玉被擢为大将，总兵征伐，所向克捷，甚合太祖心意。据说，蓝玉为人刚愎自用，仗着太祖对他的厚爱，自恃功伐，专恣暴横。他侵占民田、殴打御史在先，私扣驼马、强占元朝妃子为妾在后，且在御宴上"动止傲悖，无人臣礼"，再加上拥兵自重，最终招致太祖的厌恶与猜忌。在"伏甲为变"的前夕，他被锦衣卫指挥使蒋瓛告发，下狱具状伏诛；时间是洪武二十六年（1393年）二月。[1] 据说，列侯以下，坐"蓝党"而被族诛者达1.5万人。[2]

蓝玉伏诛后，过了四个月，太祖重申锦衣卫鞫刑之禁，下令"凡所逮者，俱属法司理之"。[3] 这相当于承认洪武二十年正月的禁令在其后六年里并没有落实，而破坏禁令的就是他自己。

查继佐在其所著《罪惟录》一书中，对三法司以及锦衣卫在司法权上的差异做了十分精彩的评述。他说，三法司为天子杀人的机构，但它们往往又为了天子而不杀人，而且，往往在天子想杀人的时候，还经常让天子放弃杀人的想法。锦衣卫则正好相反。这个机构的设置"初非为杀人"，出于形势的需要，最终却演变为杀人的机构（"势积于杀人"）。它经常鼓动天子杀人，以至于天子原本并

---

① 《明太祖实录》，卷二百二十五。

② 《明史》，卷一百三十二。

③ 《明太祖实录》，卷二百二十八。

不想杀人，在它的鼓动之下，最终却杀了人。甚至天子认为可以不杀的人，或者认为不可以杀的人，它却一定要将他们除掉（"天子信为可不杀之人，信为不可杀之人，而必杀之"）。①

历史的误会：毛骧、绣春刀与飞鱼服

举报蓝玉谋反的锦衣卫指挥使蒋瓛的背景难以考证，可以确定的是，他绝非如某些人所言是大明第一位锦衣卫指挥使。在他出现之前，洪武二十一年（1388年）十月，一位名叫答儿麻失里的锦衣卫指挥使，曾奉旨迎接来降的故元右丞火儿灰、副枢以剌哈、尚书答不歹等人，及其率领的一支三千人的军队，并将白银、彩缎等礼物赐给他们。②答儿麻失里可能是蒙古人，他的锦衣卫指挥使之职可能是归降时所授。太祖之所以委任异族担任此职，可能是为了便于与异族及其归降者交流，借此表达其开明的民族政策。

根据《明史》的记载，在答儿麻失里之前，一位名叫毛骧的都督佥事曾执掌锦衣卫，并负责诏狱，"后坐胡惟庸党死"③。但这个说法存在疑点。

毛骧的父亲毛骐在元朝末年做过定远县令，后投降朱元璋，深得太祖信任。他去世之后，太祖亲撰悼文，并亲临其葬礼。④毛骧受到重用，是顺理成章的事情。《明太祖实录》及《弇山堂别集》等史籍都提到，洪武九年（1376年），羽林左卫指挥使毛骧被擢为

---

① 《罪惟录》，志卷之二十四。
② 《明太祖实录》，卷一百九十四。
③ 《明史》，卷一百三十五。
④ 《明史》，卷一百三十五。

都督金事。^①因此，他当过都督金事的记载应属可信。但执掌锦衣卫则不太可能，原因在于：其一，他是胡惟庸党羽，并且"坐胡惟庸党死"，而"胡惟庸案"过了两年有余，锦衣卫才设立；其二，即便锦衣卫设立之时，毛骧未被处死，但是，他是胡惟庸党羽的事一定已为太祖掌握，不可能让他执掌锦衣卫。

下面这条关于毛骧是胡惟庸党羽的记载，见诸《明太祖实录》《明史纪事本末》以及《御批历代通鉴辑览》等史籍，它显然是史官根据胡案狱词整理而成：

（胡惟庸）令都督毛骧取卫士刘遇宝及亡命魏文进等为心脊，曰："吾有用尔也！"^②

总而言之，毛骧"尝掌锦衣卫事"的可能性极低。关于他是第一任锦衣卫指挥使的说法同属无稽，因为这个说法成立的前提条件是：太祖发现他是胡党之后，仍然继续信任他，而且在设立锦衣卫时，第一个想到的指挥使人选就是他。根据刑部于洪武二十三（1390年）公布的"逆党"名单，毛骧被列入已故人员名单之中，而他故去时的职务是都督金事。

后人对锦衣卫的误会，并非毛骧一例。

在现当代文学作品中，尤其是武侠小说以及影视剧本中，提及锦衣卫官校的服饰以及装备时，言必称"飞鱼服""绣春刀"，以为飞鱼服为锦衣卫官校的日常官服，以为绣春刀是官校必佩的杀伤力极大的武器。例如，我十分喜欢的台湾作家云中岳先生（本名蒋

① 《弇山堂别集》，卷五十三。
② 《明史》，卷三百八；《明太祖实录》，卷一百二十九；《明史纪事本末》，卷十三；《御批历代通鉴辑览》，卷一百。

林）在《情剑京华》一书中提到，绣春刀是锦衣卫的军刀，长约三尺。[①]但是，根据生于万历二十一年（1593年）的收藏家、史学家孙承泽的记录，"绣春刀极小，然非上赐则不敢佩也"。[②]

既然"非上赐则不敢佩"，绣春刀定非可以亵玩的寻常器物，佩带它的时间与场合一定极有讲究。综合各种史料，基本可以得出的结论是，可以佩带御赐绣春刀的情况，主要是陪伴圣驾御朝以及祭祀之时。例如，孙承泽提到"锦衣卫堂上官，每驾出，则戎装，带绣春刀扈从"。《大明会典》则记载道：

> 凡大朝贺，御殿。掌领侍卫官俱凤翅盔、锁子甲，悬金牌，佩绣春刀。一员侍殿内东。一员侍殿内西……凡常朝，御皇极门。掌领侍卫官俱凤翅盔、锁子甲，悬金牌，佩绣春刀，直左右阑干首。[③]
>
> ……凡视牲、朝日、夕月、耕耤、祭历代帝王，俱用丹陛驾。本卫堂上官，服大红蟒，衣飞鱼、乌纱帽、鸾带，佩绣春刀。千百户青绿锦绣服。各随侍。[④]

可见，在很大程度上，绣春刀是用于礼仪场合的"礼刀"，而非用于军事场合的"军刀"。有机会得到御赐绣春刀的，也主要是极得皇帝信任的"掌领侍卫官""锦衣卫堂上官"，也就是锦衣卫掌卫事者，而非一般武官。

---

① 《情剑京华》第三章写道："这种狭锋单刀的外形，与锦衣卫的军刀绣春刀相差无几，仅刀靶短两寸，刀身的弧度稍小些。正常的长度是两尺六，也比绣春刀短四寸。"
② 《春明梦余录》，卷一。
③ 《大明会典》，卷一百四十二。
④ 《大明会典》，卷二百二十八。

根据明制，只有御用监才有资格出品绣春刀。而锦衣卫官校通常使用的佩刀，以及御前带刀侍卫使用的佩刀，则归兵仗局制造。[①]御用监是正四品的内廷机构，凡御前所用围屏、床榻诸木器，及紫檀、象牙、乌木、螺钿诸玩器，都由其监造。兵仗局是正五品的内廷机构，主管军器的制造，下面还设有一个火药司。[②]其他军队使用的一般兵器，诸如戟、槊、节、角、锣、刀、盾、弓、箭、小鼓等，则主要由工部下属的正九品机构军器局制造。

至于飞鱼服，与绣春刀一样，并非所有锦衣卫官校都有资格穿在身上；有资格穿在身上的官员，也并非可以穿着它出入任何场合。例如，上引史料即提到，在伴驾视牲、朝日、夕月、耕藉、祭历代帝王期间，锦衣卫堂上官要穿大红蟒服以及飞鱼服，千户、百户等则只能穿青绿锦绣服。

事实上，关于锦衣卫服制的规定并非一成不变。

例如，根据洪武二十六年（1393年）确定的服制，锦衣卫指挥使穿的是虎豹图样的官服。到了景泰四年（1453年），官服上的图样变成了麒麟。天顺二年（1458年）下发的一道谕旨则规定，官民衣服上不得有蟒龙、飞鱼、斗牛等图样。换句话说，至迟从这一年开始，飞鱼服成为御赐服饰，非御赐不能穿着。

可能是奏讨飞鱼服的官员太多，以至于到了弘治十三年（1500年），明孝宗不得不下发一道措辞严厉的谕旨："今后公、侯、伯，及文武大臣，各处镇守守备等官，敢有违例奏讨蟒衣、飞鱼等项衣服者，该科参驳，科道纠劾，该部执奏。治以重罪。"

嘉靖十六年（1537年），明世宗再出禁令，规定从此以后，无

---

① 《大明会典》，卷一百九十二。
② 《明史》，卷七十四。

论是在京还是在外的文武官员，除了本等品级服色及特赐，不许擅用蟒衣、飞鱼、斗牛等项服色，"锦衣卫指挥侍卫者，得衣麒麟服色。其余带俸及不系侍卫人员，及千百户等官虽系侍卫，俱不许僭用"。①

至于普通的校尉，一般只能穿"济逊"。②"济逊"，又称"直身""质孙""积逊""只逊"，它是蒙古语的音译，指的是只有一种颜色的衣服。③

权力的扩张

现在简要回顾一下锦衣卫职能的扩充情况：起初，它只有仪仗、侍卫的职能，它的下属机构镇抚司掌本卫刑名，兼管军匠。在洪武十五年至十九年之间，它被授予协助太祖治理诏狱的权力，但这项权力要到永乐年间才开始制度化。

不过，太祖授予锦衣卫的职能并不止这些。

正如前文所述，锦衣卫的创设从一开始就是礼仪制度建设的一部分，因此，相关武官经常受命处理一些与"礼"相关的事务。

除了上文提到的奉旨受降的职责，锦衣卫官员有时还要负责安顿外来使节，或者处理其他一些涉外事务。例如，洪武二十五年（1392年）八月，甘肃塔滩里长史马哈沙怯失迭力迷失等赴京进贡，太祖念其远道而来，不忍心其立即返回，于是命锦衣卫指挥使张政谕以恩意，将他们好吃好喝好住地安顿在京师。④洪武二十六

---

① 《大明会典》，卷六十一。
② 《春明梦余录》，卷一。
③ 《钦定日下旧闻考》，卷三十。
④ 《明太祖实录》，卷二百二十。

年（1393年）十一月，辽东都指挥使司将俘虏的朝鲜间谍李敬先等六人押解至京师，太祖又命锦衣卫妥善安置。①

不知从何时起，锦衣卫还要负责礼仪房的运营。这是一项美差，因为礼仪房操持的是选婚、选驸马、诞皇子女、选择乳妇等吉礼；一般由司礼监掌印太监或者秉笔太监提督这个机构。②不过，根据明人沈德符的记录，这个机构的具体运营似乎由锦衣卫派出的掌房、贴房打理，而且掌房及贴房的人选皆是体貌俱佳者。世宗朝内阁首辅徐阶之子、锦衣卫官员（具体职务不详）徐有庆即曾管理过礼仪房的事务。③

此外，至迟从成祖朝开始，锦衣卫已经参与监督科举事务了。北京国子监现藏永乐十三年（1415年）进士题名碑的背面，即刻有两位在考场担任巡绰官（负责巡察管理考生的号房）的锦衣卫官员的名字：一位是明威将军锦衣卫指挥佥事牛伦，另一位是明威将军锦衣卫指挥佥事林观。考生中了进士之后，可能会获得进入翰林院担任庶吉士的机会。根据礼仪，他们进入翰林院，要由内阁大学士相送，锦衣卫则置宴相迎。④

锦衣卫官员还经常奉旨参预军务。例如，洪武二十三年（1390年）十一月，在西平侯沐英平定云南景东之后，太祖在那里设置了景东卫，并派了锦衣卫指挥佥事胡常去镇守。⑤又例如，洪武二十八年（1395年）十一月，太祖命魏国公徐辉祖、长兴侯耿炳文，以及正四品锦衣卫指挥佥事刘智，分别前往凤阳、陕西和镇江

---

① 《明太祖实录》，卷二百三十。
② 《明史》，卷七十四。
③ 《万历野获编》，卷二十一。
④ 《枣林杂俎》，圣集。
⑤ 《明太祖实录》，卷二百六。

三地训练军马。①

　　不过，最值得注意的是，锦衣卫作为皇亲国戚及勋臣子弟养护所的特征已在洪武年间初步形成。勋卫、散骑舍人等职务已经创设，且在编制上似无限制。有资格担任这些职务的，只有公、侯、伯、都督、指挥的嫡子和次子。太祖去世前三月，还命吏部在南京清凉山东侧的虎踞关开设学校，并聘请十位儒士专门教导已故武臣寄养在锦衣卫的子弟。太祖对国戚勋臣后裔的优待，在某种程度上可能是对过去残害功臣罪过的补偿，但最主要的目的，还在于通过利益共享的方式稳定朝纲。这种做法被当作祖制确定下来。到了英宗朝以后，锦衣卫中不仅充斥着皇亲国戚以及勋臣的子弟，还充斥着宦官的家人，寄荫锦衣、加衔五府者比比皆是。"荫叙世职不得厘务"的禁令对他们并不具有约束力。

　　因为这些人的存在，职掌武官选升、袭替、功赏等事项的兵部武选司不得不放松考核标准，以至于到了正德末年，"武选之法尽坏"（兵科给事中夏言语）。②嘉靖年间，锦衣卫甚至一度取消五年一次的军政考选。③其结果是，锦衣卫官校经常弄虚作假、杀良冒功、诬良为盗，由此导致冤案无数。

　　户部对这些人也是大感头疼，经常要拿出经费来犒赏哪怕是只立下微末功劳（例如逮捕了一两个盗贼）的锦衣卫官校。凡是有大型工程动工，当红锦衣卫高官一般都会奉旨督造。他们不仅可以利用机会收受巨额贿赂，而且在工程完工之日，往往还会加官晋爵。例如，嘉靖二十三年（1544年）十二月，锦衣卫指挥使陆炳奉旨

---

① 《明太祖实录》，卷二百四十三。
② 《春明梦余录》，卷六十三。
③ 《万历野获编》，卷二十一。

"阅视太庙工程"。①次年七月，太庙完工，明世宗论功行赏，将已经被提拔为掌锦衣卫事督指挥同知（从二品）的陆炳进一步擢为掌锦衣卫事都督佥事（正二品）。②

在很大程度上，正因为锦衣卫充斥着皇亲国戚、勋臣权贵的后裔，因为它成为"官×代"加官进爵的跳板，它的权力才不断扩充。又正因为其权力不断扩充，锦衣卫官员人数才不断增加，财政上的压力也随之加大。

根据在嘉靖朝担任过詹事一职的霍韬提供的数据，锦衣卫成立之初有官员211人，到了嘉靖八年（1529年），已增长至1700多人。霍韬忧心忡忡地感叹道："由二百而一千七百，增八倍矣！夫额田赋入则由八百万减而四百万"，"俸粮所由不足也"。③

至于普通旗校的人数，根据明人王世贞的记载，在嘉靖朝已达到十五六万人。④但这个数据可能存在一些水分，因为十五六万的旗校队伍意味着至少要配备1500名实职百户，而依据霍韬提供的比较可信的数据，包括实职与虚职在内的百户人数最多在1500左右；其中，虚职至少占到三成比例，甚至更高。但是，即便王世贞的数据存在五六成的水分，即普通官校的人数约为7万，财政上的压力也相当大，因为他们每年至少要消耗70万石的京储粮（禄米折现部分不计）。⑤换句话说，朝廷施加于百姓的赋税负担（地方叛乱频发

---

① 《明世宗实录》，卷二百九十三。

② 《明世宗实录》，卷三百一。

③ 《明世宗实录》，卷一百二。见"嘉靖八年六月癸酉"条，詹事霍韬的奏疏。又见《图书编》，卷八十三。

④ 《弇州四部稿》，卷七十九。

⑤ 《明世宗实录》，卷四十五。见"十一月壬戌"条。史官称，世宗即位之初裁革的"锦衣卫官校及勇士匠作人等至十余万，岁省京储米百五十万石"。这里提到的裁革人数"十余万"，实际上是148 711人（见《明世宗实录》，卷四，"正德十六年七月丙子"条）。按照15万人消耗150万石的比例，7万人的消耗大致在70万石左右。

的主要原因）有相当一部分被用于锦衣卫不断增加的俸禄开支。

再回到太祖朝的表现。到了洪武中后期，锦衣卫的扩充步伐仍在继续。在增置了6个千户所之后，于洪武二十四年（1391年）三月，太祖再置锦衣卫驯象、屯田、马军左、马军右4个千户所。①同年六月，又置锦衣卫马军前、马军后两个千户所。②同年年底，太祖命锦衣卫在长江以北距离官道二三里的地方置办自己的牧马草场，以提供马军所需草料。③

洪武三十年（1397年）二月，太祖对锦衣卫进行了最后一次机构调整：将锦衣卫初设时的"七司"并入锦衣卫前千户所；除"御椅司"更改为"銮舆司"，其他六司的名称都不变；再加上新设的"班剑""戈戟""弓矢"三司，前千户所共辖十司。④该十司分别统领将军与校尉，"以备法驾"。⑤

发展到后来，锦衣卫至少下辖17所，"中、左、右、前、后五所领军士；五所分銮舆、擎盖……驯马十司，各领将军、校尉，以备法驾；上中、上左、上右、上前、上后、中后六亲军所分领将军、力士、军匠"。⑥

太祖之所以扩充锦衣卫的仪仗实力，是为了更有效地维护帝王的威仪。这些改革措施，与其说是为了太祖自己，不如说是为了他的子孙后代，为了他辛辛苦苦打下的江山可以永继。

一年之后的闰五月，太祖病逝，享年70周岁。他留下了一道让人颇有些感动的遗命："丧葬仪物，一以俭素，不用金玉，孝陵

---

① 《明太祖实录》，卷二百八。
② 《明太祖实录》，卷二百九。
③ 《明太祖实录》，卷二百十四。
④ 《明太祖实录》，卷二百五十。
⑤ 《明史》，卷七十六。
⑥ 《明史稿》，志第五十八。

山川，因其故，无所改。天下臣民，出临三日，皆释服，无妨嫁娶。"①显然，在临终之时，这位以周武王为偶像的洪武皇帝并没有忘记自己"起于布衣"，②而他在年轻时代皈依的佛教（尽管他出家主要是为了生存，而非为了信仰本身）似乎也发挥了影响：他想尽可能地不受帝王身份的束缚，轻轻松松地重归于"无"。

---

① 《明太祖实录》，卷二百五十七。
② 太祖无数次提到自己"起于布衣"，例如《实录》卷二十三、卷二十六、卷二十九、卷三十三等。

第二章　永乐祸伏

明太祖朱元璋一定想不到，在他离开人世后不久，他苦心孤诣立下的《皇明祖训》，很快就被他指定的继承人、皇太孙朱允炆抛弃。建文帝朱允炆肯定也想不到，违背祖训真的会带来灭顶之灾，他的叔父、燕王朱棣将因此而获得谋朝篡位的可乘之机。同样，明成祖朱棣也不会料到，他在实践中对祖训的利用与修改，为明朝埋下了一颗危险的种子。太祖费尽心机、不惜背上残暴负义的骂名以"正纲纪""立礼仪"，为的是让他创建的国家在一个他认为完美的轨道上运行，但事态的发展显然并不尽如人意。

被太祖称为"家法"的《皇明祖训》，本是洪武六年（1373年）五月告成的《祖训录》，洪武二十八年（1395年）闰九月更为此名。

关于《祖训录》的动笔时间，史籍的记载不无矛盾。《明太祖实录》称，洪武二年（1369年）四月，太祖命中书省编纂《祖训录》，确定封建诸王国邑及官属之制；[①]又称，洪武六年五月成书，太祖亲自作序，整个编纂过程"首尾六年，凡七誊录"。[②]可是，既然编纂工作"首尾六年"，且成书于洪武六年，那么，起始时间应

---

① 《明太祖实录》，卷四十一。
② 《明太祖实录》，卷八十二。

该是吴元年，即1367年，而非洪武二年。太祖对分封制度的思考，其实也早于洪武二年。正如前文所言，早在接受吴王称号的那一年的五月，太祖在与宋濂、孔克仁等人讨论汉高祖的政治得失时就已经指出，"礼乐"制度的缺失，是"汉治"未能长久的重要原因。可见，很可能从那个时候开始，太祖就在考虑专门为诸亲王制定一套纲常礼仪，以保国家的长治久安。总之，既然《祖训录》的核心内容出自太祖之手无疑，而太祖又有"首尾六年"之论，那么，动笔时间是吴元年的可能性更大。

《祖训录》要规范的第一批对象，在成书之前已经确定了身份。太祖的长子朱标在洪武元年被册立为太子，其余诸子也已经在洪武三年（1370年）被册封为亲王。洪武三年四月七日，因为"海宇清肃，虏遁沙漠；大统既正，黎庶靖安"，且"尊卑之分，所宜早定"，再加上诸王册宝已成，册封礼仪已就，太祖觉得册封诸王的时机已经成熟，于是就册封包括燕王朱棣在内的九位皇子及一位从孙为王。[1]

《祖训录》书成之后，太祖命人录于谨身殿的东庑以及乾清宫的东壁上，又颁赐诸王，令诸王书于王宫的正殿及内宫的东壁上，告诫他们要天天学习。[2]太祖对《祖训录》的重视程度可见一斑。

《祖训录》确实凝结了太祖的无数心血。其目录只有13条，字数只有1.2万字左右，却耗时6年，写了7遍，显然是字字斟酌，去芜存菁，以便子孙后代默记与体会。其文精髓，正如序言所指，是太祖"劳心焦思，虑患防微"，领袖群伦20年军政经验的集成，是人情世故的提炼，只要学好了，就足以应对俗儒奸吏。

---

① 《明太祖实录》，卷五十一。
② 《明太祖实录》，卷八十二。

但是，太祖留下的"凡我子孙，钦承朕命，无作聪明，乱我已成之法，一字不可改易"[1]的谆谆告诫，终究敌不过现实的需要。

建文之败：都指挥使高昂

洪武二十五年（1392年）九月，37岁的太子朱标去世一个月后，太祖将朱标的嫡长子、15岁的朱允炆册封为皇太孙。

《明史》描述的朱允炆"颖慧好学，性至孝"。[2]太祖去世之后，21岁的他登基为帝，史称建文帝，亦称明惠帝。他很快就面临来自叔父燕王朱棣的挑战。

作为太祖的第四个儿子，朱棣10岁就被册封为燕王，16岁娶魏国公徐达的长女为妻，20岁在北平就藩。

燕王体貌奇伟，"智勇有大略，能推诚任人"[3]，极受太祖赏识。洪武二十三年（1390年）四月，太祖听闻他击溃故元太尉乃儿不花大军的捷报后，十分高兴地对群臣说："有能力扫荡北元余孽者，非燕王莫属，朕再无北顾之忧了！"（清沙漠者，燕王也！朕无北顾之忧矣。）[4]然而在太祖的心里，燕王只是捍卫北部边疆的不二人选，却没有资格继承皇位；有资格继承皇位的，只有皇太孙朱允炆。

为了确保后者顺利登基，太祖临终之前，还特地留下"诸王临国中，毋得至京师"的遗命，禁止诸位藩王进京哭临，[5]举国哀

---

① 《皇明祖训》序言。
② 《明史》，卷四。
③ 《明史》，卷五。
④ 《明太祖实录》，卷二百一。
⑤ 《明史》，卷五。哭临，皇帝驾崩后举行的聚众哀悼仪式。

悼期间，诸藩所辖吏民军士，也全都要听朝廷节制。①但这份遗诏似乎并未及时传到北平，因为据可信度比较高的史籍《国榷》的记载，得知太祖驾崩的消息后，燕王立即率军离开北平，赴京师南京奔丧。燕师即将行至距离南京大概只有200千米的淮安时，兵部左侍郎齐泰才收到情报。于是，建文帝立即遣使携带太祖遗诏迎阻燕王。燕王见到遗诏后，不得不返回北平。②

　　毫无疑问，燕王在南京伏有眼线，因此可以在第一时间得知太祖已经驾崩或者足以预判太祖即将驾崩的消息，以至师行至淮安（北京至淮安的距离在1000千米左右）才被建文帝的探子发现。很难想象，要是没有太祖留下的这份遗诏，朱允炆可以在御座上安坐多长时间。③

　　即位两个月后，建文帝采纳了兵部左侍郎齐泰以及翰林学士黄子澄等人的削藩建议。曹国公李景隆以备边为名，驰至开封，将燕王的同母弟、周王朱橚拘押回京。用黄子澄的话说，这样做等于是剪除燕王的手足。次月，朱橚被废为庶人；齐王朱榑、代王朱桂、岷王朱楩等人则被拘押。④建文元年（1399年）四月，湘王朱柏自焚而死，齐王、代王则废为庶人；两个月后，岷王也被废为庶人，并流放漳州。⑤

　　对于那些仍然在位的亲王，建文帝以"富贵其身、不劳以事"为原则进行整顿，以削弱他们的自治能力。根据新制度，亲王的儿

---

① 《国榷》，卷十一。
② 《国榷》，卷十一。
③ 有关这份遗诏是否系伪造的问题似乎不用讨论。若遗诏阻退燕师一事属实，则遗诏为真。伪诏不太可能蒙骗燕王。
④ 《明通鉴》，卷十。
⑤ 《明通鉴》，卷十二。

子如果被封为郡王，则"止食其禄，而不宾居其土"。[①]这些做法严重违背了《祖训录》。

对于建文的削藩之举，燕王先是隐忍不发，继而装疯卖傻，继而铤而走险。待到时机成熟时，上书天子，指齐泰、黄子澄为奸臣，并援引"朝无正臣，内有奸恶，则亲王训兵待命，天子密诏诸王统领镇兵讨平之"的祖训，发兵"靖难"。时为建文元年（1399年）七月。

建文四年（1402年）六月，朱棣率军攻入京师，在奉天殿即皇帝位，并恢复周王朱橚、齐王朱榑的王爵。八日后，齐泰、黄子澄、方孝孺等族诛，坐奸党而死者无数。[②]至于建文帝，既无确凿证据证明他死于自焚，亦无确凿证据证明他逃出生天，他的生死下落成为一桩悬案。

建文年间的可信史料不多。基于非官方史料及逻辑上的推理，史学家们已经认定，燕王登基为帝后，对官修史籍做了大量删改。例如，为了使自己的帝位合法化，他甚至否认硕妃是自己的生母，改认太祖正妻马皇后为生母。[③]因此，这个时期的锦衣卫也无法给人留下清晰完整的印象。

不过，基本可以确定的是，在京师城陷这一日，建文帝突然失去了对包括锦衣卫在内的亲军十二卫的控制，使得燕军几乎没有遇到任何抵抗就进了京。《国榷》记载，六月十二日，燕军抵达南京金川门（北城门），"谷王（朱）橞从城墙上望见燕钲鼓，与曹国公李

---

① 黄彰健：《读〈皇明典礼〉》，刊载于《明清史研究丛稿》。
② 《明史》，卷五。
③ 《国榷》，卷十二。傅斯年在《明成祖生母记疑》一文中提出，硕妃可能是蒙古人，也可能是高丽人，还可能是色目人。该文原载于1932年《中央研究院历史语言研究所集刊》第二本第四分。

景隆开门迎入"。①

事实上，就在城陷前一日，建文帝似乎仍有能力控制京师防御，因为他在这一日将试图与燕王里应外合的左军都督府正一品左都督徐增寿（他是燕王朱棣之妻文皇后的兄弟）拘禁起来并且处死。基于徐增寿与朱棣之间存在姻亲关系，很难相信建文帝会授予他实权，也很难相信建文帝不会对他进行监控。

那么，建文帝到底是如何突然失去对亲军十二卫的控制力的？是主动舍弃还是被动放弃？如果是主动舍弃，那么，他当时是基于何种考虑，是否为了争取逃亡的时间？如果是被动舍弃，当时又是何种情况？

根据《建文年谱》，得知朱橞与李景隆开门迎燕王之师的消息之后，"帝知事去，遂纵火焚宫……（于六月十三日未时）从鬼门（可能是地道）遁去，从者二十二人"②。如果这条史料属实，那么，在这22人中，是否有锦衣卫成员？关于这些问题的答案，恐怕只能任人猜想了。

不过，依据事理以及现有史料留下的线索，我们有理由怀疑都指挥使高昂在导致建文帝失去对亲军十二卫的控制力的事件中扮演了重要角色。

根据《明太宗实录》的记载，洪武三十五年（1402年）七月③，即朱棣登基为帝的第二个月，赐"故都指挥使高昂之子真袭父旧职，为锦衣卫指挥使"。④据此，我们可以推出两个结论：其一，高

---

① 《国榷》，卷十二。
② 《建文年谱》，见《北京图书馆藏珍本年谱丛刊》（北京图书馆出版，1999年5月出版），第38册，第134—136页；《明通鉴》（卷十三）引述传言称，随建文帝出逃者有四十余人。
③ 因成祖不承认建文的合法性，故延用洪武年号。
④ 《明太宗实录》，卷十。

昂生前可能是锦衣卫都指挥使（正二品），且有世袭指挥使的恩典，否则"袭父旧职，为锦衣卫指挥使"之语无从解释；其二，高昂有功于成祖。

而高昂之所以选择效忠成祖，是因为他与李景隆有姻亲关系。根据《明名臣琬琰录》的记载，太祖朱元璋的外甥李文忠生有三子二女，长子为李景隆，小女儿的夫婿则是高昂。[①] 因此，当李景隆决定投靠兵临城下的成祖时，高昂也做出了同样的选择。

除了有关高昂的猜测，关于锦衣卫在建文年间的历史，还有其他一些值得一提的内容。

洪武三十一年（1398年）九月底，亦即建文帝登基四个月后，曾将一批殉葬太祖的宫人的父兄提拔为锦衣卫世袭千户（正五品）或者百户（正六品）。这些人包括张凤、李衡、赵福、张弼、汪宾、孙端、王斌、杨忠等，他们有的以前是锦衣卫镇抚（从五品），有的只是试百户（准百户）。[②] 他们有一个特殊的称谓——"女户锦衣卫"。

这种做法是对祖制的违背。太祖确立的制度是，可以授予宫人的父兄武职，但最高只能是百户。[③] 太祖本人曾在洪武二十四年（1391年）授予一位叶姓女官的父亲或兄弟锦衣卫镇抚的职位（级别与百户相当）。[④]

由于王妃亦属"宫人"行列，因此，王妃的父兄，凡供职锦衣卫者，例如襄王朱瞻墡的妃子王氏（襄王第四个女儿的母亲）的家

---

① 《明名臣琬琰录》，卷二。
② 《国榷》，卷十一。
③ 《明太宗实录》，卷十五。
④ 《枣林杂俎》，义集。

属王雄，也被称为"女户锦衣卫"。①

至迟在宪宗成化年间，供职锦衣卫的官员，已经按照出身背景的不同，划分为十几类，例如皇亲、女户、保母、恩荫、录用、通事、勋卫、散骑，以及匠人、舍人、旗校、勇士、军民人等。

此外，早在洪武年间，捕盗已是锦衣卫的基本职责。根据《国榷》的记录，建文元年五月，锦衣卫千户徐斌，正是因为在常州捕贼有功，升任苏州卫指挥使。②但是，锦衣卫提督五城兵马司主管京城巡捕的制度，似乎直到成化年间才得以确立。

行在锦衣卫

永乐年间，锦衣卫的建制趋于完善。关键的时间点是永乐六年（1408年）十二月。正是在这个月，成祖命礼部铸造五军都督府、六部、都察院、大理寺、锦衣卫等机构的印信共计14枚，上刻"行在"二字。③换句话说，从永乐六年开始，明朝在北京和南京各有一套完整的政府机构，分辖一北一南两个锦衣卫。其中，北京锦衣卫又称"行在锦衣卫"，下设一南一北两个镇抚司。

专治诏狱的北镇抚司的设立，标志着锦衣卫的执法权力开始制度化。但这个时候的北镇抚司还不足以掣肘法司。明人沈德符的记录是，北司设立之初，凡遇大案，"一讯之后，即送法司定罪，（北司）不具审词。成化初，用参语覆奏，而刑官始掣肘矣"。直至成化中，北司有了自己的印信，其执法权才正式制度化。④

---

① 《明英宗实录》，卷三十三。朱瞻墡是明成祖之孙，明仁宗第五个儿子。
② 《国榷》，卷十一。
③ 《明太宗实录》，卷八十六。
④ 《万历野获编》，卷二十一。

永乐十九年（1421年）正月初一，成祖正式迁都北京。从这一日起，北京的政府机构不再称"行在"，刻有"行在"二字的印信早已送印绶监重新铸造；南京政府机构的印信也重造了，新印信上加刻"南京"二字。①

因为即位的方式特殊，成祖的帝位起初并不稳固。用《明史》的话说，他知道自己名不正、言不顺，难令天下人心服，因而想通过威权政治让天下人惧怕他。②用王世贞的话说，成祖以藩王的身份起兵靖难，夺取皇位之后，缺乏足够的自信，觉得天下人都有异心。③无论如何，清除异己、维护皇权势在必行。

但成祖并非只借重锦衣卫"肃清吏治"。很多案例似乎遵循这样一种操作方式：御史或三法司先期检举，锦衣卫后期介入。至于御史手中的证据，可能直接来自耳目遍天下的皇帝，可能来自被检举者的政敌，当然也可能来自寻常百姓。在很多案例中，御史都是"肃清吏治"程序的启动者。例如，在清除曹国公李景隆、长兴侯耿炳文、驸马都尉梅殷等人的过程中，都察院左都御史陈瑛就与锦衣卫配合无间。

陈瑛原是山东按察使，建文元年调任为北平按察使。正三品按察使掌一省刑名按劾之事，即"纠官邪，戢奸暴，平狱讼，雪冤抑，以振扬风纪，而澄清其吏治"。④燕王朱棣起事之前，他因"交通藩邸"逮谪广西。⑤

朱棣登基仅过了一个月，就把陈瑛从广西召回京师，任命他为

---

① 《明太宗实录》，卷二百二十九。
② "成祖即位，知人不附己，欲以威胁天下。特任纪纲为锦衣，寄耳目。"见《明史》，卷三百七。
③ 《弇州四部稿》，卷七十九。
④ 《明史》，卷七十五。
⑤ 姜清：《姜氏秘史》。

正三品都察院左副都御史。永乐元年（1403年）正月，又擢升其为正二品左都御史。[1]

作为三法司之一的都察院，被称为"天子耳目风纪之司"，职专纠劾百司，"凡大臣奸邪，小人构党，作威福乱政者，劾。凡百官猥茸贪冒坏官纪者，劾。凡学术不正，上书陈言变乱成宪，希进用者，劾"。凡大狱重囚，都察院与刑部、大理寺一同会审。在平时，御史们经常奉敕办事，巡抚地方。因此，在三法司中，都察院的权力最重。[2]

根据《明通鉴》的记载，陈瑛"天性残忍，受上宠任"。[3]毫无疑问，成祖就是要借重像陈瑛这样既懂刑律又仇视建文官僚班底的心腹来达到清除异己的目的。

陈瑛很快就进入了角色。这位新晋左都御史弹劾的第一位大人物，是曾经以参将的身份先后跟随耿炳文以及李景隆讨伐燕王，于建文二年（1400年）九月被封为历城侯的盛庸。[4]因为一再被指控"口出怨诽，心怀异图"，永乐元年九月，盛庸的爵位被夺。[5]值得注意的是，陈瑛的情报主要来自成祖的心腹、已经致仕的羽林卫千户王钦。[6]紧随其后，曹国公李景隆以及长兴侯耿炳文也被他列入弹劾名单。

李景隆其人前文已略有提及。在成祖的心目中，此人"心术不正"，"寡谋而骄，色厉而馁"，是一个典型的"膏粱竖子"。[7]作为

---

① 《明太宗实录》，卷十、卷十六。

② 《明史》，卷七十三。

③ 《明通鉴》，卷十四。

④ 《明史》，卷一百四十四。

⑤ 《明太宗实录》，卷二十三。

⑥ 《明太宗实录》，卷二十二。

⑦ 《明太宗实录》，卷一百二十。《明史纪事本末》，卷十六。

开国功臣的耿炳文，早在洪武三年（1370年）即被封爵长兴侯。他的长子耿璇娶了建文帝的姐姐江都公主为妻，官至前军都督佥事；次子耿瓛官至后军都督佥事。①作为建文帝旧臣，李景隆与耿炳文在朝中的根基都很深，深受成祖猜忌。

先是永乐二年（1404年）七月某日，刑部尚书郑赐等人弹劾李景隆"藏亡命蒋阿演等二十八人，有异谋"。次日，李景隆及其兄弟、都督李增枝又被弹劾图谋不轨。两个月后，吏部尚书蹇义等人又弹劾李景隆"招纳亡命，图不轨"。次日，锦衣卫指挥同知潘谞等人再劾"李景隆私阉人，僭金龙服器"。②十月某日，左都御史陈瑛与刑部尚书郑赐又相继劾奏耿炳文不遵礼典。他们说，耿炳文穿的衣服、用的器皿都僭用龙凤图案，"远蹈'胡蓝'之轨，近循李景隆之邪心"，请求成祖对他明正典刑。③成祖批示："旧臣也这样做吗？盼其速速改正！"不知是成祖失去了耐性，还是耿炳文执迷不悟，成祖很快就命人抄了耿炳文的家。耿炳文不久后上吊自杀。④同年十二月，李景隆被削爵，软禁在家，家产也被没收。⑤

永乐二年十一月，即弹劾耿炳文的第二个月，左都御史陈瑛又将矛头对准了驸马都尉梅殷，弹劾他蓄养亡命之徒，私藏胡女为奴，并与女巫刘氏私通。⑥

驸马都尉的爵位比侯爵稍逊。根据明制，凡是驸马，无论娶的是大长公主、长公主，还是公主，都是驸马都尉，"皆不得预政事"。但是，驸马都尉"不得预政事"的原则性规定，被太祖本人打破

① 《明史》，卷一百三十。
② 《国榷》，卷十三。
③ 《明太宗实录》，卷三十五。
④ 《国榷》，卷十三。还有一种说法是，耿炳文早在建文元年已殁于真定之役。
⑤ 《明史》，卷六。
⑥ 《国榷》，卷十三。

了。洪武十九年（1386年），正是这位驸马都尉梅殷，被太祖派到山东提督学校兼理地方事务。梅殷之妻是太祖正妻马皇后的女儿宁国公主。

梅殷擅长弓马，为人恭谨，很有谋略，在太祖的16位驸马中，最受太祖的宠爱和信任，早在洪武十一年（1378年）就被授予荣国公的爵位。朱棣当时18岁，还没有就藩。《明会要》记载，太祖春秋高，见诸王强盛，密令梅殷辅佐皇太孙朱允炆。朱允炆对梅殷十分信任，燕王起事后，任命他为总兵官，镇守淮安。他悉心防御，号令严明。燕兵打败何福大军，俘虏平安等诸将后，曾遣使梅殷，希望借道。可是梅殷割掉了使者的耳鼻，放他回营，命他传话燕王要谨守"君臣大义"，燕王为之气沮。[①]

显然，无论是出于报复的目的，还是为了巩固皇权，成祖都有理由除掉这位曾让他大失颜面、根基颇深的托孤大臣。

《明史》记载，永乐三年（1405年）十月初三，凌晨四鼓时分，梅殷照例上朝，经过笪桥时，前军都督金事谭深以及锦衣卫指挥使赵曦突然出现，将他"挤"下了桥。结果梅殷溺水而死，以投水自尽报闻。宁国公主听闻梅殷死讯后，怀疑成祖是凶手，"牵（成祖）衣大哭，问驸马安在"。对这位小他四岁的妹妹，成祖似乎颇有怜惜之意，温言相劝后，表示会尽力搜寻凶手。[②]"真相"很快就被查明。根据《明太宗实录》的记载，成祖怀疑梅殷死于盗杀而非投水自尽，下令逮捕盗贼。没过多久，时不出十月，都督许成将谭深、赵曦害死梅殷的事情报告了成祖。成祖震怒，命法司赶紧问罪。谭、赵二人皆被抄家。作为补偿，成祖给梅殷的两个儿子授了

---

① 《明会要》，卷四十二。
② 《明史》，卷一百二十一。

官职。①

尽管成祖试图撇清自己，史家依然把这笔账算在他的头上。正如《国榷》的作者谈迁的评论："驸马安所死哉？然堂堂圣明，出锄麑之下智，非所以树威于天下也。史虽讳之，其谁信焉？"②

据王世贞考证，在锦衣卫与三法司等机构的配合下，左都御史陈瑛"灭建文朝忠臣数十族，亲属被戮者数万人"。③

纪纲之警

正是在清除建文朝旧臣、稳固皇权的过程中，锦衣卫历史上出现了一位臭名昭著的指挥使——纪纲。

纪纲是山东临邑人，本是一名"诸生"④。燕王靖难，经过临邑之时，纪纲毛遂自荐。成祖觉得此人与众不同，就与他交谈了几句，没想到他对答如流。成祖认为他是个人才，于是就收为己用。这是《明史》讲述的故事。⑤

明人黄佐（他曾在嘉靖朝担任少詹事一职）提供的版本有些不同。根据他写的《革除遗事》一书，纪纲为成祖效力前并非诸生，而是辽王府的卫士。他擅于刺探情报，颇受器重。需要交代的背景是，辽王朱植比成祖小17岁，是太祖第十五个儿子，其藩邸位于东北广宁州（今辽宁北镇）。燕王起事后，建文帝担心辽王会支持燕王，就下旨将其召回南京。辽王藩邸后来迁至湖北荆州。

---

① 《明太宗实录》，卷四十七。
② 《国榷》，卷十三。锄麑，春秋时晋国力士，晋灵公曾派他刺杀谏臣赵盾。因此，"锄麑"又指代刺客或暗杀。典故出自《春秋左传正义》卷二十一。
③ 《弇州四部稿》，卷七十九。
④ 在府、州、县各级学校学习的生员称为"诸生"。
⑤ 《明史》，卷三百七。

据黄佐说，王府中有一位名叫程通的长史（相当于总管，正五品官职）①，为人至性，动必遵礼，深受辽王敬重。程通对纪纲管束颇严，动辄笞戒之，因此为后者所憎。成祖起兵后，确曾遣使荆州，请求支持，但为程通所阻，后者还将燕王求援一事密报建文帝。此事被纪纲察知。成祖即位后，纪纲谋到一个代表辽王进京朝贺的机会。见到成祖后，他将程通之事全盘托出。于是，成祖处置了程通，将纪纲留在身边听用。②

《明史》有关纪纲与成祖相逢的故事，大致脱胎于明人王世贞所著《锦衣志》。王世贞还提到，纪纲精于骑射，颇懂法制，且为人诡黠，能言善辩，擅长揣摩人心，很快就得到燕王赏识，被提拔为忠义卫千户（正五品）。③成祖即位后，提拔他为都指挥金事，让他统领锦衣卫，并治理诏狱。④

但王世贞的说法似乎并不十分准确。根据《明太宗实录》的记载，纪纲直至永乐八年（1410年）八月才被擢为锦衣卫掌卫事都指挥金事。在此之前，他在锦衣卫指挥使任上停留了很长一段时间。⑤根据《明史》及清人陈鹤所著《明纪》，纪纲履新锦衣卫指挥使的时间，应该是成祖即位后不久。⑥

值得注意的是，在锦衣卫的权力结构中，都指挥金事与锦衣卫指挥使都是正三品，但是，前者的地位实际上高于后者。

---

① 据《明史》，王府长史的职责是："掌王府之政讼，辅相规讽以匡王失，率府僚各供乃事，而总其庶务焉。"
② 《革除遗事》，卷一。
③ 忠义卫隶属于后军都督府。在五军都督府中，后军都督府除统属在京鹰扬、江阴、兴武、横海、蒙古左、蒙古右六卫之外，还统属在外北平、山西二都司及山西行都司并所辖卫所。这些在外都司及所辖卫所，是最早臣服于燕王的军事机构。
④ 《弇州四部稿》，卷七十九。
⑤ 《明太宗实录》，卷一百七。
⑥ 《明纪》，卷第八；《明史》，卷三百七。

对于在锦衣卫任职的官员来说,指挥使并非可晋升的最高职务。而且,锦衣卫指挥使的人数,也通常并不像《明史》以及有的学者所言,只有一位,而是有多位,有时甚至会有四位以上,其中既有带俸的,亦有不带俸的,既有实职,亦有虚职。例如,洪武三十五年(1402年)十一月,也就是成祖登基之后第五个月,锦衣卫指挥佥事刘智、萧逊、葛能、李敬四人就同时被擢为锦衣卫指挥使。①

根据惯例,锦衣卫指挥使若要进一步晋升,一般都要先被擢为都指挥佥事,然后才能依次晋为都指挥同知(从二品),都指挥使(正二品),都督佥事(正二品),都督同知(从一品),左、右都督(正一品)。无论是在都指挥佥事、都指挥同知、都指挥使任上,还是在都督佥事、都督同知以及左、右都督任上,都可以继续掌锦衣卫事。嘉靖朝的陆炳(锦衣卫历史上另一位大名鼎鼎的人物)即是掌锦衣卫事左都督。不过,必须说明的是,锦衣卫掌事者若官职在都督佥事以上,则列衔五军都督府,而不列衔本卫,但俸禄仍出自本卫。而且他们虽然列衔五府,却不管府事。

无论如何,擢为都指挥佥事,意味着晋升通道已经打开,这是成祖对纪纲的努力给予的奖赏。《明史》写道,纪纲揣摩圣意,广布校尉,整日刺探臣民私隐,成祖认为他十分忠心,亲之若肺腑,把所有重案都交给他来查治。在都御史陈瑛的配合下,建文朝忠臣数十族被灭,亲属被戮者达数万人之众。②

浙江按察使周新即是冤死者之一。按察使掌理一省刑名按劾之事,是一项极为重要同时也极易得罪人的工作。而周新之所以含冤而死,是因为得罪了纪纲。

---

① 《明太宗实录》,卷十四。
② 《明史》,卷三百七。

在此之前，纪纲以缉事为名，派锦衣卫指挥使庄敬、袁江，以及千户王谦、李春等人去了浙江。庄敬等人到了浙江中部后，作威作福，肆受贿赂，被周新逮捕并处治。但有一名千户漏网逃脱，他将这件事禀报了纪纲。于是，纪纲在成祖面前诬告周新有罪。成祖信以为真，命锦衣卫去逮人。在押解周新回京的路上，锦衣卫不断殴打他，以致抵达京师时，周新已体无完肤。见到成祖后，他情绪激动，大声抗议，声明自己是奉旨依律惩治奸恶，没有被问罪的理由。成祖恼羞成怒，将他处死。此时是永乐十年（1412年）十二月。①

周新是广东南海人（今广东佛山顺德），初入宦途时，担任过大理寺评事（正七品），以善于断狱而闻名，后改任御史。他敢于谏言，不避权贵，有"冷面寒铁"之誉。在浙江按察使任上，他屡雪冤狱，且为官廉洁，人称"周廉使"。据说，浙江人听到他屈死的消息之后，纷纷为其鸣冤。周新本名"志新"，"新"是他自取的字，只因成祖常称他"新"，故而人们只记其字而忘其本名。②可见，他原先也曾受到成祖的器重。

成祖很是宠爱纪纲，所以，经常派纪纲去处理一些敏感却又很有油水的案子，例如查抄晋王朱济熺、吴王朱允熿的家。

晋王朱济熺的父亲是太祖的第三子朱棡。他本人袭封晋王的时间是洪武三十一年（1398年）四月，即太祖去世前一月。③他只比成祖小五岁。成祖即位之后，不断听到晋王有不臣之心的奏报。对于这些奏报，成祖不敢掉以轻心，因为晋王的父亲朱棡是太祖正妻马皇后的嫡子，晋王本人又是朱棡的嫡长子，因而有嫡出的身份，

① 《御批历代通鉴辑览》，卷一百二。
② 《御定资治通鉴纲目三编》，卷六。
③ 《明太祖实录》，卷二百五十七。

而成祖只是庶出而已。

但成祖比较幸运，因为晋王并非一个具有高明政治手腕的对手，他甚至没能笼络住自己的兄弟、平阳王朱济熿。正是这位弟弟多次举报他有谋反之心。永乐十二年（1414年）三月，成祖将晋王软禁在宣府，只拨给内使10人、厨子10人、校尉10人、军士20人，供他驱使。① 五个月后，又将他废为庶人，进封朱济熿为晋王。据说，纪纲在抄家的过程中贪墨了500两黄金、一个金盆、两个宝钏、两套白金鞍辔。②

吴王朱允熺是建文帝同父异母的兄弟。③ 建文帝待他不薄，但"吴王"的封号颇落人口实。《明太宗实录》记载，太祖原本想将第五子朱橚封为吴王，最终却遵循"天子畿内，不以封诸侯"的古制，改封其为周王。因此，朱允熺"吴王"的称号遭到很多人的议论。④ 成祖即位后，将朱允熺降为广泽王，命其迁居漳州。后来又将他废为庶人，禁锢凤阳。⑤ 纪纲奉旨抄家的过程中贪墨了御龙服以及王冠。⑥

既然受宠到这个程度，纪纲恃宠而骄似乎也就顺理成章了。

《明书》记载，一位名叫石班的宦官激怒了成祖，成祖命纪纲用弃市之刑处死他。纪纲则先将石班邀请至自己家，招待其酒食及沐浴，并表示一定会请求皇上赦免其罪行，目的在于诱骗对方贿赂自己。等到石班的钱财被榨干后，纪纲就挑个日子在街市上处死他。在此之前，处死石班的报告早就呈给了成祖。⑦

---

① 《明太宗实录》，卷一百四十九。
② 《弇州四部稿》，卷七十九。
③ 朱允炆的母亲是太常寺卿吕本的女儿吕氏，朱允熺的母亲是常遇春的女儿常氏。
④ 《明太宗实录》，卷十一。
⑤ 《明史》，卷一百十八。
⑥ 《明书》，卷一百五十四。
⑦ 《明书》，卷一百五十四。

王世贞记载了这样一则故事：纪纲看上了美貌的道姑陈氏，想纳她为妾，但被靖难功臣、都督薛禄抢先一步，因此，纪纲十分痛恨薛禄。某日，二人在禁宫中相遇，纪纲手持铁镢砸了薛禄一记。薛禄脑袋开花，几乎丧命，却不敢声张，只能忍气吞声。①

纪纲甚至伪造诏书，将伪诏下发到诸司盐场，勒索了400多万石盐，又矫诏将官舶20艘、牛车400辆占为己有。百姓私产当然也在掠食范围之列，例如抢夺倪贵等人的房舍庄宅17处，价值达30多万贯；隐匿县官特批给百姓的土地8处，价值达20多万贯。②外国使臣纪纲也不放过，某位交趾使节就被他敲诈了80两黄金、一个金盆，还有异宝20枚。

当然，愿意与他同流合污的商贾也不在少数。吴地富豪沈文度就是其中之一。

沈文度之父是大名鼎鼎的财神沈秀，亦即沈万三。而沈万三最著名的事迹，莫过于他拥有一只传说中的聚宝盆，以及帮助太祖修建了三分之一的京城。前者当属无稽之谈，后者则有史可考。可是，沈万三虽然极有商业天赋，却不懂帝王心理。他请旨犒劳军队的做法引起太祖的猜忌，最终被抄了家，流放云南。③大概因为信奉狡兔三窟的哲学，沈家被抄后，还是很有钱。后人沈文度怕被人告发，寝食难安，因此买通了纪纲的亲信，并且拜见了这位天子宠臣。沈文度献给纪纲黄金百两、白银千两、龙纹被子一床、龙角一株、奇宝10具，以及异国绢帛40匹，表示愿意为他牵马坠镫。得到纪纲的庇护后，沈文度的生意做得十分红火。作为回报，他每年

---

① 《弇州四部稿》，卷七十九。
② 《弇州四部稿》，卷七十九。
③ 《明史》，卷一百十三。一说沈万三本名为沈富。关于沈万三的身世背景学界仍有争议。

要进献大米 600 石、钞 20 万贯、佳酿 100 石，吃的穿的更是时时孝敬。沈文度甚至遵照纪纲的指示，带着锦衣卫旗校，在江苏私闯民宅，为其物色美女。①

以上是《明书》及《弇州四部稿》的记载，未必可信。弘治《吴江志》记载，沈文度实际上是沈万三的曾孙，早在洪武二十六年即受到"蓝玉案"的牵连而被处死。②

无论如何，按照各种史籍的说法，随着手里的权势越来越大，纪纲逐渐有了不臣之心。抄了吴王的家，回到京城之后，他将搜到的御龙服以及王冠穿戴起来，高坐置酒，命伶童真保、道真、吉祥等人上演伎乐，这些人为他做寿时，都口呼万岁。久而久之，他身上穿的衣服，居家使用的器皿，都变成了原本只有皇帝才能享用的东西。③成祖诏选秀女期间，那些初试过关但年龄尚幼的少女原本要"暂出待岁"，等到长大后再送进宫，纪纲却将长相美貌者纳为己有。④纪纲甚至蓄养了很多亡命之徒，囤积了无数刀甲弓弩，预谋不轨。⑤

为了一举成事，他效仿赵高指鹿为马的例子，试探朝臣对自己的态度。时值端午，成祖召集群臣，以射柳为戏。纪纲对充当司射的镇抚庞瑛说，待会儿我故意射不中，你则折柳欢呼，表示我射中了，看看兵部尚书及御史等人作何反应。结果竟然没有一个人站出来表达异议。纪纲很是高兴，觉得自己很有威望。⑥

但谋反不是一件简单的事。纪纲还没来得及举事，就有人将他

① 《明书》，卷一百五十四。
② 《弘治吴江志》，卷九。
③ 《明太宗实录》，卷一百七十八。
④ 《明纪》，卷第十。
⑤ 《明史》，卷三百七。
⑥ 《弇州四部稿》，卷七十九。

的秘密告诉成祖。成祖命人将纪纲打入都察院监狱审讯。纪纲对自己的罪行供认不讳。[1]永乐十四年（1416年）七月十六日，这个野心家被磔于市，尽夷三族。他的同党锦衣卫指挥袁江，千户王谦、李春，以及镇抚庞瑛等人都被处死。[2]另一位从犯、锦衣卫指挥使庄敬当时"在海上"（可能是随郑和出使西洋），回国之后伏诛。[3]

宦官的价值

纪纲的背叛对成祖是一个巨大的打击，因为成祖一直"亲之若肺腑"，在12年的时间里，将他从一介寒儒擢升至前途无量的正三品锦衣卫都指挥佥事。毫无疑问，成祖一定会对锦衣卫的权力结构进行反思，会想办法设立一个机构，或者确立一套制度，使锦衣卫既能为己所用，又不会背叛自己。作为一国之君，他日理万机，不可能有时间详细过问锦衣卫的运行情况，因此，找到一位或几位可以信赖的代理人变得十分关键。

事实上，纪纲伏诛之后，还发生了一件足以动摇成祖对锦衣卫掌事者信心的事情。

大概是永乐十七年（1419年）上半年，后军都督府首领官向成祖奏报，山西行都司（隶属于后军都督府）都指挥使（正二品）李谦行为不轨。但成祖觉得事有可疑，于是命锦衣卫掌卫事都指挥佥事刘忠逮捕该首领官下狱审问。可是，刘忠竟然擅自将后军都督府都督（正一品）程宽逮捕下狱。得知此事后，兵部尚书方宾以及山西道监察御史顾敏劾奏刘忠擅自逮捕大臣。最终，刘忠下狱，接受

---

① 《明史》，卷三百七。
② 《国榷》，卷十六。
③ 《明太宗实录》，卷一百七十八。

都察院的鞫治。①

毫无疑问，缺乏监督的锦衣卫并不符合成祖的利益。他想到的对策是，委派一位他认为完全可信的宦官作为代理人去监督或制约锦衣卫。这是他设立"东厂"的重要原因。

成祖十分清楚宦官的潜在能量。事实上，靖难事业能够成功，离不开建文帝身边内侍的帮助。正如《明史》所载，成祖在北平准备起事期间，想尽办法刺探宫中的事情，随侍建文帝左右的宦官，不少都是他的眼线，故即位后"专倚宦官"。②但这条史料在逻辑上并不严密：得到建文帝左右内侍的帮助的事实，并不必然导致成祖即位之后"专倚宦官"，因为成祖一定可以从前一事实中得出一个相反的结论，即只要有合适的机会，宦官也可能背叛君主，而且宦官的背叛会给君主带来非常严重的威胁。

成祖也应该会记得太祖的教诲。太祖曾在多个场合，通过各种方式警告宦官不要干预政治。

洪武元年三月某日，太祖对左右侍臣说，朕每每看到史书中有关汉唐末世皆为宦官所害的记载，都会深深地扼腕叹息，这帮人朝夕陪在人主之侧，日见亲信，小心勤劳，像吕强、张承业这样的忠厚宦官虽然并非没有，但正如圣人所告诫的，"开国承家，小人勿用"；他们在宫禁之中做做洒扫、传传旨令勉强可以胜任，怎么能让他们预政典兵呢？唐汉之祸，虽是宦官之罪，但也是因为人主对其过于宠爱所致，倘若禁止宦官典兵预政，他们又怎么有机会作乱呢？ ③

次年八月，太祖在命吏部制定内侍诸司官制时还特别交代，宦官在古时候只有资格承担酒浆、醯醢、司服、守祧（即看守宗庙）

---

① 《明太宗实录》，卷二百十四。
② 《明史》，卷九十五。
③ 《明太祖实录》，卷三十一。

等职务，如今也只是定下个章程，并非别有委任，有关他们的职责，要反复斟酌，以求适当，千万不能过多。①

太祖十分怀疑宦官的品性。他甚至认为，自古以来，品性善良的宦官，千百个人里面也找不到一两个。如果任用宦官为耳目，"即耳目蔽矣"；如果以宦官为腹心，"即腹心病矣"。在他看来，驭使宦官的办法是，要常常告诫他们，不给他们建功的机会，因为有功就会骄恣，同时要让他们畏法，因为畏法就会约束言行，不敢胡作非为。②

有两件小事可以证明，太祖本人确实是这么做的。

洪武三年（1370年）十月某日，退朝之后，天还在下雨，有两位宦官穿着干靴在雨中行走，被太祖看见了。太祖命人将此二人叫到身前，斥责他们，靴子虽然不值钱，却也是出自民力，不是随随便便轻轻松松就能做好的东西，怎么能这样糟蹋呢？骂完后，命左右杖之。③

洪武十年（1377年）五月某日，一位服侍太祖多年的宦官因为谈了几句政事，马上就被遣返回乡，终其一生，再也没有机会服侍太祖。④

太祖甚至立了一项禁令，即宦官不许识字。⑤洪武十七年（1384年），太祖命人将一块三尺高的铁牌置于宫门内，上面写着："内臣不得干预政事，预者斩。"⑥同年七月初二，太祖又下旨，一方面警

---

① 《明太祖实录》，卷四十四。
② 《弇山堂别集》，卷九十一。
③ 《明太祖实录》，卷五十七。
④ 《弇山堂别集》，卷九十一。
⑤ 《明史》，卷七十四。
⑥ 《明史纪事本末》，卷二十九。

告宦官不要干预政事，另一方面警告朝臣不要与宦官私相授受。[①]
太祖解释，为政必先谨内外之防，绝党比之私，唯其如此，才能
清明朝廷，振肃纪纲。前代人君不明白其中道理，纵容宦官与外臣
勾结，这才让他们有机会觇视动静，夤缘为奸，假窃威权，以乱国
家，为害非轻，汉唐即是先例。明君总是治于未乱，见于未形，朕
这么做，是防患于未然。[②]

　　太祖一再重申宦官不能干预政事，反过来也说明这样一种可能
性：尽管宦官的职责被限制在洒扫、司服等事项上，但宦官的影响
力在洪武年间曾一度不可小觑，甚至达到可以影响朝政的程度。

　　正是有鉴于此，太祖对宦官官制进行了多次改革。吴元年时，
内使监监令是正四品，随后调整为正三品，洪武二年改革官制之
后，调整为从三品，洪武四年再调整为正五品。到了洪武十七年，
宦官官制又有大变动，内官监（原内使监）监令定为正六品，而未
来将发挥发挥重大作用的司礼监、御马监等，仅仅是正七品的机
构。到了洪武二十八年（1395年），内官监、司礼监、御马监等11
个机构（后来调整为十二监）又被调整为正四品。[③]

　　太祖之所以在洪武后期上调司礼监、内官监的级别，一定是
在实践中发现宦官确有可借重之处，通过上调其级别，让他们更
好地为自己办事。明末大儒顾炎武在《日知录》一书中提到，洪武
二十五年（1392年），太祖命宦官聂庆童奔赴陕西河州等卫所向番
族传旨，让他们用马匹换取茶叶。[④]这件事被认为开启了明代宦官

---

① 《明太祖实录》，卷一百六十三。
② 《皇明典故纪闻》，卷四。
③ 《明史》，卷七十四。
④ 《日知录》，卷九。

奉旨出京办事的先河。①

或许是出于对子孙后代能力的担忧，太祖最终还是在《皇明祖训》中谆谆告诫后人，内官各监、司、局及各库的职掌既定，"要在遵守，不可轻改"。《皇明祖训》确定的各监职掌如下：

神宫监：掌洒扫。

尚宝监：掌玉宝、敕符、将军印信。

孝陵神宫监：掌洒扫，并栽种一应果木蔬菜等事。

尚膳监：掌供养及御膳，并宫内食用之物；及催督光禄寺造办宫内一应筵宴茶饭。

尚衣监：掌御用冠冕、袍服、履舄、靴袜等事。

司设监：掌御用车辇、床、被褥、帐幔等事。

内官监：掌成造婚礼妆奁、冠舄、伞扇、被褥、帐幔、仪仗等项，并内官内使帖黄一应造作，并宫内器用、首饰、食米、土库、架阁、文书、盐仓、冰窖。

司礼监：掌冠婚丧祭一应礼仪制帛及御前勘合赏赐笔墨裱褙书画，管长随、当差、内使人等出门马牌等事，并催督光禄司造办一应筵宴。

御马监：掌御马并各处进贡及典牧所关牧马骡等项。

印绶监：掌诰券、贴黄、印信、选簿、图画、勘合、符验、文册、题本、诰敕、号簿、信符、图本等项。

直殿监：掌洒扫殿庭楼阁廊庑。

显然，各监职掌仍限于酒浆、醯醢、司服、守祧等事项。

---

① 《明史》，卷七十四。

太祖之所以不厌其烦地重申宦官不得干政的禁令，是因为他深深懂得这样一个道理，即宦官的权势与影响力的来源，不在于他的官职级别，而在于他最能揣摩人君的心思，最能影响人君的情绪。太祖说，宦官朝夕陪伴君主，知道君主的喜好，只要懂得察言观色，适当地做一些小事，就足以固结君心。重要的是，这些人一方面擅长阿谀奉承，另一方面也懂得隐忍之道，这是他们的本性。要是君主被他们迷惑而不自知，他们必然会假威福，窃权势，干预政事，久而久之，就发展到不可收拾的程度。这样的例子在历史上有很多，所以朕才立法，将他们的职责限制在洒扫这样的事情上，禁止他们干预政事。①

毫无疑问，因为《皇明祖训》的存在，在重用宦官以监督或制约锦衣卫的事情上，成祖一定经过一番激烈的心理斗争。

其实，对于宦官的消极作用，成祖本人并非没有认识。永乐五年（1407年）六月，他对都察院的臣子们说，宦官弄权，假借朝廷号令，擅自调动军马，私自役使百姓，作威作福、生事造衅以致倾覆宗社的例子，在历史上有很多。正是有鉴于此，太祖才立纲纪、明号令，明确规定军马的调动必须要有御宝文书才合法。即位以来，一遵旧制，爱恤军民，不许臣下擅差一军一民，也一再告诫诸司遵守禁约。

说这番话时，成祖提到一个案例。他说，一年前，朕曾命宦官李进到山西搜罗天花，这是朕一时兴起做的决定，后来十分后悔，就命他停止搜罗。最近听闻李进假传圣旨，伪造勘合，在山西召集军民，以搜罗天花为名，假公营私，做了很多为害军民的事，现在是炎炎暑期，他也没有遣散军民。成祖命都察院派人去山西将李进

---

① 《弇山堂别集》，卷九十一。

等人押回京师，依法从重处置。同时表示，如果山西都司、布政司与此事有关，要一并鞫治；若有皇亲国戚牵涉其中，也绝不宽恕。

成祖忧心忡忡地说，李进的所作所为，与历史上那些弄权太监有何不同呢？要是以后的宦官都这么做，朝廷权柄落到他们的手里，嗣君何以统治天下？让朕失望的是，山西的官员及军民人等，都知道李进的不法作为，却没有一个人上奏，他们的姑息行为，与胡惟庸、蓝玉、齐泰、黄子澄等败坏国事者又有何不同？①

但成祖并非墨守成规的人。太祖确实在《皇明祖训》一文中强调，宦官只能胜任酒浆、醯醢、司服等事项，其既定职掌"要在遵守，不可轻改"，但他本人确实也开创了让宦官奉旨行事的先例。因此，在谈到"李进案"时，成祖自称"即位以来，一遵旧制"，看上去底气十足，丝毫不觉得自己有何不妥。

事实上，在任用宦官方面，成祖的经验似乎比太祖更为丰富。"三保太监"郑和奉命出使西洋一事暂且不论，早在永乐元年二月，他即委派司礼监少监（从四品）侯显带着聘书及钱物前往西藏，因为他听说西藏有一位名叫哈里马勒的僧人法术高超，精于幻化之术，很想见他一面。②

七个月后，他又命宦官马彬等人出使爪哇，将一枚镀金银印、30匹绮彩绢帛赐给爪哇西王都马板。成祖即位之初，这位西王曾遣人奉表朝贡。马彬等后来还带着礼物出使苏门答腊诸番国。同月，宦官李兴奉旨出使暹罗。③十月，宦官尹庆等人奉旨出使满剌加（今马六甲一带）、柯枝（今印度西南部的科钦一带）诸国。④

---

① 《明太宗实录》，卷六十八。
② 《御定资治通鉴纲目三编》，卷五。
③ 《明太宗实录》，卷二十三。
④ 《明太宗实录》，卷二十四。

除了派遣宦官出使外域，成祖还试过派他们出镇地方，监督京师及地方的军队。《明史》记载，永乐元年，成祖"命内臣出镇及监京营军"。①《御批历代通鉴辑览》记载，因为登基不久，根基尚浅，成祖对外派武官多有猜忌，在命镇远侯顾成、都督韩观、刘真、何福等人分别镇守贵州、广西、辽东、宁夏诸边之后不久，于永乐元年十一月，又派出几位懂得谋略的宦官去这些地方镇守。这些宦官被赐予公侯官服，地位在诸将之上。后来，又相继派出宦官前往云南、大同、甘肃、宣府、永平、宁波等地镇守。同年，成祖还命宦官监督京营。②

如果史籍记载无误，那么，在派遣郑和出使西洋的第二天，即永乐三年（1405年）六月十六日，成祖即命宦官山寿率骑兵奔赴云州之北，与先期赶到那里的武城侯王聪的人马会合，探查虏兵的虚实。③清代史家评论，这件事开了宦官典兵的先河。④还有一种说法是，最迟在永乐七年（1409年），成祖已经开始让宦官刺探朝臣动静。⑤

无论如何，既然宦官奉命行事始自太祖，成祖又有驱使宦官的经验，而宦官中也不乏有能力者，那么，在锦衣卫行事日益放肆、越来越目无纲纪的情形下，委派心腹宦官作为代理人对它进行监督，实在是顺理成章的选择。

《皇明祖训》虽有内官诸监职掌"不可轻改"的训诫，但并非绝对禁止。事实上，"不可轻改"四字既可视为训诫，亦可视为叮

---

① 《明史》，卷六。
② 《御批历代通鉴辑览》，卷一百二。
③ 《明太宗实录》，卷四十三。
④ 《御定资治通鉴纲目三编》，卷五。
⑤ 《御定资治通鉴纲目三编》，卷七。

嘱。它或许是在暗示后人，在有需要的时候，也可以持谨慎的态度，灵活应变。

东厂平衡力

正是在这样的背景下，成祖设立了中国历史上最独特的机构——东厂。关于东厂设立的时间，大多数史籍的记载是永乐十八年（1420年）；《罪惟录》的记载则是永乐十七年十二月，即掌锦衣卫事都督金事刘忠擅自将后军都督府都督程宽逮捕下狱一事发生后，过了大约五个月。[①] 奇怪的是，在如此重要的机构的初创一事上，官修史籍的态度似乎讳莫如深。《明史》的记载不过一句话而已："是年（永乐十八年），始设东厂，命中官刺事。"[②] 《明太宗实录》则索性没有记载。

根据明人王世贞的《弇山堂别集》以及清人陈鹤的《明纪》的记载，东厂的办事机构位于北京东安门北（今王府井大街北部东厂胡同）；厂督都是当红太监；东厂的职责是"缉访谋逆、妖言、大奸恶等"。[③]

东厂之设，在某种程度上与迁都北京有关。《明通鉴》编著者夏燮考证，东厂设立的时间是永乐十八年八月。[④] 当时，始建于永乐四年（1406年）的北京宫殿接近完工，[⑤] 负责观察天象、推算节气、制定历法、占卜国运的钦天监上奏称，次年正月初一是大吉

---

① 《罪惟录》，帝纪之卷三。
② 《明史》，卷七、卷三百四。
③ 《明纪》，卷第十。
④ 《明通鉴》，卷十七。
⑤ 《明通鉴》，卷十五。

日。一个月后，成祖诏定"两京制"，以次年改北京为京师，南京原有各曹皆保留，不再称京师，而且原京师各曹印信要转交北京各曹使用，自身别铸印信，其上加"南京"二字。十一月，成祖将迁都一事诏告天下。十二月，北京郊庙宫殿落成。永乐十九年（1421年）正月初一，成祖在奉天殿接受朝贺，大宴群臣。北京正式成为新都。①

夏燮在《明通鉴》一书中写道，永乐十八年八月，因北京初建，格外锐意防奸，故广布锦衣卫官校，专司缉访事宜，可是又担心外官徇顾私情，于是在东安门北边设立东厂，交给太监督掌。从此以后，"中官日益专横，不可复制"。②《明纪》提到的一个细节是，东厂与东安门外新建的"十王邸"相去不远。③

明宪宗成化年间的内阁大学士万安也在一份奏本中写道，北京初建，成祖出于防微杜渐的考虑，无所不用其极：起初命锦衣卫官校暗行缉访谋逆、妖言、大奸、大恶等事，后又恐外官徇情，又成立东厂，交给内臣提督控制。这两个机构"彼此并行，内外相制"。④

显然，根据万安与夏燮的说法，东厂与锦衣卫之间的关系是既互相合作又互相监督，而且相对于锦衣卫，成祖更信任东厂。

东厂初设时的建制已无从考证，这里只能对建制相对成熟时的情况先作简单介绍，其余内容将在后文进行补充。

根据《明史》及《五礼通考》等史籍的记载，东厂掌印太监只

---

① 《明纪》，卷第十。
② 《明通鉴》，卷十七。
③ 《明纪》，卷第十。另，"十王邸"可能并非十位亲王的府第，也可能并非十处建筑，而是一处专门用来"招待来京朝觐的封国王爵的馆驿，是进京宗室王公的临时住所"。见北京社会科学院历史所研究员李宝臣撰写的文章《明京师十王邸考》。
④ 《明宪宗实录》，卷二百二十五。

有一位,他有可能出自司礼监,也可能出自御马监和内官监。成化年间,太监汪直用事期间,东厂太监尚铭即来自御马监。但发展到后来,提督东厂太监主要出司礼监,而且往往由排名第二或第三的秉笔太监担任。

值得注意的是,尽管司礼监的行政级别只有四品,但实际上,掌印太监手握的权力与内阁首辅相当,东厂太监的权力与正二品都御史相当,秉笔、随堂等太监的权力与内阁大学士相当。司礼监掌印太监、东厂太监,以及秉笔、随堂等太监,都各有私臣,例如掌家、掌班、司房等。①

根据《明宫史》的记载,东厂太监持有关防(即印信)一枚,寻常宦官的奉差关防,一般只刻有"某处内官关防"字样,东厂太监关防则刻有篆文"钦差总督东厂官校办事太监",显得十分隆重。遇上要秘密上奏的书信,东厂太监一般用这枚关防钤封。天启四年(1624年),为了避御讳(天启皇帝名为朱由校),关防上的"官校"二字改为"官旗"二字。

东厂太监的私臣人数并不确定。比较可信的记录是,天启朝东厂太监魏忠贤旗下,有掌班、领班、司房等私臣40多人。他们头戴圆帽,身着直身(其状与道袍相似),脚穿皂靴(鞋底厚白,黑色高帮)。另有管事12班,他们头戴圆帽,身着曳撒②,脚穿皂靴。还有百余名负责办事的挡头,分为子、丑、寅、卯等12班,他们头戴圆帽(一说尖帽),身着青色袷褶③,脚穿白靴;若立功升职,则改穿黑靴。④

---

① 《明史》,卷七十四;《五礼通考》,卷二百一十九。
② 确切地说,"曳撒"二字本应是"袣"与"襒";其制后襟不断而两旁有摆。
③ "袷褶"的"袷"字,本应是"襻",它是明代男子穿着的一种短裙。
④ 《酌中志》,卷十六。

　　在挡头之下，还有番役1000多人。挡头和番役，通常又被称为"档头"和"番子"，是频频出现于通俗文学作品及影视作品中的角色。其中，"档头"即"役长"，也就是"番子"的上司，主要由最有眼力、最会办事的锦衣卫校尉或者力士充任，也不乏来自江湖或绿林的"大侠"。

　　城狐社鼠，是东厂挡头与番役的重要消息来源。这些流氓无赖以东厂为依托，公然行敲诈勒索、公报私仇之事。他们打听到别人的"阴事"后，会偷偷向挡头汇报。挡头则视其事大小，给予他们一笔赏金。在行话中，"阴事"被称为"起数"，"赏金"被称为"买起数"。

　　挡头了解情况后，会领着番役突然袭击嫌犯。若嫌犯的态度与贿金令他们满意，他们一般会放他一马，然后大摇大摆地离开。要是他们不满意，就会动用私刑，行话叫"干醉酒"，也叫"搬罾儿"，残酷程度远超官刑。若对方能招出更大的案情，牵扯出更重要的人物，东厂一般会给他们一笔可观的赏金，并且不追究他们的罪责。

　　若勒索不成，贿金不足，或者线报无用，挡头番役会立即禀报皇帝，将嫌犯打入北镇抚司监狱。北司监狱共有刑具18种。根据惯例，嫌犯入狱后，每种刑具都要用一遍。所以，除非得到特别关照，只要嫌犯进了北司监狱，就是死路一条。

　　东厂番役主要有两项任务：其一是"听记"，即监督内府会审大狱及北镇抚司拷讯重犯；其二是"坐记"，即前往其他府衙及各城门进行搜访。

　　除了城狐社鼠，许多胥吏也是东厂的眼线。他们会将重要消息上报挡头或番役；这就是行话所谓的"打事件"。遇到紧急的事情，挡头和番役有权夜访东华门，从门缝中投递情报，由专人立即转送皇帝。

万历年间的东厂官署悬有匾额一块，上书"朝廷腹心"四字，这是东厂太监冯保请神宗赐下的。[①]大厅左边有一个小厅，里面供奉了岳飞——忠义精神的化身——的画像。厅后的砖影壁上，雕刻了狻猊等猛兽的形象，以及狄仁杰断虎的故事。大厅西边有一座祠堂，供奉了所有已故东厂太监的牌位，祠堂前立有牌坊，上书"百世流芳"四字。南边有一所监狱，但只关重犯，轻罪犯都关在东厂外的其他地方。出入东厂一般走西南门，南大门不轻易开启。[②]

东厂有两个负责办案、审狱的贴刑官，人选主要来自锦衣卫。掌刑官由千户担任，理刑官由百户担任。[③]根据《大明会典》的记载，锦衣卫掌印官奉旨办事，在京城内外缉访奸宄时，一般会带领属官两名，以及旗校80人；若是东厂太监奉旨办事，则统领另外一批官校，但这批人也都来自锦衣卫。[④]

除了上述职责，东厂要做的事情还包括：每日造访兵部，查看是否有重要的人事变动，查看是否有重要的塘报；在京城及皇城各门巡察关防出入情况，哪里有火情、哪里遭遇雷击也要上报；到了每月最后一天，还要奏报京师杂粮、米、豆、油、面的价格情况[⑤]——这无疑是一项十分重要的职责，因为对皇帝来说，了解物价的情况，就能了解农岁的丰歉。此外，发生在皇城禁地的杀人案件，东厂也要过问。

查阅史籍，不难发现这样一个现象，即自东厂设立至永乐二十二年（1424年）七月成祖去世，锦衣卫似乎没有发生重大的违

① 《钦定日下旧闻考》，卷三十九。
② 《明宫史》，卷二。
③ 《明史》，卷九十五。
④ 《明会典》，卷一百八十。
⑤ 《明宫史》，卷二。

反纲纪的事件。究其原因，东厂对它的监督或者制约，应该起到了一定的作用。

但是，在成祖去世之后，这两个机构的关系发生了其创始人不愿意看到的变化：得宠的宦官可以将子侄安排进锦衣卫担任高职，且他们往往担任世袭职务，而非流官。久而久之，东厂太监与锦衣卫官员表里为奸，擅作威福，甚至完全不做正事，连禁门守卫的工作都做不好。由于宦官经常私自役使官校，锦衣卫人手经常不足，有时为了应付点阅及巡警任务，甚至不得不雇用市井无赖或者乞丐充数。[①]

锦衣卫下西洋

其实，在东厂设立前，锦衣卫与宦官的合作早已开始。

前文已经提到，在洪武年间，锦衣卫由于具有仪仗职能，与礼部的关系十分密切，再加上他们时常陪伴在太祖的身边，因而不时会临时受命，代表太祖去处理一些民族与外交事务。到了永乐年间，他们的外交职能变得更为重要。在相关事件中，最引人注目者，莫过于郑和下西洋。

在《明史·宦官列传》中，郑和是排名第一的人物，但这并没有完全体现出他的重要性，因为他只是作为明代第一位最重要的宦官而被加载史册。换句话说，他的宦官身份限制了他得到应有的历史地位。西方学者更愿意将注意力投注到他的航海壮举上，而非他的身体缺陷。因此，在国际航海史、宗教史、经济史，乃至全球史上，郑和已经享有崇高的声誉。例如，20世纪印度尼西亚著名政治

---

① 《钦定历代职官表》，卷四十三。

家、杰出的伊斯兰教学者哈姆卡（Hamka）认为，郑和对东南亚伊斯兰教的发展产生了重大影响；[1]美国加州大学的历史学家理查德·冯·葛兰（Richard von Glahn）则认为，郑和重塑了亚洲。[2]

郑和家族原是效忠元朝的回民，世居云南。燕王远征云南期间，其家族成员几乎全部死于战事，年幼的郑和被俘，后净身当了宦官，在燕王身边听用。因参与靖难有功，成祖即位后，将其擢为太监（正四品）。[3]

永乐三年（1405年）六月，成祖命35岁的郑和以及宦官王景弘等人"通使西洋"。

《明通鉴》记载，成祖之所以通使西洋，是因为听说建文帝逃亡海外，故派郑和寻觅其踪迹（"建文帝之出亡也，有言其在海外者，上命和踪迹之"）。同时，还想借此向邻国展示国威（"耀兵异域，示中国富强"）。

于是，郑和、王景弘等率领将士37 000多人（《明史》的数据是27 800多人），分乘长44丈、宽18丈的大船62艘，满载金币，先自苏州刘家河泛海至福建，又自福州五虎门扬帆起航，首达占城，依次遍历西南洋诸国，"宣天子诏，因给赐其君长，使之朝贡，有不服者则以兵慑之"。[4]

随行将士不乏来自锦衣卫的武官及校尉，其中包括王复亨、李满、刘海、马贵等四名锦衣卫指挥佥事（正四品）。如果《明太宗实录》记载无误，王复亨等四人原本分别只是正千户（正五品）、

---

① Rosey Wang Ma, " Chinese Muslims in Malaysia: History and Development ".

② Richard Gunde, "Zheng He's Voyages of Discovery". International.ucla.edu. 20 April 2004. Retrieved 23 July 2009.

③ 《明史》，卷三百四。

④ 《明通鉴》，卷十四。

副千户（从五品）、总旗（管领军士50人）和小旗（管领军士10人），但在通使西洋的使团乘船下海前，全部被火速擢为锦衣卫指挥佥事。[①]

此后，郑和又率使团六下西洋，时间分别是永乐六年（1407年）九月、永乐七年（1409年）九月、永乐十一年（1413年）十一月、永乐十五年（1417年）五月、永乐十九年（1421年）正月，以及宣德五年（1430年）十二月。

这几次出使活动都有锦衣卫官校随行。他们有不少人回国后都因为出使有功而晋升官职。例如，永乐九年（1411年）正月，马贵再一次晋升，当上了锦衣卫指挥同知（从三品），"录其使西洋古里等处劳绩也"。[②]但不幸者也大有人在，锦衣卫千户杨真即是一例；他跟着郑和出使至锡兰山国（今斯里兰卡）后去世了。永乐十四年（1416年）九月，成祖念其功劳，将他的儿子杨荣提拔为锦衣卫指挥佥事。[③]

出使西洋的过程确实危机重重，除了难以控制的天灾，还有不可预料的人祸。史书记载了郑和等人在苏门答剌国遇到的惊险一幕：

某年某月，明朝使团抵达苏门答剌国。郑和将钱币、绢帛等物赐给国王宰奴里阿必丁。前"伪王"的兄弟苏干剌因为痛恨宰奴里阿必丁夺其王位，加之没有得到使臣的赏赐而心怀怨恨，于是领兵数万造反，与支持国王的军队激战。郑和率领随行明朝将士支援国王宰奴里阿必丁，最终俘虏了苏干剌及其党羽，并将他们带回国。成祖听取了兵部尚书方宾的建议，命刑部按"大逆不道"之罪处死

---

① 《明太宗实录》，卷四十三。
② 《明太宗实录》，卷一百十二。
③ 《明太宗实录》，卷一百八十。

了贼首苏干剌等人。

永乐十三年（1415年）九月，苏门答剌国王遣使朝贡，成祖命人将苏干剌等贼首的人头交给了对方。在这起事件中有功的将士都受到褒奖，例如，世袭锦衣卫正千户陆通、张通等人都被擢为流官锦衣卫指挥佥事。[①]

国戚势力

成祖在位期间，还发生了另外几件十分有趣的事情。

永乐十六年（1418年）二月，58岁的成祖下发了一道奇特的谕旨，命比他小11岁的异母兄弟蜀王朱椿将第四个女儿江津郡主下嫁锦衣卫百户管能，将第七个女儿蒲江郡主下嫁锦衣卫百户雷安，将第八、第九和第十一个女儿（她们都是郡主）分别下嫁其他三位职务不明的锦衣卫。由于该三位职务不明者在谕旨中的排名位于雷安之后，可以推断其官级不会超过正六品百户。[②]几位郡主的封号都是成祖在一年前赐予的。[③]根据明制，郡主的丈夫被称为"仪宾"，一般都被赐予从二品中奉大夫的勋阶。

这道谕旨的奇特之处有三：其一，皇帝为百户赐婚；其二，皇帝命一位亲王同时下嫁五位女儿；其三，五位郡主下嫁的对象，官职最高不过百户。

朱椿被封为蜀王的时间，是洪武十一年（1378年），当时他只有7岁。与他同时封王的还有湘王朱柏、豫王朱桂、汉王朱楧，以及卫王朱植，分别是7岁、4岁、2岁和1岁。

---

①　《明太宗实录》，卷一百六十八。
②　《明太宗实录》，卷七百九十七。
③　《明太宗实录》，卷七百九十二。

在这几位亲王中，蜀王与成祖的关系较好。成祖登基之后不久，蜀王就来朝相贺。成祖称其为"贤弟"，对其有"天性仁孝，聪明博学，声闻卓著，军民怀服"的评价。①自此之后，成祖基本每年都对其有所赏赐。每逢蜀王身体有恙，成祖必会表示关心，嘱其加意调养。

对于成祖的恩德，蜀王也竭诚相报。他做过的最重要的一件事是，于永乐十四年（1416年）七月秘遣二女婿顾瞻进京，奏报自己的嫡亲弟弟谷王朱橞"谋不轨"。②成祖对蜀王的密报褒奖有加，次年二月，38岁的谷王被废为庶人。③永乐二十一年（1423年）三月，听到蜀王去世的消息，成祖哀痛有加，特辍朝七日，"赐祭谥曰'献'"。④

因此，成祖可能并非基于惩罚的目的而命蜀王下嫁五女。事实上，早在永乐四年（1406年）九月，成祖同父同母的亲弟弟周王朱橚亦曾奉旨将第六个女儿荥阳郡主下嫁锦衣卫百户张福的儿子张义。⑤

要说惩罚，他于永乐十五年（1417年）三月将懿文皇太子朱标的第二个女儿（建文帝的这位妹妹本应是公主的身份）封为宜伦郡主，并命她嫁给锦衣卫百户于礼的时候，⑥或许存在这种心理。不过，因为成祖篡改了自己生母的身份，认了马皇后（即朱标的生母）为生母，在家谱上，他已经顺理成章地成为宜伦郡主的嫡亲皇叔。因此，在他做出这个决定时，惩罚的成分到底有多大很难判

① 《明太宗实录》，卷十二。
② 《明太宗实录》，卷一百七十八。
③ 《明太宗实录》，卷一百八十五。
④ 《明太宗实录》，卷二百五十七。
⑤ 《明太宗实录》，卷五十九。
⑥ 《明太宗实录》，卷一百八十六。

断。在一般情况下，尤其是当帝位已经稳固时，作为人君的皇帝是不会以失去人心为代价，而做出一些于己无利的事情。

由于管能、雷安、于礼等人的身世无从考证，我们无法进一步分析，成祖为他们指婚，让尊贵的郡主嫁给他们，到底是基于何种考虑。几位仪宾是否从此会过上幸福安逸的生活并非本书的重点。在锦衣卫历史上，这几道谕旨应该具有不同寻常的意义，因为它可能开了皇亲国戚与锦衣卫直接联姻的先河。从明穆宗开始，甚至有三位皇帝直接与锦衣卫结为亲家。

明穆宗朱载垕尚是皇子时，娶了锦衣卫百户李铭的女儿为妃。可是，李妃命薄，她在丈夫即位之前薨逝。穆宗即位之后，顾念旧情，追谥她为孝懿庄皇后。穆宗的儿子、神宗朱翊钧成年之后，则直接册封锦衣卫指挥使王伟的长女为皇后，她就是颇具贤名的孝端显皇后。神宗的长子明光宗朱常洛即位之前，也娶了一位锦衣卫家庭出身的妻子，她就是锦衣卫指挥佥事郭维城的次女，亦即孝元皇后郭氏。

至于间接联姻，武定侯郭英的家族是值得一提的例子。洪武三年（1370年），太祖大封功臣，共计封了6位公爵，28位侯爵。郭英即是侯爵之一，[1]他的长孙女嫁给了成祖的太子朱高炽（未来的仁宗）。永乐九年（1411年）三月，他的孙子郭玹被擢为锦衣卫指挥佥事。[2]郭玹后来袭爵武定侯，于正统十二年（1447年）七月去世。同年底，其子郭聪进入锦衣卫，担任指挥佥事一职。

不过，在成祖永乐年间，类似郭玹这样的皇亲锦衣卫官员，一般还只是在锦衣卫"带俸"而已。换句话说，他们的官职只是

---

[1]《明史》，卷六十八。
[2]《明太宗实录》，卷一百十四。

虚职，只是在锦衣卫领取俸禄，并不视事。但这种情况后来有了
改变。

被冷落的驯象所

另外一件有趣的事情与成祖的个性与经历有关。

这件事涉及锦衣卫的仪仗职能。永乐二年（1404年）五月，在
太祖祭日的前一天，成祖赴孝陵主持祭祖，有锦衣卫官请成祖示下
有关法驾事宜。成祖的回答是，明日是皇考的祭日，"正属感慕之
时，何用法驾？非为辟除道路，则前导骑士亦可不用"。[①]

对于这段史料，人们的理解可能会有所不同。有人认为，成祖
对太祖未将帝位传给自己心有不满，因而不重视祭祖仪仗；但更合
理的解释是，成祖的戎马生涯使其养成务实的个性，做事以效率为
先，而不是排场。而且成祖可能认为祭祖主要是他的私事，而不是
国家的事，因而更重视个人"感慕"，而非"法驾"的规格。

事实上，在涉及皇家尊严的场合，成祖对礼制并不含糊。永
乐元年五月，在为太祖及孝慈高皇后（即马皇后）举行"尊谥仪"
时，成祖即严格依照既定礼制行事。最终，太祖的尊谥被定为"太
祖圣神文武钦明启运俊德成功统天大孝高皇帝"，马皇后的尊谥被
定为"孝慈昭宪至仁文德承天顺圣高皇后"。[②]

成祖在祭祖一事上不讲究仪仗，在很大程度上是为了不扰民。
因为务实的个性使然，再加上皇位得之不易，成祖即位之初，战战
兢兢，自谓"不敢轻役一民"。

---

① 《明太宗实录》，卷三十一。
② 《明太宗实录》，卷二十。

《皇明典故纪闻》记载，某日，成祖听闻某位宦官在应天府私役工匠，于是召来府尹向宝，谴责他："数年的军旅供给，再加上强豪肆横，百姓生活艰难，京师的情况最为严重。你们是父母官，理当体会国家爱民之意，正直不阿，矜恤保庇，让百姓休养生息。宦官，不过是在宫里当差，做些杂事的人，并没有重权，你们何必怕他们，听任他们私役工匠而不禁止？你们身为京尹，朝夕在朕的左右，尚且这样畏惧他们，地方小官又会是何等态度呢？"最终，那名宦官被打入锦衣卫监狱，受到严惩。①

洪武二十四年设立的锦衣卫驯象所，在永乐年间似乎不太受重视。某日，成祖从户部官员那里听闻御马监宦官曾索取粮食喂养白象一事后，说："这就是所谓的率兽食人者，千万不要听之任之。"他立即召见御马监太监，斥责他们："你们这帮人坐食膏粱，衣着轻暖，怎知百姓生活的艰难？大象一天的需用，可供数户农家一天的吃食。朕身为国君，职在养民，你们擅自这么做，是要让朕失去天下民心，再有下次，必诛不宥。"②

因为个性以及时代背景不同，有的皇帝就比较重视驯象所的职能。英宗正统十二年（1447年），明朝出征麓川（今属云南，时产大象，后文将提及麓川之役），麓川土司思机发败逃。于是，英宗命思机发的兄弟招赛来朝，赐其月粮房屋，安排他和他的随从都在锦衣卫驯象所任职。英宗想通过这种方式招揽思机发。③

明人刘侗、于奕正撰写的《帝京景物略》一书，提到了在驯象所服役的象奴为驯象洗澡的情节，十分生动有趣：

---

① 《皇明典故纪闻》，卷六。
② 《皇明典故纪闻》，卷六。
③ 《明英宗实录》，卷一百五十四。

三伏日洗象，锦衣卫官以旗鼓迎象出顺承门，浴响闸。象次第入于河也，则苍山之颓也，额耳昂回，鼻舒纠吸嘘出水面，矫矫有蛟龙之势。象奴挽索据脊，时时出没其髻。观者两岸各万众，面首如鳞次贝编焉。然浴之不能须臾，象奴辄调御令起，云浴久则相雌雄，相雌雄则狂。①

驯象主要用于礼仪环节。根据"即位礼仪"，皇帝即位时，需动用驯象六头。

外族锦衣卫

最后要提及的一件事，与三位蒙古族锦衣卫指挥佥事有关。

第一位是伍丑驴。根据《明太宗实录》的记载，他原先是一名"鞑靼头目"。"鞑靼"一词在明朝专指蒙古，即"故元后也"。②也就是说，伍丑驴原本是蒙古某个部落的头目。洪武三十五年（1402年）十一月，他从凉州（今甘肃西北部）来朝，被成祖任命为锦衣卫指挥佥事。③

另外两位是扫忽儿以及察思吉朵罗赤。永乐三年（1405年）九月，他们由锦衣卫千户晋为锦衣卫指挥佥事。④而他们被任命为锦衣卫千户的时间，应该不会早于永乐三年正月，因为他们在这个月归降。⑤

---

① 《帝京景物略》，卷二。
② 《明史》，卷三百二十七。
③ 《明太宗实录》，卷十四。
④ 《明太宗实录》，卷四十六。
⑤ 永乐三年正月，成祖"赐来归鞑靼头目察思吉朵罗赤等银钞、文绮、袭衣"。见《明太宗实录》，卷三十八。

关于上述三位锦衣卫指挥佥事，史籍没有更多的记载，唯一可以确定的是，他们都是归降的蒙古人。

对于归降的蒙古部落首领，太祖和成祖似乎有一套固定的做法，即委任他们担任指挥佥事一职，只不过有的担任都督佥事（正二品），有的担任都指挥佥事（正三品），有的担任卫指挥佥事（正四品），大概是依据其部落大小以及归降人数及财产的多寡而定。例如，永乐三年，蒙古部落首领巴图帖木儿与伦都儿灰，带着他们的家小与部族5000人，以及16 000头马匹和骆驼归降，即分别被成祖授予右军都督佥事及后军都督佥事的官职，还分别被赐予汉名"吴允诚"和"柴秉诚"。蒙古部落首领阿鲁哥失里归降后则被授予大宁都指挥佥事一职。洪武年间，故元枢密知院瓒住的儿子归降后，被太祖授予会州卫指挥佥事一职，并赐名"滕定"。[①]

显然，对于在军事上颇为自信的太祖和成祖来说，将归降的蒙古部落首领编入五军都督府，有利于执行军事征伐或军事防御的战略，甚至还可以用他们来制约那些桀骜不驯的汉将。比较值得思考的问题是，为何要任用蒙古人担任亲军锦衣卫的高官。

正如前文提及的，洪武二十一年（1388年）十月，太祖命锦衣卫指挥使答儿麻失里迎接前来归降的故元右丞火儿灰、副枢以刺哈、尚书答不歹等人，因此，任用少数民族首领担任锦衣卫高官，并非成祖的首创。

上面这个问题的答案与明朝的政治现实有关：因为明朝疆域广阔，民族众多，而且许多民族的语言和习俗迥异。毫无疑问，如果能够任用来自不同民族的人才（尤其是部落首领）在锦衣卫任职，那么，在需要他们代表朝廷去处理民族与外交事务的场合，特别是

---

① 《明史》，卷一百五十六。

涉及"礼仪"的场合，就可以避免矛盾，从而更有效地推动王化。另外，在少数民族聚居的地区执行缉访谋逆、妖言、大奸恶等任务时，也更为方便。

事实上，除了蒙古人，还有不少其他少数民族的人在锦衣卫担任武官。例如，西番人（即西羌人）李昶曾在天顺年间（1457—1464年）担任锦衣卫指挥同知（从三品）一职。[①]会昌侯孙继宗（明英宗的舅舅）的女婿、女真人武忠曾担任锦衣卫指挥使。据说，武忠身材魁伟，精于骑射，他曾陪同给事中张宁一起出使朝鲜。在朝鲜阅兵时，他表演了两手绝活，一是同时拉开两张硬弓，并且将两张弓都拉断了，二是引弓射落横空而过的老鹰，"（朝鲜）国人大为慑服"。[②]

① 《明史》，卷一百五十六。
② 《明宪宗实录》，卷八十五。

第三章 仁宗反正

　　64岁的成祖不知老之将至。永乐二十二年（1424年）四月，他让46岁的太子朱高炽监国，自己则率师离开北京，亲征蒙古。至迟在三个月后，他已经知道，这将是他人生中最后一次北征了。

　　成祖即位后，北伐亲征共计五次。前三次分别在永乐七年（1409年）、永乐十二年（1414年）以及永乐二十年（1422年）。第四次发生在永乐二十一年（1423年）：八月，成祖率师离京；九月，宿敌阿鲁台败于瓦剌，部落溃散；十一月，北征军回京。次年正月，阿鲁台再犯大同等地，成祖决定再次北征。

　　但是，对于一支连年远征的军队来说，五个月的修整时间不足以养精蓄锐。随同成祖出征的文渊阁大学士金幼孜，在《后北征录》一文中用"中道兵疲"四字来形容这支军队的状态。但疲劳的何止北征将士？

　　根据金幼孜的记载，北征军抵达开平的那一日，成祖对金幼孜和杨荣二人说，他一再梦到有神仙告诫自己上天有好生之德，不知有什么寓意。杨、金二人深知成祖心意，回答说，陛下北征之举，固然意在除暴安民，但也存在玉石俱毁的可能，还请陛下明察。这正是成祖想要的回答，于是当即命人草诏，招谕诸部，班师回朝。

　　七月十四日，回朝大军在翠微冈扎营。成祖在行军帐篷里凭几而坐，神色萎靡。他问随行的御马监少监（从四品）海寿何日可以回京，海寿回答，大概八月中旬。成祖点了点头，又对身旁的杨荣、金幼孜等人说，东宫太子历涉年久，政务已熟，回京后，要把军国大事都交给他，自己也该享享清福了！①

但他还是高估了自己的身体状况。三日后，班师扎营榆木川（位于翠微冈东南，今内蒙古海拉尔某处）。成祖深知大限将至，遗诏传位太子朱高炽，并叮嘱礼部官员，一切丧葬礼仪，都要遵照太祖的遗训。当晚"大星赤光"，"众星摇动"。

次日，成祖驾崩。杨荣、金幼孜及太监马云等人鉴于六师在外，秘不发丧。他们命人熔锡为椑（即棺材），待成祖遗体入殓后，将锡工全部灭口。棺材置于龙辇中。大军回京路上，仪制、朝夕起居，乃至于饮食等事项，都维持正常程序。②

杨荣与海寿又遵照成祖的遗命，骑快马先行一步，于八月初二抵达京师，将成祖驾崩的消息及遗诏告知太子朱高炽。太子"苦恸几绝"，派26岁的皇太孙（即未来的宣宗）去开平迎丧。八月十五日，太子顺利登基，史称"仁宗"。③

刑狱清风

在明清史家眼里，仁宗确实配得上"仁"的称号。即位不久，他就释放了所有已发配为奴的建文帝诸臣家属，并归还其被籍没的田产。在政事方面，他裁汰冗官，强令年满70的文臣退休，改革财

---

① 《明太宗实录》，卷二百七十三。
② 《国榷》，卷十七。
③ 《国榷》，卷十八。

政，重用儒臣，复设"三公"与"三孤"，①将太子少傅的官职授予杨荣，将太子少保的官职授予金幼孜与杨士奇。用嘉靖朝史家李维桢的话说，"二祖以马上得天下，帝（仁宗）所习见，固不欲以马上治天下也"。②

　　仁宗不赞同太祖、成祖刑罚过重的做法，对包括锦衣卫、东厂在内的执法者的枉法作为也颇有不满。他甚至质疑皇帝有"法外用刑"的权威。仁宗说："刑法是用来防范罪恶、导民向善的，而不是用来杀人的，有些官吏深文傅会，导致冤案泛滥，朕心里觉得很是难过。从今往后，一切刑案一定要依律拟罪。要是朕过于任性，法外用刑，法司要持章表上奏；若五奏之后，仍不公允，法司要连同三公大臣一起上表，务必要达到公允的效果才好。三法司禁止鞭打囚犯后背，禁止对囚犯施以宫刑。自宫者以不孝论罪。非谋反大罪，不得连坐亲属。"仁宗还说："古之盛世，都注意收集民言，以资戒儆。现在的奸邪之人则拾取民言，污蔑为诽谤，执法者则用刑太酷，罗织罪名，酿成冤案。要知道刑罚若是不公允，百姓将惶恐度日，不知如何做才好。因此，一方面要禁止诽谤；另一方面，对那些揭发罪行的人，一律不要治罪。"③

　　可以想象，如果仁宗的执政时间更长久一些，并且将上面这番话的精神贯彻始终，那么，锦衣卫甚至整个明朝的历史都将是另外一种局面。但他即位仅十个月就离开了人世。在这段时间里，锦衣卫的建制发生了一些变化。这些变化与仁宗的迁都心愿有关。

　　仁宗还是皇太子时，几乎一直住在南京。相对于北京，他更喜欢南京的文化，这一点可以从他对待儒臣的态度上做出初步推断。

---

① "三公"指太师、太傅、太保；"三孤"指少师、少傅、少保，是"三公"的副职。
② 《国榷》，卷十八。
③ 《明史》，卷八。

更重要的原因是，他不愿意继续成祖"以武治国"的方针。成祖每一次北征，他都受命监国，因而十分清楚北征的代价。他的性格也更为温和，更喜欢发展经济和文化，而不是通过武力建功立业。他更倾向于依赖文臣，而不是武臣。因此，他听从了将被他重新任命为户部尚书的夏原吉（他曾因阻止成祖北征而下狱）的建议，[①]在即位当日做出了"罢西洋宝船、迤西市马，及云南、交趾采办"的决定，撤销了过于劳民伤财的扩张性战略。一个月后，他再下谕旨，停止无偿征用百姓物资的做法，表示要按市价购买，敢胡乱摊派害民者，其罪不恕。[②]

在仁宗看来，迁都南京可能有助于从根本上扭转以往的扩张战略，可以更有效地刺激经济和文化的发展。洪熙元年（1425）三月，他迁都决心已定，下诏恢复北京诸衙门的"行在"称谓。于是，北京锦衣卫又变成了"行在锦衣卫"。[③]

在人事方面，仁宗即位仅两日，就有了调整。原锦衣卫指挥佥事王节被擢为锦衣卫指挥使。[④]王节是山东邹平人，洪武中起身行伍，累从征伐，升为旗手卫千户。因为追随成祖征伐有功，他改调锦衣卫任职。两个月后，仁宗又将原锦衣卫指挥使刘昊、原锦衣卫指挥佥事袁麟分别外调为浙江观海卫指挥使，以及浙江宁波卫指挥佥事；将原荆州右卫指挥使钟信调任锦衣卫指挥使。[⑤]王节与钟信都是"行在锦衣卫指挥使"（即北京锦衣卫指挥使）。

洪熙元年（1425年）二月，南京锦衣卫指挥使的人选也确定下

---

① 夏原吉事，见《明史》，卷一百四十九。
② 《明通鉴》，卷十八；《明仁宗实录》，卷八。
③ 《明通鉴》，卷十八；《明仁宗实录》，卷八。
④ 《明仁宗实录》，卷一。
⑤ 《明仁宗实录》，卷三。

来，由原锦衣卫指挥同知张祯升任；原指挥佥事徐斌被擢为南京锦衣卫指挥同知。①仁宗以皇太子的身份在南京监国期间，与张祯和徐斌有过接触。

在这几位锦衣卫指挥使中，王节是最值得注意的人物，因为在整个洪熙年间，以及整个宣德年间（1426—1435年），他一直在这个职位上。

还有一个人值得注意，即锦衣卫北镇抚司三朝老臣任启。成祖在世时，他已经是北镇抚司镇抚。仁宗将他擢为指挥佥事，命其继续掌理北镇抚司事。宣宗即位后，他晋为指挥同知，仍掌北镇抚司事。②英宗即位后不久，他被调往陕西，以都指挥使的身份掌陕西行都司事。

勋戚供养所

从仁宗朝开始，锦衣卫作为勋戚子弟供养所的特征日益明显。仁宗（他的生母是成祖正妻徐皇后）即位四个月后，就赐予他的表兄弟，同时也是成祖的外甥，中山王徐达的孙子徐景璜、徐景瑜等人南京锦衣卫世袭指挥佥事或者正千户等官职。③不过，英国公张辅的家族是更值得一提的案例。

英国公张辅之父是张玉。张玉原本是元朝枢密知院，后归降太祖，因功被任命为安庆卫指挥佥事，后调任燕山左护卫。张玉为人骁果，善于谋划，深得燕王信任。靖难过程中，他功勋卓著，先定北平，再败耿炳文，又败李景隆。在建文二年（1400年）的东昌一

---

① 《明仁宗实录》，卷七。
② 《明仁宗实录》，卷四；《明宣宗实录》，卷六十四。
③ 《明仁宗实录》，卷五。

役中，他在格杀数十人之后不幸重伤而死。据说，燕军因他的去世而失了锐气，成祖也因为在艰难之际痛失良辅，"泣下不能止"。①

张玉死后，长子张辅承袭其父都指挥佥事的官职，继续跟随燕王征战，立下不少战功。成祖即位后，追赠张玉为荣国公，封张辅为信安伯。三年后，张辅晋封为新城侯。永乐六年（1408年），因战功再晋封为英国公。②

张辅有一个姐姐嫁给了成祖。永乐七年（1409年）二月，即张辅被封为英国公的次年，他的姐姐被册封为贵妃，即昭懿贵妃张氏。张辅还有一个女儿嫁给了仁宗。洪熙元年（1425年）三月，张辅双喜临门，他的女儿被册封为贵妃，即张敬妃；③先父张玉则被追封为河间王。④

此前一月，即洪熙元年二月，张辅的堂兄兵部左侍郎张信调任世袭锦衣卫指挥同知。《明史》记载了这起人事变动背后的故事：

某日，仁宗关切地询问张辅是否有兄弟可以加恩（即授予世袭官职），张辅叩首说，张𫐓、张轵二人蒙受圣恩，充任近侍大臣，但为人都过于奢侈浮华，堂兄侍郎张信比他们二人贤良得多。于是仁宗召见了张信，淡淡地问了一句："你就是英国公的兄长吗？"张信称是。于是仁宗拿了一顶武官的官帽给他戴上。⑤

从官级上说，兵部左侍郎是正三品，锦衣卫指挥同知是从三品，张信似乎是被贬职。但事实并非如此。原因在于：左侍郎是流官，张信被授予的却是世袭官职；再者，锦衣卫的升迁机会比六部

---

① 《明史》，卷一百四十五。
② 《明史》，卷一百五十四。
③ 仁宗去世后，共有五名妃子陪葬，张敬妃因为是勋旧之女而得以幸免。
④ 《明通鉴》，卷十八。
⑤ 《明史》，卷一百四十五。

要多，因为尚书（正二品）一般只有一位，侍郎（正三品）一般只有两位，而在锦衣卫系统，无论是正三品的锦衣卫指挥使，还是正二品的都指挥使，都可以有很多位。事实上，五个月后，张信就被擢为行在锦衣卫指挥使。^①对于这次人事变动，明人谈迁的解释是：兵部侍郎的官职已然不低，之所以甘心调为侍卫武官，是因为武官在当时更受重视。^②

　　英国公张辅有两位兄弟，即大弟张𫐐，以及小弟张轪。堂兄张信改调锦衣卫时，张𫐐已经是神策卫指挥使，张轪则是锦衣卫指挥佥事（正四品）。^③张𫐐后来也调入锦衣卫。正统十四年（1449年）九月，景帝即位后不久，将他擢为锦衣卫带俸都督佥事（正二品），专领护驾将军。^④六年后，又将他擢为右都督（正一品）。张轪的晋升之路也十分通畅。正统九年（1444年）十二月，他被擢为锦衣卫都指挥佥事（正三品），在京督操，两年后又升为锦衣卫带俸都督佥事，他也在景帝朝被擢为右都督。

　　但张𫐐、张轪兄弟都背叛了景帝。天顺元年（1457年）正月，兄弟二人因为参与"夺门之变"（后文将提及此事）有功，分别被英宗封为文安伯和太平侯。他们的兄长张辅早在正统十四年（1449年）已死于"土木堡之变"（后文将提及此事）。由于事先没能阻止英宗北巡，又没能在"土木堡之变"前夕制定明智的策略以阻止悲剧的发生，张辅受到《明英宗实录》的监修官、同样具有国戚身份的四朝重臣孙继宗的指责。

---

① 《明宣宗实录》，卷三。
② "少司马（即兵部侍郎）位不薄，竟转环列（侍卫武官），当时右武故也（即武官更受重视）。"见《国榷》，卷十八。
③ 《明史》，卷一百四十五。
④ 《明英宗实录》，卷一百八十二。

张氏兄弟的不少子嗣在锦衣卫都有世袭职位。天顺元年正月，张轵的儿子张瑾被任命为锦衣卫带俸指挥同知。次月，张辄的儿子张斌改调勋卫，带刀随侍圣驾。天顺二年九月，张辅的孙子张杰，被任命为锦衣卫所镇抚。

不过，在锦衣卫的历史上，张氏家族的势力并非最为显赫，至少会昌伯孙忠一族的势力就不在他们之下。

孙忠的女儿是最受宣宗（仁宗长子）宠爱的孙贵妃。宣德三年（1428年），宣宗的皇后胡氏被打入冷宫，孙贵妃升为皇后。更重要的是，无论实情如何，至少在朱氏谱系上，孙皇后是明英宗的生母。

孙忠有五个儿子，长子即是上文提到的孙继宗，另外四个儿子是绍宗、显宗、续宗，以及纯宗。因为与英宗存在甥舅关系，孙继宗对张辅的指责（"当议北巡之初，不能开陈利害以谏止之；及危急之际，又不能痛折权奸，分兵拒敌，以及于败。"[1]），在某种程度上可能存在感情用事的成分。事实上，会昌伯孙忠也没能阻止他的外孙（英宗）任性胡来。

景泰三年（1452年）九月，孙忠去世，孙继宗承袭会昌伯的爵位。天顺元年正月，英宗通过"夺门之变"重登大宝后，将大舅孙继宗晋封为会昌侯，将孙绍宗、孙显宗、孙续宗、孙纯宗等四位舅舅皆调入锦衣卫带俸任职。

需要指出的是，孙绍宗等人担任的并非虚职，而是实职。他们似乎并不十分奉公守法，有时会为了立功而无所不用其极。例如，天顺五年（1461年）十二月，时为锦衣卫带俸都指挥同知的孙绍宗及其子侄等七人，即因假冒军功而被锦衣卫掌卫事都指挥佥事门达等人弹

---

① 《明英宗实录》，卷一百八十一。

劲。但英宗最终宽宥了他的舅舅以及表兄弟们的罪行，其他同时被揭发犯有假冒军功罪行的60位武官则被打入北镇抚司接受审讯。[①]

孙绍宗、孙显宗皆卒于锦衣卫带俸都指挥同知任上，孙继宗则在锦衣卫带俸都指挥佥事任上荣休。他们的子嗣都承袭锦衣卫带俸指挥使之职。孙纯宗子嗣的袭职情况不详，可以确定的是，他本人在成化十八年（1482年）以锦衣卫指挥同知的身份受命管理北镇抚司的事务。[②]

会昌侯孙继宗也为子嗣在锦衣卫谋得世袭官职。天顺元年（1457年）十月，他的儿子孙琮、女婿武忠分别授职锦衣卫指挥使以及锦衣卫都指挥佥事。成化五年（1469年）九月，他的嫡长子孙瓒以锦衣卫带俸指挥同知的身份受命掌理锦衣卫事。孙瓒有一个女儿嫁给了建昌伯张延龄，后者是明孝宗唯一的妻子张皇后的兄弟。孙继宗的另一个儿子孙珍，以及嫡孙孙镇、庶孙孙銮等人也都在锦衣卫任职。

张氏家族和孙氏家族在锦衣卫的势力，是皇亲国戚在锦衣卫的影响力的样本。

自成祖朝至思宗朝，每一朝皆有无数外戚子弟进入锦衣卫任职。相对于成祖以及仁宗朝，孝宗朝对开国元勋后裔的照顾更为全面。如果说，仁宗授予表兄弟徐景璜以及岳父的堂兄张信等人世袭锦衣卫官职还只是皇帝对姻亲的照顾，那么，孝宗的做法则是更大范围的推恩。弘治六年（1493年）二月十九日，孝宗同时授予开平王常遇春玄孙常复、岐阳王李文忠玄孙李璇、宁河王邓愈五世孙邓炳、东瓯王汤和六世孙汤绍宗等人南京锦衣卫世袭指挥使的官职。[③]

---

① 《明英宗实录》，卷三百三十五。

② 《明宪宗实录》，卷二百三十三。

③ 《国榷》，卷四十二；《明通鉴》，卷三十七。

这些世袭官职一般都可以持续到王朝结束。例如，到了天启元年，徐达的九世孙徐维京仍世袭锦衣卫正千户一职。因为其父徐国全在辽东为国捐躯，熹宗在天启三年加升其世袭官职三级，因此，他有了世袭锦衣卫指挥使的职务。

不过，这些出身不凡的锦衣卫官员可以长保禄位，并不意味着他们的仕途总会一帆风顺。他们有时会因为本身表现不佳，或者因为政治立场不明智，而引起皇帝或者当权者不快，从而受到惩处。例如，宣德六年（1431年）十二月，徐达的孙子、锦衣卫指挥佥事徐景璜以及锦衣卫正千户徐景瑜因为渎职，确切地说，是因为南京锦衣卫在押囚犯脱逃而被谪戍隆庆卫（今北京昌平西北居庸关一带）。①

至迟从英宗朝开始，宦官家族渗透进锦衣卫。至于文人士大夫，他们一直对锦衣卫保持敬而远之的态度，直至嘉靖朝中后期才放弃清高的姿态。他们不得不承认，让子嗣在锦衣卫任职非但不会辱没家声，反而倒是扬眉吐气的终南捷径。

---

① 《明宣宗实录》，卷八十五。

第四章　宣德改制

　　洪熙元年（1425年）五月，47岁的仁宗在北京的宫殿中驾崩。他的遗诏言辞恳切，表达了理想未能实现的哀伤。他说，自己治理天下的时间太短，恩泽未浃于民，故不忍心重建陵寝，丧葬制度，务必俭约。他重申了迁都南京的心意，因为定都北京使得南方的物资需要源源不断地北运，军民俱困。他将皇位传给了太子朱瞻基，殷切希望文武群臣尽心辅助未来的天子。他说，若得国泰民安，"朕无憾也"。①

　　临终前，仁宗传召镇守南京的太子赶回北京。可是，父子二人并未见上最后一面。在史籍中，太子（未来的宣宗）与他的父亲有很大的不同：他的父亲过于肥胖，不好运动，健康状况一直不佳，他却十分健壮，能文能武。但他至少继承了仁宗的两项优点，即相对仁慈的性格，以及对经济和文化偏爱。

　　对于这位长孙，成祖曾经抱有很大的期望。据说，在他降生的前夕，成祖梦见太祖将大圭（即皇帝手执的玉质手板）交给自己，并对自己说："传之子孙，永世其昌。"孩子满月以后，成祖见了他，又说："这孩子一脸英气，符合我的梦啊！"（儿英气溢面，符

---

① 《国榷》，卷十八。

吾梦矣。）①

朱瞻基很受成祖宠爱，13岁时已被册立为皇太孙。从那时开始，成祖每次巡幸或者亲征，都会将他带在身边，亲自教导。即便是行军在外期间，成祖也会安排随行大学士给他讲授经史。希望天资聪慧的朱瞻基可以成为一个能文能武的人。成祖总是对仁宗说，他的这位长孙未来将是"太平天子"。可能是出于对成祖的感情，宣宗放弃了迁都南京的计划。不过，北京的官署（包括锦衣卫）仍称"行在"。

洪熙元年六月，27岁的宣宗在北京即位。在其当政的十年时间里，他基本沿袭了仁宗的政策，将主要精力投注在经济和文化事业上，而非"成祖式"的军事扩张。可是，当内乱发生时，来自成祖的教化决定了他会采取的行动。

上体天心

宣宗对刑狱的态度特别值得一提。他试图完成太祖想做而没有做到的事，并且取得不错的成绩，原因主要在于政治现实的不同。在前面几位皇帝的努力之下，藩王及勋臣的实力已经大为削弱，再也不用借助严刑峻法去打击他们；而且立国已经接近60年，朱姓皇帝的权威已经根植在臣民心中。

当然，性格与后天教化也是不容忽视的因素。

与太祖相比，宣宗的性格显然温和得多，接受刑法文化的熏陶也系统得多。当他还是尚未成年的皇太孙时，成祖即为他安排了一

---

① 《明史》，卷九。

位出身刑法世家的大学士做老师。这个人就是胡广。[1]胡广的父亲胡子祺曾在洪武朝任监察御史以及广西按察佥事等职，以平冤狱、毁淫祀、修废堰而深得民心。[2]胡广耳濡目染，在刑法之事上造诣颇深。他一定会有意识地培养这位特殊学生的刑法意识。

宣宗即位仅一个月，就对包括行在左都御史刘观在内的三法司的官员表达了自己的期待。他说，刑罚被称为"天讨"，是因为它大公无私，可若是任意量刑，就不是天讨了。身为法司官员，要是能够心存公正，行事忠厚，则可以感召和气，既是国家之福，于自身也有好处。要是立心不公，随意量刑，冤枉好人，百姓会将官员的过错归于朝廷，神明则会降灾给官员。若罪犯情有可原，或者罪有可疑，官员心怀顾虑，不想仓促断案，可以告诉皇帝，由皇帝来裁决。[3]

宣宗的训示在某种程度上得到落实，因为在整个宣德年间，似乎并未出现严重的冤假错案，尽管司法机关的效率还谈不上理想。

具体到录囚一事，执法者被要求严格按照"天讨"精神（它与现代的人道主义原则颇为相符）行事。"天讨"意指上格天心，敬慎刑狱。宣德元年五月某日，宣宗向三法司官员们阐述自己对"天讨"的看法时说，古人在初夏裁断轻罪，释放轻罪犯；到了仲夏，则让重罪犯住得宽敞些，并且多给他们一些吃食，这是顺应天时、重视人命的做法。太祖、太宗时，每逢隆寒盛暑，也一定会命法司清理刑狱，先朝旧臣应当听说过这些事。朕领悟太祖、太宗的心意，敬慎刑狱，希望可以做到上格天心，不冤屈人命。现在天气越来越热，官员们断狱时却不分罪行轻重，将犯人都关在牢里，这不

---

① 《明史》，卷九。
② 《明史》，卷一百四十七。
③ 《明宣宗实录》，卷四。

是钦恤之道。应当上体天心，按照罪行轻重的不同区别对待，一定
要心存平恕，不要过分严苛。①

一个月后，因为听闻很多轻罪犯死于押赴北京的路上，宣宗革
除了迁都北京之后形成的要求南京方面将狱囚定期押送北京的录囚
政策。他要求南京刑部、都察院对罪犯予以区别对待，凡军民、职
官、命妇犯罪（罪行轻重不论），以及旗军、校尉、力士等犯下徒、
流、死罪，皆监候奏请，其余案犯皆就地依律处置。②

对于那些立心不公、轻重任情、枉及良善的执法者，宣宗一般
会对他们提出警告，给他们几次改正的机会。若最终还是看不到改
善的迹象，则会区别情况，果断处置。

宣德三年（1428年）五月，行在刑部尚书金纯就是因为在天气
炎热的季节没有及时疏决滞囚，却有时间多次与朝贵宴饮作乐，激
怒了宣宗，罪下锦衣卫狱。③三个月后，宣宗念其是老臣，对他网
开一面，强令他退休了事。④再两个月后，前面提到的左都御史刘
观也因贪赃枉法被关入锦衣卫监狱。

刘观与金纯都是四朝元老，早在洪武中期即已入朝为官。永乐
十三年（1415年），刘观被任命为左都御史。作为都察院的一号人
物，他因控制下属言论以及贪腐而臭名昭著。宣德三年（1428年）
十月，刘观父子收受巨额贿赂、贪赃枉法的罪行查实，被打入锦衣
卫狱。宣宗本想依律将他们处死，后经杨士奇和杨荣等人求情，豁
免了父子二人的死罪，将其发配至辽东充军。⑤不少与刘观狼狈为

---

① 《明宣宗实录》，卷十七。
② 《明通鉴》，卷十九。
③ 《明宣宗实录》，卷四十三。
④ 《明宣宗实录》，卷四十六。
⑤ 《明宣宗实录》，卷五十六。

奸的御史也受到惩处，有的甚至被处以死刑，例如南京都察院御史严皒。①

宣德七年（1432年）某日，当宣宗从奉旨考察三法司执法情况的风宪官那里得知，都察院贪赃枉法之风已大大收敛，十分感慨地说："倘若刘观的案子没有处理好，都察院的风气不可能这么严肃啊！"（向使不罢刘观，风宪安得肃！）②

不过，尽管有金纯和刘观的先例，司法官员的表现仍然达不到宣宗的要求。宣德五年（1430年）十一月，他强令刑部尚书赵羾、刑部右侍郎俞仕吉退休，因为他们二人年纪太大，怠于理事，没能好好管理下属。③

锦衣卫动辄刑讯逼供的办案方式也让宣宗十分不满。深信"上帝之德，好生而已"④的宣宗，甚至希望"阴诛"等宗教观念可以威慑或制约这些特殊的执法者。史籍记载了这样一个案例：

宣德二年某月某日，兖州护卫指挥宋贞为泄私愤，诬陷小旗马全之父阻碍钞法的推行。他带领儿子宋彬及卫卒前往马全家，抓捕马全的父亲，并当着家人的面殴打他。马全之子为了保护祖父，被宋彬打死。这件事被告上行在刑部。刑部员外郎何回判处主犯宋贞斩罪，从犯宋彬流放。事后，因有人检举其收受了宋贞贿金，何回被打入锦衣卫狱。严刑拷问之下，何回认了罪。但他的家人四处鸣冤。宣宗听闻，亦觉事有蹊跷，因为如果何回收受了宋贞贿赂，就会想办法减免其罪刑，既然宋贞的罪刑并未减免，收受贿赂一说就十分可疑。于是，宣宗命三法司一同复审。经审，三法司确认何回

---

① 《明通鉴》，卷二十。
② 《明史》卷一百五十一。
③ 《明宣宗实录》，卷七十二。
④ 《明宣宗实录》，卷八十四。

并未收受贿金。宣宗得到奏报后，命人将何回释放。他对锦衣卫指挥使李顺等人说："官员们一旦被认定是犯了贪污罪，受影响的不仅仅是他本人，他的子子孙孙都会受到牵累，怎么可以不认真查明实情，一味进行刑讯逼供呢？今后断狱，一定要秉公办理。若随意冤枉他人，你们这帮人即便不遭'阳祸'，也必有'阴诛'。"①

锦衣官箴

因为听闻锦衣卫审理诏狱期间疏于保密，甚至发生过泄露狱情、出卖狱词、以权谋私、无视皇家安全的事情，宣宗提高了对锦衣卫保密工作的要求。

宣德四年（1429年）八月某日，宣宗告诫行在锦衣卫指挥使王节及主管镇抚司的指挥佥事任启等人，要以纪纲的下场为前车之鉴，谨遵国法，忠君保家。他说："你们是朝廷的心腹，凡是机密事务，与狱情轻重有关的事情，都要万分谨慎，对外不能有一丝一毫的泄露，这是你们的职责所在。泄露机务与狱情，与外人私相授受，就是心里没有朝廷。前些年，纪纲等人不遵国法、假传圣旨、擅作威福、颠倒是非、泄露机密、暗结人心，一旦发露，杀身亡家的先例，你们都亲眼所见，现在却效仿他的做法，难道不担心祸及家人？以往的过错，暂且搁置不问，从现在开始，你们要加倍警醒，不要辜负朝廷，这样才能保全你们的禄位，要是怙恶不悛，国有常宪，朕必定不饶恕你们！"②

宣宗在位期间，锦衣卫官校以权谋私的行为在一定程度上受

---

① 《明宣宗实录》，卷二十八。
② 《明宣宗实录》，卷五十七。

到约束，他们提出的别有用心的政策或者建议，不少都被宣宗识破并否决。例如，宣德元年三月，宣宗拒绝了锦衣卫力士宁直通过行在礼部提出的"将山西中条山蕴藏的胆矾收归国有"的建议，理由是，与其开采胆矾，不如帮助百姓发展农业和蚕桑业；胆矾无助于解决百姓的温饱，开采胆矾的建议只是小人之言，不足为凭。不过，若百姓可以通过开采胆矾得利，则不妨听任他们自采。① 宣德三年十一月，宣宗又拒绝了行在锦衣卫带俸指挥使钟法保提出的"派宦官去广州东莞县开采海珍珠"的建议。他认为这么做会扰乱当地生活，钟法保图的只是私利，因而将其打入锦衣卫狱。②

宣宗甚至亲自编写《御制官箴》，用来告诫诸司官员。宣德七年（1432年）六月制成的《官箴》共有35篇，内外廷诸司各有一篇。宣宗要求诸司将《官箴》悬挂在衙门大厅里，朝夕览观，希望能起到警醒的作用。《御制锦衣卫官箴》全文如下：

> 自古建国，皆重环卫。尔维厥官，朝夕廷陛。予所服御，咸尔攸秩。出入先后，以警以跸。左右骖奔，亦戒不虞。亦有匪人，尔诘尔拔。尔其懋密，勿纵于私。宜廉宜慎，宜勤宜祗。惟义之遵，惟善之迪。敬恭勿渝，用保终吉。③

但《御制锦衣卫官箴》最终只是流于形式而已。宣宗十年正月某日，当时宣宗驾崩不久，英宗刚刚即位。内阁首辅杨士奇在一份奏本中即提到，在外公干的锦衣卫行事校尉多有假公营私、挟制官

---

① 《明宣宗实录》，卷十五。
② 《明宣宗实录》，卷四十八。
③ 《明宣宗实录》，卷九十二。

府、欺骗百姓、瞒昧朝廷等恶行。①

有趣的是，杨士奇将这些恶行的存在归结为行事校尉及其提督者人数过多。他建议只委派一名锦衣卫指挥去提督行事校尉，同时减少校尉人数，以减少百姓冤案的发生。但这个建议显然脱离了现实。杨士奇一定想不到，到了万历年间，锦衣卫校尉人数（尽管我们并不清楚行事校尉占多大比重）将从宣德末年的数百人膨胀至数万人——这是沈德符的数据。②

宣德四年发生的一件事情，有助于我们了解锦衣卫与王府仪卫司之间的关系。这件事与藩邸在湖北安陆的郢王朱栋（太祖第24个儿子）有关。

永乐十二年（1414年），26岁的郢王去世。因为没有子嗣，他的藩国被裁撤，但裁撤藩国的工作直至宣德四年（1429年）才开始。在宣宗的安排下，郢王的家眷被接到南京居住，以便照顾；王府护卫改拨桂林中、右二卫；王府仪卫司的典仗校尉则调入行在锦衣卫。③

王府裁撤后，将原王府仪卫司典仗校尉调入锦衣卫，可能是当时的通行做法。原因大概在于，王府仪仗皆有定制，其他王府无法收容他们，否则就会逾制。而如果将他们解散，皇室秘辛将有外泄之虞。因此，调入锦衣卫最为妥当。

根据《大明会典》的记载，王府仪卫司的建制是：仪卫正一位（正五品），仪卫副两位（从五品），典仗六位（正六品）。④

---

① 《名臣经济录》，卷十二。
② 《万历野获编》，卷二十一。
③ 《明宣宗实录》，卷五十一。
④ 《大明会典》，卷一百十八。

巡捕寇盗

宣德年间，锦衣卫官校已频频奉旨"巡捕寇盗"。

锦衣卫官校缉捕盗寇的尝试，早在建文年间已经开始。建文元年（1399年）五月，锦衣卫千户徐斌即因在常州捕贼有功，被擢为苏州卫指挥使。[①]但在随后的20多年时间里，似乎再未出现锦衣卫缉捕盗寇的案例。直至洪熙元年（1425年）四月，仁宗命锦衣卫指挥使王节派人去济宁、仪真、镇江等地"巡捕寇盗"。仁宗警告王节，以往派出去的捕盗官大多不胜任，对百姓的侵害甚至比盗匪还严重，若此番派出的官校也这样，将视同寇盗予以治罪。[②]不过，因为史料有限，这批官校的具体表现到底如何，并不清楚。

到了宣德年间，锦衣卫受命捕盗的次数更为频繁。

宣德二年（1427年）十二月，宣宗听从行在兵部的建议，派御史监督锦衣卫官校去通州等地缉捕盗贼。[③]两年后的十一月，因为大运河封冻，宣宗担心走陆路来京的外地官员、商贾及普通百姓遇到盗贼，特遣监察御史张政、白圭、唐琛等人与锦衣卫官校分路巡捕。[④]

宣德五年（1430年）七月，行在通政司右参议何怀辉奏报，通州张家湾至北京中途花园等地经常发生强盗劫掠甚至杀伤人命的事件，请求宣宗派人在人烟稀少的地方，每隔6里（注：1里 = 0.5千米）或10里设置"冷铺"[⑤]，置兵巡捕。宣宗闻言，立命行在锦衣卫派遣干练的官校外出捕盗，并警告，若以擒贼为名骚扰百姓，将治罪不恕。[⑥]

---

① 《国榷》，卷十一。
② 《明仁宗实录》，卷九。
③ 《明宣宗实录》，卷三十四。
④ 《明宣宗实录》，卷五十九。
⑤ 冷铺：在冷僻的地方设置的兵铺。
⑥ 《明宣宗实录》，卷六十八。

仁宗和宣宗之所以警告锦衣卫官校不要借擒贼为名侵扰百姓，是因为天下承平有年，军纪懈怠，军人骚扰百姓甚至行政官员的事件时有发生。例如，宣德四年（1429年）三月，行在户部左侍郎李昶在一份奏本中称，江南官吏率民运粮抵达京师后，被京卫中一些无所事事的力士、军校、工匠设局诈骗，强索财物，扰害非小。①又例如，宣德六年（1431年）十二月，顺天府固安县将捕获的强盗张旺等3人拘押至京，并报告，还有11个强盗未能捕获；而张旺原本是居庸关隆庆右卫的一名千户，其他强盗也都是武官的家人。②

在这些犯事的武官中，不乏归降的鞑靼官兵。宣德五年（1430年）九月，行在锦衣卫指挥使张信即曾奉旨督率本卫官校，缉捕在涿州、滦城、卢沟三地杀人劫财的鞑军。③

需要说明的是，锦衣卫受命缉捕盗贼的地理范围并不仅限于京畿一带。宣德八年（1433年）四月，行在都察院副都御史贾谅、锦衣卫指挥佥事王裕以及宦官兴安即奉旨赴蜀，会同四川三司，调动军队，缉捕在成都府郫县、彭县等地劫夺财物、杀伤人命、焚烧庐舍的贼寇。④宣德九年三月，锦衣卫指挥佥事王裕、监察御史张琦等又奉旨，带领官校去安庆、湖广、江西等地缉捕盗贼。⑤

宦官入学：再违祖制

由于见诸史籍的记载十分罕见，东厂在宣德年间的发展轨迹并

---

① 《明宣宗实录》，卷五十二。
② 《明宣宗实录》，卷八十五。
③ 《明宣宗实录》，卷七十。
④ 《明宣宗实录》，卷一百一。
⑤ 《明宣宗实录》，卷一百九。

不清晰，可以确定的是，宣宗给了宦官更多的机会。

如果说，有明一代，成祖开启了重用宦官的先例，那么，将这种做法发扬光大的则是宣宗。永乐年间的宦官，除履行太祖所定诸如洒扫、酒浆、司服等职责，还奉旨出使外域，监视文臣武将，提督东厂，监督和制约锦衣卫。到了宣德年间，则出现了专门培养宦官人才的学校。

宣宗即位之初，曾下诏求直言，湖广参政黄泽上书，言及十事，其中一条是，建议宣宗与宦官保持距离，以免受到他们的蛊惑。黄泽的理由是，宦官身有残疾，一般都性情阴狠，同时又会做戏，大奸似忠，大诈似信，大巧似愚，与这样的人亲近，就像喝美酒一样，醉了都不知道，又像吃美味的干肉一样，中了毒都不自知。对这样的人，"宠之甚易，而远之甚难"，而且古人以禁止宦官典兵干政为训，旨在防患于未然，汉唐先例，不可不鉴。宣宗阅其奏章，"虽嘉叹，不能用"。[1]

宣德元年七月初三，内书堂成立，两三百个10岁左右的小宦官入学。原行在刑部陕西清吏司主事刘翀调入翰林院担任修撰一职，专门教小宦官读书习字。[2]至此，太祖定下的关于宦官不得识字、不得干政等禁令被彻底抛弃。

根据《明纪》的记录，在内书堂念书的小宦官后来竟然增加到四五百人，[3]而且有的教书先生甚至是内阁大学士。宣德朝的谨身殿大学士陈山、天启朝（1621—1627年）的东阁大学士沈铭缜，都曾

---

① 《明通鉴》，卷十九。
② 《明宣宗实录》，卷十九。另据《明史》卷七十四，设内书房的时间是宣德四年。此处以《实录》为准，《三编》《辑览》《明书》《明纪》《明通鉴》的记载与《实录》相同。
③ 《明纪》，卷第十二。

在内书堂授课。总之，从此以后，宦官再也不都是文盲，通文墨、掌章奏的知识分子在宦官中大有人在。正因为如此，史官叹曰："宦寺之盛，自宣宗始。"①

宣宗调派给内书堂的教书先生，都是与他有过较长时间的接触、在人品及学识方面都可以信任的学者。在他看来，只有这样的老师才可以教出既博学、又可信的宦官。

内书堂第一位教官刘翀，就做过宣宗的老师。刘翀起初是翰林院庶吉士，以孝行闻名天下。永乐十年（1412年）八月，成祖将他擢为礼部给事中，让他侍奉14岁的皇太孙（即未来的宣宗）读书。②

教官陈山也做过宣宗的老师。陈山原是奉化县学教谕，后来成为吏科给事中。永乐二十年（1422年），成祖命他侍奉22岁的皇太孙读书。宣宗显然认可他的能力，因此，即位后不久，即擢升他为行在户部左侍郎。宣德二年（1427年），宣宗又提拔他为行在户部尚书兼谨身殿大学士。两年之后，他正是以这个身份去内书堂授课。③

但人性往往复杂而善变，在腐败污浊的环境中，要守住纯良的本性尤其艰难。刘翀即是一个例子。宣德十年（1435年）三月，他离开内书堂，调任山西按察司佥事。④六年后，他因勾搭失节妇女而被劾入狱。⑤至于陈山，杨士奇对他的评价是：急功近利，不识大体。宣宗对他的观感也有不小的变化——陈山去世之后，宣宗竟然一点表示也没有。⑥

---

① 《明史》，卷一百六十四。
② 《明太宗实录》，卷一百三十一。
③ 《明宣宗实录》，卷五十九。
④ 《明英宗实录》，卷三。
⑤ 《明英宗实录》，卷八十一。
⑥ 《明宣宗实录》，卷一百十四。

正如《明史》所言，通过这种模式培养出来的宦官，极擅取巧钻营之事。尽管间或也会出现几位贤者，终究是利一而害百。[①]明朝最有名的奸宦魏忠贤，即出自内书堂，他的老师是内阁大学士沈铭缜。[②]

宣宗之所以要培养通文墨、掌章奏的宦官，主要是为了让他们分担自己批阅奏本的压力。《明通鉴》写道，司礼监掌印太监以下，最重要的宦官是秉笔太监。臣下每日上奏的文书，除皇帝御笔亲批的数本，都由秉笔太监遵照阁中票拟字样，用朱笔批行，这样就与朝臣有了交结往来。[③]

所谓"阁中票拟"制度，指的是内阁收到六部及基层行政机构上呈的奏本后，先行替皇帝批复，或者提出建议，然后将奏本连同批复或建议一起呈给皇帝定夺。当然，内阁接触到的奏本，都是可以公开的奏本，那些机密性很高的奏本都直接呈给皇帝。总之，在皇帝无法亲自一一批复奏本，或者没有心思批复奏本，以及皇帝对内阁提交的奏本或者票拟找不到适合的理由予以否决的时候，就会委托秉笔太监遵照内阁票拟字样，用朱笔批行。

但这并不意味着，内书堂设立之后，才出现秉笔太监代批奏本的情况。

让宦官代批奏本的先例具体始于何时难以考证，可以确定的是，一定不会晚于宣德朝。根据《明宣宗实录》的记载，宣宗即位之初，宦官已经有越权甚至矫诏行事的迹象。传旨六科时，他们动辄命其将圣旨直接传达给六部执行，这相当于剥夺了六科的"封驳"之权。

---

① 《明史》，卷三百四。
② 《明史》，卷二百十八。
③ 《明通鉴》，卷十九。

六科指的是吏、户、礼、兵、刑、工等六科，各科首脑是都给事中（正七品），主要行政人员是给事中（从七品）。他们的主要职权是"掌侍从、规谏、补阙、拾遗、稽察六部百司之事。凡制敕宣行，大事覆奏，小事署而颁之；有失，封还执奏。凡内外所上章疏下，分类抄出，参署付部，驳正其违误"①。

宣德元年（1426年）七月初八，宣宗下发了一道谕旨，要求六科给事中纠正收到圣旨即传达给六部执行的做法，规定"凡朕一言一令，或令内使传出者，尔当备录覆奏，再得旨而后可行"。在宣宗看来，先前的做法存在漏洞，"庶几关防欺蔽，必有诈伪者"。他要求六科给事中自此以后要恪尽职守，不许依附权贵。②

谕旨下发的时间是内书堂成立五日后，但宦官越权甚至矫诏的迹象，一定是发生在内书堂设立之前。换句话说，宣宗对宦官干政弊端已有认识，但这并没有阻碍他培养宦官的势力。对他来说，这可能是"两害相权取其轻"的策略选择。

在某种程度上，宣宗设立培训宦官人才的机构，可能是出于制衡内阁的需要。

宣宗即位之后，基本保留了他父亲留下的内阁班子；而且在整个宣德年间，这个班子都保持了很好的稳定性。这个班子的人选包括在永乐二十二年十二月被擢为工部尚书的太子少傅兼谨身殿大学士杨荣，以及在洪熙元年正月同时晋升的三位官员：擢为兵部尚书的少傅兼华盖殿大学士杨士奇、擢为礼部尚书的太子少保兼武英殿大学士金幼孜、擢为户部尚书的少保兼武英殿大学士黄淮。金幼孜于宣德六年去世之后，宣宗将太常寺卿兼翰林院学士杨溥擢为行在

① 《明史》，卷七十四。
② 《明宣宗实录》，卷十九。

礼部尚书。[1]

这个内阁班子拥有很大的权力。用《明通鉴》的话说，宣宗即位之初，"二杨（杨荣、杨士奇）用事，政归内阁，自布政使至知府阙，听京官三品以上荐举"。后来，"又命御史、知县皆听京官五品以上荐举。凡要职选擢，皆不关吏部"。[2]也就是说，从中央到地方，从行政到监察，重要的人事任命权几乎全由内阁掌握。

对宣宗来说，一个强大而稳定的内阁对朝局的平稳有利，但同时也会给他带来强大的心理压力。如果有得力的心腹宦官可以倚重，帮助他制衡强大的内阁，他心理上的安全感使他自在得多。

确实，宣宗不像成祖，更不像太祖那样，对宦官保持着高度的戒心。前文已经提到，太祖甚至说过，品性纯良的宦官，一千个里面也找不到一两个。二者态度不同的原因，主要是见识与成长环境的不同。尤其是成长环境：太祖和成祖一生皆在忧患中奋斗，宣宗则自小就在安逸的环境中生活。正如太祖在《祖训录》序言中所言："盖其创业之初，备尝艰苦，阅人既多，历事亦熟。比之生长深宫之主，未谙世故；及僻处山林之士，自矜己长者，甚相远矣。"

毫无疑问，宣宗自出生之日起，就有很多人在身边伺候，其中不少是宦官。在他还是幼童的时候，肯定会有年龄相仿的宦官相随。这些宦官（尤其是小宦官）与他朝夕相对，日夜相陪，甚至一起打打闹闹，哭哭笑笑，他对宦官产生感情属于人之常情，善待和重用尽心侍奉他的宦官也在情理之中。在这一点上，不仅宣宗如此，宣宗以后的皇帝，莫不如此。

根据司礼监太监范弘的墓志铭记载，宣宗甚至赐予他本人以及

---

[1] 《明仁宗实录》，卷六。

[2] 《明通鉴》，卷二十。

司礼监太监金英免死诏，其文大致是："克勤夙夜，靡一事之后期；致谨言行，惟一心之在国。退不忍于欺蔽，进必务于忠诚。免尔死罪于将来，着朕至意于久远。"[1]

根据景泰年间（1450—1457年）担任过山西右参政的明代学者叶盛所著《水东日记》，宣宗还赐给太监王瑾四块印章，分别刻有"忠肝义胆""金貂贵客""忠诚自励""心迹双清"的文字。王瑾本名陈芜，交趾人。宣宗还是皇太孙时，他就在身边殷勤侍候，即位后，赐其名为"王瑾"。[2]

清代史官评论："赐王瑾、金英印记，而与诸辅弼大臣同矣；赐金英、范宏等免死诏，则又无异勋臣之铁券。"[3]从金英、范弘以及王瑾受到尊重的程度上判断，三人中必有司礼监掌印和秉笔太监。

法外恩情

在遇到牵涉亲信宦官的案件时，皇帝有时不免会法外开恩，从轻处理。发生在宣德三年（1428年）的"私卖官木"案件就是一个例子。《明史纪事本末》提到了这个案例，简述如下：

太监杨庆要盖私宅，太子少保、行在工部尚书吴中慷官家之慨，将官家的木材、砖瓦等物料送给杨庆。杨庆将私宅盖得十分壮观。某日，宣宗登上皇城城楼，看见这座私宅，为其宏伟气象所惊，于是询问其主人为谁。左右侍臣据实以告。[4]结果是，对吴中

---

① 《弇山堂别集》，卷九十。
② 《水东日记》，卷七。
③ 《钦定历代职官表》，卷三十八。
④ 《明史纪事本末》，卷二十八。

私取官木一事知情不报的锦衣卫指挥佥事王裕被关入锦衣卫监狱；吴中的少保之职被撤，罚尚书俸一年，这是宣宗念其是"皇祖旧臣"而从轻发落。不久之后，王裕与吴中就都被释放了。[①]至于太监杨庆，因其与宣宗的感情十分深厚，竟然没有受到任何惩罚。

皇帝经常宽宥犯事的宦官，还有另外一个原因，即宦官是代皇帝办事，或者是为皇室办事。因此，气焰嚣张一些，手段过分一些，哪怕是情理法皆不容，只要事不涉谋逆、没有激起难以抑制的民愤，都是可以接受的。例如，宣宗即位一个月后，巡按浙江监察御史尹崇高上奏，朝廷派到浙江去采办货物的宦官给当地百姓造成了很大的"劳扰"，"朝廷所需甚微，民间所费甚大"，建议朝廷予以重视。宣宗则只是下诏命办事宦官停止采办事项，立即回京而已，并未对犯事者有任何处置。[②]

当然，如果宦官事涉谋逆，或者民愤难平，即便仁慈如宣宗，也绝不会姑息。宣德六年（1431年）十二月，宣宗一次处死了十余名宦官，就是因为他们激起了民愤，而且事涉僭越。事情的经过大致如下：

宦官阮巨队、阮诰等人去广东等地公干，以采办为名，"虐取军民财物"。事发，被关进锦衣卫监狱。经审，主使者是宦官袁琦。于是，锦衣卫抄了袁琦的家，发现他家藏有"金银以万计……所用金玉器皿，僭侈非法"。最终，袁琦被凌迟处死，阮巨队、阮诰、武莽、武路、阮可等十名宦官伏诛。[③]宣宗甚至还命锦衣卫将之前已经畏罪自尽的宦官马俊的尸体挖出来戮尸，枭首于市。[④]出差南

① 《明宣宗实录》，卷四十四。
② 《明宣宗实录》，卷二。
③ 《明宣宗实录》，卷八十五。
④ 《明宣宗实录》，卷八十四。

京的宦官唐受也因为"纵恣贪酷，民不胜其害"而被凌迟处死，并枭首示众。[①]

　　无论如何，宣宗无意间打开了潘多拉的盒子。因为他的恩典，宦官们攫取和滥用权力的能力大大提升。他的后人将为此付出沉重的代价。

---

① 《明宣宗实录》，卷八十四。

第五章　正统失衡

与他的父亲仁宗一样，宣宗的驾崩同样来得突然，但似乎并非政治阴谋导致。有关他身体不适的消息早就朝野皆知。

宣宗去世前正好一个月，有人向他推荐了一位神僧，号称可以助他延长生命，但宣宗斥责了那个人。他对侍臣们说："商中宗、商高宗、周文王都享祚绵远（据说分别在位75年、58年、38年），但那时并无僧道。秦皇汉武倒是求了神仙，梁武帝倒是事了佛，宋徽宗倒是事了道，可结果又如何呢？你们怎么还没有开悟啊！"[①]这番话说明了宣宗对天命的笃信，这种天命观应该能在一定程度上安抚他不无遗憾的心情。

宣德十年（1435年）正月初三，宣宗驾崩，临终遗言是："朕久病不愈，这是上天的意思。让皇太子来继承皇位。你们这些文武大臣一定要尽心辅导，凡是国家大事，一定要先禀告皇太后及皇后再做决定。"（"朕疾不起，天也。命皇太子嗣位。尔文武大臣，尽心辅导。家国重务，必禀皇太后皇后行之。"[②]）当时，皇太子朱祁镇（未来的英宗）年仅8岁。遗诏提到的皇太后是宣宗的生母张太后，

①《国榷》，卷二十二。
②《国榷》，卷二十二。

皇后是宣宗在宣德三年册立的孙皇后。正月初十，英宗即位；次月，张太后与孙皇后分别被尊为太皇太后和太后。

脆弱的平衡

宣宗将家国重担交给母亲打理是可以理解的，因为他十分明白母亲的能力。事实上，在整个宣德年间，他时常就家国问题询问母亲的意见。他的父亲仁宗在位时，也经常与她交流朝政，问问她对重要大臣的看法，尽管这种做法违反了后宫不得干政的传统。《明史》记载了下面这个故事：

宣德五年（1430年）二月某日，张辅与"三杨"及金幼孜等一同觐见张太皇太后（当时还是张太后），并接受其赏赐的酒馔以及言语上的褒奖。隔了几日，宣宗向杨士奇转述她对几位大臣的看法："皇太后……称赞你们工作尽心尽力。她说，张辅是一介武臣，深明大义。蹇义（吏部尚书）性格稳重，但有些优柔寡断。你（指杨士奇）为人正直，说话不避讳，不说假话，虽然先帝有时会因为你的话而不高兴，但最终却会听从你的意见。"[①]

张太皇太后确实没有辜负英年早逝的儿子对她的期待。当时朝野有流言说，她想立自己的另一个儿子、时年29岁的襄王（宣宗的亲弟弟）朱瞻墡为帝。但她用行动证明了自己：她遵照宣宗的托付，把尚在稚龄的孙子扶上了皇位，并且尽心辅佐；还以"毋坏我祖宗法"为理由，拒绝了左右侍臣提出的垂帘听政的建议；更为难得的是，她以身作则，严厉约束自己的亲戚，不许外戚干预政事。她对自己的两位兄弟（彭城伯张昶以及都督张升）说过这样一番道

---

① 《明史》，卷一百一十三。

理："身为国戚，要想长享富贵，就要谨守礼法，不能逾越本分。若是不知礼法，有失分寸，朝廷一定不会因私废公。你们要记住这一点！"[1]因此，即便是杨士奇以张升有贤能而荐举他，太后也没有批准。[2]

关于正统初年的决策体系，《明通鉴》有这样的表述："朝廷大政，群臣白太后（即禀告太后），太后悉令送内阁，俟杨士奇等议决而后行。"[3]《明纪》的说法则是："（太后）推心任杨士奇、杨荣、杨溥。有事遣中使诣阁咨议，然后裁决。"[4]

无论如何，张太皇太后的存在与努力，确保了英宗朝最初几年的运行基本延续了宣德年间的风格，大变未生，朝局比较稳定。"三杨"主持的内阁，与金英、范弘、王瑾主持的司礼监之间，继续保持一种微妙的平衡关系。

但这种平衡关系是脆弱的。一方面，杨士奇、杨荣、杨溥三人年事已高，英宗即位时，分别已是69岁、64岁和63岁；更糟糕的是，他们没有培养出强有力的接班人。可是，由于内书堂的存在，在10年的时间里，宦官人才正在不断涌现。而且不难想象，他们学习的一定是最实用的知识，而不是玄妙而空洞的理论。因此，朝堂内阁与内廷宦官，实力一减一增，影响深远。

事实上，除了金英、范弘、王瑾三人，在宣德年间的中后期，已经出现诸如杨瑛、林景芳、李和等一批备受宣宗宠信的宦官。例如，宣德五年（1430年）十月，宣宗离京巡饬边备，临行之前，他敕谕留守北京的丰城侯李贤、都督张升、兵部尚书张本，以及都察

---

① 《明宣宗实录》，卷二十三。
② 《明通鉴》，卷二十一。
③ 《明通鉴》，卷二十一。
④ 《明纪》，卷第十二。

院右都御史顾佐等人要好好当家，并叮嘱他们，若是遇上紧急机务，则要与太监杨瑛等商量。同时又敕谕太监杨瑛、林景芳、李和等人好好看守皇城内外，约束好内府各监局等衙门的内官、内使，凡事要与丰城侯李贤等同心计议，千万不要固执己见，耽误大事。①

宣德九年（1434年）十一月，宣宗再次率师巡边，又敕谕留守京师的武定侯郭玹、西宁侯宋瑛、都督张升等人，如果遇到紧急机务，一定要与太监杨瑛等人仔细商议施行，千万不要因为偏执而怠慢事机。同时又命太监杨瑛、李德、王振、僧保、李和等提督皇城内外一应事务。②

因此，当张太皇太后于正统七年（1442年）去世之后，原先那种微妙而脆弱的平衡被打破，宦官干政甚至主政的局面逐渐形成。

在张太皇太后去世之前，杨荣已经于正统五年去世。其后，在正统九年（1444年）和正统十一年（1446年），杨士奇与杨溥又先后去世。杨溥去世后，内阁成员主要是曹鼐、陈循、马愉三人，其总体实力与"三杨"相去较远。

或许正是出于对这种实力对比的变化趋势的担心，英宗即位当月，"三杨"便说动张太皇太后撤回了13个布政司的镇守太监。③内阁首辅杨士奇还提出几项重要的建议，例如，"分遣文武镇抚江西、湖广、河南、山东"，"罢侦事校尉"，"慎刑狱"，"慎选宫中朝夕侍从内臣"等，以期遏制宦官势力的发展势头。④但这些建议并没有完全落实。

---

① 《明宣宗实录》，卷七十一。
② 《明宣宗实录》，卷一百一十二。
③ 《国榷》，卷二十三。
④ 《明纪》，卷第十二。

王振登台

张太皇太后的去世，就像是一阵寒风，吹走了覆在王振脸上的面纱；也像是一把利刃，砍断了束缚王振双手的绳索。至此，这个正统年间最重要的人物才彻底露出真容。此后七年的历史将留下他独特的印记。

王振是山西蔚州人，出身不详，何年净身不详，净身原因不详。《明史》的记载是，王振年少时被选入内书堂，当英宗还是东宫太子时，曾侍奉左右，做过局郎（"少选入内书堂，侍英宗东宫，为局郎"①）。"局郎"是正五品内官官职。在太子所住的东宫，设有典玺、典药、典膳、典服、典兵、典乘六局，各设正五品局郎一位，从五品局丞两位。②

但上述史料传递的信息仍不清晰。例如，"少选入内书堂"，指的是年少时被选入内书堂学习，还是被选入内书堂任事？

成化二年（1466年）得中进士的陆容在《菽园杂记》一书中写道："正统初，太监王振于内府开设书堂，选翰林检讨（从七品）、正字（从九品）等官入教。于是内官多聪慧、知文义者。"③这段叙述提到的内书堂的开设时间，与《明宣宗实录》以及《明通鉴》等史籍提到的开设时间（即宣德元年七月）不同。正是这一点不同，让人怀疑这段史料的整体可信性。

但是，仍然存在这种可能，即尽管存在时间上的出入，关于王振曾在内书堂任事的记载却是可信的。因为根据《明宣宗实录》的记载，至迟在宣德元年七月，即内书堂设立的当月，王振的职务已

---

① 《明史》，卷三百四。
② 《明史》，卷七十四。
③ 《菽园杂记》，卷四。

经是正四品的太监，而且他应该时常在宣宗身边听用。宣德元年七月某日，宣宗曾就如何处置70名重罪犯一事，命王振传谕左都御史刘观等人。[①] 依据常理判断，王振在当时的年龄，至少应该在18岁以上；而前文已经提到，在内书堂学习的小宦官，其年龄一般在10岁左右。因此，《明史》等史籍所谓王振"少选入内书堂"的说法，指的应该不是他进入内书堂学习，而是在内书堂任事，甚至可能主事。

而如果王振确实在内书堂任事或者主事，那么，在宣宗去世、英宗即位的时候，内书堂那两三百名学生正好成长起来。而且，其中不少人应该会成为他的得力干将。换句话说，他应该具有相当的实力了。

而前文提到过的那段史料（即宣宗于宣德九年十一月率军巡边时，选派王振等人参与提督皇城内外一应事务）也可以说明，至迟在宣德末年，王振已经成为宦官领袖之一，并且已经极得宣宗信任。

《明史纪事本末》提到的一件事让人相信，王振至迟在宣德十年七月（宣宗已去世六个月）已经入主司礼监：

> （宣德）十年（1435年）秋七月，（英宗）命司礼太监王振偕文武大臣阅武于将台。振矫旨，以隆庆右卫指挥佥事纪广为都督佥事。[②]

上述史料中的"偕"字，可能会让人误以为王振在当时已然权倾朝野。

---

① 《明宣宗实录》，卷十九。
② 《明史纪事本末》，卷二十九。

《明纪》与《明通鉴》提到的王振入主司礼监的时间都是宣德十年九月。《明通鉴》的记录相对更为详细，摘录如下：

> （九月）以王振为司礼监。振少选入内书堂，侍上于东宫，为局郎，狡黠得上欢，遂越金英等数人任之。时辅臣方议开经筵，而振乃导上阅武将台，集京营及诸卫武职试骑射，殿最之（最，集合意）。有纪广者，尝以卫卒守居庸得事振，大见亲昵，遂奏广第一，超擢都督佥事。自此招权纳赂，诸大臣自士奇以下，皆依违莫能制。①

但这条史料存在疑点。时间上的矛盾姑且不论，是否有阅兵一事也暂且不提，单就纪广在宣德十年（1435年）被破格擢为正二品都督佥事一事，就不太可能发生。因为根据《明英宗实录》的记载，直至正统七年（1442年）九月，他还只是正三品都指挥佥事。②

"三杨"之罪

《明史纪事本末》以及《明通鉴》的行文语气，确实容易让人忘了英宗即位时只有8岁的事实，而误以为他在当时已经具有亲政的能力与权力。事实上，无论是摄政的张太皇太后，还是备受太皇太后倚重的"三杨"，都不太可能允许王振擅权的事情发生在英宗即位之初。

其实，包括《明史》《明史纪事本末》《弇山堂别集》《余冬序录》

---

① 《明通鉴》，卷二十一。
② 《明英宗实录》，卷九十六。

在内的史籍，都试图传达这样一个信号，即张太皇太后对王振并不信任。《明史》写道："是时，太皇太后贤，方委政内阁。阁臣杨士奇、杨荣、杨溥，皆累朝元老，振心惮之，未敢逞。"① 又写道："（英宗即位后，太后）时时勖帝向学，委任股肱，以故王振虽宠于帝，终太后世不敢专大政。"②《明史纪事本末》与《余冬序录》则提到下面这段很可能发生在英宗即位之初的故事，只是文字不尽相同。仍据《明史纪事本末》：

> 一日，太皇太后坐便殿，上西面立。召三杨及国公辅、尚书溅谕曰："卿等老臣，嗣君冲年，幸同心协力，共安社稷。"又召溥前，谕曰："先帝每念卿忠，屡形愁叹，不谓今日复得见卿。"溥伏地泣，太皇太后亦泣，左右皆悲怆。盖先是，永乐中，上巡幸北京，太子（仁宗，太后的丈夫）居守，以谗故，宫僚大臣辄下诏狱。陈善、解缙等相继死，而溥及黄淮一系十年。仁宗每与后言，辄惨然泣下。以故，太皇太后为言。又顾英宗曰："此五臣，三朝简任，贻皇帝者，非五人所言不可行也。"又召王振至，欲置之死。英宗跪请，得免。③

弘治六年（1493年）的进士何孟春在其编着的《余冬序录》中还特别提到张太皇太后召见王振的细节。王世贞的《弇山堂别集》中转述如下：

> 顷间，宣太监王振。至，俯伏。太后颜色顿异，曰："汝

---

① 《明史》，卷三百四。
② 《明史》，卷一百十三。
③ 《明史纪事本末》，卷二十八。

侍皇帝起居，多不律，今当赐汝死。"女官加刃振颈。英宗跪，
为请之。诸大臣皆跪。太后曰："皇帝年小，岂知自古此辈祸
人、国、家多矣?! 我能听帝暨诸公，留振，此后不得重令干
国事也!"太后驾起，诏英宗赐英国公等酒饭，乃出。[①]

可见，英宗即位之初，王振（即便他当时已经拥有不可小觑的
实力）掌司礼监的可能性都比较低。又或者，即便他已经执掌司礼
监，也不可能有号令百官、权倾朝野的气势。

但是，张太皇太后毕竟不可能面面俱到、事事过问，尤其是中
后期，她健康状况不佳，对朝政有心无力也属正常。而杨士奇、杨
荣、杨溥等人也日益老朽，精力不济，又或者御下不严，甚至有把
柄在王振手里，故而因私废公，明哲保身。例如，杨士奇曾在正统
四年请乞退休，原因是，他的儿子杨稷为人傲慢狠辣，因"侵暴杀
人"而下狱。

因此，在太皇太后摄政的中后期，王振（他显然是一个非常聪
明的人）并非完全没有影响朝政的机会。《明书》提到的一个故事
即是证明：

正统四年（1439年）十月，福建佥事廖模杖死驿丞，具体原
因不明。杨溥认为廖模应该坐罪偿命，杨士奇则认为廖模的行为出
于公心，二人意见相左，请张太皇太后予以裁决。王振抓住机会
进言称，杨溥与驿丞是同乡，杨士奇则与廖模是同乡，二人的意见
都免不了掺杂私情，一个是定罪过重，一个是定罪过轻，建议将佥
事降职为同知，以示惩戒与公平。张太皇太后认可了王振的建议。
《明书》称，自此之后，王振越发关注内阁的过失，一步一步掌握

---

① 《弇山堂别集》，卷二十三。

了权力。[1]

"三杨"，尤其是晚于张太皇太后去世的杨士奇和杨溥，因为没有创造或把握时机除掉王振而受到明清史家的严厉指责。

据说，张太皇太后临去世前，曾经询问杨士奇和杨溥，还有哪些国家大事没有做，而杨士奇只提到两件事情，其一是建议编修建文帝实录，恢复建文年号，其二是建议废弛成祖"有藏方孝孺诸臣遗书者死"的禁令，并没有将解决王振之祸作为紧急大事及时提出。[2]另据与唐伯虎、文徵明等齐名的祝枝山（他的外祖父徐有贞在宣德八年得中进士）所著《枝山野记》，杨士奇本计划向太后提三件事，但只提了上述两件，第三件尚未提出，太后已然阖然而逝。

清乾隆朝官修史籍《御定资治通鉴纲目三编》点评，在张太皇太后去世前夕，没有哪件国家大事比阉竖横行更亟待解决，太皇太后也未尝没有考虑到这一点，因此在去世前还在垂询这件事。杨士奇和杨溥等人要是真的忠于社稷，就该知道时机难得，他们应该列举王振罪状，请旨速除雄孽，但他们的建议却不分轻重，有阿容守位、尸位素餐之嫌。史官们总爱粉饰"三杨"功绩，但他们的言论真的是定论吗？[3]

其实，即便杨士奇和杨溥提议解决阉竖横行的大事，张太皇太后恐怕也不会答应，因为内外权力失衡并不符合皇家的利益。

事实上，正统六年，正是因为张太皇太后的容许，二杨才没能阻止太监与法司一起录囚的制度的确立。那些有幸奉旨审案录囚的太监后来还发明了一种别具特色的墓葬文化。他们命画匠将其录囚经历绘制在其墓寝的墙壁上：他们南面而坐，俨然以主角自居，法

① 《明书》，卷一百五十八。

② 《明史》，卷一百十三。

③ 《明通鉴》，卷二十三。

司堂上官只能靠边站，御史及刑部郎官则引囚鞠躬，一副听命的样子。他们想通过这种方式告诉后人，他们曾经这样荣耀地存在过。①

张太皇太后去世八日后，15岁的英宗开始亲政。在此后7年时间里，王振变本加厉，擅权肆横，势若出闸之虎，无人能制。

对这位一直陪在身边照顾自己的太监，英宗十分尊敬和信任。他称王振为"先生"，还曾亲撰一篇文章赞赏"先生"的德行，极尽溢美之词。于是，王振的权势日益积重，甚至有公侯勋戚尊之为"翁父"。一时间，畏祸者争相依附王振，以求避祸免死，登门行贿者云集。②

党同伐异，是羽翼丰满、备受宠信的王振必然会采取的策略。

正统五年（1440年）二月，王振成功地在内阁安插了新人，以稀释"三杨"的实力。

根据《明史纪事本末》的记载，王振之前曾直言不讳地质问杨士奇，朝堂之事，现在完全仰仗三位老先生主持，可是，您三位倘若因年高而吃不消了，该当如何？杨士奇知其心意，表示将继续主政，尽瘁报国，死而后已。杨荣则有退位让贤之意，表示吾辈已老，无能效力，应当提拔人才以事君。王振见二人意见不统一，大喜，次日即举荐了正六品翰林院侍讲曹鼐，以及从五品侍讲学士马愉、苗衷、陈循、高谷等人。曹、马二人在当月入阁，参预机务。③杨荣则在当月回乡扫墓，数月之后，卒于返朝途中。

如果说曹鼐、马愉等人还基本能够做到恪尽职守，那么，同样因王振之举荐而升职的徐曦、王佑等人则纯粹是庙堂蠹虫。王佑原本是正五品工部郎中，因为善于逢迎拍马，深得王振欢心，很快

---

① 《明史》，卷九十五。
② 《明史》，卷三百四。
③ 《明史纪事本末》，卷二十九；《明史》，卷一百四十八。

就晋为正三品工部侍郎。陆容在《菽园杂记》中记载了一件他的丑事：王佑俊美无须。某日，王振问他，王侍郎为何没有胡须？王佑竟然回答："公无须，儿子岂敢有须？"[①]据说，兵部尚书徐曦也经常跪着拜见王振。

马　顺

王振显然是东厂的实际控制人，即便提督东厂的不是他本人，也一定是他的心腹，因为这个机构是打击异己、收敛资财的利器。

至于锦衣卫，尽管宣宗一再重申要"慎刑狱"，但随着宣宗的驾崩，他的训示逐渐被束之高阁。另外，在整个洪熙及宣德年间担任锦衣卫指挥使并在任上基本做到尽忠职守的王节，也在正统元年（1436年）十月去世。[②]一个月后，经行在兵部尚书荐举，原直隶兴州前屯等卫的指挥使徐恭、李端，以及指挥佥事刘勉等人被调入锦衣卫任职。十二月，锦衣卫指挥使徐恭接到了执掌锦衣卫事的谕旨。

或许与其出身行伍有关，徐恭的性情颇为鲁莽。他与执掌北镇抚司的锦衣卫指挥佥事马顺似乎有着不错的交情。正统二年四月发生的一件事可以证明上述观点，其始末大致如下：

宣德末、正统初，太监金英、僧保等人仗着权势，私下开了客栈、货栈11处，令无赖子弟巧取豪夺、霸集商货，为祸一时。正统二年（1437年）四月，锦衣卫与监察御史奉旨调查并处理。在锦衣卫千户李得及监察御史孙睿的协调下，被抢夺的存货退还货主，已

---

① 《菽园杂记》，卷二。
② 《明英宗实录》，卷二十三。

被损耗或占用的货物，则请旨命锦衣卫镇抚司进一步究治。旨从。孙睿与李得将旨意传达给锦衣卫指挥佥事马顺。但马顺以这件差事吃力不讨好为由，拒绝执行。监察御史孙睿十分生气，骂了马顺。锦衣卫指挥使徐恭等人则支持马顺的决定，并命手下将李得杖责二十。最终，孙睿、马顺、徐恭都被打入监狱。不过，三人后来都被释放，各回原职当差。①

若上述这件事是代表新势力的王振与代表旧势力的金英之间的较量，那么，截至正统二年四月，马顺显然还没有成为王振的党羽，否则，他一定不会拒绝打击金英的机会。

马顺的年龄、背景皆不详。有关他的记载，最早可溯及宣德九年（1434年）十月：因为缉获强盗有功，他从北镇抚司镇抚（从五品）的职位上被擢为锦衣卫指挥佥事（正四品），仍理镇抚司事，专治诏狱。②

正统五年（1440年）三月，马顺又一次被关进监狱，原因还是与僧保有关，但性质比上一次严重得多。

此前，一位名叫张能的宦官举报僧保违法，结果被逮入锦衣卫监狱，并死于刑具之下。锦衣卫指挥佥事王裕、马顺等人谎称张能死于疾病。英宗觉得可疑，命御史徐郁去调查真相。最终，王裕、马顺等人被逮，审讯后，供词上呈，英宗命人将他们禁锢起来。③显然，王裕与马顺事涉欺君，罪名非小。可是，三个月后，二人都被释放出狱。更奇怪的是，马顺的职位非但没有受到影响，而且根据《明史纪事本末》的记载，至迟在正统六年五月，即出狱11个月

---

① 《明英宗实录》，卷二十九。
② 《明宣宗实录》，卷一百十三。
③ 《明英宗实录》，卷六十五。

后，他已经取代徐恭，成为"掌锦衣卫事指挥"。①

　　关于马顺的无罪释放，及其超越常规的晋升，史籍没有提供有说服力的解释。或许王振在背后出了力（当然不能排除僧保也出了一份力的可能）。可能正因为如此，马顺正式成为王振的忠实党羽。至于王裕，他在正统六年三月以年老有疾为理由申请退休；其子王瑛子代父职，当上了锦衣卫指挥佥事。

　　与工部侍郎王佑一样，马顺也以"义子"的身份追随王振。据说，马顺每次拜见王振，"必膝行，蒲蔟戚施"②。"蒲蔟戚施"的意思是，匍匐在地，不敢抬头。王振对他极为信任，他对王振也十分忠心。

　　至于徐恭，其地位虽然被马顺取代，不过，在正统十四年（1449年）二月被擢为都指挥佥事之前，他一直都担任锦衣卫指挥使。前文已经说过，锦衣卫可以同时有多位指挥使。

　　明人王世贞对徐恭以及与徐恭同时调入锦衣卫担任指挥佥事一职的刘勉都给出了"咸文无害"的评语。③显然，他们并不具备王振需要的素质。

　　在锦衣卫历史上，马顺成为王振党羽一事具有标志性意义，它意味着皇帝最信赖的亲军锦衣卫第一次完全被宦官掌控。有人可能会说，这是发生在特殊时期的特殊人事安排，只是暂时的变化。这种说法并非没有道理。不过，某种做法一旦成为先例，其影响就绝不会只是一时。太祖利用锦衣卫治理诏狱，成祖重用宦官开设东厂，在一定程度上都是权宜之计，同时又都是开创先例之举，然其

---

① 《明史纪事本末》有载，正统六年五月，"兵科给事中王永和劾掌锦衣卫事指挥马顺怙宠骄恣、欺罔不法"。见卷二十九。
② 《弇州四部稿》，卷七十九。
③ 《文章辨体汇选》，卷六百二十四。

影响并非止于一代，而是流毒深远。

人格初丧

而王振对锦衣卫的影响，远非控制指挥使那么简单。通过彻底改变锦衣卫世袭制度的传统，他动摇了锦衣卫的独立性质。

正统七年（1442年）六月，原锦衣卫千户（正五品）王山连升三级，被授予锦衣卫世袭指挥同知（从三品）的官职。[①]而他之所以可以晋升，并非因为年资丰富，也并非有立功表现，只是因为他是王振的侄子。

四年后，即正统十一年正月，王振的另一个侄子王林也被授予世袭锦衣卫指挥佥事之职。太监僧保的侄子钱亮、太监高让的侄子高玉、太监曹吉祥的兄弟曹整，以及太监蔡忠的侄子蔡英，也同时被授予世袭锦衣卫副千户的官职。

在此之前，世袭锦衣卫的官职从未授予宦官家人。有资格蒙此圣恩的，除了勋臣子弟，就是皇亲国戚。前面提到的兵部左侍郎张信，就因为是国戚英国公张辅的堂兄，被仁宗（张辅的女婿）授予世袭锦衣卫指挥同知的官职。

宦官子弟蒙恩被授予世袭锦衣卫的官职，实在又是历史发展的必然，因为它合乎两项最基本的原则：其一，有机会得到这种官职的，一定是被皇帝信任的家族；其二，有资格得到这种官职的，一定是于社稷或皇室有功的家族。

毫无疑问，在宦官受到重用的时代，他们的立功机会绝不比一般朝臣少。而且作为皇帝的家臣，他们时常陪在皇帝身侧，承办的

———————————

① 《明英宗实录》，卷九十三。

事务大多又关乎皇帝的切身利益，他们的功劳更能得到皇帝及后宫的认可。

英宗赐予王山、王林世袭锦衣卫官职，是为了表彰王振的德行与功劳，回报王振在过去长达20年的时间里对他忠心耿耿、兢兢业业的照顾。正统十一年（1446年）正月，英宗在一份敕谕中十分动情地解释了他擢升王山的理由。

英宗说，《诗经》有"无德不报"的说法，《尚书》有"谨忠惟始"的警句，显而易见，臣子忠君报国，帝王报答臣子，是古今之通谊。之所以厚待王振，是因为王振性格忠厚，度量宏深，深受成祖、仁宗及宣宗的器重：成祖"特以内臣选拔事我"；仁宗甚至教以诗书，玉成令器，"委用既隆，勤诚益至肆"；宣宗又念其"为先帝所器重，特简置朕左右"。英宗还说，近20年来，王振夙夜服侍在侧，无论是寝食，还是安全防卫，都无微不至，而且还经常正言忠告，朕获益良多，擢升其后人为官，是对他始终如一的耿耿忠心的回报。①

太监僧保、高让、曹吉祥、蔡忠等人的情况与王振有所不同，其子侄或兄弟被授予世袭锦衣卫的官职（具体情况前文已经提及），有的是因为皇帝感念其年资老，有的则是因为所立的军功。②

忠勇太监

受到各种舆论的影响，不少人都以为，太监只能胜任伺候皇帝起居等工作，于武事最多一知半解，难当大任。但事实并非如此。

---

① 《明英宗实录》，卷一百三十七。
② 《明英宗实录》，卷一百十二。

勇略过人的太监大有人在，例如刘通、刘顺兄弟。

根据墓志铭的记载，刘通是女真人，生于洪武十四年（1381年），年少时进入燕王府为内臣。此人性情刚毅，勇略过人，忠勇勤谨。靖难前夕，燕王委以腹心，命他探查外情。刘通不负所望，广询博采，探实许多重要情报。建文元年（1399年），又随驾肃清内难，首平九门，再取雄县、漠州，继克大同、蔚州、广昌等处。成祖登基后，提拔他为尚膳监左监丞（正五品）。

永乐八年（1410年），他又跟随成祖扫荡沙漠，在威河与蒙古军大战三日，斩馘无数。①蒙古大军败走后，他一个人骑着无鞍之马追敌70多里，生擒蒙古军数人凯还。为嘉奖他的功劳，成祖擢升他为尚膳监左少监（从四品）。两年后，他再次随军征剿瓦剌，又因功晋为直殿监（掌各殿及廊庑扫除事）太监（正四品）。

永乐二十年（1422年），刘通随驾北征，再次立下大功，斩获人口无数，马三千余匹，牛羊12万只。成祖念其功勋，特赐居第，甚至将一个王姓女子赐给他当侍妾，为他料理家政，侍奉老母。刘通卒于宣德十年（1435年）九月。

与兄长刘通一样，刘顺很小就净身入了燕王府。在燕王的调教下，13岁即精于骑射，以武力超群著闻，被选为燕王的近侍。其兄刘通参与的战役，他也都参与，并立下战功无数。永乐十八年（1420年）随驾北征期间，他立下平生最大一项功劳——俘虏故元知院满子台等十余人。两年后的北征，又擒获兀良哈部落首领字克扯儿等五人，并射死一人，获羊马无数，因功升为御马监太监。正统五年（1440年）十二月，刘顺去世后，英宗遣官谕祭，通议大

---

① 据《说文解字》，"馘，军战断耳也"，引申为敌人的首级。

夫、礼部左侍郎（正三品）王直亲自撰写墓志铭。①

　　在正统九年正月奉命率军出征兀良哈三卫的太监曹吉祥也是一位悍将。曹吉祥是直隶滦州人，一直是王振的党羽。正统四年征剿麓川时，他与太监吴诚担任监军。正统十三年（1448年）十一月，他与深得宣宗器重的太监王瑾一起提督火器营，又与宁阳侯陈懋等一起征剿福建盗寇邓茂七。王振擅权的时代结束之后，他成为最有权势的太监。

　　无论如何，在正统中期，英宗确立了一项新的制度与传统，即赐予心腹太监的兄弟子侄世袭锦衣卫官职。这种做法从此成为明朝皇帝常用的施恩手段之一。随着东厂与锦衣卫的关系日益密切，成祖设立东厂的良苦用心——监督锦衣卫，在某种程度上被抛之脑后了。

南京锦衣卫：降酋安置所

　　在人事制度方面，正统年间的锦衣卫还有另一个变化。

　　前文已经提到，在洪武以及永乐年间，归降的外族（主要是北方部族）首领一般会被安置在锦衣卫带俸任职，只是有的担任虚职，有的担任实职，一切视具体情况而定。在洪武时期，他们被安置在南京锦衣卫。在永乐时期建都北京之后，他们被安置在行在锦衣卫，即北京锦衣卫，因为这样能够更有利、更有效地发挥他们的作用。

　　正统元年（1436年）五月，降明的蒙古首领沙哈巴子、火者阿力二人，即被安置在北京居住，在锦衣卫带俸任职，职务分别是试

---

① 刘通与刘顺的事迹，见《北京图书馆藏中国历代石刻拓本汇编》，第51册，第75页，第105页，中州古籍出版社，1989年5月第1版。

百户以及试所镇抚，皆为虚职。[①]正统二年（1437年）三月，来自土鲁番的南忽力等人也被安置在北京锦衣卫任职。[②]

不过，至迟从正统九年（1444年）九月开始，这种安置制度有了改变。正是在这个月，前来归降的蒙古头目孛罗失里，以及他的兄弟乃颜台完卜林等七人，则被安置在南京居住，分别被授予南京锦衣卫千户等职务。[③]

从此以后，将降酋安置在南京锦衣卫似乎成为制度。例如，正统十年（1445年）八月，降明的沙州卫鞑靼哈密里火者等人授职南京锦衣卫带俸；正统十一年九月，降明的撒马儿罕回回亦林的阿卜答里，被安置在南京锦衣卫；[④]正统十二年十一月，降明的鞑靼阿儿脱台（他原本是也先的手下）被任命为南京锦衣卫带俸所镇抚；[⑤]正统十三年正月，降明的朵颜卫火儿赤台等人，以及卜剌答儿并伯都等人，都被安置在南京锦衣卫支俸；[⑥]景泰二年（1451年）七月，降明的回回百户卜儿罕丁，也被安置在南京锦衣卫带俸；[⑦]景泰四年（1453年）八月，降明的答失苦咄（脱脱不花可汗的部下）被授予南京锦衣卫带俸所镇抚的职务。[⑧]被安置在南京锦衣卫的降酋，同时会被赐予银两、衣服、牛羊、食米、房屋、床榻、器皿等财物。

这种变化可能与当时的政治形势有关。归降的少数民族头领被安置在南京，而不是北京，是因为朝廷对他们并不完全信任，贸然

---

① 《明英宗实录》，卷十七。
② 《明英宗实录》，卷二十八。
③ 《明英宗实录》，卷一百二十一。
④ 《明英宗实录》，卷一百四十五。
⑤ 《明英宗实录》，卷一百六十。
⑥ 《明英宗实录》，卷一百六十二。
⑦ 《明英宗实录》，卷二百六。
⑧ 《明英宗实录》，卷二百三十二。

将他们安置在北京，有危害国家安全的风险。事实上，降而复叛、出卖情报的鞑靼头领不在少数。将他们安置在南京，可以考验他们的忠诚度。如果通过考验，又有军事外交上的需要，他们便有机会受到重用。

顺带交代一下锦衣卫建制上的变化。正统六年（1441年）十一月，包括锦衣卫在内，北京与南京的文武衙门的印信，重新改回永乐十九年（1421年）的定制：北京诸衙门印信上的"行在"二字终于抹掉了，南京诸衙门的印信则增铸"南京"二字。^①不过，包括诏书在内的政府公文以及史籍，仍然在北京文武诸衙门的名称前冠以"行在"二字。

此外，锦衣卫官员可以使用的皂隶的数量，在正统末年也有了新的规定。

正统十四年（1449年）二月，兵部奉旨重新拟定官员合用皂隶数。以文职官员为例，一品、二品可用皂隶12人，三品可用10人，四品可用6人，五品、六品可用4人，七品至九品可用2人。包括五府管事都督、锦衣卫管事指挥、镇抚司管事镇抚在内的武职官员，比照文职官员的规定。而事务比较繁忙的锦衣卫直堂等官，则继续遵照旧例执行，即锦衣卫直堂可用皂隶20人，镇抚司直厅可用五人，看监可用32人，经历司直厅可用4人。

英宗之所以重新规定官员可用皂隶数的标准，是因为听闻不少官员私金皂隶，逼迫他们为自己谋取私利，有些官员有皂隶六七十人，有的甚至有二三百人，希望通过重定标准，澄清吏治。^②

① 《明英宗实录》，卷八十五。
② 《明英宗实录》，卷一百七十五。

刘球之冤

让我们继续讲述东厂和锦衣卫的实际控制人王振。他的整个表现，包括他的权力来源及其使用权力的方式，堪称明朝宦官擅权的标本。后来出现的汪直、刘瑾、魏忠贤等人，在一定程度上是他的学生。

在王振所列黑名单上，刘球是特别值得一提的人物。刘球是江西安福人，永乐十九年（1421年）得中进士，时年29岁。因个性耿直，他的仕途一直不顺，直至正统八年（1443年），51岁的他仍然只是正六品翰林侍讲。[①]正是在这一年的五月，刘球呈递了一份致命的奏本。

五月，雷震奉天殿，英宗下诏求直言。刘球应诏进言，列陈十件要事，其中，第二、三、六条直接挑战了王振的权威：第二条批评王振把持朝政，第三条批评王振借锦衣卫及东厂羞辱朝臣，第六条批评诏狱冤情累累。现摘录如下：

> 其二，亲政务以总权纲。夫政自己出，则权不下移。太祖、太宗每早朝罢，及午晚二朝，必进大臣于顺门或便殿，亲与裁决庶政。或事有疑，则召掌机务之臣确之，而自折其衷，所以权归于上。皇上临御九年，事体日熟，愿守二圣之成规，复亲决之故事则政权归于一矣。其三，任贤德以重大臣。夫君所与共天职以治天下者，大臣也……今用大臣，未尝皆出公论，及有小失，辄桎系而捶楚之，若奴隶然，未几又复其职，甚非所以待大臣之体……其六，慎刑罚以免冤。抑天降灾谴，多感于刑罚之不中。古者人君不亲刑，狱悉付之理官……

---

① 《明史》，卷一百六十二。

迩者法司上狱状，有奉来旨减重为轻，加轻为重者，法司既不能执奏，及讯他囚，又因有所观望以轻重之，岂得无冤？臣以为，既任法司，刑狱宜从所拟，其或徇私不当，则加以罪……其九，息兵威以重民命。夫兵，凶器，动必伤人，尤天道所厌……如麓川连年用兵，死者十七八，军赀爵赏，不可胜计……今欲生得一失地之窜寇，而驱数万无罪之众以就死地，岂不有乖好生之仁哉？①

批评朝廷出兵麓川的第九条，也被认为是导致王振加害刘球的重要原因；但这种说法可能会影响我们对事件的判断。

第九条提到的麓川，位于今云南瑞丽一带，与缅甸接壤。元朝时，朝廷在麓川及毗邻的平缅各设宣慰使司进行管理。洪武十七年（1384年）八月，因麓川首领思伦发遣使来贡，太祖改"平缅军民宣慰使司"为"麓川平缅宣慰使司"，任命思伦发担任宣慰使。②但不久后，思伦发发动叛乱，被沐英大军击败，再次臣服。

建文元年（1399年），其子思行发继承他的职位。永乐十一年（1413年），思行发请旨，让兄弟思任发接替他，成祖同意了。③不久后，思任发叛迹渐显。大概从永乐二十年（1422年）开始，他不断出兵侵扰临近州县。至宣德年间，其势日嚣，侵扰愈频。宣德七年（1432年）之后，不再向朝廷纳银。朝廷考虑到麓川地势复杂，征剿成本太大，一直对思任发百般隐忍。

正统元年（1436年），思任发侵占孟定府及湾甸等州，杀掠人

---

① 《明英宗实录》，卷一百五。
② 《明太祖实录》，卷一百六十四。
③ 《明太宗实录》，卷一百四十六。

民，焚毁甸寨。[①]两年后，又侵犯南甸、干崖、腾冲、潞江、金齿等处，拥兵自立，公然反叛。同年八月，云南总兵官、黔国公沐晟（沐英次子）奉命征讨。[②]但沐晟不善用兵，连连败绩，既惭且惧，次年初病故于楚雄。正统四年五月，沐晟的兄弟、镇守云南左都督沐昂佩带征南将军印信，担任总兵官，继续率军征讨。[③]然而，战事仍然不顺。

正统五年（1440年），思任发改变策略，一面遣使朝贡，麻痹朝廷，一面厉兵秣马，消耗官军。但他的用心被朝廷识破。十月，英宗敕谕礼部称，思任发对朝廷一贯蓄有不臣之心，他的朝贡毫无诚意，不过是为了窥探事机，麻痹朝廷而已。[④]

次年正月，王振的党羽、行在兵部尚书兼大理寺卿王骥上奏，请求征剿麓川。他的出兵请求以及其他建议全部得到认可。[⑤]于是，王骥总督军务，调动东南诸道兵力共计15万。此番征剿终于获得阶段性的胜利，思任发带着两个儿子败走孟养，明军斩获虎符、金牌、宣慰司印及所掠腾冲诸卫所印章30多枚。[⑥]

王骥请征之后，过了两日，翰林侍讲刘球上奏，反对出兵麓川。战略上的理由是：帝王的驭夷之策，一向是抓大放小，宽宥他们的小错，谨防出现大的过失，尤其对这种世居偏远之地的小夷，灭之不为武，释之不为怯，而且江南近年水旱频仍，军民俱困，若劳师动众，恐怕会造成纷扰，为天下久安计，王师不可轻出。战术上的理由是：麓川地势险恶，不宜出动大军，夷人又狡诈多端，性

---

① 《明英宗实录》，卷三十五。
② 《明英宗实录》，卷四十五。
③ 《明英宗实录》，卷五十五。
④ 《明英宗实录》，卷七十二。
⑤ 《明英宗实录》，卷七十五。
⑥ 《明史》，卷一百七十一。

情反复，客兵无法长期驻扎在那里。

刘球建议，选调有勇有谋的文臣武将去云南，根据当地的具体情况，调派官兵在军事要害处屯田，一边耕田，一边练兵，与土著甚至周边夷人打成一片，最终把他们变成朝廷的助力，这才是让国家长享太平的办法。然而，因为麓川之征已有成命，他的建议没有得到支持。[①]

这可能是刘球第一次通过奏本系统地提出反对出兵的理由和建议。两年之后应诏上陈十件要事中的第九条，即"息兵威以重民命"，则是第二次。

《明史》称："初，球言麓川事，振固已衔之。"[②]这句话的意思是，刘球第一次上本反对出兵，已经让王振怀恨在心。按照这个逻辑，又一次上本抗议，自然会让王振对他恨上加恨。

有意思的是，在刘球之前，同样是在正统六年（1441年）正月，行在刑部右侍郎何文渊也曾上本反对出兵，他的言辞甚至比刘球还要激烈。他说，现行麓川战略，重兵戈而不重王化，实在是王法不容，神人共愤。[③]但他并没有因此而被王振加害。景泰六年（1455年），何文渊晋为吏部尚书，于天顺元年（1457年）去世。

另外，出兵麓川（无论这项决定是否明智），其实并非王振可以独断的事情。何文渊呈上的奏本，曾下发兵部尚书兼大理寺卿王骥等官，会同公、侯、伯、都督、尚书、侍郎、都御史等官，以及太师英国公张辅等人商议。即便如某些史籍所言，兵部尚书兼大理寺卿王骥是王振的党羽，执行的是王振的意见，我们也不应忽视这样一个事实，即无论是在正统六年，还是正统八年，杨士奇都还在

① 《明英宗实录》，卷七十五。
② 《明史》，卷一百六十二。
③ 《明英宗实录》，卷七十五。

庙堂之上，除了内阁首辅的身份，他还是少师兵部尚书。

无论如何，刘球受到王振残忍而卑鄙地加害应是不争的事实。在这个过程中，刘球的同乡、钦天监监正彭德清起了推波助澜的作用。彭德清是王振的得力党羽。据说，朝臣对他十分敬畏，只有刘球例外。

根据《明史纪事本末》的记载，刘球上疏后，彭德清在王振面前搬弄是非："您知道吗，刘侍读奏疏中有好几条是在诋毁您啊！"王振听了后恼羞成怒，欲置刘球于死地。①

王振利用刘球的奏本，给他挖了一个陷阱。

刘球上陈"十事"中，第四条是"选礼臣以隆祀典"。大概意思是说，太常寺卿是十分重要的官职，一定要委任性情清朗、为人谨慎并且熟悉礼仪的儒臣担任，这样才能与神明沟通。刘球说，太常寺卿与少卿的职位已经空缺很长时间，是时候考虑合适的人选了。

上陈"十事"的奏本呈上后，英宗命廷臣集议。廷议的结果是，只有第四条可行。于是，英宗令吏部推举可用人选。不久后，原翰林修撰（从六品）董璘上疏，请求调到太常寺。太常寺隶属礼部，管祭祀礼乐方面的事务，需按时祭拜天神、地祇及皇室祖先等，工作要求十分细致，稍不留神就可能入罪。永乐二年（1404年）正月，右军都督佥事陈俊就是因为陪同成祖祭祀太庙时有些失仪而被打入锦衣卫狱。②因此，在得知董璘请调太常寺的消息后，马顺十分兴奋，对王振说："这下可以一并诛杀刘球了！"

他们的阴谋进展得很顺利。由于在祭祀时稍有疏忽，董璘被打

① 《明史纪事本末》，卷二十九。
② 《明太宗实录》，卷二十七。

入锦衣卫监狱。刘球受到株连，一同下狱。

王振又命马顺彻底干掉刘球。某日凌晨，马顺带着一个小校尉进入锦衣卫监狱。当时，刘球与董璘还在睡觉。刘球被惊醒，察觉情况不妙，大声呼喊："太祖、太宗的在天之灵正看着呢，你们怎么敢杀我？！"小校尉不为所动，手起刀落，砍断刘球的脖子。刘球的尸身染满鲜血，却屹立不倒。马顺见状，觉得很不畅快，踢倒尸身并肢解，然后裹以蒲包，埋入监狱后面的空地里。①这是《明书》的记载。

据说，刘球死后，魂魄于某日附在马顺一个生了病的儿子身上，向马顺索命。马顺受到很大的惊吓，他的儿子很快就病死了。杀死刘球的那个小校尉也不得善终。因为杀了人，他夜不能寐，再加上要保守秘密，精神一直十分紧张。某日，他的一位朋友见他气色十分萎靡，就问他原因，他忍不住以实相告。他说，杀刘球实在是为势所迫，不敢违命，后来才听说刘球是一个忠臣，知道自己做了有违天理的事，死有余辜。说完之后，小校尉痛苦悔恨不已。不久后，他也死了。②这是《明通鉴》的记载。

董璘比刘球幸运。他遇赦被释，但他对仕途已经完全失去兴趣，于是辞职回乡，此后再也没有复出。

刘球被杀后过了九日，大理寺少卿薛瑄下狱。薛瑄得罪王振的经过被许多史籍记载在案：某日，朝臣在东阁议事，公卿大臣见到王振，都行大礼，只有薛瑄没有理他。王振故作大度，主动向薛瑄施礼，还说自己礼数不周，但他心里很厌恶薛瑄。③

王振一直在寻找构陷薛瑄的机会。正巧有一位指挥使过世，他

---

① 《明书》，卷一百五十八。
② 《明通鉴》，卷二十三。
③ 《明史纪事本末》，卷二十九。

的侍妾曾与王振的侄子、锦衣卫指挥同知王山私通。王山欲纳她为妾，但指挥使的妻子岳氏不同意。于是，侍妾诬告岳氏毒杀亲夫。岳氏被关进都察院监狱，屈打成招。大理寺少卿薛瑄觉得事有可疑，拒绝接受都察院的判决，与同为少卿的贺祖嗣、顾惟敬一起为岳氏申辩。此案三覆三反，令都察院右都御史王文十分愤怒。在王振的授意下，王文诬告薛、贺、顾等人故意为岳氏开脱罪行；王振又唆使其他御史弹劾薛瑄等人受贿。最终，薛瑄等人都被关进监狱。薛瑄被判死刑，贺祖嗣、顾惟敬被降职。据说，薛瑄下狱后，怡然如故，终日读《易经》自娱。他有三个儿子，其中一子愿意代父赴死，另外两子则请愿为父充军。王振拒绝了他们的请求。接下来发生的故事有些荒诞的意味：

王振家里有一个老苍头，薛瑄就要行刑那日，他在厨房号啕大哭。王振很好奇，就问他原因。老苍头说，因为听说薛夫子今天要行刑。王振听了后非常感动，于是会同刑科三覆奏。最终，薛瑄被释放，削职为民。

薛瑄下狱两周后，国子监祭酒（从四品）李时勉，也因为在某个场合没有对王振"加礼"相待而遭到羞辱。

李时勉有园艺的爱好，经常打理彝伦堂（国子监的图书馆）的花花草草。某日，王振诬陷他擅伐官树，取出一份诏书，命官校将他与司业（正六品）赵琬、掌馔金鉴等人一并枷锁在国子监前。据说，官校至国子监拿人时，李时勉正在东堂批阅试卷。他见状不惊，有条不紊地布置完工作后，才跟着官校走了。

李时勉等人被枷锁三日，仍未释放。监生李贵等三千余人诣阙求情。一位名叫石大用的监生甚至上本，表示愿意替李时勉受刑。适逢英宗的外祖父会昌侯孙忠寿辰，三公九卿都登门祝寿。于是，李时勉的助教李继托人向孙忠求救。正好孙太后（宣宗的孙皇后，英宗的母亲，孙忠的女儿）也遣使来贺。孙忠对祝寿使者说："今年的生日过得很不痛快，因为朝中大臣都来了，只有李先生戴着枷锁受刑没有到。"使者回宫后，将这件事禀报孙太后，太后又转告英宗，英宗这才知道王振矫旨行事，立刻下令释放了李时勉，但王振并未因此受到惩处。①

对那些揭发自己罪行的人，王振的报复手段令人发指：匿名密告王振不法事的宦官张环、顾忠被磔于市，王振甚至还逼同僚出宫观刑，以一儆百。②锦衣卫军士王永写了匿名大字报，将王振的罪状张贴在通衢大道两侧，被缉事官校发现后，打入刑部监狱。正统十年（1445年）正月，王永被磔于市，罪名是妖言惑众。③

很多史籍都提到驸马都尉石璟（他的妻子是宣宗原配、废后胡氏的长女顺德公主）入狱一事，并一致认为是王振挟怨报复。据说，驸马都尉府有一个名叫吕宝的家阉，因为偷盗财物，遭到石璟的惩罚与羞辱。大概是物伤其类，于是王振对石璟怀恨在心。正统九年（1444年）七月，石璟被抓进锦衣卫监狱，具体原因不详。④

但这个驸马都尉似乎并不是一个守法的人，因此，他的下狱未必是一桩冤案。正统五年（1440年）四月，他曾因违反四品以上官员不得放债的禁令而被惩治。⑤又曾因偷懒，没有遵旨练习骑射而遭到成国公朱勇（朱能之子）的弹劾。⑥

事实上，若将上述冤狱都怪罪到王振一人身上，可能对他有

---

① 薛瑄及李时勉事，皆综合自《国榷》，卷二十五；《明通鉴》卷二十三；《明书》，卷一百五十八。
② 《明英宗实录》，卷一百九。
③ 《明英宗实录》，卷一百十八。
④ 《明英宗实录》，卷一百二十五。
⑤ 《明英宗实录》，卷六十六。
⑥ 《明英宗实录》，卷一百三十四。

失公平。因为不知从何时起，最晚在正统年间，已经有这样一项制度，即锦衣卫拿人（尤其是官员）下狱前，一定要取得"驾帖"，证明是皇帝授意。然后拿着"驾帖"去刑科。刑科三覆奏，觉得没有问题，就签批备案，才可以去拿人；若刑科觉得不妥，则可以拒绝签批，并封还执奏，请皇帝收回成命。[1]这项制度的设立，主要基于两个目的，其一是确保锦衣卫为皇帝所用，其二是减少冤案的概率。

根据明人沈德符的记录，无论是王振擅权期间，还是后文将要述及的汪直用事期间，都不敢违背这项制度。若此言属实，那么，上述冤案的发生，皇帝、王振及其党羽，以及刑科给事中在内的朝臣，都脱不开关系。

土木堡

正统十四年（1449年），王振的时代终于结束。

七月，瓦剌主力兵分三路，分别进犯辽东、宣府、大同，还有一小股兵力入侵甘肃。导致这次入侵的原因，据说是因为王振侮辱了瓦剌的入贡使节。[2]

在此之前，也先已统一瓦剌诸部，势力范围西至哈密，东至满洲，脱脱不花的势力范围则限于蒙古地区东部。二者名义上是平等合作的关系，实际上脱脱不花要仰也先鼻息。在瓦剌的三路入侵大军中，入侵辽东的东路大军由脱脱不花指挥，入侵宣府的中路大军由知院阿剌指挥，入侵大同的西路大军由也先亲自指挥。

---

[1]　综合自明人沈德符的记载以及嘉靖朝刑科都给事中刘济的奏本。见《万历野获编》，卷二十一；《明世宗实录》，卷二十。

[2]　《明通鉴》，卷二十四。

　　根据《明英宗实录》的记载，七月十一日，瓦剌兵分三路入侵的消息，随着参将吴浩在大同附近战亡的消息一起传至京城，于是就有了亲征的议论。次日，22岁的英宗下发一道谕旨，赐在京五军、神机、三千等营的操练官军每人白银一两，胖袄袴各一件，行军鞋两双，以及一个月的军粮（"行粮一月"），兵器共80多万件。此外，每三人配备用以负载辎重的驴一头，把总、都指挥等武官则每人加赐钞五百贯。[①]

　　从"行粮一月"四字可以看出，英宗抱有速胜的信心和决心。这种信心主要来自征讨麓川、剿灭福建盗匪的成功，当然王振的影响也不容忽视。但《明史》有关"振挟帝亲征"的说法可能有失偏颇。[②]若实情如此，英宗经"夺门之变"复位之后，一定不会善待已发配辽东铁岭卫充军的王振的家人，允许他们回京卫充军，也不会派人去祭奠王振。[③]

　　七月十四日，吏部尚书王直率廷臣上疏，从战略、气候及水土等角度分析出征利弊，力劝英宗放弃亲征。但英宗坚持己见。次日，他命同父异母的兄弟、21岁的郕王朱祁钰居守京师，命英国公张辅、成国公朱勇、驸马都尉石璟、户部尚书王佐、兵部尚书邝野、都察院右副都御史邓棨、钦天监监正彭德清、翰林院大学士曹鼐、阁臣张益等随军出征。

　　根据《明通鉴》的记载，内阁首辅曹鼐及阁臣张益等人，曾与几位御史讨论刺杀王振以阻止亲征的计划。曹鼐说，现在天子蒙尘，六军丧气，对王振切齿痛恨已久，要是派一名武士，当着圣驾的面刺杀王振，历数其奸权误国之罪，再派将领前往大同，则天意

① 《明英宗实录》，卷一百八十。
② 《明史》，卷三百四。
③ 《明英宗实录》，卷二百八十三。

可回。可是，几位御史听了之后很不安，没人赞同。曹鼐本打算再与英国公张辅讨论此事，却一直找不到机会。因此，刺杀计划最终并没有实施。^①

七月十六日，大军离开京师。《明英宗实录》写道，亲征之举，是司礼监太监王振力劝的结果，群臣虽然合章谏止，英宗都不听。决定做出仅过两日，军队就出发了，扈从文武吏士都是"仓猝就道"。^②

两日后，大军行至居庸关。兵部尚书邝野上疏，有边将抗虏就够了，陛下是宗庙社稷之主，理应保重自己，停止亲征。英宗不从。二十三日，行至宣府，时风雨大至，边报益急。邝野与户部尚书王佐率多位大臣上呈奏章，请英宗回跸。王振恼羞成怒，以邝野、王佐带头违抗圣旨为由，罚他们跪在草地上，直至暮色降临也没有请示英宗。二十八日，王振的亲信、钦天监监正彭德清偷偷对他说，天象示警，再往前走，圣驾可能会有危险。王振回答，果真有此的话，那也是天命使然。

八月初二，英宗驻跸大同。王振想继续率军北上，大同镇守太监郭敬劝阻，认为继续北上将正中虏计。就在这一日，北面明军战败的消息不断传至大同。王振知道后心生惧意，于是讨论班师回朝。第二日，车驾东还。

在商议回京路线一事上，王振颇费了一番心思：原先议定的路线是往东南走，经紫荆关进京，这样就可以在经过他的老家蔚州时，请英宗到家里歇息，光宗耀祖。但出发之后，王振又觉得走这条线路会损害家里的庄稼，于是又调整路线，折往东北，想沿着来

---

① 《明通鉴》，卷二十四。
② 《明英宗实录》，卷一百八十。

路，经宣府，过居庸关回京。可是，走这条路线，与瓦剌大军遭遇的概率就大大提高了。

八月初十，大军抵达宣府。探子来报，瓦剌大军来了，要袭击后军。恭顺伯吴克忠、都督吴克勤奉命断后。三日后，吴克忠、吴克勤兄弟战死。成国公朱勇、永顺伯薛绶奉旨出兵，但遇伏而死，全军被歼。

八月十四日，英宗车驾抵达土木堡时，天色尚早，本应继续前行，行至20里外的怀来驻跸，以保平安。可是，因为千余辆辎重未至，王振决定留在原地等待。邝野再上奏本，请求派重兵断后，让圣驾快速入关。但他的奏本被王振截下。邝野不死心，径自去英宗驻跸的行宫，想当面陈情，敦促立即起驾。王振大怒："你只是一介腐儒，哪里懂军事？再敢妄言，就是死罪！"邝野回答："我是为社稷生灵考虑，为何拿死字来吓唬我呢！"他最终被王振的手下架走了。

驻跸土木堡是一项愚蠢的决定。当时的形势是，瓦剌人已四面合围，驻军所在没有水源，掘井深达两丈都见不到水，人马两饥渴，驻军地南面15里倒是有条河，但也先已派兵据守。显然，明军已身处绝境。

八月十五日，中秋节，车驾正要启程，发现瓦剌骑兵在附近窥伺，于是停了下来。瓦剌人诱敌深入，佯装撤退。王振中计，命大军南行15里补水。一场影响一个朝代及无数人命运的大变就此发生。

行军才三四里，明军即陷入瓦剌劲骑的包围圈。激烈的交战在所难免。明军大败，"裸袒蹂藉死者，蔽塞川野，宦竖及宿卫士，矢被体如猬"。英宗试图与亲军突围，没有成功；英宗下得马来，坐在地上，被瓦剌人趁乱掳走。

亲军护卫樊忠见到这一幕，急怒攻心，慷慨激昂地说："让我来为天下人诛杀此贼！"拿起瓜锤砸死了没被掳走的王振。樊忠带着手下突围，杀死数十名敌寇后，寡不敌众，战死沙场。

《国榷》记载，明军有数十万人死于这场战役。包括英国公张辅、泰宁侯陈瀛、驸马都尉井源、内阁首辅曹鼐、阁臣张益、户部尚书王佐、兵部尚书邝野在内，共有50多位随行重臣死难。[①]

指挥使之死

王振的党羽马顺等人随之惨淡收场。

八月十七日，英宗被掳的消息传至京城，百官在宫门前相聚而哭。次日，孙太后命郕王监国，召集朝臣，商讨战守策略。

当时，京师的疲卒羸马不足十万，人情惶惶，毫无士气。翰林院侍讲徐有贞建议迁都南京。礼部尚书胡濙表示反对，他说，成祖将陵寝建于北京，意思就是子孙后代都要留在这里，迁都是不孝之举。兵部侍郎于谦则以南宋迁都亡国为先例，认为京师是天下的根本，"一动则大事去矣"，建议赶快召集大军勤王，誓死守卫北京。吏部尚书王直、内阁学士陈循的意见与于谦一致。太监兴安、金英等人也认同胡濙的看法，他们对孙太后说，若是离开北京，先帝的陵寝就无人看守了。于是，固守京师的大计确定下来。

三日后，于谦被擢为兵部尚书。又过一日，孙太后将英宗年仅两岁的儿子见浚立为太子，改名见深；仍命郕王代总国政。

八月二十三日，郕王摄朝。他做的第一件事情，就是应都察院右都御史陈镒等人之请，清除包括马顺在内的王振党羽，尽管他本

---

① 《国榷》，卷二十七；《明史纪事本末》，卷二十九。

人对此并不十分热衷。

　　陈镒是三朝老臣，永乐十年（1412年）进士，在湖广、山东、浙江等地担任过按察司副使之职，为官正直，声誉颇佳。宣德十年（1435年）三月，他调入都察院，担任右副都御史，正统九年（1444年）正月晋为右都御史。

　　郕王摄朝当日，陈镒联合诸大臣痛陈王振及其党羽犯下矫旨欺君、徇私枉法、贪污受贿、暗结胡寇等项罪行，请求严惩。[①] 六科十三道亦上本指控王振等人罪状。可是，郕王的反应出乎意料地冷淡，只说了一句"朝廷自有处置"。他话音刚落，百官跪倒在地，痛哭不起，请求郕王迅速肃清王振党羽。陈镒说："王振罪不容诛。殿下若是不明正典刑族灭之，臣等今日都死在这大殿里。"郕王府长史仪铭也膝行向前，恳请郕王痛下决心。同在现场的马顺见状，怒不可遏，将仪铭骂退。[②]

　　接下来发生的一幕是，户科给事中王竑及刑科给事中曹凯突然站起来，走到马顺面前，"捽顺发，啮其肉"。王竑痛斥他："以往你助纣为虐，仗着王振之势作威作福，事已至此，竟然还敢跋扈！"群臣争相殴打马顺。这个曾经不可一世的锦衣卫指挥使被当场打死了。王竑与曹凯分别来自江夏（今属湖北武汉）和益都（今属山东潍坊）。《明史》对二人的评价分别是"豪迈，负气节，正色敢言"，以及"磊落，多壮节"。[③]

　　王振的党羽宦官毛贵、王长随也在朝堂上被打死。[④] 毛、王以及马顺的尸体被扔弃在东安门外的道路边。

---

① 《明英宗实录》，卷一百八十一。
② 《国榷》，卷二十七。
③ 《明史》，卷一百七十七、卷一百六十四。
④ 《明史》，卷一百七十七。

随后，王振的侄子、锦衣卫指挥同知王山被逮押到廷。此时，群臣的情绪已经冷静下来，在痛斥王山罪行之余，他们互相提醒不要将王山打死在朝堂上，要明正典刑。不久后，王山被绑至闹市，凌迟处死。

同月，王振及其党羽大同镇守太监郭敬，宦官陈玙、唐童，钦天监监正彭德清等人都被抄家。王振被籍没的家产包括京城内外"重堂邃阁，拟于宸居"的豪宅数处，以及金银60库，高达六七尺的珊瑚20株，其他珍玩数不胜数。

至于王振族人的命运，《明史纪事本末》的记载是，"族属无少长，皆斩"，[①]但这种说法存疑。根据《明英宗实录》的记载，王振家属260多人被拘押在都察院，不少人都没被判死刑，每人每日有一升米的配给。[②]有的族人后来充军辽东铁岭卫。[③]

马顺的家族没有受到太大的影响。景泰二年（1451年）六月，马顺的儿子甚至与尚宝司的官员一起，请求皇帝下旨，命王竑（他已晋为正四品都察院右佥都御史）找回马顺被打死后遗失的锦衣卫牙牌。皇帝答应了他们的请求。[④]

500多年后，马顺的牙牌成为北京首都博物馆的珍藏。它长约7.5厘米，宽约6.5厘米，呈椭圆形。牙牌正面雕了两条螭龙，竖刻"锦衣卫指挥使马顺"8字；背面雕有云纹，竖刻"正统十四年八月吉日"9字。如果这块牙牌是真品，而且关于马顺之死的记载属实，那么，他被殴打致死时，拥有这块牙牌还不到一个月。

在清除王振党羽的整个过程中，郕王朱祁钰的态度始终都是被

---

① 《明史纪事本末》，卷二十九。
② 《明英宗实录》，卷一百八十一。
③ 《明英宗实录》，卷二百八十三。
④ 《明英宗实录》，卷二百五。

动而消极的。这或许与他少不更事有关，毕竟他才21岁，而且一直养在深宫，此前从未亲自参与充满血腥的政治事件，因此还能保有相对仁慈的性格。当然也不能排除这样一种可能性，即郕王与王振打过交道，甚至可能建立了一定程度的交情。因此，他既没有答应陈镒等人提出的诛灭王振家族的请求，也没有籍没马顺、毛贵、王长随等人的家。①

据说，马顺等三人遭到痛殴时，在场亲军卫卒一度失控，朝班大乱，郕王非常恐慌，想要拔腿离开。于谦见状，赶紧排开众人，走上前稳住郕王，并请他表态，马顺等罪该问死，群臣无罪。这才稳定住局面。②

岳谦：通事锦衣卫

正统十四年（1449年）九月初六，郕王朱祁钰在十分简单的仪式下登基为帝，史称景帝，被瓦剌人俘虏的英宗则被尊为太上皇。景帝在诏书中解释，他之所以继承皇位，是遵照皇兄英宗的旨意行事。英宗通过出使瓦剌的锦衣卫都指挥使岳谦传旨："宗庙之礼，不可久旷。朕弟郕王，年长且贤，其令继统，以奉祭祀。"③

关于岳谦其人，史书的记载并不完备，我们无法知道他的出身。从他孙子的名字（"锁住"）上判断，他应该不是汉人，且有可能是女真或者瓦剌人。④可以确定的是，至迟从宣德元年（1426年）开始，岳谦就肩负了通使瓦剌的职责。

---

① 《明英宗实录》，卷一百八十一。
② 《明通鉴》，卷二十四。
③ 《明英宗实录》，卷一百八十三。
④ 《明英宗实录》，卷二百七十五。

根据《明宣宗实录》的记载，宣德元年正月，宣宗命当时尚是锦衣卫千户的岳谦与指挥佥事孙观一起出使瓦剌，敕命瓦剌贤义王子捏烈忽承袭王爵。[①]两年后，他被擢为锦衣卫指挥佥事。正统二年（1437年）十一月，又晋为锦衣卫指挥同知。从宣德元年至正统十四年，在长达23年的时间里，岳谦的主要职责就是奉旨出使瓦剌。

在景帝登基前两日，即九月初四，岳谦凭借出使瓦剌的功劳而被擢为锦衣卫都指挥佥事，并被赐予白银20两以及纻丝4表里。[②]次日，他再度奉命出使瓦剌。

有趣的是，作为锦衣卫官员，岳谦还具有通事的身份；而且，具有通事身份的锦衣卫官员显然也不止他一人。记载于《明英宗实录》的两条史料即是证据。其一是："（正统八年正月）复锦衣卫带俸都指挥使昌英，都指挥佥事陈友，指挥同知丁全、岳谦职。英等皆通事。先是坐罪，革冠带办事。至是复之。"[③]其二是："是日（正统十四年十月一日），虏众复奉上皇至大同东门。也先遣得知院及太监喜宁、通事指挥岳谦到城下言：'今送上皇回京，若不得正位，虽五年、十年，务要仇杀。'"[④]

显然，岳谦具有的通事职务，与四夷馆、鸿胪寺等机构设的通事职务不可能完全一样，但一定存在某种关系。

在四夷馆中，通事的职务相当于翻译。早在永乐五年（1407年），成祖即设立了蒙古、女真、西番、西天、回回、百夷、高昌、缅甸等八馆，培养翻译人才。四夷馆起初隶属翰林院，后来改隶太

---

① 《明宣宗实录》，卷十三。

② 《明英宗实录》，卷一百八十二。

③ 《明英宗实录》，卷一百。

④ 《明英宗实录》，卷一百八十四。

常寺。鸿胪寺（掌朝会、宾客、吉凶仪礼之事）则设有外夷通事机构。可见，无论是四夷馆的通事，还是鸿胪寺的通事，都与民族或外交事务有关。[①]

正如前文所述，早在洪武年间，锦衣卫即被授予某些涉及民族及外交事务的职能，例如代表太祖接受外族首领的投降。因此，我们不妨做出如是推断：岳谦等人原先有可能在四夷馆或者鸿胪寺任职，随着瓦剌与大明的关系日益频密、日益重要，通晓礼仪以及瓦剌人语言的他被调入锦衣卫，专门负责出使瓦剌，与瓦剌人打交道。

从鸿胪寺选调合适的官员进入锦衣卫任职，可能是永乐年间形成的做法，因为那时的民族交往以及外交活动已经比较频繁。但有史可查的最早案例，似乎发生在宣德二年（1427年）五月。正是在这个月，行在鸿胪寺寺丞（从六品）何敏调入锦衣卫担任指挥佥事（正四品）一职。而他之所以被调入锦衣卫，是因为他熟悉"番语"。他进入锦衣卫后执行的第一项任务，是陪同都指挥佥事蒋贵一起去"招抚番寇"。在担任寺丞之前，何敏也是一名通事。[②]

另一个案例发生在宣德二年十月。行在鸿胪寺序班（从九品）王息在该月被擢为锦衣卫指挥佥事，"锦衣卫支俸；不任事。以使外夷功也"。[③]鸿胪寺序班负责主持侍班、齐班，纠正礼仪以及传达赞唱（"典侍班、齐班、纠仪及传赞"）。[④]值得一提的是，与岳谦一样，王息也并非汉人；他来自朝鲜，本姓金，世居朝鲜国海洋磨铁岭。正统五年（1440年）八月，他的亲哥哥金振作为朝鲜使

---

① 《明史》，卷七十四。
② 《明宣宗实录》，卷二十八。
③ 《明宣宗实录》，卷三十二。
④ 《明史》，卷七十四。

臣访问了大明。①

何敏由从六品晋为正四品，王息则由从九品直升正四品。可见，对于鸿胪寺中的那些具有语言才华的低级官吏来说，进入锦衣卫任职无疑是飞黄腾达的捷径。

但岳谦是一个不幸的人。正统十四年十月十一日，瓦剌人拥着英宗车驾抵达卢沟桥。英宗命陪在身边的锦衣卫校尉袁彬（他将成为锦衣卫历史上的传奇人物）写了三份诏书，分别给孙太后、景帝以及文武百官，一是通报虏情，二是叮嘱他们要固守社稷。他派岳谦带着书信，与瓦剌使节纳哈出一起，行至彰义门外，与明朝官员进行接洽。结果岳谦（很可能因为他是瓦剌人的长相）被明朝官军误杀，纳哈出则十分幸运地逃回了瓦剌军营。

景泰元年（1450年）二月，岳谦的长子岳宽承袭了锦衣卫带俸指挥同知一职。不久以后，岳宽也因公殉职。天顺元年（1457年）二月，英宗感念岳谦、岳宽皆殒身报国，将岳宽之子锁住擢为锦衣卫都指挥佥事，并赐世袭指挥使之职。②

<hr>

① 《明英宗实录》，卷七十。
② 《明英宗实录》，卷二百七十五。

第六章　景帝之误

　　景泰年间（1450—1457年），锦衣卫及东厂的建制并未发生大的变化。至于人事上的变动，在锦衣卫方面，毕旺与门达先后成为锦衣卫的掌事者，东厂则可能是司礼监太监兴安的势力范围。继纪纲之后，锦衣卫历史上第二位极具知名度的人物仍默默无闻，他将在英宗复位后隆重登场：他就是袁彬。

毕旺平庸

　　毕旺出身不详，有可能在郕王府当过侍卫，郕王摄政后，任命他为锦衣卫千户。正统十四年（1449年）十月，即景帝登基一个月后，又将他擢为指挥佥事。两年后，再擢升他为锦衣卫指挥同知，并将缉查谋反等任务委派给他。

　　景泰三年（1452年）三月十一日，景帝在一份诏书中叮嘱毕旺，今后凡是涉及谋反、妖言惑众、窥伺朝廷的案子，以及官民与王府、外夷勾结，窝藏奸盗，以及各仓场库务虚买实收关单，官吏贪污受贿等事，只有在案情重大、证据充分的情况下，才允许指实奏闻，经御史核查属实后，才可以拿人审问；其他的事情，除非有受害人告发，不许公器私用、诬害良善，不许徇私枉法，要是因此导致重大冤情，将问罪不宥。①

这份诏书明确交代了锦衣卫的辑事范围：其监督对象不仅包括可能威胁皇权的政治力量，还包括可能侵犯国家及皇室经济利益的其他势力。《明通鉴》写道："自此，锦衣卫官校复渐用事。"②

需要交代的背景是，英宗北狩、马顺伏诛之后，有不少官员上疏，奏陈锦衣卫官校缉事之弊。吏部听选（已授职而等候选用者）知县黎连即是其中一位。③正统十四年十二月，黎连上本，自太监王振专国，官无大小，事无轻重，都送锦衣卫镇抚司拷讯，让马顺有机会阿比权势，高下其手，由此也导致翰林侍讲刘球因为直言而死，监察御史李俨因为不服气而被贬，负屈衔冤的官员比比皆是。他建议今后若大臣犯下重罪，或者由皇上亲自派人审问，或者由皇上命六部、都察院堂上官一同审问，再就如何处分一事奏请皇上，只有这样，才能保证刑狱清明，保全君臣之礼。④景帝将奏本下发给礼部商议。最终，黎连的主张得到认可。景帝命锦衣卫将所缉人犯悉送法司，官校的气势有所收敛。⑤

景泰三年对毕旺的叮嘱，意味着景帝态度有了转变。这与政治形势的变化有关。

景泰元年七月，也先终于认识到，以英宗为人质勒索明朝的做法不再有效，因为明朝已经拥立了一位新皇帝。而且从种种迹象上看，这位新皇帝并不想让英宗回朝，整个朝廷也无意与瓦剌人妥协。因此，他做出了释放英宗的决定。他对出使瓦剌的礼科都给

①　《明英宗实录》，卷二百十四。
②　《明通鉴》，卷二十六。
③　据《明史》："初授者曰听选，升任者曰升迁。"见卷七十一。
④　《明英宗实录》，卷一百八十六。
⑤　《明通鉴》，卷二十六。

事中李实及大理寺丞罗绮等人说："我曾屡次表示想送上皇（即英宗）回京，可是皇帝的敕书中并无奉迎上皇之语。今天你们倒是来了，却只是来摸摸情况而已，要是真想奉迎上皇回京，就赶紧派大臣来。回去告诉皇帝，大臣晚上来的话，大驾早上就走，决不食言！"

也先确实遵守了承诺。八月十五日，被俘整整一年之后，英宗在右都御史杨善等人的陪同下返回北京。在东安门，他见到了前来相迎的景帝。二帝互拜，执手而泣，客套了一番后，景帝将英宗送到了南宫（位于今北京故宫东南角）。①

英宗的回朝，让景帝感到莫大的压力，因为英宗的皇位，正如他的年号一样，是"正统"，而景帝只是临危受命，颇有名不正、言不顺的感觉。而且，无论是朝臣还是内使，效忠英宗者大有人在。对景帝来说，重用锦衣卫，伺察百官，防范各种阴谋，实在是不得已的选择。

然而，毕旺不堪大用。用王世贞的话说，毕旺只是碌碌循职之辈。②他没有在锦衣卫树立起威信，以致下属卢忠竟然举报他受贿生事，最终二人同下三法司。景帝以"同僚不和、难居近侍"为由，将锦衣卫指挥金事卢忠降为事官，发往广西总兵官旗下任职；毕旺则调往宣府左卫管事。③时间是景泰三年七月。

如果卢忠是英宗的效忠者，那么，他对毕旺的举报，还可以解释为英宗一方瓦解景帝势力的努力，不过他并不是英宗的人。他甚至曾与尚衣监太监高平合谋，指使锦衣卫校尉李善，奏报英宗与太监阮浪、南城内使王瑶等人谋图复位。结果王瑶、阮浪皆被打入锦

---

① 《明通鉴》，卷二十五。
② 《弇州四部稿》，卷七十九。
③ 《明英宗实录》，卷二百十八。

衣卫监狱，前者被杀，后者病死。①天顺元年（1457年）五月，即英宗复位四个月后，已经是广西柳州卫千户的卢忠与宁夏镇守太监高平一起被凌迟处死，曝尸三日，家产籍没。

显然，卢忠对毕旺的举报，纯粹属于内耗；或许是因为分赃不均，或许是为了上位，或许是遭人利用。当然，他的指控可能并非空穴来风。无论如何，这件事在一定程度上说明，毕旺虽然被景帝看重，但他没有能力充分利用景帝给予的机会，壮大并巩固自己的势力。景帝所托非人，毕旺无法帮助他防范难以预料的政治危机。

不过，景帝并没有放弃他。景泰三年（1452年）十月，亦即被调往宣府左卫三个月后，毕旺官复原职，又当上了锦衣卫指挥同知，且仍掌卫事。②景泰五年十二月，景帝还让他接管专治诏狱的北镇抚司。③他应该在一年之内就去世了，因为在景泰六年十二月，他的儿子毕永承袭了锦衣卫指挥同知之职。④

门达反骨

如果说，将掌理锦衣卫及镇抚司事的权力委托给毕旺是景帝犯下的第一个错误，那么，对门达委以重任则是他犯下的第二个错误，而且是在关键时刻犯下的致命错误。

《明英宗实录》有载，景泰七年十二月二十一日，景帝"命锦衣卫带俸指挥金事门达理卫事兼镇抚司问刑"。⑤26天后，即景泰八

① 《明英宗实录》，卷二百七十八。
② 《明英宗实录》，卷二百二十二。
③ 《明英宗实录》，卷二百四十八。
④ 《明英宗实录》，卷二百六十一。
⑤ 《明英宗实录》，卷二百七十三。

年（1457年）正月十七日，拥护英宗的文武大臣发动"夺门之变"，将景帝赶下皇位，英宗复位，改年号为天顺。门达因参与"夺门"有功，在英宗复位当月被擢为指挥同知，两个月后再度高升，被擢为指挥使。①

门达是直隶丰润人，他的父亲是锦衣卫百户。其父退休后，他子承父职，当上锦衣卫百户。他为人机警而沉鸷（《明史》语），善于把握机会，迅速上位。正统末年，英宗擢升他为千户，委任他专理镇抚司刑狱。②

相对于英宗对他的青睐，景帝则对他有一种莫名的厌恶之情。这或许是导致门达参与"夺门之变"的原因之一。《明英宗实录》记载了一则有趣的故事，它讲述了英宗擢升门达为千户的缘由，以及景帝对他的评价，大意如下：

正统末年某日。京师。锦衣卫镇抚门达正率校卒巡逻，一名手下发现有个人行踪诡秘，认出他是浙江处州府通缉的贼寇，于是向门达汇报。他们成功地将这个贼寇逮捕入狱。英宗听说了这件事之后，下诏擢升门达为正千户，让他继续在镇抚司理刑。几年时间过去了，门达还是一名千户，心有不满。景泰五年（1454年）十月，他乞恩求升。景帝斥责他"无廉耻，自求官"，虽擢其为指挥佥事，却剥夺了其理刑之职。兵科左给事中王铉等人以门达深谙刑名之事为由，建议让他继续理刑。景帝却认为，门达这个人不知进退，怎么能管理刑的事情呢，将王铉等人的建议驳回。③

景帝对自己的厌恶，门达不可能一无所知。因此，当景帝因立太子一事引起群臣不满、朝局暗流涌动时，他选择了倒向英宗这

① 《明英宗实录》，卷二百七十四。
② 《明史》，卷三百七。
③ 《明英宗实录》，卷二百四十六。

一边。

平心而论，景帝的表现比他的前任、无能的英宗要好一些。他和英宗一样，性格懦弱；不同的是，他任贤用能，在国难当头之际，做出了正确的决定。他没有听信徐有贞的建议，将都城南迁，而是坚守北京，以于谦的"安边三策"为原则，制定并执行了有效的防御政策，顽强地与也先斡旋，最终保住了朱氏的江山社稷（这是景帝最大的功绩）。英宗亲政时的表现则基本完全相反：他任由王振擅权，把国家推向了危险的深渊。

但景帝还远称不上是真正兼具魄力与能力的君主，否则，当兵部尚书于谦与总兵官武清侯石亨发生矛盾而先后递上辞呈时，他的做法应该不仅仅是将二人的辞呈退回，而是会通盘考虑，权衡利弊，防范于未然，做出更明智的决策。

当然，于谦一直以来对石亨的佳评，可能是导致景帝无所适从、不知计将安出的重要原因。景帝对于谦十分信赖，用《明史》的话说，景帝对于谦的能力与人品十分了解，凡于谦所奏，没有不认可的。[1]因此，当于谦以及于谦极力推荐并扶持起来的总兵官石亨先后提出辞呈时，他感到困惑了。

在某种程度上，于谦确实应该为景帝的无所适从以及后来发生的"夺门"事件负责。因为他只栽培出一个石亨，并且任由石亨独大，却没有培养出一位或者几位足以与石亨抗衡的军政人才，以至于当他因病而活力不再时，景帝无法通过权力制衡的手段，将石亨的势力限制在安全可控的范围之内。也正因为如此，石亨才敢在景泰五年（1454年）二月用一种近乎戏谑的方式再度提出辞呈，而景

---

① 《明史》，卷一百七十。

帝也只能一如既往地不予批准。①

　　景帝犯下的最严重的错误是背信弃义，不明大局，不识大体。他的登基，实在是迫不得已的权宜之计，他本人起初也并不情愿，再三推辞。确实，国家正陷于危亡之境，对于像他那样懦弱的人来说，做皇帝绝对不是一件美事。可是，当局面稳定下来之后，他又十分迷恋君临天下的感觉。当英宗结束了足以让他蒙羞一世的被掳命运，毫无颜面地返回京城之后，他没有以帮自己俘获人心的姿态来对待他受苦受难的兄长，对待那位曾在传位诏书中赞美自己具有贤德（"年长且贤"）的太上皇，而是卑劣地将其软禁在南宫。

　　两年之后，他再一次做出了大失民心的决定，将5岁的皇太子朱见深（英宗的长子）废黜为沂王，将自己4岁的儿子朱见济立为太子。

　　景帝同时也是十分不幸的。18个月后，即景泰四年（1453年）十一月，他唯一的儿子、太子见济夭亡了。这意味着他必须将皇位传给旁系。尽管如此，他并没有明智地采纳朝臣的意见，把握住挽回人心、稳定朝局的机会，重新册立见深为太子，而是以一种让人难以理解的任性态度将自己置于绝境。

　　景泰八年（1457年）正月十二日，景帝抱病登舆，去南郊斋宫修养。两日后，他因病不能临朝，礼部尚书胡濙等人上疏问安，再次提出重新册立太子的建议。景帝的答复是："朕偶有寒疾，十七日当早朝，所请不允。"

　　然而，大变就发生在未来三天时间里。

　　景帝去南郊修养的前夕，曾将武清侯石亨召至榻前，命其代行祭祀之事。石亨发现景帝已病入膏肓，出宫之后，对都督张轨、左

---

① 《明英宗实录》，卷二百三十八。

都御史杨善以及太监曹吉祥等人说，与其立太子，还不如帮助太上皇复位，更可以邀功请赏。张轨、曹吉祥等人都认同他的观点。他们又去征求太常寺卿许彬的意见。许彬认为这件事可成就"不世之功业"，但他又以年老为借口，拒绝参与此事，建议他们去找都察院右佥都御史徐有贞，因为徐有贞这个人善出奇策，可共图此功。于是，石亨与张轨当夜就去了徐有贞家。《明通鉴》写道：

> （石）亨、（张）轨遂夜至（徐）有贞家。有贞大喜曰："须令南城（即英宗）知此意。"（张）轨曰："已阴达之矣。"有贞曰："必得审报乃可。"亨、轨遂去……是日（辛巳日）夜，石亨、张轨与曹吉祥矫称皇太后制，复会有贞所。轨曰："报得矣，计将安出？"（徐）有贞乃升屋步干象，亟下，曰："时在今夕，不可失。"因密语定计，仓皇出。有贞焚香祝天，与家人诀，曰："事成社稷利，不成门族祸。归，人；不归，鬼矣。"时方有边警，有贞豫令张轨诡言备非常，勒兵入大内。亨掌门钥，夜四鼓，开长安门纳之，既入复闭，以遏外兵。值天色晦冥，轨等惶恐。有贞趣行，轨顾曰："事济否？"有贞大言曰："必济！"进薄南宫城，城门锢，毁墙入，见上皇于烛下。上皇问故，众俯伏，合声请登位。乃麾兵进舆，皆惊战莫能举，有贞率诸人助挽以行。忽天色明霁，星月开朗，上皇顾问，各以职官姓名对。至东华门，门者拒弗纳，上皇曰："我太上皇也。"遂入。至奉天门，升座，有贞等常服谒贺，呼万岁。时以明日有旨视朝，群臣咸待漏阙下，忽闻殿中呼噪声，方惊愕。须臾，鸣钟鼓，诸门毕启，有贞出，号于众曰："太上皇复位，趣入贺！"壬午（十七日），上皇召诸臣入朝，谕曰："卿等以景泰皇帝有疾，迎朕复位，其各任事如故。"方上皇复

辟，帝方病卧，闻钟声，问左右为谁。既知为上皇，连声曰：
"好，好！"踰月，癸丑，（景）帝崩于西宫。①

这就是著名的"夺门之变"。显然，20多天前才奉旨掌理锦衣
卫的指挥佥事门达在这个过程中背叛了景帝，使其在最后一刻才知
道自己被赶下皇位，没有机会进行补救。门达出卖了自己的职业操
守，换取了飞黄腾达的机会。

叛变的锦衣卫

不过，得到褒奖及擢升的锦衣卫官员并非只有门达一人。英宗
复位当月，原锦衣卫指挥同知刘敬被擢为锦衣卫指挥使，受命与门
达一起掌理锦衣卫。

刘敬是一个非常懂得钻营的人，《明英宗实录》用"专诣权要"
四字概括他的升迁秘诀。据说，他十分懂得利用女人上位。他的妻
子经常出入杭昱、唐兴以及太监张永、阮简等人的家宅。

杭昱与唐兴皆为国戚，他们的女儿都是景帝的妃子。杭昱之女
为景帝诞下了唯一的儿子，即年幼夭折的朱见济。景泰三年（1452
年）五月，景帝在将见济立为太子的同时，还将见济之母杭妃册为
皇后，原配皇后汪氏则被废。杭、唐二人都在锦衣卫任职。景泰五
年（1454年）十一月，唐兴由百户晋为指挥佥事，杭昱则由指挥同
知晋为指挥使。两年后，唐兴再被擢为锦衣卫指挥使，在景帝退位
前，他已晋为都督。

张永与阮简都是司礼监太监，深得景帝信任。景泰六年（1455

---

① 《明通鉴》，卷二十七。

年）五月，景帝将张永的兄长张琮调入锦衣卫担任百户。

刘敬还与李惜儿一家颇有深交。李惜儿本是礼部下属机构教坊司（职掌乐舞承应事宜）的官妓。景泰中，钟鼓司太监陈义奉旨与教坊司左司乐（从九品）晋荣一起挑选才貌皆佳的女子入宫，李惜儿入选并得幸。[1]景泰七年（1456年）七月，景帝破例将李惜儿的兄弟、教坊司伶人李安调入锦衣卫，担任百户之职。[2]

刘敬到底从中得到何种好处，现在并不清楚，但可以确定，景泰五年三月，因为擒获强盗有功，他由指挥佥事晋为指挥同知。值得注意的是，在锦衣卫指挥佥事任上，刘敬执行过一项可以讨好英宗的任务：景泰元年八月，他受命迎接这位被掳一年的太上皇回京，具体负责从居庸关至安定门这段路程的护驾事宜。[3]刘敬在正统年间的表现无迹可查，不过，既然他在景泰元年已经是锦衣卫指挥佥事，我们可以推断他在正统年间至少担任了百户之职。换句话说，他与门达一样，早就为英宗效忠过。

英宗复位两个月后，将刘敬从指挥使擢为都指挥佥事，仍旧执掌锦衣卫。但他很快就陷入一场牢狱之灾：六科十三道劾奏他在英宗复位前一日带了校尉300人，企图帮助司礼监太监张永等人擒杀迎驾诸大臣，他被打入都察院大牢。

尽管右都御史耿九畴作证，在英宗复位前夕，刘敬正率领校尉执行警戒任务，以护卫英宗的安全，相关指控颇有可疑之处，英宗还是将他降调为山东东昌卫指挥使。[4]不过，四个月后，即天顺元

---

① 钟鼓司是内廷二十四衙门之一，负责操办出朝钟鼓，以及内乐、传奇、过锦、打稻诸杂戏。见《明史》，卷七十四。

② 《明英宗实录》，卷二百六十八。

③ 《明英宗实录》，卷一百九十五。

④ 《国榷》，卷三十二。

年（1457年）八月，他又官复原职，调往南京锦衣卫管事。[1]

除了刘敬，英宗复位后提拔的锦衣卫官员还包括锦衣卫都指挥同知（从二品）吴良，以及锦衣卫带俸都指挥使（正二品）马政，他们分别被擢为后军都督同知（从一品），以及后军都督（正一品）。其他得到晋升机会的锦衣卫官校不胜枚举。例如，原锦衣卫千户马禺晋为锦衣卫指挥同知（从三品），等等。总之，这些人升职的原因主要有二，其一是"夺门"有功，其二是通使瓦剌期间，给英宗留下良好的印象。

众多锦衣卫官员因英宗复位而晋升的事例，足以让人得出这样一个结论，即几乎整个锦衣卫都背叛了景帝。

大厨密探

此外，还有不少原属于其他系统的官员，因为上述两个原因（即"夺门"与通使瓦剌）而调入锦衣卫任职。例如，原旗手卫带俸都指挥金事王喜调任为锦衣卫带俸都指挥金事；原钦天监舍人汤贤、汤赞和太医院舍人徐埙调任为锦衣卫正千户；大兴县民匠钱旻、张监等人，宛平县民匠朱祥、袁比受等人，以及光禄寺的厨子蔺小九，都调入锦衣卫担任试百户之职，原因是太监曹吉祥举荐他们有夺门保驾的功劳。[2]

最富传奇色彩的人物莫过于厨役杜清。英宗复位五日后，竟然擢升他为锦衣卫带俸都指挥同知（从二品），还赐其世袭指挥使之职，原因亦是有迎驾之功。

---

[1]《明英宗实录》，卷二百八十一。
[2]《明英宗实录》，卷二百七十四。

这个厨役显然非同寻常。在前户部左侍郎奈亨的眼里，杜清一定是锦衣卫或者东厂的密探。奈亨是顺天府香河县人。成祖靖难时，他只是一名不入流的小吏，因参与靖难有功而授职修武县丞（正七品），任期届满后升为吏部文选司主事。此后，他一步一步升迁，至正统初年，已官至光禄寺卿（从三品）。由于投奔了太监王振的阵营，他又晋升为户部左侍郎（正三品）。正统十四年，奈亨虽年老多病，却死活不愿意退休，可是又担心别人讥笑自己老朽，于是将白发染成黑色。"厨役杜清"见到后，私下嘲讽了几句。奈亨恼羞成怒，叫人揍了他一顿。其结果是，由于杜清举报其"奸赃数事"，奈亨被关进监狱，并被判了死刑。[1]最终，景帝看在他一把年纪的分上，只是让他致仕了事。[2]这是《明英宗实录》的记载。

杜清被擢为锦衣卫都指挥同知后，只过了一个月，又晋为中军都督佥事（正二品）。六个月后，即天顺元年八月，再晋为都督同知（从一品），依旧管中军府的事情。[3]他之所以能够官运亨通，总兵官忠国公石亨应该出了不少力，后文将会提出佐证。

①《明英宗实录》，卷一百八十九。
②《明英宗实录》，卷一百八十五。
③《明英宗实录》，卷二百八十一。

第七章　天顺传奇

英宗复位之后，给予帮助他重登大宝的内外大臣的奖赏之一，是赏赐锦衣卫官职，有的甚至是世袭官职；原先即在锦衣卫任职者，则擢升其官职。例如，太监曹吉祥的嗣子、锦衣卫带俸指挥佥事曹钦被擢为都督同知，曹吉祥的侄子曹铉、太监刘永诚的侄孙刘聚、太监蒋冕的兄弟蒋成，以及太监叶达的兄长叶成等人，都被授予锦衣卫世袭指挥佥事之职。不久后，刘聚再被擢为正一品左都督。太平侯张轨（前面提到过他的父亲英国公张辅）之子张瑾被授予锦衣卫带俸指挥同知之职。忠国公石亨的家人石溟、石永兴、王亮授职锦衣卫都指挥使，石冲、石浚授职锦衣卫指挥同知，石纲、范进、石增授职锦衣卫指挥佥事，石金、石溥、石洵则被授职锦衣卫正千户，皆带俸任职。

英宗甚至对马顺的家人也十分照顾。马顺之子马升被授予世袭锦衣卫副千户之职。

多喇之泣

英宗复位之后做的事情，除了滥封滥赏，还有疯狂的打击报复。他的行事作风还是一如既往地任性，不仅如此，被掳以及被软禁的苦难经历似乎使他变得更加偏激了：所有在他看来是背叛了自己的内外臣子，都是他打击报复的对象，不管这些人是否有功于江山社稷。在这一点上，王振对他的影响与教育无疑是成功的。确实，任何一位具有理性的人都不会指望一个有着强烈权力欲望的太监会培养出英明的君主。

通过对兵部尚书于谦、吏部尚书王文等人的报复，英宗将自己永远地钉在了历史的耻辱柱上。尽管他十分清楚于谦、王文等人的贡献，也十分清楚于谦的品性，但这不足以熄灭他内心的仇恨之火。然而，最令他蒙羞的，并非明知于谦等人有功还要进行报复，而在于他依然像过去一样，是一位容易被唆使的君主，只不过这一次唆使他的不再是王振，而是徐有贞。

据说，包括武清侯（其时尚未封为忠国公）石亨、都御史萧惟祯等在内的内外大臣都上本，主张处死于谦。英宗看了他们的奏本后，起先还有些犹豫，曾对徐有贞说："于谦其实是有功之臣。"徐有贞则对他说："不杀于谦，此举为无名。"帝意遂决。[1]

显然，将责任全部归咎于徐有贞也是不公平的，因为有权做出决定的是英宗。徐有贞所做的，只是效法王振，让英宗有理由继续任性下去。只不过，如果没有徐有贞的鼓动，英宗的做法可能不会那么决绝，但也仅仅是可能而已。

事实上，英宗的复仇之心是如此的迫不及待，以致复位当日，在将都察院右佥都御史（正四品）徐有贞调入内阁参预机务之后，他做的第一件事就是将兵部尚书于谦，吏部尚书王文，司礼监太监王诚、舒良、张永、王勤等人打入锦衣卫监狱。据说，于谦等人被

---

[1] 《明史》，卷一百七十。

带走的时候，甚至还没有听完宣谕。[①]

两日后，六科给事中弹劾于谦、王文与宦官王诚、舒良、张永、王勤等人相勾结，并与陈循、江渊、萧镃、商辂等朝臣结党，逢迎景帝，易立储君，废黜汪后，卖权鬻爵，舞文弄法，包藏祸心，阴有异图，欲召藩王进京继承大统，"事虽传闻，情实显著……乞将谦、文等明正典刑"。再三日后，于谦、王文以及司礼监太监王诚等四人被斩于市，家产皆籍没，子弟皆戍边。据说，于谦临刑之日，阴霾四合，天下冤之。孙太后起初对于谦含冤而死之事并不知情，得知消息后，"嗟叹累日"。

有一个动人的故事表达了时人对于谦的敬爱之情。于谦在闹市被处死后，一位名叫多喇的锦衣卫指挥佥事（也可能是指挥同知或者指挥使；他显然不是汉人）经常去行刑的地方祭奠于谦，总是恸哭不止。他原先的上司曹吉祥知道后，非常愤怒，狠狠抽打了他一顿。可是到了第二日，多喇依然是祭奠如故。[②]

明人王琼、于慎行、屠隆等人皆为于谦鸣不平，他们暗讽英宗以怨报德。事实上，英宗之所以可以从瓦剌回到京师，是因为于谦说服了原本无意接受这一安排的景帝。而且他拥立景帝也是以社稷为重，而非出于自身利益考虑。用于慎行的话说，于谦拥立景帝时，没说过一句带有私心的逢迎之语，这说明他也想过日后可能会祸患临门，但他已经没有时间去谋划一个两全之策了。

屠隆则说，对于徐有贞、石亨等人的夺门密谋，于谦的亲信早已探听清楚，而于谦当时兵权在握，若是镇压，剿灭徐、石固然如摧枯拉朽一般，但景帝与英宗也很可能因此而彻底撕破脸，甚至

---

① 《明英宗实录》，卷二百七十四。
② 《明通鉴》，卷二十七。

势不两立。若不予镇压，则英宗复位后，最多只会处死自己，却不会祸及景帝，换句话说，死一臣而保二帝无恙。因此，徐、石率军夜入南城时，于谦虽然知情，却按兵不动，"听英宗复辟，景庙自全，功则归人，祸则归己；公盖可以无死，而愿以一死保全社稷者也"。①

明人袁裒也认为英宗对于谦不公。他感慨地说，于谦的辅国能力可谓空前，功在江山社稷，却为己招来奇祸，所谓"功盖天下者不赏"，说的就是于谦啊！但他同时又认为，于谦在景泰末年的表现实在也有值得商榷之处。例如，在景帝身体状况不佳时，他完全可以率领百官，或者去南宫迎接英宗复位，或者请立英宗之子朱见深为太子，并助其早日登基，这样就可以避免夺门之变给朝廷带来的动荡。②

前面提到过的杭昱与唐兴等国戚也遭到报复。唐兴在英宗复位当月即被关进了锦衣卫监狱，并被抄家。两个月后，英宗将他发配到河南充军。③杭昱则在英宗复位的第二个月被降职为锦衣卫副千户。④

深得景帝欢心的李惜儿在英宗复位当月被释放出宫。将她选入后宫的钟鼓司内官陈义，以及教坊司左司乐晋荣，被英宗斥为是逢迎景帝以图富贵的"奸邪小人"。二人被关进锦衣卫的监狱，最终都被处死。⑤

将马顺殴打致死的王竑（他在景泰四年十月晋为正三品都察院左副都御史），则在天顺元年二月初六调往浙江布政司担任参政

① 《国榷》，卷三十二。
② 《国榷》，卷三十二。
③ 《明英宗实录》，卷二百七十六。
④ 《明英宗实录》，卷二百七十五。
⑤ 《明英宗实录》，卷二百七十四。

一职（从三品）。任命诏书下达仅八日后，又被罢职为民，他的子孙则"永不叙用"。具有讽刺意义的是，四年之后，亦即天顺五年（1461年）七月，当瓦剌人再次入侵时，英宗不得不重新任命他为左副都御史，并让他参赞军务。天顺八年八月（时宪宗已经在位），王竑被擢为兵部尚书。

袁彬发迹

在锦衣卫历史上，袁彬绝对是一位重量级人物。他与英宗的命运息息相关，但在很大程度上，他的成功是建立在英宗的失败和痛苦之上的。

袁彬是江西新昌人，隶籍锦衣卫。其父袁忠在建文四年（1402年）被选为锦衣卫校尉。正统四年（1439年），袁忠告老还乡，38岁的袁彬子承父业，当上了锦衣卫校尉。

正统十四年八月，英宗出征瓦剌期间，他依然是以一介校尉的身份相随。土木堡之变当日，英宗身边的太监与朝臣死的死，散的散。御用监太监喜宁降敌，将明朝的虚实托盘而出。袁彬被掳后，则继续服侍英宗，其后一直伴随英宗左右。[1]

成化元年（1465年）七月，袁彬奉宪宗之旨，将"英宗皇帝车驾北征往还事迹"记录成文，题为《北征事迹》。这篇文章成为后人研究自正统十四年八月至景泰元年八月的那段历史的重要史料，它记载了英宗的屈辱史，亦记载了袁彬的发迹史。

《北征事迹》的文风有些类似流水账，文字简单、粗犷，十分口语化，毫无修饰，但内容上（那些明显为了烘托皇帝的身份或者

---

[1] 《明通鉴》，卷二十四。

强调"神迹"的文字除外）的可信度并没有因此降低，反而有所增加。那段讲述他与英宗劫后重逢的文字尤其朴素而真实：

> 正统十四年八月十五日，臣在土木为回回赛伏剌所房。十六日，皇上在雷家站高岗地上坐，众达子围着。是臣远观，认的是我英宗皇帝。臣叩头哭。上问："你是甚么人？"臣说："是校尉，当奉圣旨。"（英宗：）"你不要说是校尉，只说是原在家跟随的指挥。"（英宗）又问："你会写字不会？"臣说："会写。"就令（臣）在左右随侍答应。

英宗让袁彬冒充"在家跟随的（锦衣卫）指挥"，为的是沟通上的方便，因为他本人亲自与瓦剌人沟通有失身份，随便派一名校尉去沟通又显得不够尊重对方，让一位亲信锦衣卫指挥代替自己，则可以解决这两方面的顾虑。

英宗确实也需要一位识字的侍臣，以维护其作为皇帝的尊严，否则，他势必要亲自书写诏书，甚至包括那些向朝廷讨要财物的诏书。事实上，就在与袁彬相见当日，英宗就让他写了一份诏书，交给千户梁贵（英宗复位后将他擢为锦衣卫都指挥佥事），进京讨要珍珠六盘、黄金200两、白银400两，作为"赏赐"也先的礼物。五日后，袁彬又奉旨向大同总兵官刘安（英宗复位后晋爵广宁侯）讨要了白银15 000两，其中5000两赏给也先，10 000两赏给也先的大臣及士卒。大同当时共计只有大概14万两银子的钱粮。①英宗此后还多次通过袁彬向朝廷甚至军事重镇的总兵官讨要财物。

---

① 此据《北征事迹》。而根据《明英宗实录》，英宗总共取了两万两千两银子，五千两赐也先，其余一万七千两赐也先的文武大臣及士卒。见卷一百八十一。

英宗之所以将大笔银子"赏赐"给瓦剌人，为的是换来自身境遇的改善。据说，也先第一次听闻英宗已下旨向朝廷讨要财物，立即就奉上熟肉、铺盖、皮袄等物。到后来，他每日都会派人送上牛乳、马乳；每逢初二、十二、二十二日都会进献一头羊；每逢初七、十七、二十七日会都进献一头牛；每逢初五、初七、初十日都会设筵席一次。他甚至还安排了蒙古妇女打理英宗的生活起居。

无论如何，从相见之日起，英宗与袁彬君臣二人患难与共，建立了一段特殊而深厚的情谊。

袁彬对英宗的照顾可谓无微不至。如果说，英宗骑马过宣府河的时候，袁彬跳入冰凉的河水中为英宗牵马坠蹬只是尽了侍臣的一般责任，那么，每夜与英宗同寝，甚至在冷夜将英宗的双脚抱在怀里为其取暖，[①]应该可以让这位8岁丧父、身处绝境、年轻而懦弱的皇帝稍得慰藉。当时，英宗22岁，袁彬则已经48岁，只比宣宗（英宗的父亲）小3岁。因此，若是英宗从袁彬那里感受到类似父爱的温暖，应该是可以理解的情感逻辑。

确实，在英宗眼里，袁彬是无人可以取代的。用《明通鉴》的话说，在漠北的一年时间里，袁彬周旋左右，寒暑饮食，未尝有一刻不在英宗身边，英宗也将他视为骨肉至亲（"上视彬犹骨肉也"）。[②]

英宗还在危急关头多次挽救袁彬的性命。根据袁彬的记载，喜宁与也先原本想带英宗去宁夏，但他以英宗身体孱弱，无法适应寒冷的天气为由表示反对。也先大概也担心英宗出事，就放弃了原先的计划。喜宁痛恨袁彬从中作梗，命人将他捆了，带至芦苇地，欲

---

① 《明史》，卷一百六十七。
② 《明通鉴》，卷二十七。

将其开膛破肚。忠勇伯蒋信得知消息后，偷偷派人通知英宗。于是英宗赶紧派遣通使哈铭向也先求情，这才救下袁彬一命。

蒋信原名"把台"，本是一名蒙古军人，永乐二十一年（1423年）降明，授都督金事一职。宣德初，御赐姓名蒋信。他追随英宗北征，遇土木堡之变被俘。也先本想让他在赛罕王帐下效力，可是，蒋信虽然人在大漠，"志常在中国"，主动承担了护卫英宗的职责。景泰元年八月，他追随英宗回朝；四年后去世，被追封为忠勇侯。[①]

据说，喜宁（他已经成为也先的心腹以及军事顾问）与也先的最终目的，并非让英宗去宁夏，而是西犯宁夏，从那里掠夺足够的战马之后，直趋江表，将英宗安置在南京，与身在北京的景帝共分天下。

也先有意将自己的妹妹嫁给英宗，但被英宗拒绝。也先的如意算盘是，让妹妹为英宗生下一个皇子，然后助其夺得太子之位，间接获取明朝的天下。袁彬没有交代英宗拒绝也先的理由，但这项功劳被《明史》的编撰者记在他的名下：

> 也先将献妹于帝，彬请驾旋而后聘，帝竟辞之。也先恶（袁）彬、铭（哈铭，蒙古人，他是英宗的通事，也就是翻译）二人，欲杀者屡矣。一日缚彬至旷野，将支解之。帝闻，如失左右手，急趋救，乃免。[②]

显然，这段史料是以袁彬的记录为蓝本经过再次加工而成，可信度已经打了折扣。

---

① 《明史》，卷一百五十六。
② 《明史》，卷一百六十七。

英宗甚至亲自为袁彬治病。袁彬有一次得了伤寒病，英宗十分担忧，亲自为袁彬按摩，后者大汗淋漓，竟然痊愈。

景泰元年八月初，英宗结束为期一年的"北狩"生涯，带着袁彬等人启程回京。行至距离北京城不远的双泉铺时，已经是八月十四日的夜里。心情激动的英宗夜不能寐，索性将自己携带的衣物整理了一遍。他感念袁彬长时间地为自己效劳，劳苦功高，于是将一件自己穿过的白绫内衣以及一条也先进献的战裙赏给了他。①

八月十五日，英宗进京，入住南宫。十日后，袁彬被擢为锦衣卫试百户。景帝不愿意重用这位尽心服侍英宗的原锦衣卫校尉，直至七年以后，袁彬才以一种特别隆重的方式迎来了自己的时代。

在英宗因"夺门之变"而复位当日，定襄伯郭登（武定侯郭英之孙）奏陈八事，其中第一件事是请立太子，第五件事竟然是为袁彬求官。他建议英宗将袁彬擢为指挥佥事，与国戚会昌伯孙继宗的兄弟、锦衣卫指挥使孙显宗一同掌管锦衣卫，"以关防机密"。②

郭登所陈八事，多为迎合英宗之辞，原因在于，他与总兵官刘安一起镇守大同期间，得罪过英宗，想通过这种方式得到英宗的谅解。《明史》记载，正统十四年八月二十一日，即前文提到的也先拥着英宗到大同索取财物那一日，袁彬奉旨入城索取钱财，但郭登并没打开城门，只是用飞桥接他入城。其后，英宗曾派人质问郭登："朕与你是姻亲（郭登的姐姐是仁宗〈即英宗的祖父〉的贵妃），你何苦这样拒绝朕？"郭登回答："臣只知奉命守城，不知其他。"郭登知道英宗对自己很不满，因此，英宗复辟之后，他担心自己会遭到报复，故而有迎合奏事之举。③

---

① 《明英宗实录》，卷一百九十五。
② 《明英宗实录》，卷二百七十四。
③ 《明史》，卷一百七十三。

对于郭登所奏八事，英宗只准了将袁彬擢为锦衣卫指挥佥事一条，并以"勋戚不许干预军政"为由，拒绝授予国舅（孙太后的兄弟）、指挥使孙显宗管理锦衣卫事的权力。至于其他提议，"朝廷自有处置"。

根据袁彬自述，就任锦衣卫指挥佥事仅六日后，英宗又将位于京城澄清坊的一座宅院赐给他。那座宅院原本是北向，英宗命内官监将其改造为南向。两个月后，袁彬娶妻，英宗又命国舅孙显宗主持婚礼，并赐黄金30两，白银200两，彩缎8表里。或许是为了达到双喜临门的效果，同月，英宗再次擢升袁彬，任命他为锦衣卫指挥同知。[1]同年十二月，袁彬晋为锦衣卫指挥使。对他来说，正六品百户与正三品指挥使之间只有11个月的距离。

《明通鉴》记载，英宗复位之后，不时邀请袁彬参加各种歌舞宴会，回忆一起患难时的旧事，君臣二人相处得十分融洽，跟在大漠时一样。凡袁彬所请，英宗无不允许。

门达治狱

袁彬的出现，在给锦衣卫注入新鲜血液的同时，也打破了原先的权力结构。前面提到过的王喜、门达、刘敬等人都是锦衣卫老臣，至少都经历了正统及景泰两朝，根基很深，他们的地位将面临来自袁彬的挑战。天顺元年结束时，他们的权力划分情况大致是：都指挥佥事王喜掌理锦衣卫事；指挥使门达从天顺元年五月起，专理北镇抚司事；指挥使刘敬掌理南京锦衣卫事；指挥使袁彬协助王喜掌管锦衣卫事。

---

[1] 《明英宗实录》，卷二百七十六。

上述四人中，最有权力的是专理北镇抚司事的门达。若《明史》的记载属实，门达可谓开创了一个新的时代。在此之前，诏狱由锦衣卫直接治理（"卫狱附卫治"），自打他在京西建起了北镇抚司监狱后，诏狱改由北镇抚司治理。[①]不过，北镇抚司要获得独立的地位，即拥有自己的印信，还要等待20余年。

王喜、袁彬的职责主要是负责礼仪、护卫禁宫等其他属于锦衣卫权限范围的事情。掌理南京锦衣卫事的刘敬距离权力中心相对较远，他与门达有深厚的交情。在景帝朝，门达曾经被革职一段时间，正是在刘敬的帮助之下，他才被重新起用。[②]

门达的两个手下值得一提：一为谢通，另一个是逯杲。

谢通是浙江人，颇通文墨，深明事理，行事宽厚，[③]在景泰年间曾担任锦衣卫镇抚司理刑官（百户）。天顺元年（1456年）九月，英宗将其擢为正千户，仍旧理刑。[④]门达掌理镇抚司事之初，对他十分倚重。正如《明史》所说，谢通用法仁恕，平反了很多重大冤狱，有罪下狱者，都以能遇上他断案为幸事。由于门达对他又信任又倚重，朝臣与士子皆称门达为贤者。[⑤]

可以证明谢通"用法仁恕""重狱多平反"的人是徐有贞，这位内阁大学士因谋划"夺门之变"上位之后，尽揽事权、行事嚣张，得罪了曹吉祥与石亨，遭到二人的报复。

英宗复位后，对徐有贞十分信任，经常与之密谈。为了破坏君臣二人之间的关系，曹吉祥想到一个办法。他收买了伺候英宗的小

① 《明史》，卷九十五。

② 《明英宗实录》，卷三百三十二。

③ 《明宪宗实录》，卷二。

④ 《明英宗实录》，卷二百八十二。

⑤ 《明史》，卷三百七。

太监，命其窃听二人密谈的内容，日后又寻找机会故意在英宗面前提到这些内容。英宗大惊，问他如何得知这些秘密。曹吉祥说得自徐有贞，还说这些内容已在外界广为流传，不再是秘密了。于是，英宗开始疏远徐有贞。后来，曹、石二人抓住另一个机会，让英宗相信"内阁专权"的情况非常严重。于是，英宗指示言官，弹劾徐有贞及内阁学士李贤"图擅威权，排斥勋旧"。徐、李皆下诏狱。

但徐、李二人并未遭受酷刑，很快就被释放了，最终只是贬职了事。之所以如此，一方面是因为英宗鉴于"上天示警"而动了宽恤刑狱的念头，另一方面则是因为理刑官谢通用法仁恕。确实，如果徐、李屈打成招，甚至供出诸如"谋逆"等罪行，英宗即便有心开释，也将无能为力。

镇抚司的"仁恕"之风总是随着朝局的变化而改变。眼见石亨、曹吉祥声势日大，党羽日多，英宗十分不安，欲知外事，大治奸党。于是，逯杲有了出头的机会。

逯杲是直隶安平人，原是门达、刘敬的心腹校尉。英宗复位当月，他因不遗余力地打击景帝旧臣而引起英宗的注意。在总兵官忠国公石亨等人的推荐下，逯杲当月即被擢为锦衣卫百户，六个月后又因擒获妖贼郭贵有功而晋为副千户，天顺元年十二月，在曹吉祥的推荐下，再被擢为锦衣卫指挥佥事。逯杲当上指挥佥事后做的第一件事，就是让郭登的兄长、勋卫郭璟坐罪削爵，并将郭登的弟弟赶出带刀侍卫的行列。[1]

逯杲为人强鸷，深受英宗器重。但凡有想要知道的事情，英宗都会派他去缉访。例如，阁臣李贤曾对英宗讲过锦衣卫官校害民之事，但英宗怀疑他言过其实，于是密令逯杲缉访，结果查出某个校

---

[1] 《明英宗实录》，卷二百八十六。

尉索贿白银三四千两。英宗告诫锦衣卫管事指挥门达："如果日后你派出去办事的官校还出现类似前次的索贿之事，一概重罪不饶。"[1]

其实，那些害民锦衣卫校尉可能大部分是逯杲派出的。根据《明通鉴》的记载，英宗担心朝臣党比，欲知外事，于是多倚锦衣官校为耳目，门达、逯杲皆因此而得幸。比门达更为狡诈阴狠的逯杲，尤其得到英宗重用。逯杲派锦衣校尉四出侦事，所至官吏震恐，纷纷贿赂美色财货，以求平安无事，即便是藩王也不例外。不行贿者动辄被逮，而且每逮一人必定会牵连数人。在风声鹤唳的背景下，四方奸民皆诈称自己是锦衣卫校尉，无法无天，横行无忌。[2]

锦衣卫害民之事固然层出不穷，达官显贵恃宠不法而遭逯杲弹劾者也不少。英国公张懋、太平侯张瑾、会昌侯孙继宗，以及锦衣卫指挥同知孙绍宗等人，皆因"侵官田、立私庄"而被逯杲劾奏。他们全都认罪，不得不将侵占的官田归还朝廷。[3]

其实，即使逯杲受贿害民的指控被查实，英宗也不会对他严惩，因为他实在需要这样一位强硬而可用的爪牙来帮他除掉心腹大患石亨和曹吉祥。

双寡头之败

英宗复位之初大封功臣，石亨一家，除石亨进封忠国公，其兄弟子侄皆以"夺门"得官。其中，32人授职锦衣卫都指挥，21人授职千户镇抚；其部属亲故冒名"夺门"冒官者竟然有4000余人。[4]曹

① 《明英宗实录》，卷二百九十六。
② 《明通鉴》，卷二十八。
③ 《明英宗实录》，卷三百七。
④ 《明书》，卷一百五十四。

吉祥也不遑多让。英宗复位后，他即被任命为司礼监太监，总督三大营；嗣子曹钦，从子曹铉、曹锐等，皆晋为都督；曹钦还进封昭武伯。曹吉祥门下厮养了冒官者超过千人，朝臣也有依附他以求宦途顺利者。大体而言，曹吉祥的权势与石亨相当，时人并称"曹石"。[①]

首辅徐有贞在天顺元年中被逐之后，朝中再无可以与曹吉祥、石亨相抗衡的势力。更重要的是，曹、石二人之间，虽然也因权力角逐而龃龉不断，却也讲究合作，前面提到的徐有贞和李贤下狱即是一例。

再举一例，为了削弱锐气十足的年轻言官的力量，天顺元年六月，即徐、李下狱的当月，曹、石二人一起说服英宗采纳了这样一条建议，即凡御史及给事中，年龄在35岁以上者留任，不及者调用。因此，给事中何珝、御史吴祯等36人被调到地方任职，台谏为之一空。尽管不少人很快又官复原职，但这件事足以说明，曹、石确实不好对付。

曹、石二人之间的这种既竞争又合作的关系，无损双寡头局面的形成。对于这个局面，英宗（这种局面由他一手促成）日益不安。

据说，石亨比曹吉祥更为专横跋扈。他日日觐见皇帝，屡屡干预政事，若是英宗不同意他的意见，有时甚至当即就会给英宗脸色看。他还经常借口有事不召入宫，一出宫则虚张声势，通过卖官鬻爵而牟利。久而久之，英宗忍无可忍，于是向首辅李贤问计。李贤鼓励英宗要果断决策。于是，英宗敕谕左顺门（今北京故宫协和门）守官，除非宣诏，禁止总兵官入宫觐见。自那以后，石亨觐见

----

① 《明史》，卷三百四。

的机会少之又少。①

根据《明英宗实录》以及《明通鉴》的记载，大概从天顺元年六七月开始，英宗就有意寻找瓦解曹、石势力的途径和方法。当时，翰林院修撰岳正进言："曹、石二人权力太重，恃宠骄横，恐怕会留有后患，臣请以计策离间此二人。"英宗同意他的请求。某日，岳正问曹吉祥："石亨总是让杜清（前文提到过他）来你这里，到底想干什么呢？"曹吉祥回答："那是石公抬爱，不过是让他来致意罢了。"岳正说："非也非也，石公意在刺探你的隐私啊！最好赶紧让杜清走人，再也不要让他来你这里了！"他还劝曹吉祥辞掉兵权，后来又劝石亨交出兵权。

但是，这套并不高明甚至有些莫名其妙的离间计轻易就被曹、石二人识破。二人主动谒见英宗，摘下官帽，涕泣请死，英宗心里有愧，免不了温言相劝。打发走二人后，英宗召见岳正，责备其泄露圣意，将其外调为广东钦州同知。②

天顺二年（1457年）正月发生的一起案件，加深了英宗对石亨等人的厌恶情绪。当月，经石亨举荐而担任兵部尚书的陈汝言因贪赃事发下狱。查抄陈宅时，英宗也在现场，发现其财物累计巨万，于是把石亨叫去，神色愀然地说："于谦在整个景泰朝都极受重用，死时却没有余财。陈汝言上任还不到一年，却贪污了这么多！"石亨听完英宗的感慨之后，无言以对。陈汝言最终伏法。这件事之后，英宗越来越认识到于谦死得冤，也越来越厌恶石亨等人。③

到了天顺三年五月，英宗对曹吉祥、石亨等人的"夺门之功"有了新的认识。

---

① 《明史》，卷一百七十三。
② 综合自《明通鉴》卷二十七，以及《明英宗实录》卷二百八十。
③ 《明通鉴》，卷二十八。

"夺门之变"一直是英宗的心病。他借此夺回帝位，但同时又担心将来还会发生类似事件。确实，对同一件事情，立场不同，看法也就不同了。

五月二十八日，英宗召见首辅李贤，问他对"夺门事件"的看法。李贤的回答十分诚恳。他说："当时也有人邀请臣一同谋划，臣以为不可，不敢参与。"英宗追问原因。李贤解释："皇位本来就是陛下您的，当时景帝已经重病不起，离大去不远，文武百官本可以上表请陛下复位，何必采用这种极端的方式？这帮人其实只是个人的贪图富贵而已，并非为了社稷江山！设想一下，如果事败，石亨辈固然死不足惜，然陛下又该如何自处？幸而事成，这帮人立下了贪天之功。"李贤进一步解释："陛下乃天下人心之所向，这是因为正统年间凡事减省、与民休息。可现如今，因为曹、石这帮人的祸害，民心已经折损大半了！"

英宗深以为然。^①很快，石亨及其党羽的苦难开始了。八月初一，石亨的侄子、定远侯石彪被打入锦衣卫监狱，因为英宗怀疑他有不臣之心。事情始末大致如下：

时在大同担任游击将军的石彪想镇守大同，与石亨内外为援，于是唆使大同致仕千户杨斌等53人进京举荐自己。大同总兵官、高阳伯李文密告石彪心怀异志。英宗也怀疑杨斌等人是受人指使，于是将他们打入诏狱，怀疑得到证实。^②于是，英宗以封爵为由，下旨催促石彪火速回京。七月初二，石彪进京，八月初一下狱。门达与逯杲奉旨审讯，搜得绣蟒龙衣以及制式僭越的家具等不法物事，石彪论罪当死。

---

① 《明英宗实录》，卷三百三。
② 《国榷》，卷三十二。

八月初五，忠国公石亨以管教无能自责，请旨下狱，英宗安慰他："石彪贪图权利，欺罔朝廷，朕遵照祖宗法度，将他绳之以法。现在石彪已经服罪。这件事与爱卿无关，不必介意。"八月十四日，石亨又奏请皇上将他本人以及在朝为官的家人全部放归乡里，以享余年，如果皇上同意，他即便是死在九泉之下，也不胜感恩戴德。为了麻痹石亨，英宗还是用前面那套老话作为答复："石彪犯法是他自己的事，与爱卿无关。爱卿应当继续尽忠，好好辅佐朝廷，没有必要心生疑虑。你的请求朕不会答应，不要再以此事烦朕了！"

五日后，英宗命锦衣卫指挥佥事逯杲与都察院左佥都御史王俭一起前往大同，将石彪的党羽、都指挥使朱谅等76人拘押回京。八月二十九日，逯杲又请旨将石彪的党羽、假冒军功的大同等卫都指挥同知杜文等33人拘押回京。九月二十一日，大同总兵官李文奉旨查抄石彪私庄，将搜获的700多头驼马骡驴牛羊送至京城。[①]

十月初四，逯杲上奏，石彪的弟弟石庆擅乘官马，并且像对待奴隶一样对待参将张鹏等人，至今未将其逮捕。英宗命他向石亨要人。两日后，三法司、锦衣卫一同审讯石彪侮辱亲王的案件。据说，石彪担任大同游击将军期间，曾当着代王朱仕壥的面说，王爷最近增加的俸禄，全靠自己和石亨多次在皇上面前美言，逼迫代王下跪道谢，后来还多次向代王索要妓女陪酒。

十月二十二日，英宗撤销了忠国公石亨的职务。他说，石亨招权纳赂，窃弄威福，纵容石彪奸贪坏法，欺罔朝廷，本来国法难容，姑念他曾效微劳，特从宽处理，只是令他闲住而已，他别再管事，也别再参加朝会了。[②]

---

① 《明英宗实录》，卷三百六、卷三百七。
② 《明英宗实录》，卷三百八。

两个月后，即天顺三年十二月，逯杲被擢为锦衣卫指挥同知。①

天顺四年（1460年）正月二十五日，逯杲再上奏本，控告忠国公石亨忌恨朝廷，与其侄孙石俊等人日日妖言惑众，且蓄养无赖20余人，专伺朝廷动止，其心怏怏，有不轨之图谋。英宗将奏本向在廷文武大臣出示，廷臣皆言，石亨罪无可恕。英宗称，石亨不自悔悟，敢背义孤恩，肆为怨谤，阴谋不轨。于是命锦衣卫将其押至朝堂，集百官廷鞫之。文武群臣望风而动，纷纷进言："石亨诽谤妖言，图为不轨，具有实迹，这是谋叛之罪，论罪当斩，其家当籍。"英宗颔首，乃命太监、御史与锦衣卫一同籍没其家。②

二月初七，英宗在一份下发给宗室诸王的诏谕中表示，查抄石亨家所得，金银数以万计，其所用家具、器皿、服饰等物多僭用龙凤图案。其人凶逆如此，虽有心保全，亦不可得矣！九日后，石亨死于刑部狱中。法司请枭首示众，但英宗法外施恩，留其全尸。③二月二十日，石彪弃市。④

眼见石亨的势力在短短几个月内即被肃清，曹吉祥心知英宗下一个要清除的目标就是自己，于是未雨绸缪，渐蓄异谋，每日犒赏军中鞑官（即投降大明的蒙古将领），金钱、谷帛任其索取。众鞑官也认为曹吉祥一旦没落对己不利，皆表示愿意尽力效死。

据说，曹吉祥的侄子昭武伯曹钦曾问其门客冯益，自古以来是否有宦官子弟坐上龙椅的先例？冯益回答，您的本家曹操即是例子。曹钦听了之后大喜。⑤

---

① 《明英宗实录》，卷三百十。
② 《明英宗实录》，卷三百十一。
③ 《明英宗实录》，卷三百十二。
④ 《明史》，卷十二。
⑤ 《明史》，卷三百四。另，曹操的父亲曹嵩，是东汉末年宦官曹腾的养子。

　　天顺五年（1461年）七月初二，是曹吉祥的党羽、掌钦天监事太常寺少卿汤序择定的谋反吉日。曹吉祥的计划是：于天色未明之时，命其侄子昭武伯曹钦带兵自城外入城，他本人则以禁兵为内应。举事前一日晚上，曹钦召集诸鞑官及其党羽到他的家里饮酒，并奉上厚礼。

　　但汤序择定的日子实在并非吉日。曹吉祥决定在此日起事似乎可以说明，他和曹钦很久没有关注军事动态了。事实上，英宗早在一个月前即下达了西征的命令，命兵部尚书马昂总督军务，怀宁伯孙镗佩印充总兵官，统率京师精锐骑兵1.5万人，前往陕西击虏寇。七月初一夜，当曹钦与诸鞑官痛饮时，孙镗正宿于朝房之内，待天亮后向英宗辞行。

　　另一起意外也发生了。鞑官都指挥使马亮等人担心事败，逃离了曹钦宅邸，并迅速将曹家谋反一事报告了恭顺侯吴瑾、广义伯吴琮。当日，吴瑾、吴琮兄弟结束陪祀之后，也宿于朝房之内。他们赶紧将这个消息告知孙镗，随后又赶至长安右门，将奏本从门缝里塞了进去，命人火速呈给英宗。[1]吴瑾、吴琮都是武官，拙于修辞，仅在奏本上写了六个字："曹钦反，曹钦反。"英宗得到奏报后，赶紧命人逮捕身在禁宫中的曹吉祥，同时敕令关闭皇城四门、京城九门。

　　得知马亮逃走的消息后，曹钦知道谋反事泄，于子夜时分带人赶至逯杲家，将其杀死，并砍下其首级，随后又拎着逯杲的首级赶至东朝房，将阁臣李贤砍伤，并提出一项十分荒谬的要求。他对李贤说："之所以有今日之举，全怪逯杲，你帮我写份奏本，陈述我

---

① 《明英宗实录》，卷三百三十。

举兵复仇的原因。"李贤迫于无奈，只得照做。[①]

放过李贤后，曹钦赶至西朝房，将都御史寇深杀死。然后率军攻打东、西长安门。孙镗命他的儿子从宣武门外调动西征军入城与曹钦对抗，曹钦败逃回家。《明通鉴》记载，当时大雨如注，孙镗督率诸军奋勇杀入曹家，曹钦投井而死，家人无论大小皆被诛杀。七月初五，曹吉祥在闹市被凌迟处死，其家族被夷灭。三日后，曹吉祥的党羽汤序、冯益、陈守忠、丁顺等人也被凌迟处死，家产皆被籍没。[②]马亮则因告密有功，被授予都督金事（正二品）之职。[③]

七月初九，英宗追授逯杲锦衣卫指挥使之职。[④]次年五月，尽管兵部以逯杲并非立下汗马功劳而得官，照例不应该让子孙承袭其职务为由，反对让逯杲的儿子逯增承袭锦衣卫指挥金事一职，但英宗还是破了例，而且还在俸禄上予以特别照顾。据说，逯杲担心为仇家所害，居家之时一向杜门绝客，非交厚者概不见客，其防范不可谓不小心，可最终还是没有逃脱身首异处的命运。

宦海沉浮

逯杲被杀当月，锦衣卫指挥使门达因为曹钦谋反时守卫禁宫有功而被擢升为都指挥金事，继续执掌锦衣卫。两个月后，在他的帮助下，被贬为辽东边卫千户的前南京锦衣卫指挥使刘敬调回南京，担任锦衣卫指挥金事之职。

石亨事败，连累了距离政治风暴中心较远的刘敬，使其从南

---

① 《明英宗实录》，卷三百三十。
② 《明通鉴》，卷二十八。
③ 《明史》，卷三百四。
④ 《国榷》，卷三十三。

京贬职至辽东。刘敬与石亨存在交往的事实，是他被贬职的主要原因；另一个原因则是假冒迎驾之功。

天顺三年（1459年）十月，英宗（在李贤的劝导下）认识到"夺门事变"只不过是徐有贞、曹吉祥、石亨等人为了谋求私利而行的冒险之举，并非为了他和大明江山的命运，下旨重新审查"夺门"之功，并且下令，凡因假冒迎驾之功而得官者，许其自首更正。[①]他想通过这种方式打击曹、石的党羽。结果自首者有4000多人，其中有不少锦衣卫官员，例如锦衣卫带俸都指挥佥事杨善等。刘敬则因为没有自首更正而被英宗斥为奸诈之徒，结果贬职外调，时为天顺四年（1460年）四月，即石亨、石彪伏诛两个月后。[②]

至于袁彬，他因为参与剿灭反贼曹钦有功，在天顺五年八月被擢为锦衣卫都指挥佥事，照旧在锦衣卫管事，[③]但他已经不像在英宗复位之初那样受宠了。

事实上，自天顺元年十二月当上指挥使后，袁彬已经将近四年没有晋升了。在肃清石亨以及曹吉祥势力的过程中，他本人没有做出值得一提的贡献。这可能与他的能力有关。或许正是鉴于其能力的不足，英宗才没有将最为重要的北镇抚司交给他管理，而是让他打理寻常的锦衣卫事务。更为重要的是，他似乎真的不太懂得宫廷政治的险恶——这应该是他逐渐失宠（尽管没有完全失宠）的原因。

天顺三年十二月，当逯杲因清剿石亨一党有功而被擢为锦衣卫指挥同知时，袁彬却与锦衣卫掌卫事都指挥佥事王喜一起在都察院监狱接受审讯，因为他们做了一件让英宗十分失望的事：

---

① 《明通鉴》，卷二十八。
② 《明英宗实录》，卷三百十四。
③ 《明英宗实录》，卷三百三十一。

　　应一位名为夏时的太监的嘱托，王喜与袁彬将锦衣卫百户季福（一说李福）派往江西公干。英宗得知这件事后，询问左右侍臣："季福是朕乳母的丈夫，是谁派遣他外出公干的？"王喜与袁彬主动承认。但英宗认为此事必有人主使，命王、袁二人如实交代。二人坚称是季福主动要求出差，他们只是应其所请而已。于是，英宗将二人打入都察院监狱审讯。二人最终吐实。不过，当都察院请旨问罪夏时时，英宗却宽宥了这位太监。都察院上奏本："王喜、袁彬奏事不实，应当赎徒（即交纳钱物以减免徒刑），回本职当差。"①英宗同意所请，并警告，此后，凡应内外官私下请托，派锦衣卫官校外出公干者，一概杀无赦。②

　　英宗动怒的原因在于，锦衣卫是皇帝的亲军侍卫，只能为皇帝所用，但凡未经皇帝同意而私下调用锦衣卫官校的行为，都属于僭越之举。

　　天顺四年十二月，王喜和袁彬又因对锦衣卫管理不善而受到惩处：

　　某日夜，监察御史杨绍、刑部主事张翮、锦衣卫千户陈琏、百户宋瑛等四人，奉命将关在监狱里的四名劫匪押至犯罪现场行刑，可行至半路时，其中一名劫匪逃之夭夭。尽管逃匪后来又被其他人捕获，相关官员仍受到惩处：都指挥佥事王喜被贬为指挥使；袁彬与锦衣卫指挥同知张寿、指挥佥事郭瑛、陈纲等人皆罚俸三个月；杨绍、张翮皆降职一级，且外调地方任职；陈琏、宋瑛二人也降职一级。③

　　尽管圣宠渐衰，袁彬并没有妄自菲薄。在呼风唤雨、权势熏天

---

① 赎徒：交纳钱物以减免徒刑。
② 《明英宗实录》，卷三百十二。
③ 《明英宗实录》，卷三百二十五。

的门达面前，他毫无俯首之意，二人的矛盾日益加深。

袁彬不是门达的对手。他第一次遭到门达的打击，是因为小妾的父亲、千户王钦仗着他的权势诓人钱财。门达将情况呈报英宗，结果袁彬再一次被判赎徒还职。

但门达觉得还不够。正好在他管理的镇抚司监狱里，关押着一个名叫赵安的人，此人以前是锦衣卫力士，曾在袁彬手下当差，因罪充军铁岭卫，后遇赦回京，进入府军前卫当差，其后又因石亨事败株连，罪下镇抚司监狱。门达命赵安诬陷袁彬，称他之所以能调入府军前卫，是因为袁彬在背后帮了忙。于是，门达又一次逮讯袁彬，指控他收受石亨、曹钦等人的贿赂，并且犯下其他不法之事，例如为建私宅而挪用了大量官木，以及夺人子女为妾等。

听闻袁彬喊冤下狱，曾经受过他恩惠的军匠杨埙等人击打登闻鼓为其鸣冤，言语之间对门达多有冒犯。门达将杨埙等打入监牢审讯，要求他们供出主使者。杨埙知道门达怀疑内阁大学士李贤，因为在此之前，李贤曾多次当面讥讽门达勒索官民财物，门达对其十分厌恶。于是，杨埙索性说李贤是主使者。其时为天顺七年（1463）十一月。石、曹二人早已伏诛，李贤当令。

门达对李贤颇为顾忌，一直发愁找不到打击他的机会，听闻杨埙所言，十分高兴，奏请三法司一同审讯杨埙。英宗派太监裴当监审。门达提议拘押李贤到堂对质，裴当反对："大臣不可辱，何况这只是一件小案子！"让门达没有想到的是，在三法司会审时，杨埙竟然反口指称，他之所以诬告李贤，是受门达的指使。于是，门达打击李贤的计划落空。但袁彬及杨埙都没有逃脱刑责：法司判袁彬赎绞（即交纳钱物以减免绞刑），判杨埙死罪。最终的结果是，英宗法外开恩，将袁彬谪往南京锦衣卫带俸闲住，杨埙则只是坐监而已。据说，在三法司会审期间，袁彬多次声称，门达收受的贿赂远多于自己。但法司害怕门达报复，不敢将袁彬所言上报英宗。①

这个案例见诸《明英宗实录》《明通鉴》《国榷》等史籍。明人冯梦龙见其情节有趣，尤其杨埙的忠义及机智颇有值得赞赏之处，于是将这个案例收录在《智囊全集》中，只是将杨埙之名改为杨暄而已。

天顺八年（1464年）二月，即英宗驾崩一个月后，继位的明宪宗朱见深（那位在幼时被景帝废掉的太子）将已外调南京三个月的袁彬调回北京锦衣卫。符合情理的推测是，在朱见深小的时候，英宗一定不止一次对这位同样命运多舛的皇子讲过自己与袁彬在瓦剌患难与共的故事。因此，朱见深对袁彬有一种由衷的亲切感与信任感。

成化二年（1466年）九月，因擒获妖贼有功，袁彬被擢为锦衣卫都指挥同知。11年后，他晋为都督佥事；再过4年，又晋为都督同知（从一品）。②

袁彬在成化二十三年（1487年）四月致仕时，宪宗赐予他一个极大的恩典，即允其长子袁勋袭职锦衣卫都指挥佥事一职，在锦衣卫管事。根据旧制，都指挥佥事以上的职位都是流官，例不世袭，而且世袭官职一般只拿俸禄，并不管事。因此，宪宗的恩典相当于破坏了两项祖制。

袁勋三年之后就去世了。弘治三年（1490年）八月，袁彬上本，请求孝宗让次子中书舍人袁熹承袭都指挥佥事一职。尽管兵部武选司再次搬出"都指挥例不承袭"的祖制表示反对，但孝宗感念袁彬"随侍皇祖有功"，准其所请。③于是，世袭锦衣卫都指挥佥事

① 《明英宗实录》，卷三百五十九；《明通鉴》，卷二十九；《国榷》，卷三十三。
② 《明宪宗实录》，卷二、卷三十四、卷一百六十六、卷二百十四。
③ 《明孝宗实录》，卷四十一。

的恩典再一次得到确认。

袁彬为其子嗣在锦衣卫的前程打下了一个非常好的基础。嘉靖初年，他的孙子袁天章承袭的也是锦衣卫都指挥佥事一职，并在南镇抚司管事。后来，袁天章还在锦衣卫堂上管事。嘉靖三十三年（1554年），他卒于锦衣卫管卫事都督同知任上。袁天章与锦衣卫历史上的另一位传奇人物陆炳共事过很长一段时间。袁彬的曾孙袁承恩也是袭职锦衣卫都指挥佥事，在南镇抚司管事。①

门达则在英宗驾崩十二日后（亦即宪宗即位七日后）外调为贵州都匀卫带俸都指挥佥事，原因是他与内官王纶私相授受。宪宗十分厌恶王纶，即位后立即就将他打发到南京闲住去了。凡与王纶交厚者，几乎都被降职或者外调。②

一个月后，即袁彬调回北京锦衣卫当月，门达因罪入狱，并被判了死刑。《明宪宗实录》记载，将门达外调的谕旨下发后，科道官知其势败，纷纷上本弹劾他，谓其罪不止与内官私相授受那么简单。于是，宪宗命都察院会五府六部、通政司、大理寺、六科十三道官在朝廷上审讯他。都察院右都御史李宾等人上呈门达罪状，确认科道官所劾全部属实，谓其素恃恩宠，不畏法度，窃弄威权，大张声势，凡忤逆其意者，必定派人纠其小过，然后加以陷害，还屡兴大狱，别置狱舍审问罪囚，只要有人不服，则动辄称是奉旨审案，用刑更加残酷。门达还被指控姑息甚至指使外出公干的锦衣卫官校骚扰州县，以及纵容家人贪赃枉法。

宪宗下旨，命法司判门达斩罪，追缴家财数以万计。门达的党羽锦衣卫指挥张山等人论斩如律；其他党羽，例如都指挥牛循、聂

---

① 《明世宗实录》，卷一百八；《明神宗实录》，卷一百二十六。
② 《明宪宗实录》，卷一。

愿，千户陈琔，以及门达的儿子门序、门班、门升，侄子锦衣卫千户门清，女婿锦衣卫指挥杨观等人，则要么贬官，要么戍边。[1]

门达的最终命运是"谪戍广西南丹卫而死"。[2]明人王世贞写道，门达离京时，袁彬率僚属为其饯行，语多缱绻，送行至京郊，在将重金购置的衣物等交给他后，方才握手而别。众人皆感叹袁彬不念旧恶，有古代君子之风。[3]

据说，逯杲之死让包括门达在内的锦衣卫官员十分震惊。门达曾经的伯乐、锦衣卫指挥佥事吕贵曾警告他："不要去冒犯武臣，逯杲被曹钦所杀就是一个例子。文官则好对付多了。"[4]因此，门达后来欺凌的对象仅限于文官。他一定想不到，正是他轻视的文官终结了他的仕途。门达被谪贵州都匀卫的同时，吕贵也被贬贵州平越卫（今贵州福泉）。

天顺八年三月，门达在京西建的镇抚司监狱被拆毁。

---

[1] 《明宪宗实录》，卷二。
[2] 《明宪宗实录》，卷二。
[3] 《弇州四部稿》，卷七十九。
[4] 《明史》，卷三百七。

第八章　妇寺之祸

天顺八年（1464年）正月十六日，37岁的英宗行将大去，他将太子朱见深以及司礼监太监牛玉等人召至龙榻之前，下达了他帝王生涯中的最后一道、同时也是为数不多的可以展现其人性光辉的谕旨。英宗先是命太子赶紧择定吉日登基，百日后再成婚，然后又说，殉葬并非古礼，仁者于心不忍，妃子们就不要殉葬了！明朝的殉葬传统就此终结。

次日，英宗驾崩。正月二十二日，17岁的宪宗即位，以次年改元"成化"，并大赦天下。《明书》以"广额丰颐、威容如神"八字描述宪宗的相貌。据说，宪宗年幼时，深受英宗疼爱，英宗每次爱抚他时，都会发出"（此子）福德非吾所及"的感慨。[1]但也有传言说，宪宗长相木讷，且有口吃之症。

作为帝王，宪宗应该算得上是心胸比较宽广的。幼年时承受的苦难（他至少被幽禁了四年）没有让他变成狭隘、冷酷而残暴的人。最不利的影响（如果存在因果关系）可能是使他养成一种比较畸形的恋母情结，以致终生宠爱一位比他年长19岁且在常人看来并不可爱的女人——万贵妃。

他即位之后做得最值得称颂的事情之一，是听从李贤的建议，

----

[1]《明书》，卷十。

将包括在浣衣局服刑的"没官妇女"在内的大批宫女释放出宫。[1]

第二件事情是，成化二年（1466年）八月遣行人[2]马璇谕祭于谦，代父亲承认过错。他说，于谦胸怀俊伟之略、经济之才，历事先朝，功勋卓著，于国家多难之际，力保社稷无虞，最终却落个被权奸害死的下场。先帝在世时已知其乃含冤而死，朕的心里也十分感念他的忠义，故恢复其子于冕府军前卫副千户之职，并遣人谕祭。[3]

第三件事情是，他没有报复那些在景泰三年（1452年）四月联名上书将他赶下太子之位的官员，甚至在成化三年（1467年）三月召回了被贬职为民的原翰林院学士商辂，重新任命他为兵部左侍郎兼翰林院学士内阁，参预机务。[4]

但宪宗究竟并非完人，他身上也有人类普遍存在的弱点，例如重视私情及个人享受，到处营建皇庄，并且对万贵妃和众多心腹太监过于放纵。他无法摆脱时代限制，过度痴迷于"左道"，以致开了"传奉官"的先例，入朝为官的僧道竟至数千人。《明通鉴》以"妇寺之祸，与之终始"点评宪宗为政之弊。[5]这里所谓的"妇寺"，指的是万贵妃与宦寺，亦即太监。

北司印信

宪宗在位期间，锦衣卫建制上发生的最大变化之一，是北镇抚

---

[1]　《明通鉴》，卷二十九。
[2]　行人，正八品官，"职专捧节、奉使之事。凡颁行诏赦，册封宗室，抚谕诸蕃，征聘贤才，与夫赏赐、慰问、赈济、军旅、祭祀，咸叙差焉"。见《明史》，卷七十四。
[3]　《国榷》，卷三十四。
[4]　《明宪宗实录》，卷四十。
[5]　《明通鉴》，卷三十五。

司终于拥有自己的印信，不再像以往那样受锦衣卫节制。

在此之前，北镇抚司只是作为锦衣卫的下属机构存在，即便在门达掌事的时代（他作为锦衣卫都指挥佥事掌理北镇抚司事，并且在京西另建北司监狱），它在制度上仍受锦衣卫节制。到了成化十四年（1478年），情况变得不同。

正是在这一年，宪宗命人"增铸北司印信"。此后，北司印信的掌印者不再对锦衣卫负责，一切刑狱都无须向锦衣卫禀告，即便是锦衣卫长官交代下来的案件，也可越过该长官直接向皇帝汇报进展。因此，北镇抚司的掌刑官与理刑官的行政级别虽然没有变化，仍然只是千户和百户而已，手中的权力却比以前重得多。①

但是，北司印信的掌印者并不一定是北司镇抚，完全有可能是锦衣卫的其他武官，例如指挥佥事、指挥同知、指挥使，甚至可能是级别更高的官员，例如都指挥佥事、都指挥使等。例如，成化年间的锦衣卫指挥使朱远，以及正德年间的锦衣卫都指挥使廖鹏，都当过北镇抚司的掌印者。②

值得注意的是，现实情形中，北司印信的掌印者也不一定直接对皇帝负责，他完全有可能通过擅权的内外大臣间接对皇帝负责，吴绶即是例子。

作为一名锦衣卫副千户，吴绶可能是北司印信的第一任掌印者。《明宪宗实录》记载，成化十四年八月二十四日，"（宪宗）命问刑副千户吴绶掌镇抚司印"；三日后，吴绶被擢为锦衣卫指挥佥事，"仍掌镇抚司事"。③但他直接负责的对象并非宪宗本人，而是成化年间的风云人物、提拔他的太监汪直。9个月后，吴绶因违背

---

① 《明史》，卷九十五。
② 《明宪宗实录》，卷二百五十九；《明武宗实录》，卷一百五十九。
③ 《明宪宗实录》，卷一百八十一。

了汪直的意思，而为后者所恶，调到南京锦衣卫当差去了。[①]

继吴绶之后，北司印信的掌印者是锦衣卫指挥佥事赵璟。天顺七年（1463年）十一月时，赵璟还在锦衣卫右所当差，是一名副千户。成化元年（1465年）二月，他调到锦衣卫镇抚司理刑，成化九年（1473年）升为指挥佥事，与另一位指挥佥事董璋同管锦衣卫事。成化十五年（1479年）五月，赵璟改管镇抚司事，次年正月，他晋为指挥同知，仍掌镇抚司事。成化十八年十二月卒于任上。宪宗听闻他的死讯后，甚至派了太监去谕祭，可见对他十分信任。

赵璟是山西阳曲人，宣宗朝时投身御马监太监王瑾（前文提过此人）的门下，为其所用。他最初因为从征福建有功，晋为锦衣卫百户，又因从征湖广平乱有功而升副千户。据说，他在掌理镇抚司刑狱期间，处事公正而果决，平反了不少冤狱。当然，并非所有人都认同这个说法，至少在处理易州知州李宪非法杖杀部民一案时，他有收受贿赂的嫌疑。

根据《明宪宗实录》的记载，李宪事发后，贿赂了"当道者"。"当道者"嘱其同乡、巡按御史李延寿为李宪开脱。紫荆关守备太监钟庆知情后，举报了这件事。李宪委托某个太监去疏通关系，后者谎称司礼监太监怀恩（后文将提及此人）愿意帮忙。怀恩听到这个传言后，十分生气，奏请将李宪及李延寿等人拘押至京，交由锦衣卫镇抚司审讯。"当道者"担心事发累己，就将赵璟的外甥、济南府知府（正四品）王璟提拔为山东布政司参政（从三品）。赵璟则回卖他一个人情，只追究李宪的罪行，没有将"当道者"牵连出来。[②]

北镇抚司的掌印者可能是一个人，也可能是多人；在多人的情

---

① 《明宪宗实录》，卷一百九十。
② 《明宪宗实录》，卷二百三十五。

况下，可能是轮流掌管，也可能由某一人主管。例如，与赵璟一起管理镇抚司的锦衣卫官员，就包括季福（英宗乳母的丈夫，前文提到过此人）的儿子、锦衣卫指挥使季成，太监钱喜的侄子、锦衣卫指挥使钱通，孙太后的兄弟、指挥同知孙纯宗，以及保国公朱永的兄弟、锦衣卫指挥使朱远等人。赵璟去世后，他们继续管事。成化二十一年（1485年），钱通改管锦衣卫事，已故太监裴当的侄子、锦衣卫指挥佥事张庆接管镇抚司事。两年后，太监顾恒的侄子、锦衣卫指挥同知顾贤也成为镇抚司管事者，但在宪宗驾崩前夕，他因为殴伤人命而被谪往福建永宁卫。

　　显然，上述北镇抚司的理事者，不是外戚（尽管有外戚不准干政的祖制），就是宠臣（主要是当红太监）的亲信或者子侄。

　　值得一提的是朱远。他的父亲是永乐武臣朱谦。朱谦在景泰年间因功被封为抚宁伯，死后被英宗追封为抚宁侯。朱远的兄长朱永承袭了抚宁侯的爵位，并在成化十五（1479年）年因功加封为保国公。[①]

　　朱远是一个非常能干且善于钻营的人。成化十二年（1476年）七月，他还只是一名锦衣卫副千户，在锦衣卫指挥同知朱骥（他也是锦衣卫历史上的重要人物）手下当差，从事缉盗工作。但到了成化十七年（1481年）三月，他却与季成一起，由指挥同知晋为指挥使，同掌镇抚司事。三年后，朱远再晋为都指挥佥事，仍掌北司印信。但他的好运气只持续到成化二十三年（1487年）。这一年发生了一起奇怪的案件：

　　因为一件小事，某卫指挥佥事周铎与某卫军人萧兴打了一架。萧兴打不过周铎，晚上回家之后，将自己的侄子萧铉杀死，诬陷是周铎

―――――――――――――

① 《明史》，卷一百七十三。

所为。经审，周铎被证明是清白的。萧兴担心自己会被问罪，又诱骗侄子偏儿主动承认杀了兄长萧铉。结果偏儿被判凌迟处死。周铎的继妻张氏与朱远的妻子是姐妹。张氏性情淫荡，与朱远有奸情。周铎被诬入狱后，张氏将家藏珍宝寄存在朱远家。可是，周铎出狱后，朱远却拒绝交还珍宝。与此同时，周铎已知张氏淫行，将其休掉。张氏因愧生恨，与朱远合谋诬陷周铎。张氏对缉事官校说，萧铉确为周铎所杀，周铎买通了证人，才得以免罪。宪宗听闻此事后，命三法司及锦衣卫官员一同审讯。周铎熬不过酷刑，不得已诬服。宪宗查看卷宗时，觉得仍有疑点，周铎的家人此时也击打登闻鼓鸣冤，于是，宪宗又命在朝廷之上会审。司礼监太监奉旨监审，朱远也接受了审问。直到会审的最后一刻，才证实周铎是被诬告。最终，萧兴坐罪，都指挥佥事朱远被免职，缉事官校副千户夏旺、赵恭降职为百户，其他参与缉事的锦衣卫旗校则有的降职，有的被罚。[1]

值得注意的是，《明史》所谓北镇抚司"专治诏狱"的说法，可能并不适用于成化之后的所有时期。因为根据明人沈德符的记录，至迟在嘉靖及万历年间，"朝廷有大狱，则不复专任北司"，而是由锦衣卫掌卫事者与东厂太监一起审讯（"惟锦衣帅与厂珰并谳"）。[2]

京城巡捕

到了成化年间，锦衣卫的职权范围又有了扩充，开始正式提督京城巡捕事宜，而这原是五城兵马司的职责。[3]

---

[1] 《明宪宗实录》，卷二百九十二。
[2] 《万历野获编》，卷二十一。
[3] 《明史》，卷八十九。

五城兵马司设于洪武六年（1373年）。该年六月，太祖在南京清凉、马鞍等城门设置了兵马指挥司。①17年后，兵马指挥司进行了机构改革，原南城兵马指挥司改为中兵马指挥司，聚宝门外为南城兵马指挥司，正阳门里为东城兵马指挥司，清凉门里为西城兵马指挥司，唯有北城兵马指挥司照旧。于是，五城兵马司正式建立起来，每司设正六品指挥一名，正七品副指挥四名，吏目四名。②

永乐二年（1404年）二月，成祖设立了北京兵马指挥司，设指挥一名、副指挥四名、首领官吏目一名。五年后再下诏，欲仿照南京之制，在北京增设五城兵马指挥司。他的理由是，京师地大人多，其中既有君子，也有小人，小人总是作奸犯科，若纵恶不治，君子们的日子就不好过了。若只设一处兵马司，有巡察不周的缺陷，故应该效仿南京之制，增设五城兵马司。成祖还说，授官时一定要选对人，否则百姓就更遭殃了。③正六品兵马司指挥的主要职责是巡捕盗贼，也处理一些与百姓生活密切相关的杂事，例如清理街道、沟渠及消防安全等。④

一套"讥察奸伪"的制度随后得以确立。例如，每天晚上，兵马司官兵在领取巡牌之后，要巡视城门的安全，核查夜行者的身份；⑤每逢使臣进贡到京，该司官兵要密切关注其动向，禁止商户、夷人私自交易；发现可疑的人与事，有权进行调查；⑥京城里的客店，要逐日仔细填写住店客商的姓名、人数和起程时间，到了月

---

① 《明太祖实录》，卷八十三。
② 《明太祖实录》，卷二百五。
③ 《明太宗实录》，卷九十五。
④ 《明史》，卷七十四。
⑤ 《明史》，卷八十九。
⑥ 《大明会典》，卷一百十二。

底，还要去兵马司接受检查。①

可是，即便有了这套看似严密的制度，京城盗案仍是频频发生，而且总是很难破案。永乐十一年（1413年）三月，六科给事中在一份奏本中抱怨，近来京城多盗，皇上命五城兵马司缉捕，可过去了一个多月时间，一个盗贼都没有捕获。监国太子（未来的仁宗）在下发给五军都督及各卫指挥官的谕旨中语出惊人："近获劫盗，多是军校及功臣家人。"太子警告这些高级军官，若其下属或家人再犯，将一并问罪。②

但情形并没有变得乐观起来。盗匪们似有通天手段。永乐二十一年（1423年）三月，有盗贼潜入南京大祀坛天库，盗走三件用于祭祀活动的珍贵玉器，包括两件用于礼天的苍璧，以及一件用于礼地的黄琮。③

尽管在宣德元年（1426年）正月，五城兵马司各增加官军百人以协助捕盗，且布告称要重赏捕盗者，可其破案效率依旧没有改善。6年之后，监察御史揭稽劾奏五城兵马司官员多为柔懦无为、贪暴不律、欺善怕恶之辈，指责他们对有权有势人家的奸弊作为不闻不问，对无权无势的寻常人家则百般刁难骚扰。④

正统年间，礼部尚书胡濙的官印甚至被盗三次。前两次被盗，英宗宽宥了他的过失。正统三年（1438年）七月左右，其官印第三次被盗后，胡濙被关进监狱。他的狱词呈上不久，盗印者即被抓获，竟然是在礼部任职的办事小吏。最终，胡濙被释出狱，参与捕

---

① 《大明会典》，卷三十五。
② 《明太宗实录》，卷一百三十八。
③ 《明太宗实录》，卷二百五十七。
④ 《明宣宗实录》，卷八十八。

盗的锦衣卫官校千户高英等9人则得到奖赏。[1]

除却为官者监守自盗、渎职无为的因素，自然灾害以及诸如战事、内乱等因素引致的经济萧条，更是滋生盗贼的温床。因为饥荒，景泰六年（1455年）十月的京城就窝藏了大量的盗贼。《明英宗实录》写道："时京城内外饥，强盗肆行，白昼杀人掠财。"[2]有趣的是，景泰七年的春节期间，礼部尚书胡濙又一次被盗，只是这回被盗的不是官印，而是家财。景帝听说了这件让朝廷脸上无光的事情之后，十分生气，以致下诏，如果不能捕获盗贼，就让五城兵马司的官员自掏腰包，赔偿被盗财物。[3]

让锦衣卫官员与御史一同提督五城兵马司缉盗，显然是试图完善京城巡捕制度的尝试。其实，在成化以前，缉盗已是锦衣卫的重要职能，前面章节已提及不少因为捕盗有功而被擢升的例子，例如宣德年间的马顺，以及景泰年间的刘敬。

发生在正统五年（1440年）的一起案件颇富戏剧性。《明英宗实录》记载，在北京通州张家湾一带，有一伙强盗十分活跃，各立郎头铁脸、阎王太岁、先锋土地等名号，他们总是在码头出没，欺侮百姓，吓骗财物，肆恶恃强，无人敢问。正统五年三月，锦衣卫官校奉旨出动，将这伙强盗一网成擒，并交付三法司审讯。三法司依法给出了"赎罪宁家"（即缴纳钱物赎免罪行）的处理意见。但英宗不同意；他说，这伙强盗罪孽深重，岂可以常律处之？于是皆杖刑一百，与妻小一起发配戍边，如若再犯或者逃跑，则一律处死。[4]

---

① 《明英宗实录》，卷四十四。
② 《明英宗实录》，卷二百五十九。
③ 《明英宗实录》，卷二百六十二。
④ 《明英宗实录》，卷六十五。

在缉捕盗贼方面，锦衣卫与五城兵马司也早有合作。正统二年（1437年）七月，阅毕监察御史成矢上呈的有关辏官军校、勇士人等强占百姓田地，以及相聚骑射、强掠民财的奏本后，英宗即下诏命锦衣卫与五城兵马司分头缉捕，捕获后严惩不贷。若地方被劫掠而官校无动于衷乃至于纵容者，也要治罪。[①]

御史奉命"严督"五城兵马司的做法亦早已有之。宣德九年（1434年）正月，都察院佥都御史吴讷即奉命"严督五城兵马捕盗"。[②]景泰七年春节期间，礼部尚书胡濙家财被盗后，景帝亦曾下诏，命御史提督锦衣卫官校及五城兵马缉捕盗贼。

正统元年（1436年）五月，十三道监察御史李铎等上书陈奏十事，第八条即提议锦衣卫"巡视逮治"五城兵马司不务正业的官兵，因为这些官兵非但不巡视街衢、捕获奸盗、点视更铺、缉访事情，还纵容弓兵在街市寻衅生事，甚至强取米果、蔬菜等物。对于李铎等人的提议，英宗命朝臣一同商议，"颇采用之"。[③]事实上，巡视逮治不法官兵本来就属于锦衣卫的职权范围。

无论如何，若史籍记载属实，直至成化年间，锦衣卫提督五城兵马司始成为正式制度。如果说存在某种环境因素促成这项制度的确立，那么，还是那个老问题，即京中盗贼横行。如果说有人在这个过程中起到了关键作用，那么，这个人大概是锦衣卫官员朱骥。

明宪宗成化三年（1467年）五月，刑科左给事中毛弘等人上疏，京城盗贼实在太过猖獗，即便是长安大街两旁的住户，也没有因为皇城近在咫尺、禁卫森严而免遭盗贼劫掠。根本原因在于兵马司官兵因循怠惰，没有积极巡捕，巡视御史也有提督不严之过，建

---

① 《明英宗实录》，卷三十二。
② 《明宣宗实录》，卷一百八。
③ 《明英宗实录》，卷十七。

议皇帝追究相关官员的责任。宪宗同意所请。①

究治渎职官吏显然还是没有解决问题。于是，次年四月，宪宗命锦衣卫指挥佥事朱骥提督五城兵马，缉捕盗贼。②"提督"意为提调及监督。换句话说，五城兵马司事实上成为锦衣卫的下属单位，尽管它没有因此而享有锦衣卫的特权。

朱骥是顺天府大兴县人，承袭父职而当上锦衣卫百户，家里十分贫困。于谦主政期间，他表现忠勇，对于谦也很尊敬，③因此，英宗复位后，打发他充军威远。但他很快就官复原职，并晋为千户。

成化二年（1466年）九月，朱骥晋为锦衣卫指挥佥事，与指挥佥事冯瑶一起，协助都指挥同知袁彬掌理锦衣卫事。此后20多年，朱骥一直是锦衣卫的高层管事者，他的主要工作是缉捕盗贼，擒拿妖言惑众的邪教党徒。

成化四年（1468年）六月，即奉命提督五城兵马两个月后，朱骥与巡城御史胡靖上呈题为"禁盗安民六事"的奏本，其建议包括设兵马、增夫役、责典守、禁淫泆、究容隐、清铺舍等六项。其中，"设兵马"及"责典守"两项讲述了捕盗的主要困难及对策：

> 设军马：京城之外，东抵通州，南至张家湾，西抵良乡，北至昌平四路，截路强贼多系骑马，巡捕官军因是步行，不能追捕。今欲于四路各差千百户一员，率领马军三四十名，分为二班轮流巡视。
>
> 责典守：近日所获强盗，多系各营操军。乞敕总兵、管操、管队官员务要用心钤束所管军士，不得纵容为非，如复有

① 《明宪宗实录》，卷四十二。
② 《明宪宗实录》，卷五十三。
③ 《弇州四部稿》，卷七十九。

犯，即将本管官旗通参连坐。①

　　宪宗阅毕奏本，命相关衙门商议，最终很多建议都被采纳。若"设兵马"的提议被采纳，则可以肯定，京外四路的巡捕工作将完全在锦衣卫的统领下，因为各路的首领都是正五品的千户，而五城兵马司的最高官职只是正六品的指挥，与百户相当。也就是说，五城兵马司指挥没有当领导的资格，最多只能当副手。

　　但京城盗害并没有因此减轻。次年二月某夜，京城某伙盗贼一夜之间劫了两户人家，朱骥及御史张进禄、何纯等人因为提督不力、巡捕不严而被罚俸三个月。

　　成化六年（1470年）七月，兵部又呈上奏本称，近来京城内外盗贼成群，肆意劫掠百姓及过往商户，请旨"严禁治之"。于是，宪宗再次斥责五城兵马司及锦衣卫应捕官校没有用心缉捕，再次强调以往的过失概不追究，然此后再出现怠慢纵容、废职误事的情况，指挥朱骥等人有权参奏究问，渎职人员将被降调边疆，擒获强贼者及有份出力者，皆有赏赐。②

　　宪宗反复思量之后，可能觉得自己的态度过于宽大，8日后又命吏部尚书姚夔、兵部尚书白圭、锦衣指挥佥事朱骥一起对五城兵马司的30名官员（因每司设指挥一名、副指挥四名、吏目一名）进行考核，结果有22人被淘汰，只有8人留用。在姚夔等人的建议下，兵马司的建制也有所改变：每城副指挥的人数增至6位，每城吏目人数增至两位，每城增加弓兵20名。

　　这些改革措施仍然于事无补。五城兵马司指挥张宁在一道奏

---

① 《明宪宗实录》，卷五十五。
② 《明宪宗实录》，卷八十一。

本中指出了问题的关键：在这个机构任职的官兵，不少人都是内外官员的家属，他们往往不听提调，比如，仗着家里的权势不肯"坐铺"。而京中达官显贵又随意差遣在兵马司服役的役夫，例如，有些太监在放河灯的时候，肆意驱使兵马司的役夫，稍不如意，就侮辱他们，役夫们总是疲于奔命。总而言之，兵马司官少事多，无法尽职专捕盗贼。

张宁提到的"坐铺"，是一项十分不合理的制度，不仅内外官的家属拒绝执行，普通百姓对它也是深恶痛绝。这项制度承袭自元代，指的是夜晚巡更的制度，主要目的是防盗。

"铺"是"坊"的下属单位。成祖定都北京后，将京师五城分为36坊，坊下设"牌"及"铺"。根据嘉靖朝人张爵所撰《京师五城坊巷胡同集》，户部、礼部等外廷衙门的所在地南熏坊下设8铺，司礼监、内官监等内廷衙门的所在地积庆坊下设4铺，锦衣卫的所在地大时雍坊下设18铺，东厂的所在地保大坊下设4铺，武学、关王庙的所在地黄华坊下设4牌21铺等。[①]

"坐铺"，指的是铺一级的治安制度。根据《明宪宗实录》的记载，京城坐铺，每铺设总甲一名，人选大概每三个月一换。这实在是一项苦差：每天早上，总甲要去官府领事，一直忙到晚上都不得空闲；一月之内要造访衙门27处，此即所谓"打卯"。但最痛苦的事情，是经常要忍受宦官及锦衣卫旗校的盘剥和欺辱，后者不时索要纸笔灯烛钱及酒食，若是不给，就会受到惩罚。[②]

因此，为了避免"坐铺"，无依无靠的京城住户不得不卖屋迁居，而在朝廷及内廷有关系的人家，则受到关照，一概免于"坐铺"。更夫则

---

① 张爵：《京师五城坊巷胡同集》。
② 《明宪宗实录》，卷八十一。

雇用乞丐充数。夜里听闻有盗贼生事,"坐铺"者皆闭门不出,只是在次日登记一下盗情,简单记录是否发生了劫财或伤人的事件而已。[①]

宪宗摸清情况后下旨,规定凡官旗匠役之家,家里人丁兴旺者,皆令"坐铺"。但这项规定并没有完全落实。

无论如何,京城的治安状况恶劣如故。除却制度上的因素,最重要的原因在于,发生天灾人祸的时候,捕盗力量的有限补充,远比不上流民数量的无限增加。成化六年(1470年)七月,即兵部上本劾奏缉盗官兵办事不力一事过后不久,朱骥上本称,京畿及山东一带,旱涝相继,京城内外饥民多将子女、牛畜减价贱卖,这个情况若继续发展下去,势必酿成大规模的劫掠事件。更糟糕的是,各处屯兵军营中的蒙古官兵也经常聚众生事,强借谷米,甚至劫夺私人财物。他建议未雨绸缪,立即赈济灾民。

当然,锦衣卫提督五城兵马缉盗也并非毫无成绩。朱骥之所以可以在成化十二年(1476年)七月之前升任锦衣卫指挥同知,在成化十四年(1478年)九月升任锦衣卫指挥使,在成化十九年(1483年)二月升授锦衣卫掌卫事都指挥佥事,在成化二十二年(1486年)升授锦衣卫掌卫事都指挥使(正二品),主要就是因为"缉事有劳"。他最出色的一次表现,是在成化十四年破获"入贡使节遭劫案":

某月某日,来北京入贡的朝鲜使臣启程回国,行至某处时,遇上强盗张政等人,财物被抢掠一空,还有人被射伤。锦衣卫指挥同知朱骥知情后,立即率官校缉捕,将张政等11人擒获。因为使臣被劫一事"有失夷情,且亏国体",为了"彰国法","以慰远人之心",在都察院都御史王越的建议之下,宪宗命通事将案情进展晓谕朝鲜

---

① 《明宪宗实录》,卷八十一。

使臣。并且在会审之后，于成化十四年四月某日，将张政等 11 人斩于市集，又将他们的首级示众于使臣将要经过的路旁。[①]5 个月后，朱骥被擢为锦衣卫指挥使。

明孝宗弘治三年（1490 年）十二月，朱骥去世。孝宗遣人谕祭。《明孝宗实录》编撰者对他给予了很高评价，称赞他心胸宽大，识大体，体恤百姓，持法平恕。[②]次年六月，其子朱宸承袭锦衣卫指挥同知的职务，但他与朱骥无法相提并论。

朱骥可能是西司房的提督者。根据明人查继佐的记录，至迟在宪宗成化年间，锦衣卫创设了两个重要的办事机构，即东司房与西司房。东司房"理篆者"统领锦衣卫旗校百人，专司缉查不轨、亡命、机密大事；西司房巡捕则统领锦衣卫旗校两百人以上，专门缉拿盗贼。[③]根据王世贞《弇州四部稿》的记载，在东西司房任职的锦衣卫旗校很多都是"大侠"出身，也有不少人出身商贾之家（"其缇多大侠或贾人子"）。[④]

总之，东西司房设立后，专责缉拿嫌犯。拿获后，则交由北镇抚司拷问。狱词证据俱全时，再交由法司定罪。

值得一提的是，东厂也成为缉捕盗贼团队的一分子。根据《明神宗实录》的记载，万历四十三年（1615 年）十一月，东厂擒获强盗高进朝等 13 人；[⑤]三年后的九月，又缉获盗换库银的施一栋等人。

需要进一步交代的是，让锦衣卫提督五城兵马，并非提高京城巡捕效率的最终尝试。

---

① 《明宪宗实录》，卷一百七十七。
② 《明孝宗实录》，卷四十六。
③ 《罪惟录》，志卷二十四。
④ 《弇州四部稿》，卷七十九。
⑤ 《明神宗实录》，卷五百三十九。

　　成化末年，宪宗下旨将200名团营士兵调归五城兵马司支配。到了弘治元年（1488年），孝宗从3000营选调4名指挥，各领精骑在京城之外进行巡察；又从锦衣卫选调5名官员，从旗手等卫各选调一名官员，分地巡警。四年后，增设把总都指挥之职，专职巡捕。到了正德年间，增设把总四名，分管京城之外南抵海子、北抵居庸关、西抵卢沟桥、东抵通州的治安；在城内增设把总两名，调拨团营官军归其指挥，还定下一套赏罚制度。到了正德末年，巡逻士卒已增至4000人，特置参将统之。至嘉靖元年，增设城外把总一名，5位把总分辖城内东西二路，城外西南、东南、东北三路。后来又增加了5000兵马，以及尖哨500骑。

　　但京城治安仍然没有起色，用《明史》的话说，"是时京军弊坏积久，捕营亦然"。到了万历年间，兵马司的建制已经非常庞大，设捕营提督一名、参将两名、把总18名、巡军11 000名、马2000匹。然而，京中盗贼仍然十分猖獗，甚至盗窃宫内器物，虽曾追获其用于盗窃的木杆绳索等物，却没有逮着案犯。

　　到了崇祯年间，朝廷专设一名兵部左侍郎督管五城兵马。在兵部左侍郎之上，还有一位来自御马监或内官监的总督京城巡捕的太监。《国榷》记载，崇祯十年（1637年）正月，思宗命御马监太监李名臣提督京城巡捕。6年后，又命内官监太监王之俊提督京城巡捕。[①]可是，那个时候的军政已经破败，营军有一半是空领俸米，军马则大多是出钱雇人骑，失窃破案的期限虽严格限定为5日，却只是流于一纸空文而已。[②]

　　最后补充一句，锦衣卫提督五城兵马司，并不限于捕盗一事。

---

① 《国榷》，卷九十六、九十九。

② 《明史》，卷八十九。

成化二十一年（1485年）闰四月，锦衣卫指挥同知刘纲即曾奉旨提
督兵马司疏通京师沟渠。①

　　锦衣卫出京巡捕盗贼期间，下至州府，主要由主管捕盗的同知
提供协助；下至县，则由县丞协助；在各府州县关津要害处，凡设
有巡检司的地方，则主要由巡检提供协助。

锦衣传奉

　　宪宗在位期间，锦衣卫里有了传奉官。前文提到过的太监顾恒
之侄、锦衣卫指挥同知顾贤，即是传奉官。②

　　传奉官，指的是皇帝没有经过法定的选拔程序，仅凭个人的意
愿或喜好，经太监传旨而授予的官职。这种授职方式也被称为"内
批授官"。

　　传奉官的出现，可以理解为皇权专制程度的加深，但更不容忽
视的，是隐藏在这个现象背后的逻辑。从表面上看，有权力凭个人
意愿授官的只有皇帝，实际上，除了具有自由意志的皇帝本人，那
些经常可以见到或者有机会陪伴皇帝，并且了解皇帝的性情及心思
的人（皇帝的宠妃、太监）完全有机会通过影响皇帝的情绪，左右
他的意愿，或者刺激他对某些事情的兴趣，最终使皇帝按照自己的
想法授予他们（她们）心中的"自己人"官职。

　　宪宗被认为是传奉官制度的肇始者。即位次月，确切地说，是
天顺八年（1464年）二月庚子日（即十七日），他任命了第一位传
奉官。当日，司礼监太监牛玉传奉圣旨，将司礼监工匠姚珏任命为

----

① 《明宪宗实录》，卷二百六十五。前文已有交代，除了缉盗，五城兵马司指挥的
职责还包括"疏理街道沟渠及囚犯、火禁之事"。见《明史》，卷七十四。
② 《明史》，卷一百八十。

工部文思院副使。①根据旧制，授官一定要通过内阁及六部，也就是说，宪宗甫一即位，内阁及六部的人事权即被削弱。

文思院是工部下属机构，主管宫廷以及在京衙门使用的疋帛用品的设计与制造。《明会典》有载，凡宫中所用器物及祭祀器皿，以及京师各衙门使用的器物，属于疋帛类的，由文思院制造。②这个机构的规模原本非常小，只设正九品大使一名，从九品副使两名。③可当它成了传奉官的主要去处以后，很快就变得冗员无数。

太监牛玉早在英宗天顺年间就已经很有权势。天顺元年，他的侄子牛缓被授予锦衣卫百户的职务。天顺六年五月，他与太监裴当一起，在京城中为太子（未来的宪宗）选妃。④天顺八年正月，英宗去世前夕，召他在龙榻旁吩咐后事。宪宗即位当月，也是在他的帮助下，除去了内宫中以王纶为首的另一股势力。

宪宗还是东宫太子时，王纶是东宫典玺局的局丞。这个官职只是从五品，但因为掌东宫机务，极受重视。包括门达在内的许多内外大臣都以为，宪宗即位后，王纶一定会入主司礼监，对他百般巴结，故而他的身边聚合了一股不容小觑的势力。可是，他显然有些得意忘形了（例如，英宗大殓期间，他竟然在丧服之外套了一件貂皮大衣），以至于宪宗十分厌恶他，将他谪往南京闲住。

牛玉也没有笑到最后。天顺八年（1464 年）七月，他由于在挑选太子妃的过程中徇私受贿而被谪往南京。他为太子挑选的妃子，

---

① 《明宪宗实录》，卷二；《明通鉴》，卷二十九。
② 《明会典》，卷二百一。
③ 《明史》，卷七十四。
④ 时年，负责选妃的太监有多位，其中，裴当与牛玉负责京城，颜义负责直隶和山东，夏时负责南京与河南。见《明英宗实录》，卷三百四十。

亦即皇后吴氏，也在当月被废。

但传奉官制度并没有偃旗息鼓，反而愈演愈烈。文思院也不再是以前那个性质单纯的机构，它成为传奉官们升迁的跳板。根据吏部的记录，截至成化七年（1471年）十二月，在文思院担任副使等官的工匠已有280余人，由副使而升为中书舍人者，已有20余人。①

除了文思院，工部营缮所、太常寺、鸿胪寺、通政司，甚至礼部和锦衣卫等机构，都是传奉官的去处。除了工匠，任何人，包括太监的兄弟子侄、画家、方士道士、僧人等，只要他有足以引起皇帝兴趣的东西，通过受宠太监的引荐，都有机会成为传奉官。

太监的兄弟子侄被授予传奉官的，大多都进了锦衣卫当差。例如，成化六年（1470年）十一月，太监怀恩的侄子马瑛当上了锦衣卫百户；②成化七年十一月，太监黄赐传奉圣旨，升太监梁方的兄弟梁瑄为锦衣卫所镇抚（正六品）；③成化十八年（1482年）六月，太监萧敬传奉圣旨，授已故太监刘斌的侄子刘政、刘敏为锦衣卫世袭百户；④同年十二月，太监李荣传奉圣旨，授神宫监太监尚亨的兄弟尚兴为锦衣卫所镇抚。⑤甚至太监的家仆也有机会进入锦衣卫当差，例如，南京守备太监黄赐的家仆黄涎，以及太监梁方的家仆梁顺，分别被授予南京锦衣卫所镇抚，及锦衣卫正千户的职务。⑥

当然，进入锦衣卫当差的传奉官，并不限于太监的兄弟子侄。成化十一年（1475年），文思院副使王纲、高明被擢为锦衣卫所镇

① 《明宪宗实录》，卷九十九。
② 《明宪宗实录》，卷八十五。
③ 《明宪宗实录》，卷九十八。
④ 《明宪宗实录》，卷二百二十八。
⑤ 《明宪宗实录》，卷二百三十五。
⑥ 《明宪宗实录》，卷二百九十。

抚。五年后，鸿胪寺序班（从九品）许旸，通政司经历（从七品）何璋，文思院副使周贵、周六一、刘荣、冯宇等被擢为锦衣卫所镇抚，文思院大使毛祥，营缮所副使沈智、姚兴等则被擢为锦衣卫副千户。成化十八年（1482年），文思院副使顾羊保、孟林被擢为锦衣卫所百户。[①]类似事例不胜枚举。

有的传奉官甚至当上了锦衣卫指挥同知。前面提到的顾贤便是一例，杨辂也是一例。杨辂的出身不详，到底因何被授予官职亦不清楚。可以确定的是，他以传奉官的身份进入锦衣卫，而且在成化十七年（1481年）十月，他从千户晋为指挥佥事，并在两年后再晋为指挥同知。[②]

如果说，太监的兄弟子侄被授予传奉官，凭的是太监与皇帝的亲近关系，那么，其他传奉官凭借的则主要是可以引起皇帝兴趣的技能。例如，"方士以炼服之术，伶人以蔓延之戏"；或者凭借其他一些可以打动圣眷正隆者（宠妃或当红太监）的东西，例如金银财宝。其实花费并不多，吏科给事中李俊提出，这帮人所进奉的财宝，不过价值百金或五百金而已，达到一千金的很罕见。[③]

明人郑晓在所著《今言》一书中，即提到一则某个人以宝石换取锦衣卫镇抚官职的故事：

> 章瑾进宝石，求锦衣镇抚，（宪宗）命恩（即司礼监太监怀恩）传旨，恩曰："镇抚掌诏狱，武臣极选，奈何以货故与瑾？"上曰："汝违我命乎！"恩曰："非敢违命，恐违法耳。"

---

① 《弇山堂别集》，卷九。
② 《明宪宗实录》，卷二百二十、卷二百四十五。
③ 《明宪宗实录》，卷二百六十。

改命（司礼监太监）覃昌传旨。①

章瑾确有其人。根据《明孝宗实录》的记载，他本是御用监的工匠，因取悦太监梁芳而得到推荐。②成化十九年（1483年）六月，他被授予锦衣卫所镇抚一职（从六品）。次年四月，升为锦衣卫镇抚（从五品），代掌经历司印信。十二月，太监覃昌传奉圣旨，将其擢为锦衣卫指挥佥事（正四品），与锦衣卫都指挥同知朱骥一同管事，负责理刑。③孝宗即位后，将他发配到陕西肃州卫永远充军。

出身方士、僧道的传奉官比比皆是，其中最臭名昭著者是李孜省。李孜省是南昌人，原本在江西布政司任职，因贪赃枉法而被贬职为民。他通过一种不可思议的手段重新入仕，且极受重用。他的这段经历堪称传奉官的样本。

根据《明通鉴》的记载，宪宗喜好方术，李孜省投其所好，特地学了"五雷法"，又买通得势的太监梁芳、钱义，凭借符箓之术得幸，在成化十五年四月传旨授官太常寺丞（正六品）。由于太常寺掌祭祀之事，十分重要，御史杨守随、给事中李俊等人强烈反对，宪宗不得不更改旨意，改授上林苑左监副之职（正六品）。两年后，他被擢为通政司带俸右通政（正四品）。

李孜省十分得宠。宪宗甚至赐予他两枚印章，分别刻了"忠贞和直"及"妙悟通微"的字样，并且特许其密封奏请。④

自李孜省授官后，方伎僧道无不夤缘太监以冀恩泽，有人甚至从一介布衣直升太常寺卿（正三品）。诚如监察御史张稷在奏本中

---

① 《今言》，卷三。
② 《明孝宗实录》，卷十一。
③ 《明宪宗实录》，卷二百三十三、卷二百四十一、卷二百五十一、卷二百五十九。
④ 《明通鉴》，卷三十四。

所言，有不识丁竟授文职者，有不挟一矢竟任武官者，有由布衣而骤登金紫者，有一年之内频频升迁者，有父子同坐一堂者，有兄弟分任各署者，甚至还有在逃军囚改易姓名而冒进者。[①]例如，道士邓常恩通过太监陈喜的关系进入道录司，先任右至灵（正八品），后晋为太常寺卿。[②]一位名叫顾玒的方士凭借"扶乩术"得到宪宗赏识，官授太常寺丞，很快又被擢为太常寺少卿（正四品），两年后，又晋为太常寺卿。

到了成化二十年前后，传奉官已泛滥成灾。吏科给事中李俊提到一组惊人的数字：一年所授传奉官可能多至千人，数年则多至数千；在这数千人里，官职大的岁禄可能达到千石，官职小的也有数十百石。

军队系统也有不少传奉官。根据兵部尚书张鹏的记录，从成化元年至成化二十年（1465—1484年），"传奉升授军职八百有余"。

在科道官及言官们的压力下，宪宗一度罢免不少传奉官。就在张稷等上本当月，即成化十九年十二月，宪宗将李孜省贬官一级，将太常寺卿凌中等12人罢黜。但是，正如《明通鉴》所言，这只是宪宗暂塞中外之口的权宜之计。实际上，宪宗非但没有彻底禁绝传奉官，甚至还更进一步，委任传奉官担任六部高官。成化二十年八月，太监覃昌传奉圣旨，将凭借占卜之术而担任工部司务的高凤，任命为工部都水司员外郎。《明宪宗实录》称，委任传奉官担任六部官员的先例，始于高凤。[③]

两个月后，刑部员外郎林俊以及后军都督府经历张黻因上书谏言斩杀妖僧继晓以谢天下，激怒宪宗，被打入锦衣卫监狱。宪宗本

---

① 《明宪宗实录》，卷二百四十七。
② 《国榷》，卷三十九。
③ 《明宪宗实录》，卷二百五十五。

想诛杀林、张二人，在司礼监太监怀恩的劝解下才作罢。但是，死罪可免，活罪难逃，二人皆被杖责三十，林俊谪为云南姚州判官，张黻则贬为云南师宗知州。①

方士、僧道出身的传奉官之所以得势，主要缘于宪宗对各种宗教（包括旁门左道）的痴迷。这种痴迷，在他即位后不久即表现出来。天顺八年（1464年）十二月，他封道士孙道玉为"真人"，并赐诰命，开启了"道士乞恩膺封，夤缘受赏"的时代。②

四年后，他封藏僧札巴坚参为"万行庄严功德最胜智慧圆明能仁感应显国光教弘妙大悟法王西天至善金刚普济大智慧佛"，封其徒札实巴为"清修正觉妙慈普济护国衍教灌顶弘善西天佛子大国师"，封锁南坚参为"静修弘善国师"，封端竹也失为"净慈普济国师"。到了后来，具有法王封号的番僧多至数十人。这些人皆赐诰命，其服食器用，僭用藩王规格，其出入所乘楼舆，有卫卒执金吾杖在前开路，达官贵人见之纷纷避让，哪怕是当红太监见了他们，也要行跪拜之礼。③

根据礼部尚书周洪谟提供的资料，截至成化二十年（1484年），仅京城大慈恩、大能仁、大隆善护国三寺，就有番僧千余人，法王七人，国师、禅师数十人，以致廪饩膳夫，供应不足。只要皇帝继续沉迷于宗教的幻象，只要圣眷正隆的妃子和太监继续贪得无厌，传奉官的土壤就不会丧失活力。

成化二十一年（1485年）正月初一，星变有声，呈灾异之相，宪宗心有所惧，诏群臣直言时政。于是，吏科给事中李俊率百官上本，请旨裁汰传奉官。他们想让宪宗相信这样一个事实，即传奉官

---

① 《明通鉴》，卷三十五。
② 《明宪宗实录》，卷十二。
③ 《明宪宗实录》，卷五十三。

对皇帝的讨好或进献，并非因为忠义，而是出于渔利。他们提出，京城大规模建造佛刹，其实是国师继晓等人的假公济私之举，他们耗费了大量财物，却并没有阻止星变发生，建议宪宗将国库用在正道上，则可挽回天意。

这一次，宪宗终于有了更大的动作，在吏部呈上的拟裁汰传奉官名单中，只御笔点留包括李孜省在内的61人，其余皆被罢黜。[1]继晓自知不容于清议，请乞归家侍奉老母，被革去国师封号，黜为平民。

但是，仅数月之后，又掀起一波"传奉授官"的高潮。十月，道士刘太极被任命为太常寺丞，鸿胪寺序班、画匠王士欢被擢为锦衣卫所镇抚，文思院副使高清被擢为锦衣卫百户。次年三月，原被削职的传奉锦衣卫副千户弓聚官复原职，礼部司务李宗义被擢为锦衣卫百户。[2]

西厂始末

西厂的出现，无疑是宪宗朝最有趣、最值得关注的事件。

这个机构初期的历史，主要牵涉四个历史人物：李子龙、汪直、商辂，以及明宪宗。其中，李子龙是引子，他的出现导致西厂的设立；汪直是西厂设立的发起人，同时也是西厂的执行官；商辂试图充当西厂的终结者；明宪宗则是西厂的出资人，试图通过西厂的设立与运行，平衡宫廷内外的各种势力，清除异己，巩固皇帝的威权。总之，西厂的设立，相当于在权力的联合与斗争函数中，增

---

[1] 《国榷》，卷四十。
[2] 《明宪宗实录》，卷二百七十六。

加了一个变量。

关于李子龙，《明史》的记载只有寥寥数语："成化十二年，黑眚见宫中，妖人李子龙以符术结太监韦舍，私入大内。事发，伏诛。"[①][成化十二年（即1476年），宫中出现昏暗无光的异象。妖人李子龙利用符术结交太监韦舍，私自进入大内，事情被揭露，被处以死刑。]《明史纪事本末》的相关内容稍稍丰富一些，但也只是增加了两位受其蛊惑的宦官的名字，补充了一两个细节："时引至万岁山观望，谋不轨。锦衣官校发其事，伏诛。"[②][李子龙经常被带到万岁山（即景山）观察环境，其图谋不轨之事终究被锦衣卫官校察觉，落得被处死的下场。"]

这些史料显然过于简单粗略，不足以说明问题。要全面了解李子龙其人及其图谋不轨的具体细节，以及这件事对权力结构的影响，必须参阅相关史料更为详尽的《明宪宗实录》、曾在嘉靖年间担任吏部尚书的李默撰写的《孤树衰谈》，以及查继佐编著的《罪惟录》。综合这些史料，我们可以梳理出大致清楚的脉络。

李子龙本名侯得权，小名"立柱儿"，是保定易州（今河北易县）人。他原先在狼山广寿寺为僧（《孤树衰谈》指其为山西僧人），法号"明果"。明果和尚经常四处云游，某日云游至河南少林寺之后，他的人生轨迹有了戏剧性的改变。他在那里遇到江湖术士江朝，江朝为他算了命，说他日后将"极贵"。

他后来又云游去了陕西，在那里遇到了一位名叫田道真的道士。这位道士传给他一部"妖书"，还告诉他一件在民间广为流传的奇事：陕西长安县曲江村金盆李家，有一位母亲怀胎14个月，生

---

① 《明史》，卷三百四。
② 《明史纪事本末》，卷三十七。

了一个男孩儿，名唤子龙，有红光满室、白蛇盘绕之异。

可能是得到田道真的点拨，也可能是他自己灵机一动，总之，明果和尚蓄起了头发，开始以李子龙自居，从一个被别人催眠的游方和尚，变成了一个可以催眠别人的"异人"。

真定府（今河北正定一带）是李子龙图谋不轨的基地。这当然并非偶然。根据《明宪宗实录》的记载，成化六年至成化十年（1470—1474年），真定府先后遭遇旱灾、水灾和蝗灾。至于灾情的严重程度，可以根据下述史料做出大概的判断：

> 成化六年十二月，分遣户部郎中桂茂之等十四人赈济顺天、河间、真定、保定四府饥民。时吏部尚书姚夔建言，水旱灾伤之余，米价腾贵。皇上轸念黎元，已发太仓米粟一百万石分投赈粜；又虑米粟不及于无钱之家，泽靡下究，复敕有司勘贫难者设法赈济。①

> 成化七年八月，顺天、河间、真定、保定四府以人民缺食，俱免夏税。②

> 成化八年十二月，免顺天、直隶保定、真定三府成化九年春夏季人夫柴价十分之三，以其地俱罹灾伤也。③

> 成化九年八月，巡抚北直隶右副都御史叶冕奏：顺德、广平、大名、河间、真定、保定六府，赈济过饥民凡六十九万一千七百三十六户，用粮七十五万三百石有奇。④

> 成化十年二月，免真定神武右卫平定御千户所去年子粒

---

① 《明宪宗实录》，卷八十六。
② 《明宪宗实录》，卷九十四。
③ 《明宪宗实录》，卷一百十一。
④ 《明宪宗实录》，卷一百十九。

八千六百石有奇，以水灾故也。^①

　　紧随天灾之后的是人祸。成化十年四月，兵部呈上奏本称，真定府群盗肆行，劫掠毁损民居40多家，并射伤许多百姓及捕快，其势日益嚣张。于是，在成化十年四月以及成化十一年三月，宪宗先后命守备德州都指挥佥事赵敬及神武右卫指挥使陈经提督追捕盗贼事宜。^②

　　天灾与人祸，从来都是包括邪教在内的各种宗教滋生与发展的土壤。正是在这个背景下，李子龙往来真定府，交结因不满现实而为祸地方的人，他的信徒也逐渐多了起来。后来，他又遇到一个名叫黑山的江湖术士。黑山对他说，如果遇到属猴、属鸡的人，一定要倾力结交，因为他们将是他命中的贵人。因为这个说法与前文提到的江朝的说法十分相符，李子龙笃信不疑。

　　道士方守真就是黑山所谓的"贵人"。他的出现，使李子龙朝着"极贵"的理想迈出了最为关键的一步。需要交代的背景是，从永乐年间开始，道教逐渐受到明代皇室的推崇，其受重视的程度，甚至一度凌驾于开国皇帝朱元璋信奉的佛教之上。

　　经常混迹于北京的道士方守真，与同样寓居北京的军匠杨道仙相熟。杨道仙也不是安分守己的人，擅长伪造"朝章勘合"。"朝章"指的是代表"国之礼容"的朝服。^③而所谓的"勘合"，指的是足以证明身份或其他事项合法性的印信，例如军籍勘合、地产勘合、驰驿勘合等，出入宫廷也需要出示勘合。

　　方守真将李子龙带到杨道仙家，在那里勾画了些符印，散发给

---

① 《明宪宗实录》，卷一百二十五。
② 《明宪宗实录》，卷一百二十七、卷一百三十九。
③ "朝章"另有朝廷的典章及乐章的意思。

内使（从六品）鲍石、崔宏，长随（从六品）郑忠、王鉴、常浩，左少监（从四品）宋亮，右副使（从五品）穆敬等人。

李默在《孤树裒谈》一书中特别交代，事发时，李子龙30多岁，长相俊秀，没蓄胡须，看上去像个年轻的太监。因此，借助杨道仙伪造的勘合，再加上有内使鲍石等人的指引，李子龙轻而易举地混入了禁宫。他显然并非虚有其表，而是真的具有蛊惑人心的本事，以致鲍石、郑忠等人皆被他蒙蔽，对他十分敬重信赖。

鲍、郑二人又偷偷将李子龙的本事告诉自己的朋友、承担护卫禁宫职责的羽林卫百户朱广。于是，朱广与小旗王原一起拜访了李子龙，又一致认为李子龙有"贵相"。此二人随后又将这件事告诉左少监宋亮、右副使穆敬等人。久而久之，他们都成了李子龙的忠实信徒，还送给李子龙不少财物。

在鲍石等人的鼓吹和帮助下，禁宫内追随李子龙的人越来越多，甚至包括一些不得志的锦衣卫官校，例如执盖、司扇等执事，他们都拜李子龙为师，希望可以飞黄腾达。织染局宦官韦舍（一说韦寒）也是其中之一。他偷偷将李子龙安置在义子韦瑛的外宅，并将韦瑛之女嫁给李子龙为妻，更是常备酒宴款待李子龙。

鲍石、郑忠等人见到李子龙，皆口称"上师"。李子龙则坐北朝南，心安理得地接受这些人的跪拜。他还经常进入万岁山的内殿，在皇帝的御床上休息，甚至常常与宫人厮混在一起。由于拿他当真佛供奉的侍臣越来越多，李子龙在内宫的势力越来越大，无法继续藏而不露了。

锦衣卫刺事旗校孙贤等人听到这些事后，以投礼为名，打入鲍石等人的圈子，终于探听到一个重大消息：李子龙等人将于八月某日在真定府举事。他们赶紧向司礼监掌印太监黄赐汇报了此事。黄赐立即派人缉拿李子龙。

　　韦舍得知消息外泄之后自杀身亡，李子龙、鲍石、郑忠等人则被缉拿入狱。他们私造的黄绢、黄袍等器物被搜获。最终，李子龙、杨道仙、黑山、朱广、鲍石等5名主犯被都察院判了死刑。时为成化十二年（1476年）九月。^①

　　刑科给事中雷泽等人后来上疏，李子龙、鲍石等人内外勾结，阴谋不轨，酝酿祸乱，死有余辜；但只处死5名主犯，王原等9名余党则被宥免，实在有些过于宽容了，恐怕不能平息神人之怒，昭彰朝廷之法，恳请皇帝将余党全部处死。但宪宗认为，既然判决已经执行，就不宜再改。兵部官员则上疏为锦衣卫官校孙贤等人请功。由于孙贤等人皆是都指挥袁彬的属下，宪宗下诏，将袁彬的俸禄提升一级，孙贤等人则官升一级。

　　但事情并没有结束。

　　李子龙图谋不轨一事让宪宗深感不安，毕竟从萌芽、发展到几近举事，这件事的跨度至少在一年以上，宪宗却一直被蒙在鼓里。更有甚者，多位内使和侍卫都牵涉事中，他们或者穿针引线，或者摇旗呐喊，将"忠义"二字忘得干干净净。宪宗很自然地会有以下怀疑：

　　现有的安全体制是否存在漏洞？东厂是否完全值得信任？如果答案是肯定的，那么，为何李子龙仍能潜入内宫，并且能在内宫培植如此庞大的势力，而且很长一段时间都没有被发觉？未来是否还会有类似的事件发生？又该如何防患于未然？

　　宪宗觉得有必要扩充可信的情报力量。于是，次年（即成化十三年，1477年）在灵济宫前设立西厂，并从锦衣卫抽调善于调查

---

① 《孤树裒谈》的记载是成化十一年七月。

刺事的官校百余人进西厂当差。[1]

宪宗之所以将西厂设在位于皇城西边的灵济宫前，或许是出自心理上的需求。北京灵济宫建于明成祖永乐年间。这位以武力夺取天下却有着"文皇帝"谥号的皇帝，在其生命中的最后几年，一直在寻找一位可以将他的肉体与灵魂从纠缠不休的病魔手中解脱出来的真神。《明史》记载，礼部郎中周讷从福建回京之后对成祖说，福建人都供奉南唐徐知谔、徐知诲兄弟的神像，十分灵验。于是，大概在永乐十五年（1417年）前后，皇帝命人去福建迎来"二徐"神像以及庙祝，并且专门为他们在京城修建了灵济宫。

《帝京景物略》则记载，永乐十五年，成祖身体抱恙，梦见"二徐"送他灵药，他的病马上就好了，于是敕建灵济宫，将"二徐"分别封为玉阙真人、金阙真人，将他们的妻子封为仙妃。次年将真人的封号改为真君。到了宪宗成化二十二年（1486年），又将真君的封号改为上帝。[2]

建了灵济宫之后，成祖凡是遇到大病小灾都会派人前去求神。[3]因此，有理由猜测，去除心病或许是宪宗将西厂设在灵济宫前的深层原因。

毫无疑问，西厂的设立，在很大程度上制约了东厂的权力。只要西厂存在一日，东厂就必须打起精神，应对来自它的竞争与压力。通过平衡这两个机构的权力，促进它们之间的竞争，以改善禁宫的巡防质量，甚至偶尔打击一下那些忠心可嘉却不那么听话的朝臣，以满足皇帝个人的需要，维护皇帝的威权，正是宪宗设立西厂的目的。他不太可能想到，增设一个像西厂这样的权力机构，将对

---

[1] 《明史纪事本末》，卷三十七。

[2] 《帝京景物略》，卷四。

[3] 《明史》，卷二百九十九。

朱家的政权产生怎样深远的影响。

不过，对当时提督东厂的太监尚铭来说，设置西厂无疑算不上好事。但他实在没有抱怨的资格，因为李子龙在禁宫的一举一动，都发生在他的眼皮底下，但他没有早一步发现并处理。他心里很明白，宪宗没有处置他的失职已是皇恩浩荡。因此，他只能眼睁睁地看着自己手中的实权被分割，却无能为力。

对汪直来说，这却是一个极为难得的机会。他已经是御马监太监，宫廷内外有不少人要看他的脸色行事，但他还不是最有权势的太监，至少司礼监太监黄赐就在他之上。此外，虽说东厂太监尚铭曾是他的下属，也是由于他的推荐才得到那个职位的，但这个人似乎已露出反骨。

汪直渴望拥有更大的权势。因此，当宪宗私下命这位堂堂正四品的太监改装易服，带领几名同样换了装束的锦衣卫校尉秘密伺察皇宫内外的消息时，他一定不会有"杀鸡焉用牛刀"的抱怨。事实上，他十分胜任这项差事。《国榷》记载，汪直经常穿戴布衣小帽，骑着驴骡往来都下，无论大小政事，还是方言俚语，全都采集起来汇报给宪宗听，宪宗对他十分满意。①

汪直是广西大藤峡（今广西桂平辖地）瑶族人。年幼的时候，大藤峡爆发叛乱，他被平定叛乱的明军俘虏。在都御史韩雍的建议之下，所有幼儿俘虏都被施以宫刑。汪直净身后被送进宫当了小太监。

任何试图用西方心理学（尤其是弗洛伊德心理学）去分析或解构汪直幼年时的遭遇对其未来人生所产生的影响都是徒劳的，因为缺乏关键史料。而且，同样在明朝，还有一位太监的遭遇与他基

---

① 《国榷》，卷三十七。

本相同：同样出身少数民族，同样有着不幸的童年，同样亲身经历过血腥的战争场面，同样被投入另一个可能比战场更加危险的环境中，但他的人生之路截然不同。他就是前文提到过的郑和，因为七下西洋而蜚声海内外的内官监太监。

郑和通过自己的努力（尽管后人对其七下西洋的壮举褒贬不一）博得一个比汪直好得多的名声。不过，有一点大概是相同的：童年时期的悲惨经历，迫使他们比正常的孩子更早熟、更坚忍，迫使他们更早懂得人情世故，更早懂得如何在危险的环境中求生。

汪直起初在昭德宫当值，服侍万贵妃。这个女人比宪宗年长19岁，长相粗犷，声音洪亮，像个男人，却终生得宠。据说她有一套能够让宪宗安神安枕的神奇按摩手法。[1]《明史》对她的评价是：机警，善迎帝意。[2]

汪直也是"年少黠谲"（《明史纪事本末》语）的人物。不难想象，万贵妃一定会对身边这位小太监多加提点，因为能将一个聪明的小太监培养成心腹或眼线，在宫廷争斗中多少会增加一些胜算。尽管聪明的心腹或者眼线一旦反目，一定会给自己带来更大的伤害，但对"万千宠爱集于一身"的万贵妃来说，这点风险实在是不算什么。

随着年龄的增长、阅历的增加、功劳的累积，汪直当上了御马监太监。他没有辜负万贵妃的栽培，经常搜刮民脂民膏甚至挪用府库财物，以讨贵妃欢心。[3]至于他何时将尚铭收为"私人"（《罪惟录》语，即亲信、心腹），又在何种情况下帮助尚铭当上东厂太监，目前尚未找到足以令人信服的证据。事实上，能够证明他们二

---

[1] 《罪惟录》，列传卷二。
[2] 《明史》，卷一百十三。
[3] 《明史》，卷一百十三。

人之间存在"主上"与"私人"关系的史料少之又少，只有"内监尚铭，初为直所荐"①，"内监尚铭，初为直私人"②，以及"直闻，怒曰：'铭，吾所用，乃背吾独擅功'"③等语。

在汪直与尚铭公然反目之前，西厂与东厂之间日益激烈的权力角逐，已经将下至商贾百姓、上至朝中大臣的许多人折磨得苦不堪言，即便亲王也不例外。④

汪直入主西厂后，十分志得意满。《御批历代通鉴辑览》记载，汪直的西厂所领缇骑人数，比东厂多出一倍，论声势更是远在锦衣卫之上。⑤《明书》则言，自西厂设立之后，凡在街市上斗殴相骂者，以及见到他们却没有及时回避者，都会受到惩处。他们威逼利诱他人告密，将被告逮捕入狱后，会施以法外之刑，不少人都含冤而死。他们总是借口缉捕妖言而祸害官民，但没人有勇气站出来说句公道话。⑥

成化十三年（1477年）二月，西厂设立还不满一个月，就查出一件大案。已故太子少师杨荣（"三杨"之一）的曾孙、建宁卫指挥同知（正四品）杨晔，是这起案件的核心人物。

《明史》记载，杨晔及其父亲、致仕指挥同知杨泰被仇家所告，杨晔逃入京师，藏匿在姐夫中书舍人董玙的寓所。董玙请锦衣卫百户韦瑛帮忙疏通关节。韦瑛表面答应，背地里却将此事报告汪直。汪直立即命人将杨晔、董玙逮捕入狱，严刑拷问。杨晔熬刑不过，妄言将金钱寄托在叔父兵部主事杨士伟家。汪直命人逮捕杨士伟下狱，并且拷打其妻小。最终，杨晔死在狱中，杨泰论斩，杨士伟则

① 《罪惟录》，列传卷二九。
② 《罪惟录》，列传卷三二。
③ 《明史纪事本末》，卷三十七。
④ 《钦定续通志》，卷一百四十九。
⑤ 《御批历代通鉴辑览》，卷一百六。
⑥ 《明书》，卷一百五十八。

调往台州担任通判。郎中武清、乐章，行人张廷纲等人皆无故被牵连。①杨晔入狱后，汪直还派太监钱喜及百户韦瑛远赴福建抄家，将其家人100多口械送京城。

此处提到的锦衣卫百户韦瑛，正是曾经让李子龙住在自己家的韦瑛。他原本只是一个地痞无赖的儿子，后拜韦舍为义父，改姓韦，又从征冒功而得官，摇身一变，当上了锦衣卫百户。他能在李子龙事发之后不被牵连，显然极有能耐与手腕。毫无疑问，杨晔案发生之时，韦瑛已经是汪直的眼线了。那么，他到底是在何时成为汪直眼线的？是在李子龙事发之前，还是事发后？如果是事发之前，那么，汪直肯定早已经知道李子龙的事，但他却隐忍不发，等待时机；如果是事发之后，那么，韦瑛可能出卖了他的义父韦舍和李子龙，投靠了汪直，故而没有受到牵连。

《明宪宗实录》记载，杨晔与杨泰之所以被仇家告发，是因为父子二人"暴横乡里，戕害人命"。宪宗命刑部主事王应奎、锦衣卫百户高崇去福建调查案情。杨晔则偷偷潜入京城求救。②

根据《国榷》的记载，韦瑛及西厂番役逮住杨晔后，从他身上搜到一份拟行贿对象的名录，上面写了阁臣商辂，三法司大臣，司礼监太监黄赐、陈祖生等人的名字。韦瑛赶紧将情况向汪直汇报，汪直命他们搜出贿金作为证据。③

而据《明书》，韦瑛挑唆西厂番役逮捕杨晔的借口是，"晔家资巨万，曾纳生人棺中，招集亡命下海，谋不轨"。④当时距李子龙伏诛还不到半年，图谋不轨的指控极受重视，西厂宁可错抓，也不

---

① 《明史》，卷三百四。
② 《明宪宗实录》，卷一百六十二。
③ 《国榷》，卷三十七。
④ 《明书》，卷一百五十八。

可错放，更何况还能借此机会搜刮一笔钱财。不过，审讯杨士伟之后，却发现并不存在藏有贿金一事。

杨晔案只是开始。

过了一个多月，即成化十三年（1477年）三月，汪直再挖大案。这一次牵涉的是已故名臣曹鼐的家人。曹鼐与杨荣交厚，正统六年（1441年），在杨荣、杨士奇的推荐下，他进入文渊阁，参预机务。杨荣去世后，杨士奇也经常因为年老多病而不能理政，于是，阁务多由曹鼐决断。英宗认为他十分贤明，提拔他为首辅。而后曹鼐在土木堡之变中殉难。①

根据《明宪宗实录》以及《国榷》的记载，三月某日，锦衣卫旗校逮捕了宁晋县王凤等人，理由是，王凤与瞎子康文秀等人在临清县于源家"拜受妖书、伪职"，行谋逆之事。知县薛方与曹鼐的兄弟、致仕通判曹鼎也受到牵连。锦衣卫官校指使地方衙役围住薛、曹二人的家，进行搜检，却没有找到证据，但二人已经屈打成招。其后，薛方与曹鼎的家人击打登闻鼓鸣冤，事下法司。②最终查实，薛方与曹鼎实属无辜，无罪释放。③

成化十三年（1477年）三月至五月，西厂经办了多起大案，主要案件如下：

> 四月，刑部郎中武清广西勘事，还至通州，西厂官校言其有所赍载，太监汪直执而系之厂，讯鞫无实，已而释之，竟不以闻。④

---

① 《明史》，卷一百六十七。
② 《明宪宗实录》，卷一百六十四；《国榷》，卷三十七。
③ 《明通鉴》，卷三十三。
④ 《明宪宗实录》，卷一百六十五。

四月，汪直执郎中武清、乐章，太医院院判蒋宗武，行人张廷纲，浙江布政使刘福下西厂狱。①

四月，宥南京兵部右侍郎马显罪。显考满还任，载米官舫。御史戴缙发之，下南京法司，得释。浙江左布政使刘福起复至京；或构之汪直，下西厂狱。②

五月，发监察御史黄本为民。（黄）本往云南、贵州清军兼刷卷而还，百户韦瑛承太监汪直风旨，就其寓舍搜检，得象笏等物。送锦衣卫究问。遂以罪坐之。③

五月，太监汪直令百户韦瑛执掌太医院事，左通政方贤下西厂狱。④

由于史料有限，我们很难对汪直先后拿内阁首辅杨荣的曾孙杨晔以及内阁首辅曹鼐的兄弟曹鼎开刀的原因做出有说服力的解释。震慑或者警告内阁应该是其主要动机之一。我们也很难判断涉案官员是否被冤枉或者到底在多大程度上是被冤枉的。可以肯定的是，这些案件一定会让朝中大臣人人自危。

成化十三年（1477年）五月，内阁首辅商辂及阁臣万安、刘珝、刘吉等人忍无可忍，联名上疏，弹劾汪直及西厂罪行。这份题为《体天道、循旧章、安人心、弭灾异事》的疏稿提到的最为严重的指控，是谴责西厂官校对职官擅拿擅放，恣意妄为：被指控犯罪的官员，本人尚未接受审问，其家却已被西厂查封。西厂官校有时会夤夜翻墙而入，搜捡财物。有时甚至会剥去命妇的衣服，用刑辱

---

① 《明史》，卷一十四。
② 《国榷》，卷三十七。
③ 《明宪宗实录》，卷一百六十六。
④ 《明宪宗实录》，卷一百六十六。

打。被害之家，就像遭遇了抢劫一样。

商辂等人写道，西厂的不法作为导致官民忧心忡忡，各怀疑畏，内外文武重臣，本是皇帝的股肱心膂，现在都不安于位；百司庶府之官，本是建政立事的凭借，现在都不安于职。此外，商贾不安于市，行旅不安于途，士卒不安于伍，庶民不安于业。在目前这样的承平之世，怎么能允许这样的事情发生呢？[①]

商辂等人直言，西厂官校之所以敢恣意妄为，归根结底，是因为皇帝只将缉事之权授予汪直一个人，汪直则转寄耳目于群小。汪直本人的过失虽然不大，但群小的奸谋足以颠倒是非，其巧佞足以蛊惑人心。他们提议革去西厂，罢黜汪直，可以委任其以闲职，以全其身；至于党羽韦瑛、王英等人，则拿送法司，与锦衣卫一同审讯明白，治以重罪。"如此则人心可安，天意可回矣！"[②]

可是，宪宗见到这份奏疏后的第一反应是"震怒"。《明宪宗实录》写道：

> 疏入，上震怒，命司礼太监怀恩、覃昌、黄高至内下厉色传旨，谓辂等曰："朝廷用汪直缉访奸弊，有何坏事？尔等遽如此说，是谁先主意？"辂等对曰："汪直违祖宗法，坏朝廷事，失天下人心，辂等同心一意为朝廷除害，无有先后。"（怀）恩曰："不然，圣意疑此奏未必四人同然下笔，必有先之者。"万安曰："汪直挟势害人，人人要说，但不敢耳。某等同受朝廷厚恩，同一主意，谁独为先？"（刘）珝奋然泣曰："某等侍皇上于青宫，迨今几二十年。幸而朝廷清明，四方无事。今忽

---

① 《商文毅疏稿》。
② 《商文毅疏稿》。

汪直为害，使远近不安，何忍坐视？吾等誓不与彼共戴天！"（刘）吉曰："汪直之罪，纵使某等不言，不日必有言之者。今既奏入，贬谪黜罚，亦惟命耳，所不避也。"[1]

怀恩等人将商辂、万安、刘珝、刘吉的话如实报告宪宗。阁臣的强硬态度让宪宗冷静下来。他随后做了两件事：一是命怀恩传旨慰劳商辂等人，一是撤了司礼监太监黄赐、陈祖生的职务。黄、陈都是福建人，汪直诬陷他们与杨晔私相授受。宪宗听信汪直所言，怀疑商辂等人之所以上疏，是受黄、陈二人的鼓动，意在为杨家报仇。

商辂等上疏次日，兵部尚书项忠与多位大臣也上疏请旨罢西厂。成化十三年（1477年）五月初十，宪宗迫于形势，不得已而罢西厂。派怀恩当面数落汪直之罪过，然后又宽宥他，调他回御马监当值；又打发韦瑛去宣府戍边（一说他"坐诬缉妖言，斩于市"）[2]；原在西厂当差的旗校，则重回锦衣卫当差。[3]

汪直显然不会甘心就此认输。对他来说，这只是第一回合的较量。在这一回合上，他确实败了，而且败得很快，毕竟西厂才设立5个月。但他并没有一败涂地，他至少瓦解了宪宗对黄赐的信任。更重要的是，他并没有失宠，事实上，裁撤西厂后没过几日，皇上就将他推荐的锦衣卫副千户吴绶调到锦衣卫镇抚司担任理刑官。[4]因此，汪直可以利用手中的筹码迅速扭转局面。

---

[1] 《明宪宗实录》，卷一百六十六。

[2] 《罪惟录》，帝纪卷九；《商文毅公年谱》，见《北京图书馆藏珍本年谱丛刊》（北京图书馆出版，1999年5月出版），第39册，第330页。

[3] 《明史》，卷一百七十六、卷三百四。

[4] 《明宪宗实录》，卷一百六十六。

西厂在经办杨晔案的过程中搜到的行贿名录，就是汪直手中的筹码之一。至于这本所谓的名录到底是杨晔在刑讯之下被迫写出来的，还是西厂旗校从杨晔身上或董玙家里搜查出来的，难以判断。可以肯定的是，上面的字迹肯定来自杨晔或者他的父亲杨泰等人，否则汪直无法用它来对付商辂。

万贵妃对商辂的不满，是汪直手中的另一个筹码。

有明一代，"三元及第"（即乡试、会试及殿试都是第一名）的人只有两位：一位是贵州学子黄观，他在洪武二十四年（1391年）获得殿试一甲第一名时只有27岁；另一位就是浙江学子商辂，他在正统十年（1445）得中殿试一甲第一名时31岁。

正统十二年（1447年）二月初七，商辂中状元还不到两年，英宗就让他进了东阁，期待将来可以大用。又两年后，发生了土木堡之变。于国势危疑之时，商辂与群臣上本，在文华门跪请郕王朱祁钰登基。[1]因此，英宗"夺门"复位后，立即将他贬职为民。直至十年之后，即成化三年（1467年）二月，宪宗才将他召回京城，命其入阁为官。

商辂之所以能重新入阁，是因为他洞悉朝局，在关键时刻表达了自己对皇室正统的忠心。

郕王登基为帝后，在景泰三年（1452年）五月将英宗立的皇太子朱见深（未来的宪宗）废为沂王，改立自己的儿子朱见济为皇太子。可是见济命薄，一年后即夭亡。此后，景泰五年五月与景泰六年八月，礼部尚书章纶、御史钟同以及南京大理少卿廖庄等人先后奏请皇帝复立朱见深为太子，结果章纶、钟同被打入锦衣卫狱，廖

庄则被锦衣卫拿至午门前杖责八十。[①]从现有史料上看，这两次奏请商辂都没有参与。然而就在"夺门之变"的前夜，商辂联同礼部尚书姚夔率百官请旨复立朱见深为太子。[②]

在宪宗朝入阁后，同样是在立太子一事上，商辂再一次表现出了自己的政治智慧：他拥立的太子日后成为皇帝（即孝宗）。但他也因此得罪了万贵妃。

与早夭的朱见济一样，宪宗在成化七年（1471年）十一月册立的太子朱祐极（柏妃之子）也十分命薄，当了两个月太子就夭折了，年仅3岁。[③]此后，宪宗一直为皇嗣之事发愁。他眼里只有万贵妃，完全不知道一个在极偶然的情况下，被他宠幸过的纪姓女官为他生了一位皇子，直至这位皇子长到5岁。[④]

《明史》记载，成化十一年某日，宦官张敏伺候宪宗梳头。宪宗揽镜自照，叹了一口气，说："我一把年纪，都要去见先祖了，还没有儿子。"张敏赶紧跪在地上，说："请万岁宽罪，其实万岁还有一位皇子。"宪宗吃了一惊，问他皇子在哪里。这时，太监怀恩也跪倒在地，说："张敏说的是真的，皇子现在偷偷养在西内，今年已经6岁（指虚岁）。"宪宗大喜，立即去了西内。见到皇子后，宪宗把他抱起来，放在腿上，抚视良久，悲喜泣下，说："真是我的儿子，长得像我！"即命怀恩去内阁通报这个好消息。群臣非常高兴，次日入宫贺喜。宪宗将这桩喜事通报天下。[⑤]同年冬，这位皇子被册立为太子。他就是后来的明孝宗。

———————————

① 《商文毅公年谱》，见《北京图书馆藏珍本年谱丛刊》（北京图书馆出版，1999年5月出版），第39册，第225、228页。
② 《国榷》，卷三十一。
③ 《明史》，卷十四。
④ 《明史》，卷十五。
⑤ 《明史》，卷一百十三。

其实，万贵妃曾在成化二年（1369年）正月为宪宗诞下第一位皇子，但这位皇子后来意外夭折了。此后，她再也没有怀孕。见宪宗无子继嗣，禁宫内外深以为忧，包括商辂在内的许多臣子多次建议皇帝不要专宠一人，要雨露均沾，广布恩泽，这样就能多生皇嗣。但宪宗认为这件事是家事，理应自己做主，不许外臣干预。另一方面，丧子之后的万贵妃日益骄横跋扈。太子朱祐极的夭折，以及后宫频频上演的有孕妃子"饮药伤坠"事件，都被认为是她的阴谋。

朱祐樘被立为太子后，留在宫里居住，他的母亲纪妃则继续住在西内。因为担心太子的安全受到万贵妃的威胁，同时又不便明言，商辂偕同其他朝臣上疏，皇子的成长事关国本，万贵妃被委以重任，待他视若己出，可是外界对纪妃母子很长时间见不着面议论纷纷。朝臣们也说，要是纪妃母子可以朝夕相处，而皇子的抚育大任又可以继续依赖万贵妃，则是宗庙之大幸！于是，纪妃搬到了永寿宫居住。[①]但即便如此，她还是很快就去世了。《明史·后妃列传》直指万贵妃是幕后黑手。[②]

商辂还在另一件事上得罪了万贵妃。这件事发生的时间已难考证。

前文提到，商辂乃大明"三元及第"的第二人，其名其才天下皆知，万贵妃也不例外。她曾经遣使携带重金请求商辂在自己父亲的画像上题字，却遭到拒绝。商辂拒绝的理由是："除非是皇帝有命，否则我不敢答应。"这件事让万贵妃十分不悦。[③]

正因为存在这些背景，得到万贵妃支持的汪直很快就做出反击。成化十三年（1477年）六月，即罢西厂的第二个月，50岁的监

---

① 《明史》，卷一百七十六。
② 《明史》，卷一百十三。
③ 《明史》，卷一百七十六。

察御史戴缙（正七品）呈上一份几乎与商辂完全针锋相对的奏本。

这位御史暗讽以商辂为首的朝臣失职无为，批评他们既没有荐举贤臣、罢黜不肖以固邦本，也没有革除宿弊、献言建策以匡治理。他极力称赞汪直有功于社稷，举例证明西厂缉捕奸恶、打击赃贪、奏释冤狱、惩治宿弊的举措"皆允合公论，足以服人而警众"。戴缙还说，西厂官校韦瑛等人不体圣心、张狂行事的违法行为，完全是他们擅作主张，与汪直无关。他还提出若干建议，帮助汪直打击异己，例如，继续究治前司礼监太监黄赐在宫中的党羽。[①]

宪宗接到奏本后，命有关部门仔细商议。最终，戴缙的建议很多都被采纳。

戴缙之所以呈上这份奏本，是因为他已经9年没有升职，动了投机的念头。他探听到西厂虽革，但汪直仍受宠信，于是借着发生灾异的机会进言，为汪直歌功颂德。他先是将奏本的草稿拿给汪直的亲信吴绶，吴绶又将它传给汪直，汪直看了之后，又说给宪宗听。得到宪宗的认可之后，汪直才让戴缙上奏。在戴缙之后，御史王亿也上呈类似奏本，称赞汪直的所作所为"不独可为今日法，且可为万世法"[②]。

吴绶是在西厂裁撤之后才投奔汪直的。据说此人长相丑陋，心思阴险，但十分熟悉公文的范式和流程，诗文也写得不错。

根据《明宪宗实录》的记载，西厂裁撤后，宪宗还是一如既往地密召汪直探察外间动静，还建议汪直找一位通文墨的人当助手。当汪直从某个军卒口中了解到锦衣副千户吴绶颇有几分文采之后，就召见了后者，并当场对他进行考试，最终录用了他。吴绶后来还

---

① 《明宪宗实录》，卷一百六十七。
② 《明书》，卷一百五十八。

送了一把银壶给那位推荐他的军卒。[1]

西厂被裁撤后的短短一个月时间里，宪宗对汪直的支持远不止戴缙奏本一事。事实上，西厂被裁撤只过了两天，黄赐与陈祖生就被谪贬南京。又过了三天，黄赐的朋友、文华门供奉尚宝司卿朱奎就被谪为保宁府同知。兵部尚书项忠则在戴缙上疏之前已被撤职。《国榷》记载，汪直命锦衣卫官校向宪宗汇报，兵部武选郎中姚璧受黄赐之托，将在京卫任职的刘江以及黄赐的兄弟黄宾分别升调江西都指挥使与指挥。与此同时，多名科道官也交章弹劾项忠违法。于是，宪宗命法司及锦衣卫在朝堂之上拷讯项忠。最终，项忠因贪污被革职。与项忠交好的兴宁伯左都督李震，也因吴绶告发他非法拨给项忠土地建造房子而被抓进锦衣卫狱，最后在刑讯逼供之下不得已而认罪，降为右都督。[2]

正是在项忠"坐赃革秩"之后不久，戴缙、王亿等人呈递奏本巴结汪直。毫无疑问，宪宗对汪直的支持给朝臣造成很大的心理压力，让他们得出这样一个结论，即得罪汪直就是间接得罪宪宗，而巴结汪直就是间接讨好皇上。

明末学者朱睦㮮曾如此评价戴缙上疏一事："自古阉竖之祸，未有无党助以成者。戴缙之罪，可胜诛哉！"这句评语不能说没有见地，但是有失客观，因为它在一定程度上撇清了皇室的责任。汪直入宫之时，只不过是一个孑然一身、毫无凭依的可怜孩子，如果没有宪宗及万贵妃等人的支持，他不可能有呼风唤雨、影响朝局的能耐。事实上，曾与商辂一起上疏弹劾汪直并发誓与汪直不共戴天的刘珝，在西厂重新设立之后，却与汪直交往密切，不愿忤逆后者。[3]

---

① 《明宪宗实录》，卷一百六十六。
② 《国榷》，卷三十七。
③ 《明宪宗实录》，卷一百七十二；《明史》，卷一百六十八。

　　戴缙、王亿等人对汪直的支持，也可从权力结构上解释。御史肩负监察百官的职责，却没有执法的权力，因此，面对同时拥有监察权与执法权的厂卫，一些急功近利的御史便生出一种兼具羡慕与同仇敌忾的复杂情绪，或者产生一种职责上的亲近感，尽管有一天他们也可能成为厂卫的执法对象。

　　无论如何，戴缙上疏后不久，宪宗下令复开西厂，时间是成化十三年（1477年）六月十五日，即项忠坐赃革秩六日之后。自此以后，在汪直的提督之下，西厂诇察益发严苛，以致有家破族毁者，其势焰熏灼，天下闻而畏之。

　　西厂由裁撤到复开，不过一月有余，我们不难从中看到宪宗在调整权力结构方面的固执，以及他对商辂等人的不满。正如《明宪宗实录》的编撰者刘吉所言，汪直曾诬告杨晔贿赂大学士商辂、都御史李宾、尚书董方等人，以求缓免其罪，宪宗有几分相信汪直所言，无奈证据不足，难以将他们法办，戴缙的奏本可谓正中汪直与宪宗的下怀。[①]

　　对于宪宗的心思以及朝局的变化，年过六旬、宦海历练沉浮逾30年、甚至曾经在鬼门关前走过一趟的商辂不可能看不明白。当他在一年前以"发灾变""出妖孽"为由，提醒宪宗不要只在口头上"修德"，而是要做实事，建议宪宗"节财用、开言路、慎刑罚、省工役"（这相当于指责宪宗铺张浪费、闭目塞听、刑罚任性、不体民情）的时候，大概就已经做好了离开朝廷的准备。

　　西厂复设6日后，商辂上疏请求致仕。次日，宪宗同意所请。为了褒奖商辂的合作态度，宪宗特擢商辂为少保，命沿途驿站护送他回乡。两天后，商辂再次上疏，请求辞去少保之职，宪宗没有答

────────────────

① 《明宪宗实录》，卷一百六十七。

应。一周后，商辂离京返乡。①

商辂致仕之后，包括刑部尚书董方、户部尚书薛远、兵部左侍郎滕昭、户部右侍郎程万里等在内，数十名朝廷高官被劾免职。一时间，士大夫都对汪直俯首帖耳，没人敢和他对抗。②同年十一月，戴缙晋为尚宝司少卿（从五品），不久之后又擢为佥都御史（正四品）；王亿则晋为湖广按察副使（正四品）。③

有一则故事生动地反映了汪直在当时的声势。一位名叫杨福的江西人，因为长得像汪直，就大着胆子冒充汪直行骗。从江苏到浙江，再从浙江到福建，凡他去过的地方，官员们都争相巴结，甚至跪着拜见他。他的同伙则假冒校尉，索贿无算。不过，杨福的身份最终被镇守太监卢胜等人识破，入狱问斩。④

汪直非常喜欢军事。将兵部尚书项忠赶下台之后，他安排自己的亲信、都察院左都御史王越兼任兵部尚书（皆正二品），让另一名亲信、都察院右副都御史陈钺（正三品）巡抚辽东。

成化十五年（1479年）七月，因辽东、宣府、大同总兵等官屡报房寇犯边，宪宗命汪直巡边。

客观地说，在巡边过程中，汪直并非完全不做实事。例如，巡视大同期间，他发现大同十五卫负责养马的军士过得很悲惨。于是寻找原因，原来在永乐及宣德年间，大同卫有1.6万匹马相继死亡，朝廷命养马军士自己掏钱"追补"，然而历时30余年仍未"追补"完成，以至于军士有"典卖妻女者"。汪直将实情向宪宗汇报之后，

① 《商文毅公年谱》，见《北京图书馆藏珍本年谱丛刊》（北京图书馆出版，1999年5月出版），第39册，第334—338页。

② 《明史》，卷三百四、卷一百七十六。

③ 《明史记事本末》，卷三十七。

④ 《明书》，卷一百五十八；《明宪宗实录》，卷一百百十。

宪宗免去了他们的责任。[①]但是，正如大学士万安在汪直第一次请旨巡边时所担心的，汪直身在京城尚且如此动摇人心，若是到了边地，恐怕各边巡抚、总兵等官员都会担忧汪直找自己麻烦，不再能够一心一意地防守边关。[②]

史籍记载，汪直巡边期间，率飞骑日驰数百里，各边都御史为了讨好汪直，皆身着戎装，背上弓箭，迎出上百里地，装出一副愿意陪他巡边的样子。汪直进入辽东境内后，巡抚陈钺甚至下跪相迎，大摆筵席，为其接风洗尘。汪直的左右随从，也得到大把好处。守令等官则动辄遭受汪直随从的鞭打。[③]

同年十月，陈钺请讨海西。宪宗命抚宁侯朱永为总兵，命陈钺提督军务，汪直充任监军。汪直等人抵达辽东后，发现无敌可杀，无功可立。就在此时，在广宁（今辽宁北宁）附近，汪直等人遇到海西某部落首领郎秀等40人入贡。于是，汪直等诬陷其刺探军情，出其不意将其杀死，焚其庐帐而还，然后将"大捷"的消息向宪宗汇报。宪宗论功行赏，加汪直岁禄，命其提督十二团营，朱永晋爵保国公，擢陈钺为户部尚书。[④]后来，海西诸部以复仇为借口，深入云阳、青河等堡，杀害并肢解男女老幼以泄愤。巡按辽东御史强珍曾上疏弹劾汪直、陈钺等在辽东的过失及罪行。但汪直随便寻了个理由就把强珍押解至京城，将他打入锦衣卫狱。强珍后来被判戍边辽东，汪直倒台后才官复原职。[⑤]

成化十七年（1481年）七月，胡虏进犯大同。宪宗再命汪直

---

① 《明宪宗实录》，卷一百九十五。

② 《明宪宗实录》，卷一百七十六。

③ 《明史》，卷三百四。

④ 《明史纪事本末》，卷三十七。

⑤ 《明史纪事本末》，卷三十七。

总督军务，命威宁伯王越佩戴平胡将军印充任总兵官，再征北虏。①
三个月后，巡抚宣府都御史秦纮密疏汪直纵容旗校扰民。次年二
月，宪宗命汪直总督大同、宣府等处。五日后，又改命汪直专职镇
守大同，也就是说，暂时没有将他调回京城的打算。《明宪宗实录》
记载，这是因为汪直以往欺君罔上的罪行逐渐被宪宗掌握，宪宗开
始疏远他。②

　　这个信号很快就被敏感的朝臣捕捉到了。八日后，即成化十八
年（1482年）三月初四，科道官交章劾奏西厂苛察不合国体。内
阁首辅万安认为时机成熟，想说服内阁大学士刘珝一起上疏，建议
宪宗裁撤西厂，但刘珝认为西厂行事并无不公之处。于是万安单独
上疏。

　　万安说，汪直已受敕镇守大同地方，而京都大小官员以及军民
人等皆众口一词，认为裁撤西厂有利无害，希望圣上洞察事机，顺
应下情，革去西厂，命西厂官校重回锦衣卫当差。他说，西厂的存
革实在与人心、治体有莫大的关系，是以臣不敢再缄默了。③奏本
呈上之后，宪宗下旨裁撤西厂。

　　西厂的这一次被裁撤，东厂太监尚铭功不可没。

　　汪直的一大失策是，在黄赐被谪南京、商辂主动致仕后，依然
贪功巡边，远离宪宗，没有及时回京，应对尚铭的威胁。他可能低
估了尚铭对自己的猜忌与恨意。据说，汪直离开京城之前，发生了
这样一件事。某日，有飞贼越过皇城，进入西内宫，被东厂校尉缉
获。宪宗很高兴，厚赏了尚铭。汪直听到消息后又妒又恨，指责尚
铭作为被自己提拔起来的人，竟然独吞了这份功劳！尚铭知道汪直

---

① 《明宪宗实录》，卷二百十八。
② 《明宪宗实录》，卷二百二十四。
③ 《明宪宗实录》，卷二百二十五。

的反应后，十分害怕，担心遭到陷害，于是总是想方设法地让宪宗了解汪直犯下的罪行。①

汪直离宫巡边后，与万贵妃一直保持良好关系的万安开始揽权。为了巩固自己的权势，万安不时通过万贵妃，在宪宗面前说汪直的坏话。再加上间或收到辽东、宣府等地密报汪直罪行的奏本，宪宗对汪直越来越疏远，以致命汪直专职镇守大同，不让他回京。

万安是四川眉州人，身材魁梧，面容棱角分明，看上去很宽厚，实则城府很深。他是正统十三年（1448年）的进士，比商辂晚3年，虽然学问一般，却精于权术，与不少太监交好。对于尚铭与汪直之间的仇恨，以及梁芳与怀恩之间的嫌隙，他一清二楚。②

万安很是巴结万贵妃，甚至在她面前自称子侄。正好万贵妃一直以内阁没有亲信为忧，于是就让她的兄弟、锦衣卫指挥使万通以同族的关系与万安相交。

商辂致仕后，内阁以万安为首辅，在阁者为刘珝、刘吉二人。万安与南人相党附，刘珝与尚书尹旻、王越等人以北人为党，双方互相倾轧。然而，刘珝思虑疏浅，比不上万安深鸷。③汪直宠衰之后，刘珝等大臣相继被逐，再无可以与万安相抗衡的朝臣。直至成化二十三年（1487年）宪宗驾崩，他才从首辅的位置上退下来。

西厂被裁撤之后，汪直的际遇每况愈下。成化十九年（1483年）六月，大同巡抚郭镗上疏称，汪直与总兵许宁不和，可能会耽误边事。于是，宪宗又将汪直调去南京御马监。两个月后，御史徐镛上疏，弹劾汪直与王越、陈钺结为腹心，自相表里，欺君罔上，

① 《明史纪事本末》，卷三十七。
② 《弇山堂别集》，卷二十五。
③ 《明史》，卷一百六十八。

建议皇帝明正典刑，以惩戒那些结党怙势之辈！[①]于是，宪宗将汪直降为奉御（从五品），罢削威宁伯王越的爵位，追夺其诰券；兵部尚书陈钺、工部尚书戴缙、锦衣指挥使吴绶等人革职为民，原先被革职的项忠则官复原职，再任兵部尚书。[②]

《明史纪事本末》记载的一则故事在某种程度上似乎可以说明，太监的主战场只能是内廷，因为只有尽量陪伴在圣驾身边（尽管有"伴君如伴虎"的危险），才有维持圣眷不衰的可能性；反过来说，长时间地远离宫廷，即便是像汪直这样得势的人，也会被越来越多的人用各种各样的方法去挑战或者耗损其权威，最终影响圣眷。这则故事的大意是：

宫里有一个名叫阿丑的小太监擅长演戏。有一日，他假装喝醉，指天骂地。有人对他说，大官某某来了，他置若罔闻；又有人对他说，圣驾到了，他谩骂如故，并且说，如果是汪太监来了，我就回避，因为我只知道汪太监。又一日，他忽然又扮起了汪直的样子，拿着两把钺在宫里行走。旁人问其缘故，他回答，我带兵打仗，全靠这两把钺啊！旁人又问他这句话什么意思，他回答，这两把钺就是王越与陈钺啊！据说，宪宗听到这些故事后也笑了，若有所悟。[③]

西厂被撤、汪直被谪之后，提督东厂的尚铭气焰日嚣。只要听说京城哪里有巨商富贾，他就想尽办法罗织罪名，登门索贿，拿到重金才肯罢休。卖官鬻爵也是常有的事。

成化二十年（1484年）正月，尚铭因罪黜往南京。宪宗在一道

---

① 《明史纪事本末》，卷三十七。

② 《明宪宗实录》，卷二百四十三；《明史纪事本末》，卷三十七。

③ 《明史纪事本末》，卷三十七；《明史》，卷三百四。两个版本略有出入，此据《明史纪事本末》。

谕旨中指责他管理东厂不公，欺君罔上，大肆贪赃，破坏成法。宪宗起初想将他处死，后来想起他过去的功劳，从轻处治，只是命人将其押赴南京守备太监，加杖刑一百，发配他到孝陵卫当"净军"，种菜去了。① 尚铭获罪后，东厂与锦衣卫抄了他的家，抄得家财数之不尽，往内府运了几日都没有运完。②

尚铭被黜南京实在有些突然，因为就在四个月前，即成化十九年（1483年）九月，他还查办了一件大案，即"妖人王臣"为祸一事。

王臣本是江湖术士，因跛一足而有"王瘸子"的绰号。他因为懂妖术而得到太监王敬的信任与敬奉，并且在王敬的帮助下，谋到一个锦衣卫副千户的身份。③ 在随王敬出差江南期间，王臣一路欺凌官吏，毒害良善，甚至假传圣旨，括取奇玩等物。待王敬、王臣回京之后，尚铭弹劾其不法行径。宪宗命都察院逮人审讯。最终，王臣被斩首，传首示众于江南；王敬则发配到南京孝陵卫当"净军"，陪尚铭去了。

宪宗在诏书中说："民情常患于不能上达。王臣等在外矫诈，为奸恶，使东南赤子重罹荼毒，朕安得知之？罪状既露，非重戮不足以谢天下！"④

在"民情常患于不能上达"这一点上，所有帝王都心有戚戚，以布衣起家的朱氏皇帝的感受更为强烈，因此，东厂的使命一直持续到明朝结束。西厂虽然再次被撤，但在条件具备时将昙花重现，回到充满阴谋和血腥味的权力游戏之中。

---

① 《明宪宗实录》，卷二百四十八。
② 《明史》，卷三百四。
③ 《明宪宗实录》，卷二百二十七。
④ 《明宪宗实录》，卷二百四十四。

第九章　弘治宏治

　　成化二十三年（1487年）八月二十二日，40岁的宪宗驾崩。在他去世前三日，内阁大臣万安、刘吉、尹直上疏表达关切之意。宪宗安慰他们："朕服了药之后，病症已有好转，你们不要太过忧虑，安心办事去吧。"三天之后，天人永隔。

　　弥留之际，宪宗将17岁的太子朱祐樘召至榻前，命他早即帝位，又嘱他要敬天法祖、勤政爱民，并就重要的国事面授机宜，诲谕备至。①

　　对于宪宗，明人李维桢引用《诗经》中的八个字作为评价："靡不有初，鲜克有终。"他认为宪宗即位之初，为政可圈可点，可是到了后来，由于过分宠幸太监及僧道，大大影响了国政。在他看来，宪宗前后迥异的表现是人之常情，但就整体而言，其早期的盛德，难抵其中后期为政之过。《国榷》的编撰者谈迁则认为，宪宗在位期间，上恬下熙，风淳政简，虽有汪直擅权、传奉官泛滥等不足之处，但整体上是不错的。尺璧之瑕，无损宪宗的帝德。②

　　太子的切身感受肯定有所不同。父亲留下的遗产是多是少、是

---

① 《明宪宗实录》，卷二百九十三。
② 《国榷》，卷四十。

好是坏，他比外人清楚得多。他是一位"寡言笑慎"（《明孝宗实录》语）的人，无论是他的性格，还是他所处的地位，都不允许他像一般人那样评价他的父亲，他只能通过行动表达自己的态度。事实上，他只有在即位之后，才能够真正理解自己的父亲。

整肃内外

宪宗驾崩半个月后，即九月初六，太子登基为帝，是为孝宗，以次年改元弘治。在其后的四天时间里，他几乎每日都在应付重要而烦琐的礼仪。到了第五日，他下发了一道圣旨，将"引用奸邪左道害正"的李孜省、邓常恩等人谪戍甘州等卫，将引荐李孜省等人的太监梁芳、韦兴、陈喜调到南京御用监；那些"冒滥升赏，靡费钱物数多"的法王、佛子、国师、禅师、番僧受到礼部的严肃处理；包括通政司左通政施钦、右通政仲兰、御医蒋宗儒、宗甫，医士胡廷寅等在内的其他许多传奉官，则或者丢官，或者降职。

同日，万贵妃（她已在当年正月去世）的家族也遭到打击。她的兄弟、锦衣卫都督同知（从一品）万喜被降为指挥使（正三品），另两位兄弟，即锦衣卫都督同知万达与锦衣卫指挥同知（从三品）万祥都降为副千户（从五品）。

孝宗厌恶梁芳、李孜省、万喜等人是完全可以理解的，因为这些人的存在，他只能接手一个空虚的家底。

早在成化二十一年（1485年），即孝宗即位前两年，历经数朝积累下来的内帑（整整七窖金银）已全部被花掉。《明通鉴》记载，宪宗曾当面斥责梁芳、韦兴过于浪费国帑。韦兴无言以对，梁芳则辩解，这些钱都用来营建显灵宫及各种寺庙，是为万岁祈福所用。宪宗闻言不悦，说："朕不找你算账，自有后人来找你。"（吾不汝瑕，后之人将罪汝。）①显然，宪宗暗示太子登基后会对梁、韦等人进行清算。根据常理，宪宗是不太可能对梁芳等人说这些话的，因为这样做相当于为太子树敌，对太子不利。即便他并不十分喜欢太子，却没有理由为太子埋下危险的种子。当然，在心情"不怿"的情况下，他也有可能口不择言。不过，若是这番话确实表达了宪宗的心声，那么，他在弥留之际对太子的面授机宜，很可能涉及对梁芳等人的处置意见。

孝宗之所以厌恶梁芳、韦兴等人，还有一个原因。当他还是东宫太子时，梁、韦曾鼓动万贵妃，规劝宪宗废掉太子，另立邵贤妃之子兴王朱祐杬（他比孝宗小6岁）为太子。宪宗确实也要求怀恩将这件事提上日程，但这位司礼监掌印太监不敢承命，甚至表示宁可由于抗旨而被处死，也不愿意因为遵旨而被天下人唾弃。怀恩最终被谪往中都凤阳守陵。司礼监太监覃昌也拒绝遵旨行事。巧合的是，在这个过程中，泰山多次地震。有传言说，这是因为东宫不稳所致。宪宗心有所惧，终于作罢。②

在罢黜梁芳、李孜省等人的次月，孝宗又将包括右通政任杰、侍郎蒯钢、指挥金事王荣在内的传奉官2000多人予以罢免或者降职，还罢遣了禅师、真人以及西藏法王、国师等1000多人，收回了之前赐予他们的诰敕、印章及仪仗、玉器等物。

锦衣卫系统中的大部分传奉官也不得不接受降职甚至罢黜的安排。孝宗即位一个月后，将具有皇亲身份的锦衣卫指挥同知王荣，以及正千户郭勇、章瑄、张俊等10人降为百户，将太监张敏、裴当等人的子侄锦衣卫指挥使张质及千户裴安、裴玺等15人降为百

---

① 《明通鉴》，卷三十五。
② 《明史》，卷三百四。

户，太监陈玄、覃礼等人的子侄锦衣卫千户陈泰、覃安等75人则降为冠带小旗。当然，继续留用者也有，例如太监韦泰（他与太监覃吉、覃昌等人被孝宗认为是具有贤德的人）的子侄、锦衣卫百户韦玺等人。[①]

十一月，梁芳、李孜省下狱。十二月，李孜省死在狱中，梁芳则彻底被弃用。次年正月，方士邓常恩、赵玉芝等遣戍边卫。至此，大部分传奉官已被清除。但这并不意味着孝宗朝杜绝了"内批授官"的做法。实际上，孝宗朝的传奉官也不少。例如，太常寺少卿崔志端（道士出身）于弘治八年（1495年）四月被擢为太常寺卿，[②]又于弘治十七年（1504年）正月被擢为礼部尚书。尽管不少言官批评这种做法，但信仰道教的孝宗坚持己见，认为既然宪宗朝开了先例，自己也可以照做。[③]根据南京监察御史余敬的资料，截至弘治十五年（1502年）八月，锦衣卫等衙门的传奉官已有数千人之多，内府及南京各监局滥收的军民人匠也有数千人，每年支付给这些人的俸粮达到数十万石之巨。[④]

孝宗即位后，很快就建立了自己的内阁班子。前朝留下的4名内阁成员中，与万贵妃和梁贵都保持着良好关系的首辅万安与尹直分别在十月和十一月被免职，取而代之的是吏部左侍郎兼翰林学士徐溥、礼部侍郎兼翰林学士刘健；彭华在次年三月致仕；只有刘吉继续留用，并升任内阁首辅。

这种新旧搭配的人事安排，既有利于内阁的稳定，又有利于内阁新成员的成长与成熟。刘吉于弘治五年（1492年）致仕后，徐溥

① 《明孝宗实录》，卷五。

② 《明孝宗实录》，卷九十九。

③ 《明通鉴》，卷四十。

④ 《明宪宗实录》，卷一百九十。

接替首辅一职。6年后，刘健接替徐溥担任首辅。

更重要的是，孝宗朝的内阁学士，无论是首辅徐溥、刘健，还是丘浚（弘治四年入阁）、李东阳（弘治八年入阁）、谢迁（弘治八年入阁），基本都具有正直而勤勉的美德。由于内阁得人，再加上孝宗本人"仁心为质"（何乔远语）、"清心寡欲"（郑晓语），[1] 于是成就了明朝历史上一段难得而短暂的美好时光，史称"弘治中兴"。

平淡时光

不过，就锦衣卫的历史而言，孝宗治下的这18年似乎有些过于平淡了，最大的动作莫过于大规模地赐予开国元勋后裔世袭锦衣卫官职（前文对此已有交代）。但对士大夫们来说，这种平淡却是他们梦寐以求的，他们终于不再像他们的前辈一样，担心受到来自东厂及锦衣卫缉事官校的无理骚扰。《明史》的编撰者显然注意到了这一点，故而写道："孝宗仁厚，厂卫无敢横，司厂者罗祥、杨鹏，奉职而已。"[2]

在明人王世贞看来，厂卫不敢横行霸道的原因，应该归结为孝宗对三法司乃至三公九卿的倚重。孝宗甚至说过"与我共天下者，三公九卿也"[3]。

确实，孝宗与宣宗一样，试图完成太祖的心愿，将执法权力主要委托给三法司，而不是锦衣卫、东厂这样的机构。他虽然没有批准户部员外郎张伦提出的撤除东厂的建议，[4] 却在弘治元年（1488

---

① 《国榷》，卷四十五。
② 《明史》，卷九十五。
③ 《弇州四部稿》，卷七十九。
④ 《明孝宗实录》，卷九。

年）四月认可了工部主事林沂的主张，同意赋予法司对厂卫冤案进行复审的权力。[1]

正因为如此，整个弘治时期（1488—1505年）的司法堪称清明，冤假错案相对较少。但不容否认的是，三法司虽然受到重视，对厂卫仍存畏惧之心；厂卫余威仍在，其辑事官校徇私枉法的恶习也并没有根除。

如果非要举出一个案例，既能体现三法司枉法，又牵涉厂卫徇私，还引起孝宗的重视，那么，发生在弘治九年（1496年）的"满仓儿案"值得一提。

满仓儿是彭城卫千户吴能之女。年幼时，吴能将她交给张牙婆卖掉。张牙婆将她卖给了乐妇张氏，却骗吴能已卖至长宁伯周彧家。张氏带着满仓儿到临清住了3年后，又将她转卖给乐工焦义。焦义又将她转卖给乐工袁璘。袁璘则迫使她沦为娼妓。

吴能去世后，其妻聂氏找到了满仓儿。满仓儿怨恨自己被家人抛弃，不承认聂氏是自己母亲。于是，聂氏与儿子吴政带着一伙人将满仓儿强抢回家。袁璘想花钱赎回满仓儿，不仅被聂氏拒绝，还被聂氏告上刑部。刑部郎中丁哲、员外郎王爵共同审理此案。在审案过程中，袁璘出言不逊，丁哲命人狠狠鞭笞他。袁璘回到家后，没过几日就死了。御史陈玉、刑部主事孔琦查验袁璘死因后，以病死结案。

巧合的是，东厂提督太监杨鹏的义子曾经关照过满仓儿，他唆使袁璘之妻向杨鹏诉冤，并且向乐妇张氏施压，迫使其谎称满仓儿是自己的妹妹。满仓儿坚称张氏所言属实。张牙婆也作证，聂氏交代出卖的女子确实卖至长宁伯家，此女非彼女。其他证人害怕无辜

---

[1] 《明孝宗实录》，卷十三。

受刑，也支持这种说法。

　　杨鹏将案件奏报孝宗，刑部郎中丁哲、员外郎王爵等人随后被打入锦衣卫狱。镇抚司上奏，丁哲"苛刻偏徇，殴死无辜"，王爵"依阿枉断"，陈玉、孔琦"相视不明"，请旨"各正其罪"。孝宗认为此案事关伦理人命，令三法司、锦衣卫务必查清实情。调查周彧家的结果是，周家并没有购买聂氏之女。由于聂氏、张氏各执一词，案子久拖不决。孝宗命府部大臣及科道官在朝堂之上会审。

　　张氏及满仓儿终于吐实。最终的判决是，满仓儿被处以杖刑，发配浣衣局为奴；丁哲支付袁璘的丧葬费，遣回原籍为民；王爵、孔琦、陈玉则在赎杖后恢复原职。①

　　刑部典吏徐珪参与了案件的审讯。他在向孝宗汇报案件进展时说，皇上命三法司、锦衣卫会审案件，而三法司畏惧东厂，始终莫敢辨明，直至群臣在朝堂之上审讯后，才敢辨明真相，东厂则一概不管辑事官校是否存在挟仇诬陷或徇私枉法的可能，放纵巡捕官校滥用刑罚，迫人诬伏，实在难以避免冤狱的发生，建议革去东厂以绝祸源。若实在不愿裁撤东厂，可推选像陈宽、韦泰那样品性谨厚的太监提督东厂，并从京卫及刑部抽调官员充实镇抚司，不能专用锦衣卫官理刑。②但孝宗认为徐珪的建议既狂妄又荒诞，将其打回原籍为民，两年后才重新启用。孝宗的态度是可以理解的，因为徐珪的主张是对祖制的公然挑战，换句话说，是陷孝宗于不孝的境地。一般人尚且不敢背上不孝的骂名，更不用说君临天下的皇帝了。

　　孝宗用自己的方式进一步完善了司法制度。例如，弘治十三年

----

① 综合自《明通鉴》，卷三十八；《明孝宗实录》，卷一百二十。
② 《明孝宗实录》，卷一百二十。

（1500年）二月下诏更定的《问刑条例》，十分有助于提高司法的公正性以及效率。[①]他还授予法司复审厂卫冤案的权力，下旨重申，凡是厂卫扭送的囚犯，要依法从公审讯，遇有冤情要慎重辩理，切勿轻率变为成案。[②]

徐珪只能借性质不算特别恶劣的"满仓儿案"来打击东厂，在一定程度上可以说明弘治年间厂卫的表现并不十分糟糕。否则他应该可以找到更多更具说服力的案子，以打击独立于三法司之外的厂卫势力。

锦衣三人

弘治年间，锦衣卫的建制并无变化。孝宗即位之初，宪宗朝留下的锦衣卫管理层，例如锦衣卫掌卫事都指挥使朱骥，指挥使季成、钱通，指挥同知刘纲、孙瓒，署指挥同知刘良，指挥金事杨纲，镇抚司理刑副千户韩璟等，都供职如故。[③]

朱骥于弘治三年（1490年）、钱通及季成于弘治六年（1493年）去世后，孝宗命锦衣卫掌镇抚司事都指挥金事李珍、带俸指挥使赵监一同管理锦衣卫的事务。[④]王世贞对此二人的评语是，只是规规矩矩地当差而已（"守禄俸而已"）。

牟斌则不同，他是一位光芒四射的人物。李珍受命掌锦衣卫事时，牟斌只是一名千户。他在千户的位置上至少待到弘治十四年

---

① 《明通鉴》，卷三十九。
② 《明史》，卷九十五。
③ 《明孝宗实录》，卷三。
④ 《明孝宗实录》，卷一百七。

十二月，^①很可能直至弘治末年才晋为执掌北镇抚司的指挥佥事。^②

牟斌博学多才，很有气节，因保全户部郎中（正五品）李梦阳而名留青史。据王世贞记载，李梦阳曾因弹劾寿宁侯而被打入北镇抚司监狱。在狱中，负责理刑的牟斌问他，您既然连寿宁侯都敢弹劾，为何不顺带弹劾其党羽呢？李梦阳回答，因为证据不足。牟斌说，自己有办法剪除寿宁侯的羽翼。最终，寿宁侯为了保全羽翼，不得不请孝宗宽恕李梦阳。

寿宁侯张鹤龄、建昌侯张延龄都是张皇后的亲兄弟，张皇后则是孝宗唯一的妻子。若说孝宗在德政上也有弱点，那么，张皇后应该是他为数不多的死穴之一。对于她的请求，孝宗无不应允。但这似乎并不影响史家对孝宗的评价。明人郑晓夸赞孝宗"清心寡欲"；李维桢则赞叹，只有一位妻子的帝王，只有孝宗一人而已（"一帝一后，独泰陵耳"^③）。

张皇后的父亲是张峦，张峦的义兄是张岳。张峦的连襟张麒，张岳的从弟张嶙、从侄张伦等人，也都在锦衣卫带俸任职，有的担任指挥使，有的担任指挥佥事。张延龄的岳父是锦衣卫指挥使孙瓒。可见，张家的根基不可谓不深，势力不可谓不大。牟斌却敢保全李梦阳，甚至与李梦阳一起挑战张家，实在是忠勇可嘉。到了正德前期，奸阉刘瑾当道，牟斌依然本色不改，最终为保全言官而入罪，被谪戍边卫。

除了牟斌，弘治年间的锦衣卫，还有两个人值得一提，他们并非高官，但其事迹有助于我们进一步理解锦衣卫。

第一位是锦衣卫军人施义。他应该是一位军器设计及制造大

---

① 《明孝宗实录》，卷一百八十二。
② 《明武宗实录》，卷二十二。
③ 《国榷》，卷四十五。孝宗驾崩后，葬于泰陵。

师，造过"偏厢解合车及倒马撒、万全枪、神臂弓、旋风炮等军器"。《明孝宗实录》记载，他曾上本陈述自己的特长，表示愿意建功立业，征讨贼寇。孝宗看了他的奏本后，传旨兵部，命人将他制造的军器送到团营去进行试验。

团营是景泰年间兵部尚书于谦创设的军事组织。为提高军营的战术水平，于谦从京军三大营——五军、三千、神机——抽调了10万精兵，分成10个营操练。各营设都督一名，号头官一名，都指挥两名，把总10名，领队一名，管队200人。又在三位都督中推选一人担任总兵官，同时以太监为监军，再选兵部尚书或都御史一人为提督。英宗复位后取消了团营的形式，到了宪宗朝又恢复了，且扩充到12营，由四武营、四勇营、四威营组成，人事制度上也有了一些变化，例如，掌营者为侯爵，提督者为勋臣。[①]

孝宗命兵部检验施义所造军器的时间是弘治十六年（1503年），当时提督团营者为英国公张懋。根据张懋等人的回奏，这些军器似乎只适合平原作战，遇到山溪险隘或深林幽谷的地形，皆难应敌。他们建议让施义回到锦衣卫当差。孝宗的意见是，既然施义能够自制军器，并且一心想征讨贼寇，不可能没有用，令兵部再议。兵部官员回奏称，车战之法不传已久，经提督等官试验，施义所造战车确实无法用于攻战，但施义本人很懂武艺，对兵法也有研究，建议先让工部为他提供一些补助，使其可继续研究；同时提拔他为军官，待到发生战事时，再调他到军前效用。孝宗同意了他们的建议。[②]

除此之外，有关施义的记载十分罕见，其最终命运成谜。但这并不妨碍我们从中推导出三个初步结论：

---

① 《明史》，卷八十九。
② 《明孝宗实录》，卷一百九十八。

其一，有明一代，虽军有军籍，匠有匠籍，且规定了职业世袭制度，但这些制度只能约束普通人，具有一技之长者不在此限。不过，即便对于后者而言，转籍过程亦不简单。

其二，虽然锦衣卫在所有军事机构中有特殊地位，但仍有人不畏艰苦，愿意调到负有作战任务的军队中服役，因为立下军功是最迅速、最有说服力的晋升通道。

其三，在某种程度上，锦衣卫南镇抚司承担了军械研究机构的角色，它必定与工部下属军器局以及内廷的兵仗局、盔甲厂等机构有密切的联系。根据《国榷》的记载，嘉靖年间，南镇抚司又出了一位军械大师，即军匠冯经。冯经设计出的"双矢三矢弩"有一个十分响亮的称号——克敌弩。[①]

锦衣卫百户魏铭也是值得一提的人物。弘治十六年（1503年）六月，他上本请求自备鞍马，赴大同前线杀敌。孝宗同意所请。

与施义相同，魏铭之所以甘愿放弃京中相对舒适的工作和生活，请旨赴前线杀敌，并非纯粹为了报国，至少有部分是出于立功目的。

前面提到过锦衣卫官校因"捕盗有功""出使（西洋）有功""护驾（迎驾）有功"而升官的例子，却很少提到他们因立下战功而晋升的事例。其实这样的例子很多，例如，永乐元年（1403年）八月，锦衣卫校尉李政因"平内难有功"被擢为本卫指挥使；[②]永乐九年（1411年）十月，锦衣卫指挥金事李实、何义宗因锡兰山战功被擢为本卫指挥同知；[③]成化年间，锦衣卫署指挥使刘文因军功而晋为

---

① 《国榷》，卷五十九。

② 《明太宗实录》，卷二十二。

③ 《明太宗实录》，卷一百二十。

锦衣卫署都指挥佥事。[1]

在批准魏铭所请同时，孝宗将一道谕旨下发给大同镇守等官，要求他们加意约束魏铭的行为，禁止其假报军功，祸害良民。

按照《明孝宗实录》的编修者李东阳的解释，当时的武官大多贪功冒进，唯恐天下不乱，只要听到边报、边警，就立即千方百计托关系调到前线。到了前线之后，要么掏钱购买首级，假冒军功，要么掠取军士所获首级，谎称是自己所为，甚至有人身不出门而功记于册。这种宿弊已经存在很长时间，孝宗亦十分明白，故戒敕兵部，对那些请求调到前线报效的人，要斟酌其人是否真的可用，不得一概滥许。[2]当然，这番话并非专门针对锦衣卫官校，但这些身份特殊的军人一定涵盖其中。

---

[1]　《明宪宗实录》，卷二百九十一。

[2]　《明孝宗实录》，卷二百。

第十章　正德荒逸

相对于孝宗朝的平淡表现，锦衣卫在明武宗正德年间可要热闹得多，因为武宗朱厚照本人即是喜爱热闹的角色。而且他对热闹的执着，已经荒诞到病态的程度，以致成为中国通俗小说及传统戏剧的戏谑对象。清人何梦梅创作的《白牡丹》《大明正德皇游江南》，以及京剧传统剧目《游龙戏凤》（又称《梅龙镇》），讲述的都是这位有趣又可恨的皇帝的故事。

孝宗落空的期望

孝宗朱祐樘和他唯一的妻子张皇后一共生了两子三女，长子朱厚照是唯一没有早夭的孩子。厚照生于弘治四年（1491年）九月，次年三月被立为太子。在册立太子的诏书中，孝宗愉快而乐观地表达了他对太子的厚望。他说，作为皇后所生之子，太子"天资秀发，日表英奇，福庆诞钟，统承攸属"，希望太子长大后可以德照天下，成为像尧那样英明的君主。[①]

太子11岁时，国舅建昌伯张延龄上本，请孝宗下旨，命太子

① 《明孝宗实录》，卷六十一。

的随侍儒臣要朝夕辅佐，谕以善道，益其见闻，勤于讲授修身、治国、平天下的道理，以及礼乐教化的重要性，要教导太子以善为法，以恶为戒。孝宗认为国舅所言很有道理，即命太子的辅导老师务必逐日进讲，不要让太子虚度光阴。[①]望子成龙之心极为殷切。但是，与大多数普通人家的孩子一样，太子并没有按照父亲的愿望成长起来。

弘治十八年（1505年）五月初六凌晨，孝宗弥留之际，命司礼监太监戴义急召内阁首辅刘健、阁臣李东阳和谢迁（后两位都是在弘治八年入阁）至乾清宫东暖阁御榻前，他要与最为信任的三位重臣做最后一席之谈。同时在场的，还有司礼监太监陈宽、戴义、萧敬、李荣、扶安、李璋等人。孝宗在回顾了自己在位18年的经历后，谈到了他的心病——14岁的太子朱厚照。这位年仅35岁的君主握着内阁首辅刘健（他在整个弘治年间都是内阁大学士）的双手，忧心忡忡地说："东宫聪明，但年尚幼，先生辈可常请他出来读书，辅导他做个好人。"刘健等人听了孝宗所言，皆饮泣不止。刘健说："东宫天性睿智，今年尽勤学，望皇上宽心少虑，以膺万福。"[②]

不过，根据李东阳所著《燕对录》一文的记载，孝宗在谈及太子品性时，说的并非"东宫聪明，但年尚幼"，而是"东宫聪明，但年少，好逸乐"。作为《明孝宗实录》的主要编撰者之一，以及孝宗临终召见的三位内阁学士之一，李东阳的记录应该是可信的。而他之所以在编修《明孝宗实录》时将"好逸乐"三个字隐去，完全是为了顾全武宗的颜面，因为《明孝宗实录》编撰于正德年间。

需要进一步说明的是，孝宗有关"东宫聪明"的评价，并非因

---

① 《明孝宗实录》，卷一百八十四。
② 《明孝宗实录》，卷二百二十四。

为亲情的盲目，刘健等人所谓"东宫天性睿智"的表扬，也并非出于臣子的阿谀，而是有根据的。

《国榷》及《明武宗实录》皆提到，太子7岁出阁就学，在听翰林春坊学士（正五品，隶属于专责辅佐太子的詹事府）讲课时，容仪庄重，举止得体，尊师重道，勤于学习。他很快就认识所有的春坊学士。如果有某位学士没有上班，他一定会究问原因。有这么一则小故事：某日，孝宗因丧事而辍朝，有位学士误佩花哨的服饰来上课，太子发现后，对左右侍臣说："若是在朝班中，此人一定会因为失仪被御史弹劾！"据说，孝宗每次临幸春坊，太子都会率同春坊学士趋走迎送，娴于礼节，问安视膳，恭谨无违。[①]年龄虽小却关心人事变动，对朝堂及宫闱礼仪有深刻理解，这些都是"东宫聪明"的有力证据。

召见刘健、李东阳等人的次日，孝宗将太子召至榻前，叮嘱他要进学修德，用贤使能，毋怠毋荒，成为一代明君。当日午时，孝宗驾崩。十一日后，武宗即位。

年少、聪明而好逸乐的武宗显然不愿意像他的父亲一样，在朝中大臣的劝诫下，成为儒家道德规范的囚徒。围绕在他身边的那些善于察言观色的太监及其他侍臣不可能无视其心理需求，他们很自然地会投武宗所好，为其出谋划策。这些人在帮助武宗扫清享受皇权的障碍的同时，也实现了自己对权力的追求。

如果说，每一位皇帝的一生都是不停地在江山社稷的兴亡与个人享受的得失之间做出权衡与取舍，那么，武宗一定非常高兴有人帮助他最大限度地实现个人享受的自由。但他对自己的弱点并非不清楚，也并非毫无挣扎，否则，他不会在临终前一日给他的母亲张

---

① 《国榷》，卷四十五；《明武宗实录》，卷一。

太后及内阁大学士们留下这样一句话："前事皆由朕误，非汝曹所能预也。"①

戊午之变

正德前期，锦衣卫的最大变化，是它基本被太监掌控，与东厂、复设的西厂以及新设的内厂一样，沦为太监擅权的工具。

在这个过程中，刘瑾是最为关键的人物。

刘瑾是陕西兴平人，本姓谈，幼年自宫，投刘姓太监门下，改刘姓。其人鸷悍阴炎，能言善辩。他还颇具才艺，至少对音乐歌舞有所涉猎，宪宗朝时因为掌理教坊司而见幸。②孝宗朝时，他因犯法而差点儿被处死，幸亏刑部主事朱恩豁免了他的罪行，自那以后，他总是一副愤郁不得志的样子，对文臣深恶痛绝。③

不知刘瑾使了什么手段，犯法免死后，竟然可以调至东宫，服侍太子朱厚照。④显然，他一定极其善于伪装，否则，以他的品性，孝宗不会让他有服侍太子的机会。

任职东宫期间，刘瑾的才艺及管理能力得到太子的赏识，因此，武宗即位后将他擢为钟鼓司掌印太监。作为内宫四司之一，钟鼓司掌管出朝钟鼓，以及内乐、传奇、过锦、打稻等杂戏。换言之，其主要职能是安排皇帝的休闲娱乐活动。⑤对喜爱热闹的武宗来说，这是不可或缺的机构；对刘瑾而言，这个职位给了他更多的

---

① 《明史》，卷十六；《国榷》，卷五十一。
② 《明史纪事本末》，卷四十三。
③ 《明书》，卷一百五十九。
④ 《明史》，卷三百四。
⑤ 《明史》，卷七十四。

取悦武宗的机会。

刘瑾掌印钟鼓司之后，日日进献鹰犬以及歌舞、角抵之戏，不时诱导年轻的武宗微服出宫。武宗非常喜欢他，也越来越信赖他，很快就把他调为内官监（主管营造宫室、陵墓等事项）掌印太监，时间不迟于正德元年（1506年）正月，因为根据《明武宗实录》的记载，司礼监太监陈宽在该月传旨，命"内官监太监刘瑾管五千营"。[①]5个月后，太监陈宽再传旨意，将内官监太监刘瑾任命为神机营把总，同时提督十二营操练。[②]

与刘瑾同时受宠的，还有张永、马永成、魏彬、高凤、丘聚、罗祥、谷大用等7名太监。他们在当时被称为"八虎"（也有称为"八党"）。其中，马永成、丘聚、谷大用与刘瑾关系最为密切，为害也最为严重，张永的表现则相对温和。但在诱导武宗嬉戏娱乐方面，"八虎"皆不遗余力。

刘瑾受命提督五千营时，御用监太监张永受命管理神机营中军以及显武营，司设监太监马永成受命管神机营右掖。刘瑾被任命为神机营把总时，御马监太监魏彬受命管神机营中军头司及奋武营。在京军三大营（五军、三千、神机）中，神机营的武器最为先进，以火器为主，提督者往往是最受皇帝信任的臣子。

当刘瑾等人因为"诱帝游宴"而日见宠信时，阁臣刘健、谢迁、李东阳，以及户部尚书韩文、兵部尚书刘大夏、吏部尚书马文升等人，则致力于约束武宗的人事权及用度。

武宗即位三个月后，即弘治十八年（1505年）八月，刘、谢、李三位阁臣上本奏称，内承运库（掌大内库藏金银财宝）花钱时从

---

① 《明武宗实录》，卷九。
② 《明武宗实录》，卷十四。

不记账，20年来花销累计数百万，以致府藏空竭，肯定存在有人盗用内帑的情况。此外，内廷冗员严重，建议裁汰冗员，监察内帑收支，释放内苑珍禽奇兽，以省食用之资。武宗阅览奏本后，表面上很高兴地采纳了他们的建议，但行事依然如故。[①]左右宦竖日益恣行无忌，花销也越来越大，内廷冗员也越来越多，内府各监局的金书官，有的甚至达到百数十人，俸禄及日常供应骤增数倍。[②]

正德元年（1506年）二月，户部尚书韩文上本，提议改革皇庄管理体制，因为在现有体制下，管理皇庄的太监可以随意调遣锦衣卫校尉，并且有权逮捕抗议征收民田的百姓，激化了京畿附近百姓与皇庄之间的矛盾。他建议召回全部管庄太监，让地方得免侵渔之害。武宗的答复是，皇庄的收益是用来孝敬太后的，委派太监管理皇庄实在是事非得已，但他勉强做了让步，每个庄子只保留管庄太监1人，校尉10人，其他人皆召还宫中。[③]

内阁首辅刘健随后上本称，皇庄既然是用来进奉两宫的，还是应该让有司去管更好，由太监管反而有损朝廷尊亲之意，又极言太监管理皇庄容易扰民。但武宗坚持己见，不再退让。[④]

同年七月，武宗即将大婚，命司礼监传旨，取白银40万两为婚礼用度，但是，在韩文以及监察御史赵佑等人的一再劝诫下，最终不得不削减10万两。[⑤]

不难理解，武宗对韩文等人一定会心存不满。

九月二十六日，钦天监五官监候（正九品）杨源上本称，大角

---

① 《明武宗实录》，卷四。
② 《明通鉴》，卷四十。
③ 《明武宗实录》，卷十。
④ 《明通鉴》，卷四十一。
⑤ 《明通鉴》，卷四十一。

星座(《史记·天官书》:"大角者,天王帝廷")近期呈现动摇的迹象,原因是皇上任性嬉戏,游猎无度,占辞云:"人主不安,国有忧。"他还说,北斗七星中的第二、第三、第四星,不像往常那般明亮,各有寓意:

> 第二曰天璇法星,后妃之象,后妃不遇其宠则不明、广营宫室、妄凿山陵则不明。第三曰天机令星,不爱百姓、聚兴征徭则不明。第四曰天权伐星,号令不行则不明。[1]

杨源建议武宗安居深宫,戒绝嬉戏、游猎、骑射,不要轻易微服出宫,要亲近元老大臣,每日勤于讲习,培养帝德,以弭灾变。武宗看到奏本后,敕令内外廷臣同加修省,章下礼部审议。礼部上本支持杨源的说法,建议武宗敬天恤民,反躬自咎,亲儒讲学,正心修身,听政以时,起居有节。不再任性轻出禁廷,凡骑射、驰骤、狐兔、鹰犬之事,一切屏除,凡软谀、佞巧、乞求升改之人,一切罢黜。停不急之工,节无名之赏。并且强调,如果武宗可以身体力行,则圣德新治化著,而天变自消。[2]

星变之说引起了武宗的重视。大概在同一时期,武宗在是否授予内官监左少监崔杲12 000石的盐引一事上与刘健意见相左。他厉色斥责了这位已经73岁的内阁首辅,事后却"自愧失言",认可了刘健的意见。朝臣十分兴奋,认为武宗勇于改过。正是在这样的背景下,刘健、韩文等人萌生了除掉"八党"的想法。

可是,接下来的较量却证明刘健等人对局势的判断出了差错。

---

① 《明武宗实录》,卷十七。
② 《明武宗实录》,卷十七。

户部尚书韩文对"八党"深恶痛绝。《明通鉴》记载，每次退朝，只要与僚属言及"八党"用事，韩文就会泣下不止。户部员外郎李梦阳对他说，科道官疏劾太监执政很是积极，事有可为，若此时率大臣据理力争，除掉"八党"并不难。韩文闻言捋须昂肩，毅然改容，表示愿意一试，"纵事勿济，吾年足死矣，不死不足报国"。

韩文让李梦阳为自己起草奏疏。李梦阳草拟完毕，呈给韩文过目。韩文见疏稿长篇累牍，担心武宗没有耐心读完，亲自删减润色不少。韩、李二人将自然界正在发生的天道失序、地气靡宁、雷巽星变、桃李秋华、考厥攸占等异象，归结为武宗受到刘瑾等人的蛊惑，过于沉浸击球走马、放鹰逐犬、俳优杂剧等享乐行为所致，并引用诸如汉朝的"十常侍之乱"，以及唐朝的"甘露之变"等前代教训，鼓励武宗奋振朝纲，禁绝私爱，上告两宫，下谕百僚，将"八党"明正典刑，以消祸乱之缘，永保国祚。

韩文将疏稿修改完毕后，于次日（即十月十二日）联合首辅刘健、阁臣谢迁等人一起入宫上奏。

据说，武宗读完这篇奏本后，"惊泣不食"，派司礼监太监陈宽、李荣、王岳等人去内阁商议。一日之内，李、王二人往返三次。武宗有意将刘瑾等人谪往南京，谢迁则认为应诛杀刘瑾等以绝后患。刘健推案而哭："先帝驾崩前，握着老臣的手，托付大事，现在陵寝上的土还没有干，如果放任那帮人败坏国政至此，臣死后有何面目觐见先帝！"相较于刘健、谢迁的声色俱厉，李东阳比较冷静，最终没能形成决议。

时提督东厂者为太监王岳，其为人刚直嫉邪，非常认同谢迁、刘健的意见。他与试图摆脱刘瑾控制的太监范亨、徐智等人，极力说服武宗当机立断。

但朝廷无秘密。刘瑾的党羽、吏部尚书焦芳得知内阁的动作后，立即遣人通报刘瑾等人。"八虎"大惧。在刘瑾的主导下，他们定下两个策略，其一是"脱祸固宠"的长远之计——控制司礼监；其二是利用所有皇帝都深恶痛绝的大忌（即太监与朝臣相勾结）先发制人。

当日夜晚，8人一起跪在武宗面前，叩首不止，一把鼻涕一把泪地说，若皇上不垂怜奴才等，奴才等恐将被人剁碎了喂狗。见武宗意动，刘瑾进一步解释，要加害奴才等人者，是东厂太监王岳。这个回答完全出乎武宗的意料，他原本以为刘瑾会说首辅刘健等人，于是问其缘故。接下来刘瑾说了一番十分厉害的话。他说，王岳与阁臣勾结，试图制约皇上出入自由。可是，要制约皇上，必然要先除掉能使其心有所忌的人，也就是奴才等人。再者，皇上放鹰逐犬，乃小事一件，于万岁江山无损，"若司礼监得人，左班安敢如此"。

武宗闻言大怒，当即下诏，任命刘瑾为司礼监太监兼提督团营，命丘聚提督东厂，命谷大用提督西厂。刘瑾马上派人将太监王岳、范亨、徐智等人拘禁起来，在宫门当众施以笞刑，并将他们发配南京。王岳、范亨行至山东临清时被刘瑾派出的杀手杀死，徐智则幸免于难。

戊午日，即十月十三日，韩文及礼部尚书许进等人正欲再谏除掉刘瑾，忽然有旨，传召诸大臣入宫。行至左顺门时，韩文等遇上内阁首辅刘健。刘健叹了口气说，此事功败垂成，你们要再接再厉。许进回答，看来此事要从长计议，过激恐生变。刘健默然无语。过了一会儿，司礼监太监李荣拿着大臣们的奏疏走过来，说，刘瑾等人服侍圣上有很长一段日子了，圣上一时狠不下心来处置他们，请稍等一段时间，圣上自会处理。诸位大臣相顾无言。①

眼见大势已去，刘健、谢迁当即上本请求致仕，李东阳随后也请求致仕。武宗同意了刘、谢二人所请，但挽留了相对温和的李东阳。十四日，李东阳再次请求致仕，武宗再次挽留。

刘、谢致仕后，进入内阁的是焦芳和王鏊。焦芳是刘瑾的党羽，王鏊是廷议推举的人选。《明通鉴》记载，焦芳裁阅章奏，完全看刘瑾眼色行事；王鏊虽然持事公正，却无力与焦芳相抗，遇上麻烦事时，幸亏有李东阳弥缝其间。②

次月，户部尚书韩文被免职。据说，刘、谢二人致仕后，司礼监太监刘瑾、东厂太监丘聚、西厂太监谷大用等人伺机报复韩文，寻其过错而不可得。最后，他们在内库找到一些伪银。于是，韩文被迫降职一级致仕。他离开京城时，行李仅装满一车。韩文回到老家后，刘瑾还密遣官校伺察其动静，却还是找不到可以问罪的地方，一直深以为憾。③

这场权力斗争以刘瑾的胜利而告终。

金事牟斌

《明书》及《明史》等史籍都记载，刘瑾非常仰慕王振的为人（"尝慕王振之为人"）。这句话是否是附会之词暂且不论，刘瑾与王振确实有一些相似之处。例如，他们都是在太子年幼的时候就开始侍奉太子，从而培养出比较深厚的感情；他们一开始都受到三位内阁学士的约束，王振面对的是"三杨"，刘瑾面对的是刘健、谢迁、

① 《明通鉴》，卷四十一。
② 以上综合自《明通鉴》，卷四十一；《明武宗实录》，卷十八；《国榷》，卷四十六。
③ 《明武宗实录》，卷十九。

李东阳；他们最终都在政治斗争中胜出。

但他们胜出的原因有所不同。王振胜在"三杨"的老弱与消极，刘瑾则胜在刘、谢二人的激进，这种激进不仅表现在逼迫武宗太急，还表现在较量失利后立即提出了致仕的请求，没想到这种以退为进的做法正中武宗下怀，结果是内阁支柱三去其二。从此以后，武宗更加无所顾忌地贪图个人享受，刘瑾等则更加肆无忌惮地施展自己的淫威。

不过，敢于挑战刘瑾权威者，大有人在。前面提到过的锦衣卫掌镇抚司事指挥金事牟斌即是其中一位。

刘健、谢迁上本致仕后，多位大臣上本弹劾权阉，恳求武宗挽留这两位顾命大臣，其结果是，包括刑科给事中吕翀、南京给事中戴铣、南京御史薄彦徽等在内的20余人被打入北镇抚司监狱。这些人中，有一位名叫任诺的南京御史，其上疏并非出本人意愿，而是同僚未经其同意就在奏章上署了他的名字，他打算就此申诉，以期豁免。牟斌劝诫他，古人确实有以结党为耻者，但您参与上疏却是忠义之举，难道现在反悔了吗？[1]总之，牟斌对这些人颇为照顾，能不用刑就不用刑，想方设法替他们申冤。

据说，戴铣的狱词将刘瑾列为权阉第一人。刘瑾听说后，要求牟斌隐去他的名字，但牟斌没有理会，据实而奏。他对同僚解释，据实保留刘瑾的名字，他日就可以保住我们自己的清白，昔日有人就是因为弄丢了狱词原件而被害，我辈一定要为自己打算。发生这些事情的时间，大概在正德元年（1506年）十二月与正德二年正月之间。

刘瑾显然不会允许像牟斌这样的人继续执掌北镇抚司。正德二年（1507年）闰正月十三日，太监李荣传旨，将牟斌调往南镇抚

---

① 《洹词》，卷六。

司管事，命锦衣卫千户潘杰与范宣在北镇抚司理刑。三日后，刘瑾掌握了牟斌庇护言官的证据，以徇私坏法为罪名，命人在朝堂之下杖责牟斌三十大板，将他降为百户，剥夺他所有的职务。[1]直至正德五年（1510年）十月，刘瑾倒台之后，牟斌才官复原职。次年二月，武宗命他仍在北镇抚司掌印理刑。[2]后来，牟斌因为拒绝权阉张雄提出的诬陷淮安知府刘祥的要求，再次被降为百户。[3]后来又再度官复原职。

据说，牟斌的长子去世后，工部循旧例捐给他"三百金"办理丧事。他指着次子、三子说："上天可能是因为我牟斌司刑不道，才降祸给长子，若是我收了这笔钱，恐怕会祸及其余二子。"

正德年间在翰林院史馆任职的崔铣对牟斌有很高的评价。他在《洹词》中提到，牟斌虽身居要职，却清廉一世，只有库屋敝衣而已。他甚至说，正德年间保全了臣节者，只有大学士刘忠、尚书傅珪、牟斌三人而已。

遍植私人

刘瑾等人控制锦衣卫的第一项措施，不是解除像牟斌这样不识时务者的职务，而是将自己的亲信安插进这个拥有执法权力的特别机构。

正德二年（1507年）闰正月初三，即牟斌被解职前，太监魏彬、张永、谷大用、马永成等人的兄弟——冠带舍人魏英、张容、张寰，舍人谷大玘、马山等人被授予锦衣卫世袭百户之职。四个月

① 《明武宗实录》，卷二十二。
② 《明武宗实录》，卷六十八、卷七十二。
③ 《弇山堂别集》，卷九十五。

后，张容被擢为锦衣卫正千户，只过了三日，又被擢为锦衣卫指挥佥事，与覃泰一起管理南镇抚司的事务。魏英也在当月被擢为锦衣卫正千户，谷大玘则被擢为指挥佥事，与朱成一起管理象房的事务。①

正德三年（1508年）二月，谷大用的兄弟——锦衣卫冠带舍人谷大宽被擢为副千户，谷大洪、谷大原授职锦衣卫百户。同月，张寰被擢为指挥佥事，马永成的家人马钊、马铖则授职百户。②次年十月，锦衣卫指挥同知张容被擢为都指挥佥事。

上述人事任命，皆见诸《明武宗实录》。奇怪的是，王世贞在《锦衣志》一文中提到的锦衣卫都指挥使张文义，却未被正史记载，甚至在其他野史中也找不到有关他的资料。王世贞写道：

> 瑾复用其私人张文义为锦衣（卫）都指挥使，与吏部尚书（张）彩表里作威福，时称瑾左右翼云。然文义时时以掌传瑾命，侍应对，不治锦衣。治锦衣者都指挥高得林也。③

"张文义"之名应是王世贞的笔误，其人实为石文义。《明史》载："锦衣卫指挥杨玉、石文义皆为瑾腹心。"④又载："卫使石文义亦瑾私人。"⑤

另据《明武宗实录》，石文义是南京守备太监石岩之侄，正德三年（1508年）四月时为锦衣卫左所正千户；⑥正德四年二月，经锦衣卫都指挥杨玉推荐，进入北镇抚司理刑，三个月后升为锦衣卫指

---

① 《明武宗实录》，卷二十二、卷二十六。
② 《明武宗实录》，卷三十五。
③ 《弇州四部稿》，卷七十九。
④ 《明史》，卷三百四。
⑤ 《明史》，卷九十五。
⑥ 《明武宗实录》，卷三十七。

挥佥事。①正德五年四月，太监刘瑾传旨，将锦衣卫掌镇抚司事指挥佥事石文义、理刑副千户郝凯的官阶各升一级，晋为指挥同知。②

上面提到的杨玉也出身不凡，其姑母是孝宗的保母卫圣恭僖夫人。

至迟从宪宗朝开始，在锦衣卫供职者，除了宫人父兄的"女户锦衣卫"，还有皇帝保母的家人，即"保母锦衣卫"。不过，善待保母的做法，并非始于宪宗，而是始于成祖。根据沈德符的记录，永乐三年（1405年），成祖追封乳母冯氏为保圣贞顺夫人，此为追封保母的先例。③

应卫圣恭僖夫人之请，弘治十六年（1503年）八月，孝宗将锦衣卫指挥使杨玉擢为锦衣卫都指挥佥事。④但他后来因为犯罪而被降为千户，遇上大赦而官复原职，调万全都指挥使司带俸任职。正德元年十二月，他以卫圣恭僖夫人之墓在京师为由，恳求留在京师锦衣卫，于是又当上锦衣卫都指挥佥事。⑤很可能是刘瑾在这件事上出了力，因此，杨玉感恩戴德，成为刘瑾的心腹。一年以后，他被擢为都指挥同知。刘瑾于正德五年（1510年）八月倒台之前，他已官至锦衣卫都指挥使（正二品）。

王世贞提到的吏部尚书张彩，被《明史》编撰者列入《阉党列传》。同为阉党者，还有内阁学士兼吏部尚书焦芳、内阁学士兼吏部尚书曹元、兵部尚书刘宇，以及户部左侍郎韩福。他们都是刘瑾的党羽，在正德年间为祸天下。

① 《明武宗实录》，卷五十。
② 《明武宗实录》，卷六十二。
③ 《万历野获编》，卷二十一。
④ 《明孝宗实录》，卷二百二。
⑤ 《明武宗实录》，卷二十。

　　王世贞提到的锦衣卫都指挥高得林，乃是"八虎"之一司礼监太监高凤的侄子。《明武宗实录》记载，高凤办事得力，武宗想给他赏赐，但高凤辞免升赏，于是命其侄高得林在锦衣卫堂上管事。[①]至迟在正德元年十月，他已经是锦衣卫都指挥佥事（正三品）。

　　在刘健、谢迁等人请旨诛杀"八虎"之前四日，都察院都给事中艾洪等人上本称，高得林与高凤之间的关系会导致"内外偏重"，恐怕不是国家之福，建议武宗罢黜之。监察御史潘镗随后也上本，高凤在内廷担任要职，高得林在锦衣卫管事，不合朝廷的体制，亦非高氏之福。兵部也呈上类似奏本。但武宗不以为然。[②]

　　至迟在次年八月，高得林已晋为锦衣卫都指挥同知（从二品）。武宗在该月二十二日下旨，命高得林执掌锦衣卫印信，提督官校办事。[③]正德三年（1508年）十月，他又受命兼管提督巡捕。正德四年二月，刘瑾传旨，升锦衣卫指挥同知高得林为后军都督府都督同知（从一品），带俸任职。[④]

　　除了石文义、高得林以及杨玉，刘瑾在锦衣卫的"私人"还包括沈彬、左堂、郝凯等人，其官职为千户、百户不等。其中，百户沈彬在东司房办事，他总是以缉事为借口，蛊惑人心，为刘瑾造势。千户郝凯则与石文义一同在镇抚司理刑。左堂的具体职掌不明。他们掌握到任何线索，都会先禀报刘瑾，而不是武宗。[⑤]

　　排除异己，是刘瑾等人控制锦衣卫的另一项举措。解除牟斌的职务只是其中一步。牟斌革职两个月后，前东厂太监王岳的亲信锦

---

①　《明武宗实录》，卷十九。

②　《明武宗实录》，卷十八。

③　《明武宗实录》，卷二十九。

④　《明武宗实录》，卷四十七。

⑤　《明书》，卷一百五十九。

衣卫百户姚景祥、小旗张锦等人被谪辽东铁岭卫戍边，并在朝堂各被杖责四十，后皆死于狱中。同月，曾在王岳手下办事的锦衣卫官校王缙、郭仁、张钦等人也都谪戍边卫。[①]除此之外，有关正德前期锦衣卫人事清洗的案例寥寥无几，因为这个机构很快就完全落入刘瑾等人的掌握之中。这一时期，东厂由御马监太监丘聚提督，西厂提督则是御马监太监谷大用，东西二厂的辑事官校主要来自锦衣卫，用《明史》的话说，"厂卫之势合矣！"[②]

厂卫合流

随着内阁学士刘健、谢迁在正德元年十月致仕，以及刘、谢的支持者在正德元年年底被清洗，刘瑾完全确立了自己的权威。可是，权威并不等同于权力。要获得与权威相匹配的权力，还需要得到武宗的授权。

刘瑾很快就做到了。他的策略并不高明，却很有效：他每日都挖空心思琢磨新鲜玩意儿，或者带武宗去好玩的地方，待武宗玩得入迷时，又捧出一大堆各司奏章请武宗批示，年轻的皇帝当然会觉得扫兴："我要你有什么用？一再拿这样的事来烦朕！"（吾用尔何为？乃以此一一烦朕耶？）于是，刘瑾不再打扰武宗，事无大小，都自己做决定，然后传旨施行，其中有很多事都瞒着武宗。从正德二年（1507年）正月开始，刘瑾已全窃大柄。[③]

刘瑾用事、厂卫合流的结果是，官民备受荼毒。

对官员们来说，忠于职守非但可能无功，甚至可能有过。监

---

① 《明孝宗实录》，卷二十五。
② 《明史》，卷九十五。
③ 《明通鉴》，卷四十二；《明史》，卷三百四；《明史纪事本末》，卷四十三。

察御史王时中就是因为在巡按直隶、隆庆等处期间罢免了很多贪污腐败的守备太监,触犯了刘瑾等人的利益,成为东厂太监丘聚"附瑾立威"的牺牲品。正德二年二月,丘聚以王时中"酷刻太甚"为由,将其关入镇抚司监狱严加审讯,最后甚至给他套上沉重的枷锁,将他械铐在都察院门口达一个月之久。后来,王时中的妻子向都察院左都御史刘宇(王时中的上司,同时亦是刘瑾的心腹)哭诉,刘宇实在没有办法,就向刘瑾求了情。最终,王时中谪戍辽东铁岭卫。①同月,江西清军监察御史王良臣因上疏为戴铣等人求情,也被打入镇抚司监狱。刘瑾弹劾他与戴铣党比相护,结果王良臣被廷杖三十,革职削籍。②

同年三月二十八日上演的一幕更为荒诞。这日早朝结束后,朝臣来到金水桥南,跪听鸿胪寺宣读谕旨。谕旨将王岳、范亨、徐智等人定性为奸臣,谓其窃弄威福,颠倒是非,并斥责内阁学士刘健、谢迁,尚书韩文、杨守随、张敷华、林瀚,给事中汤礼敬、陈霆、徐昂、陶谐、刘茞、艾洪、吕翀等53人,与王、范、徐3人私相授受,结党营私,伤残善类,变乱黑白,扇动浮言,行为不正。但谕旨十分"宽大地"豁免了诸臣的罪行,但警告他们以后不要重蹈覆辙,以免自取其辱。据说,这道谕旨实由刘瑾的亲信起草,但也有传言说是阁臣焦芳所写。③

立威行动的后果是,即便是内阁首辅李东阳也不得不避其锋芒,委曲求全。史载,正德二年(1507年)四月,即金水桥南羞辱群臣的次月,刘瑾再次矫诏,命内阁起草敕令,授予镇守太监干预刑名政事的权限。根据旧制,类似敕令的颁布必先由六部奏准,再

---

① 《明武宗实录》,卷二十三。
② 《国榷》,卷四十六。
③ 《明武宗实录》,卷二十四。

送内阁起草。但李东阳等人对这项旨令没有提出反对的意见。刘瑾在北京朝阳门外修建玄真观后，李东阳甚至亲自撰写碑文，称颂刘瑾的美德。[1]他甚至还用"刚明正直，为国除弊"八字称赞刘瑾，被很多有识之士鄙视。李东阳似乎也没有反对刘瑾的"白本制度"。这项制度指的是京外镇守、巡抚以下官员奏事要遵循的程序：他们必须先将奏本写在红本（红揭帖）上，呈给刘瑾过目，得到认可之后，再写在白本（白揭帖）上，下发通政司。[2]然后再经正常的程序，由通政司呈给文书房。这项制度使国政大权全由刘瑾把持，使得内外廷臣只知有刘瑾，不知有朝廷。

不过，包括《明史》《明史纪事本末》在内的大部分史籍同时也认为，李东阳的虚与委蛇，并非只是为了保全自己的禄位。《明史纪事本末》提到很多有关李东阳营救忠臣义士的例子。例如，东厂辑事官校以违例乘轿为由，将尚宝卿顾璇、副使姚祥逮捕入狱，经李东阳营救，二人保住了性命，只是谪戍而已。又如，都御史杨一清与刘瑾不睦，刘瑾寻了个"筑边糜费"（意即在修筑长城一事上花了过多的银子）的借口，将他打入诏狱，也是多亏李东阳的帮助，才被释放。又如，前兵部尚书刘大夏被刘宇、焦芳指控"激变土官"（意即刺激土著首领叛变），被打入锦衣卫监狱，经李东阳与王鏊等人解救，最终免死，只是发配甘肃卫。《明史》一言以蔽之："凡刘瑾所为乱政，东阳弥缝其间，亦多所补救。"

既然连内阁首辅都不敢正面撄其锋，刘瑾自然更加嚣张，凡是忤逆其意者，都是他打击报复的对象，即便对方已经致仕也不放过。

---

① 《明史纪事本末》，卷四十三。
② 《明书》，卷一百五十九。

　　早前提议诛杀刘瑾的户部尚书韩文虽已罢职回乡，但刘瑾恨心未已，以户部广东司遗失簿籍为借口，遣派厂卫官校将他械至京城，打入锦衣卫监狱，几个月后才有条件地将他释放。据说，刘瑾知道韩文为官清廉，家无余财，特意用"罚米法"来为难他，罚他大米千石，并命其输送至大同，以充军粮。经过数次"罚米"之后，韩文的家业荡然无存。

　　除了韩文，因"罚米"而受困的大臣，还包括致仕尚书雍泰、马文升、刘大夏、许进，都御史杨一清、李进、王忠，侍郎张缙，给事中赵士贤、任良弼，御史张津、陈顺、曹来旬等数十人。为了上交"罚米"，这些大臣被搞得倾家荡产，有的甚至要借高利贷，以致家破人亡，缙绅闻之骚然。[①]

　　不过，刘瑾虽然可恶，却并非如《明史纪事本末》及《明通鉴》所载，是"罚米法"的发明者。早在宣德元年（1426年），因苏杭诸郡、海宁诸卫军饷不继，大理寺卿熊槩就提出了"出赃罚米"的建议，以解决军饷问题，宣宗批准了他的建议。[②]《大明律》也有规定，五品以上的文官，以及大大小小的土官，犯下笞杖之罪的，有俸禄者，照罪罚俸；无俸禄者，罚米。[③]

　　相较于官员们，普通百姓更是动辄被缉事官校鱼肉。《国榷》记载了一则事例：江西南康县本有端午举行龙舟竞渡的习俗，可是，正德三年（1508年）六月时，南康人吴登显等人却因"擅造龙舟"而被西厂缉事官校抄家。作者谈迁评论，自那以后，民间只要看到鲜衣怒马、操着一口京腔的人，言行举止都会变得小心翼翼，地方官吏向这些人偷偷行贿，地痞无赖则冒充这些人诈骗钱财。总

---

① 《明史》，卷一百八十六；《明史纪事本末》，卷四十三；《明通鉴》，卷四十二。

② 《明宣宗实录》，卷一百十三。

③ 《明会典》，卷一百六十；《大明律集解附例》，卷之一。

之，善良的人们都活在沉重的氛围里，似乎不能自由呼吸。[①]

内厂

内厂设立之后，刘瑾擅权为祸的程度日益严重。

内厂，又称内行厂，设于正德三年（1508年）八月。它有两个办公地点，其一是宫外的外办事厂，由惜薪司外薪厂改建而成；其二是宫内的内办事厂，由荣府旧仓地改建而成。[②]内厂的职能是诇察一切，包括东西二厂的不法事情。[③]

《明通鉴》写道：

> 时东、西二厂横甚，道路以目。瑾犹未慊，复立内厂，自领之，尤为酷烈，中人以微法，无得全者。凡所逮捕，一家有犯，邻里皆坐，或瞰河居者，以河外居民坐之。屡起大狱，冤号相属。[④]

《明书》则写道：

> 民间稍有违禁事觉，即举家收捕，杀人取货……虽远方小邑莫不畏威屏息，唯恐得罪。[⑤]

---

① 《国榷》，卷四十七。
② 《明武宗实录》，卷四十一。
③ 《弇山堂别集》，卷十五。
④ 《明通鉴》，卷四十二。
⑤ 《明书》，卷一百五十九。

不仅如此，内厂还开创了"罪无轻重皆决杖，永远戍边，或枷项发遣"的先例。据说，枷锁重达150斤，没过几日就会被折磨至死，官吏军民冤死者甚众。[①]

根据明人沈德符的记录，厂卫一直以来遵循的先下驾帖、再送刑科审批、批定后再行事的程序，在刘瑾的时代初告终结。[②]不过，根据《明世宗实录》的记载，至迟在嘉靖元年（1522年），这一程序重新得到遵行。[③]

司法专制必然会导致专制者任性弄权，刘瑾自然不会例外。内厂设立后，他矫诏下达了两项害民不浅的敕令：其一是将在京城谋生的无业游民或者从事诸如磨工、鬻水等低贱行业者全部驱逐出京。结果上千名被驱逐者在城外东郊集结，他们手持棍棒，表示甘愿赔上性命，也要杀了刘瑾。刘心生恐惧，撤回了先前的命令；其二是命所有寡妇再嫁，并规定将停丧未葬的尸首全都焚烧，以致京师哗然、刘瑾担心有变，不得不将闹得最凶的人抓了起来，却放过了其他人，并且取消了之前的命令，以安众心。[④]

不能否认，刘瑾用事期间，厂卫偶尔也会"秉公执法"。例如，正德二年（1507年）五月，工部郎中刘汝靖因侵夺官地而被东厂官校抓进锦衣卫监狱，最终杖责三十，削职为民。正德四年（1509年）正月，大理寺少卿季春因为在勘事福建期间"纳妾又多载私货"，为东厂校尉所发，逮系锦衣狱，最终削职为民，并罚米500石。[⑤]

然而，这种"秉公执法"也可能是因为执法对象送的贿金不

---

① 《明史》，卷九十五。
② 《万历野获编》，卷二十一。
③ 《明世宗实录》，卷二十、卷二十一。
④ 《明世宗实录》，卷四十一；《国榷》，卷四十七；《明通鉴》，卷四十二。
⑤ 《明武宗实录》，卷二十六、卷四十六。

够多。《明史》记载了不少犯事的边将因为贿赂了刘瑾而免罪，甚至还升官的例子。[1]据说，凡入宫觐见或者奉旨出使的官员，都会给刘瑾献上一份丰厚的贿金。甚至还出现因为没钱行贿而自杀的案例：兵科给事中周钥即由于这个荒诞的原因自刎于桃源小舟中。[2]亲信石文义掌诏狱期间，凡入狱官员，除非贿金让刘瑾满意，否则可能永远被关押在狱中，案件无人问理。

让行贿者大感头疼的是，并非贿赂了刘瑾就能得到好处。出差福建的刑部侍郎张鸾回京后，奉上白银20 000两，刘瑾将这笔巨款收入内府承运库，却罢黜了张鸾的官职。言官欧阳云、印绶监少监李宣、锦衣卫指挥同知赵良等人，也都因为贿赂刘瑾反而被革职。原因大概在于，无论是行贿，还是受贿，都需要以互相信任为前提，否则很可能误入彀中，被政敌掌握把柄，未得其利，先受其害。即便大权在握如刘瑾者，也不得不防。

据说，刘瑾的党羽、吏部尚书张彩曾提醒他，官员们打着您的旗号去贪污或者索贿，向您进献贿金，不是盗自官帑，就是索自小民。更重要的是，他们献给您的贿金，还不到他们贪污数额的十分之一，但全部罪名都推到您的身上，您可怎么向天下交代呀！刘瑾闻言，认为非常有道理，于是，因行贿而得祸者甚众。[3]

诛瑾闹剧

正德五年（1510年），刘瑾的时代结束。

他的独断专行，使朝臣对他的不满与忌恨与日俱增，他以往的

---

① 《明史》，卷三百四。
② 《明武宗实录》，卷四十四。
③ 《明史》，卷三百六。

盟友也在寻找机会打击他，以期获得更大的权力空间。不难理解，在他擅权期间，无所不在的政敌们一定是百般隐忍，无时无刻不在等待他犯下难以弥补的大错。

刘瑾以往的盟友中，御马监太监张永被认为相对公正（《明书》谓其"稍持正"）。他是扳倒刘瑾的关键人物。

张永是保定新城人，与刘瑾的交情原本不错，尤其是正德初年同心协力对付刘健、谢迁、韩文等试图说服武宗诛杀"八虎"的朝臣时，更是如此。但是，随着刘瑾大权独揽，行事日益跋扈毒辣，二人之间的矛盾也逐渐加深。

与刘瑾有隙的不只是张永，"八虎"中的其他6位，例如谷大用、马永成等，也对刘瑾越来越不满。《明通鉴》认为，刘瑾擅权后，忘记往日同仇敌忾的情分，其他7人求他办事时，他一概不理，因此7人都怨恨他。[①]

到了正德五年（1510年）二月，张永与刘瑾的矛盾已经公开化了。根据嘉靖十四年（1535年）进士薛应旗所著《宪章录》，正是在这个月，刘瑾诬陷张永有罪，并向武宗提议将其谪往南京。圣旨尚未下达，即日就有人要赶张永上路，宫门处还张贴了禁止放张永入宫的告示。张永寻了个机会直奔御前，自陈无罪，并且说是被刘瑾陷害。武宗当即召刘瑾前来对质，一语不合，张永即奋拳殴打刘瑾，谷大用等人赶紧上前劝解，最终还是武宗出面，召这几位近臣一起喝酒，二人才暂时和解。[②]

另一位倒刘的关键人物是安化王朱寘鐇（封地位于甘肃安化）。根据《皇明祖训》，朱寘鐇属于庆王世系。庆王朱栴是太祖第十六

---

① 《明通鉴》，卷四十三。
② 薛应旗：《宪章录》，卷四十四。

子，真镨是其三世孙。安化王长相魁梧，举止一向狂妄无礼，肆无忌惮。有江湖术士预言他命当大贵，又有妖巫借鹦鹉之口印证江湖术士所言，于是真镨动了觊觎皇位的非分之想。他召集党羽指挥周昂，千户何锦、丁广，以及儒生孙景文等人，潜蓄异谋。

正德五年（1510年）四月，安化王命孙景文草拟诛瑾檄文，以诛杀奸宦刘瑾为借口，起兵谋反。地方官们收到这道檄文，因为害怕刘瑾，都不敢将这件事告诉他。

但造反的消息最终还是传到了北京。武宗命泾阳伯神英佩戴平胡将军印，充任总兵官，起用刘瑾的仇人、前右都御史杨一清为提督，率大军讨伐安化王。又命太监张永总督宁夏军务。可是，大军尚未抵达安化，叛乱已被宁夏游击将军仇钺平定。于是，神英奉命率师回京。张永及杨一清则仍往宁夏，安抚地方。正是在这个过程中，张、杨二人逐渐建立了深厚的交情。嘉靖七年（1528年），张永去世，已是内阁首辅的杨一清亲自为其撰写墓志铭。[1]

杨一清是云南安宁人，幼时是个神童，14岁时举乡试，18岁中进士，其人相貌丑陋，机警敏捷。[2]正德四年（1509年）四月，杨一清在右都御史任上时，因触怒刘瑾而被罚米300石，并革职。[3]毫无疑问，他的官复原职，以及奉旨提督镇压安化王叛乱的大军等人事安排，是一个微妙的信号。《明通鉴》写道：

> （张）永至宁夏，杨一清与之结纳，相得甚欢。（杨一清）知（张）永与（刘）瑾有隙，乘间扼腕言曰："赖公力定反侧，然此易除也，如国家内患何？"遂促席画掌作"瑾"字。（张）

---

① 《国榷》，卷五十四。
② 《明史》，卷一百九十八。
③ 《明武宗实录》，卷四十九。

永难之。一清慨然曰："公亦上信臣，今讨贼不付他人而付公，上意可知。曷以此时功成奏捷，请间论军事，因发瑾奸，极陈海内愁怨，恐变生心腹。上英武，必听公诛（刘）瑾。（刘）瑾诛，公益柄用，悉矫弊政，安天下心。吕强、张承业暨公，千载三人耳。"（张）永曰："脱不济，奈何？"一清曰："言出于公，必济。万一不信，公顿首据地泣，请死上前，剖心以明不妄，上必为公动。苟得请即行事，毋须臾缓！"（张）永勃然起曰："老奴何惜余年不以报主哉！"意遂决。①

八月十一日，张永自宁夏回京献俘。武宗身着戎装，亲至东安门相迎（张永奉诏西征时，武宗也是身着戎装，亲送至东华门）。当日傍晚，武宗置酒慰劳张永，刘瑾、马永成作陪。夜色深重时，刘瑾先行告退，张永乘机密告刘瑾谋反罪状，他从袖中取出奏本，历数刘瑾不法事十七件，并且上陈，刘瑾流毒海内，激变宁夏，心不自安，阴谋不轨，反形已具，宜早擒之。武宗犹豫不决。张永力劝，陛下再不决断，我辈都将死无葬身之地了，陛下于心何忍？马永成等也支持张永所言。武宗终为所动，命锦衣卫立即逮捕刘瑾，并亲至刘瑾宅第观变。

《明史纪事本末》写道，当日子夜时分，禁兵闯入其家，刚入睡的刘瑾被惊醒，说了一句"不好"就赶紧出屋，结果被逮。②是夜，刘瑾被送出东华门，关押在菜厂胡同一带，宅第被锦衣卫官校查封。那时宵禁制度特别严格，甚至有人因违例而被处死。事发之时，皇城一片寂然，连鸡犬之声都没有。那些听到兵甲之声铮然相

① 《明通鉴》，卷四十三。
② 《明史纪事本末》，卷四十三。

继的京城百姓，还误以为是百官在为某官送葬。①

　　据说，有一个名叫俞日明的江湖术士曾对刘瑾说，他的侄孙刘二汉命当大贵。刘瑾深信不疑，于是图谋不轨。正巧都督同知刘景祥（刘瑾的兄弟）去世，定于八月十五日下葬，届时会有百官送葬的环节。刘瑾打算利用这个时机起事。但没有想到的是，张永正好请旨在八月十五日献俘。刘瑾本想让张永晚些回京，待事成后一并擒下后者。但有人将刘瑾的阴谋驰告张永，因此，张永提前四日进京，破坏了刘瑾的阴谋。

　　武宗起初好像并不完全相信刘瑾会背叛自己，他在擒下刘瑾的次日发布一道谕旨称，朕将刘瑾视为心腹，委任他整理各种政务，可是刘瑾却不体朕心，倒行逆施，朕为自己的失察感到后悔。但对刘瑾的惩罚，却只是敕令其在中都凤阳闲住而已。

　　谕旨颁布后，京中官民震惊，这才知道一代权阉刘瑾在一夜之间已成为阶下囚。《明武宗实录》写道，因为大内突然发生这样的大事，一时之间，官道上逻卒飞骑，交驰于道，官民又惊又怕，衣冠失度，府寺闾巷喧嚣如沸，过了大半个月才平静下来。

　　刘瑾被囚后，深知自己濒临绝境，于是通过通政司的人脉，呈上了人生中最后一道奏本。他诉苦自己被捕的时候没穿衣服，请陛下恩赐一两件衣服避寒。刘瑾想通过装可怜打动武宗。武宗似乎真的动了怜悯之心，命人送了上百件旧衣服给刘瑾。

　　但刘瑾的努力只是徒劳。八月十四日，武宗亲自督抄刘瑾家宅，见到后者所藏财物及谋反证据后，怒不可遏，起了杀心：

　　　　上亲籍（刘）瑾家。黄金二十四万锭，又五万七千八百

----

① 《明武宗实录》，卷六十四。

两。元宝五百万锭。银八百万锭，又百五十八万三千八百两。宝石二斗。金甲二。金钩三千。金银汤鼎五百。衮服（天子穿的衣服）四袭。莽服四百七十袭。牙牌二柜。金龙甲三十。玉印一。玉琴一。狮蛮带一。玉带四千一百六十。（于另一处私宅）又得金五万九千两，银十万九千五百两。团扇饰貂皮，中置刀二。甲千余。弓弩五百。上见刀、甲、弓，怒曰："瑾果反矣！"即下狱。①

审讯刘瑾是一场极具讽刺意义的闹剧。《明通鉴》写道，六科给事中谢讷、十三道御史贺泰等，在奏本中列数刘瑾犯下的19条大罪，请武宗立即诛杀刘瑾。

武宗命三法司、锦衣卫会同百官在午门外审讯刘瑾。都给事中李宪曾是刘瑾的党羽，此时也是弹劾刘瑾的一员。刘瑾听说之后，大笑说："李宪也弹劾我了吗！"审讯之日，刑部尚书刘璟甚至一句话都不敢问。刘瑾大声说："公卿大多都出自我门下，谁敢审我？！"众官悄悄闪躲，不敢面对他。驸马都尉蔡震挺身而出，说："我是国戚，我来审你。"当即命人掌刘瑾的嘴，并质问他："公卿都是朝廷命官，你怎敢说出自你的门下？！再问你，你为何收藏那么多兵甲？"刘瑾说："那是用来保护皇上的。"蔡震又问："既然如此，为何藏在你的家里，而不藏在府库？"刘瑾语塞。②

刘瑾被抄家次日，掌锦衣卫事都指挥使杨玉、掌镇抚司事锦衣卫指挥使石文义被打入都察院监狱。前者被处死，后者被凌迟。

八月二十日，张永将刘瑾的亲信、内行厂锦衣卫官校彭玉等57

---

① 《国榷》，卷四十八。
② 《明通鉴》，卷四十三。

人，以及杨玉的亲信、锦衣卫旗校秦志通等5人打入监狱，严刑拷问。东司房百户沈彬被处死，北镇抚司理刑千户郝凯等人则发配边卫。所有这些人都被抄家，亲属远戍广东、海南等地。

八月二十五日，刘瑾被押赴闹市，凌迟三日而死。据说，怨恨他的人争相购买他的血肉生吃以解恨。刘瑾那命当大贵的侄孙刘二汉，以及亲属刘杰等15人都以谋反罪被斩首，女眷发配浣衣局为奴。二十六日，武宗下诏，尽数释放此前被刘瑾谪戍边卫的官员。

刘瑾在朝中的主要党羽、吏部尚书张彩被处死，其他重要党羽如阁臣焦芳、刘宇、曹元，以及户部尚书刘玑、刑部尚书刘璟等人，则或贬或谪或罢官或除名。但是，为了稳定局面，没被查处的党羽还有很多。

刘瑾伏诛次日，杨一清被任命为户部尚书，5年后入阁。李东阳继续担任内阁首辅，他在两年后致仕。张永的弟弟、锦衣卫都指挥金事张容，在刘瑾被抄家当日受命掌印锦衣卫，提督官校办事，后来被封为安定伯。张永的兄长张富在次月因为平安化、诛刘瑾有功，被封为泰安伯。至于张永本人，则禄米每年增加48石。太监谷大用的兄长谷大宽、马永成的兄长马山、魏彬的兄弟魏英，也分别被封为高平伯、平凉伯、镇安伯。魏彬接掌了司礼监印信。平定安化王叛乱有功的游击将军仇钺被封为咸宁伯。[1]

明人薛应旗评论，武宗赏罚失当，以致刘瑾流毒未除，魏彬、马永成等人继续浊乱朝纲，山东、河南、江西、四川等地盗贼蜂起，天下不胜烦扰。[2]

刘瑾死后，他主持的变法事项，包括吏部24项、户部30余项、

---

① 《明武宗实录》，卷六十七。
② 薛应旗：《宪章录》，卷四十四。

兵部18项、工部13项，都被废止，恢复旧制。[①]

钱江相争

正德中后期，锦衣卫的历史主要围绕钱宁与江彬的命运展开。

因为钱宁的存在，锦衣卫暂时脱离了太监的控制，不再附属于东厂或西厂，重新成为可以与之分庭抗礼的独立主体。这是正德中后期锦衣卫的基本特征。钱宁本人还开创了另一项纪录：作为锦衣卫管事者，其官级达到武官的极致——左都督（正一品）。在此之前，锦衣卫管事者的最高官职是都督同知（从一品），代表人物是英宗朝的袁彬。

钱宁是陕西镇安人，本名朱安，小名"酒来"（一说"茶来"），因自幼在太监钱能家为奴而冠以钱姓。[②]钱能原是御用监太监，成化四年（1468年）奉命镇守云南。12年后，因私通安南国王等事被谪南京闲住，后来当上南京守备太监，[③]大概在弘治末、正德初过世。按照推恩宦官家人的惯例，钱宁被授予锦衣卫百户之职。

明人王世贞说，钱宁天性警敏，巧媚异常，深得钱能喜欢。钱能有意培养他，在接到镇守云南的调令后，携他同行，助其增广见闻。那时钱宁的年纪还很小，但待人接物已十分老成。某位经常出入钱能门庭的官员认为钱宁生具异相，送给他大量金帛，甚至还郑重其事地说了"苟富贵，无相忘"的话。[④]

据王世贞记载，钱宁是通过马永成的关系，在豹房谒见了武

---

① 《明史》，卷三百四。

② 《罪惟录》，列传卷三十。

③ 《明宪宗实录》，卷五十一、卷二百二十八。

④ 《弇州四部稿》，卷七十九。

宗，并表演了握槊、骑马、格斗等本事，深得武宗赏识，赐其国姓（即朱姓），并收其为义子。[①]而据《明书》所载，钱宁是通过巴结刘瑾而得到亲近武宗的机会，最终得到赏识。[②]《明史》也载，钱宁能骑善射，可左右开弓。在钱能的调教下，他应该多少会些文书的工作。总的来说，钱宁有背景、有人脉，再加上为人聪明、有本事、口才好、善于逢迎拍马，而武宗正好又极爱嬉戏热闹，因此，他的受宠只是时间问题。

豹房建于正德二年（1507年）八月。[③]若此条记载无误，且王世贞所谓"钱宁通过马永成的关系在豹房见到武宗"的记载属实，那么，君臣初会的时间不会早于正德二年八月，同时也不会迟于正德三年四月。因为根据《明武宗实录》的记载，正是在这个月，武宗应乐官臧贤、权奸钱宁所请，命人在东公生门的南边增造御乐库房。[④]也就是说，至迟在正德三年四月，钱宁已经十分受宠了。

但钱宁见幸于武宗的时间也可能早于正德二年八月，因为《明史》有所谓"（钱宁）请于禁内建豹房"的记载，《明书》也有所谓"（钱宁）引乐工臧贤及番僧等相比为奸，又请于禁内建豹房、新寺，诱上畋游为娱乐，杂陈伎术以固宠"的说法。换句话说，若这些记载属实，则营建豹房的主意乃出自钱宁。

不过，由于《明书》对相关事件先后顺序的记载比较混乱，上述史料的可信度在一定程度上受到影响。事实上，钱宁"请于禁内建豹房"这句话的上文是，"（钱宁）大被宠幸，赐国姓，为锦衣正千户；累升左都督，掌锦衣卫事，典诏狱，权日益重。引乐工臧

---

① 《弇州四部稿》，卷七十九。
② 《明书》，卷一百五十五。
③ 《明史》，卷十六。
④ 《明武宗实录》，卷三十七。

贤……"后文将会提到，钱宁被授予锦衣卫千户一职的时间要比建豹房的时间晚得多。

无论营建豹房是否出自钱宁的主意，可以确定的是，钱宁要上位，除了要有足以引起武宗兴趣的才气与性格，还要有陪伴这位又年轻又贪玩的皇帝的机会。由于刘瑾曾主管钟鼓司，而钟鼓司的职能主要是伺候皇帝玩乐，因此，钱宁通过刘瑾而接近武宗的可能性，似乎比通过司设监太监马永成的可能性更大一些。①

因此，上述事件发生的顺序也有可能是，正德元年或者正德二年初，钱宁通过刘瑾谒见了武宗，凭借自己的才艺与气质，他得到武宗的喜爱。过了一段时日后，他提出营建豹房的建议。正德二年八月，武宗将这个建议付诸实施。

《明通鉴》记载，武宗受群阉蛊惑，在西华门别筑宫殿院落，并造密室于两厢，取名为"豹房"。武宗将豹房称为"新宅"，朝夕流连其中。每日召教坊乐工入宅承应，久而久之，乐工承应不及，又召来河南诸府精于歌舞器乐者，"教坊人至者日以百计。群小见幸者，趋承自便，不复入大内矣"。②

在此之前，向往宫外生活的武宗已命太监仿照民间市集在大内盖了所谓的"廛肆"，他本人扮作商贾，做起了买卖，又经常扮作赌客进赌坊豪赌。他还命太监在宫内永巷盖了酒肆，取名"廊下家"，经常醉宿在那里。

5年后，即正德七年（1512年）十月，武宗下令扩建豹房。时有工部官员上本称，自营建以来，豹房花费高达白银24万两之巨，现在又要增修房屋200余间，国乏民贫，实在难以为继，恳求武宗

---

① 《明史》有关司设监职掌的记载是："司设监，员同内官监，掌卤簿、仪仗、帷幕诸事。"见卷七十四。
② 《明通鉴》，卷四十二。

停建或减至百间。① 但武宗不为所动。

武宗最为人所知的一件事是滥收义子，钱宁只是其中的一个。《御批历代通鉴辑览》及《明通鉴》记载，武宗动辄将自己喜爱的宦官、市井无赖，甚至是逃亡的罪人收为义子，赐姓朱氏。② 有史可查的事件是，正德七年九月，时年不过21岁的武宗赐予127名义子以国姓。③

根据史料判断，武宗收钱宁为义子并赐其国姓的时间，不会迟于正德四年十一月，因为在这个月的初七，钱宁以武宗义子朱宁的身份被擢为锦衣卫正千户。同时晋升官职者还包括武宗的其他15名义子，如朱铎、朱福、朱安、朱玺等，他们有的被擢为千户，有的被擢为所镇抚，而武宗当时只有18岁。若王世贞有关钱能赴任云南镇守太监时携带钱宁同行的记载无误，那么，钱宁被收为义子时的年龄不会低于41岁。

《明武宗实录》的编撰者之一、嘉靖朝内阁学士费宏记载了武宗擢升义子的程序：义子在白帖上记下姓名，加注"某某乞某官"字样，甚至不写籍贯。武宗御批"如所乞，下兵部施行"，仅此而已。④

同为武宗义子，前程并不相同：永寿伯朱德，都督朱宁（即钱宁）、朱安最为风光；其次是官至都督的朱国、朱福、朱刚3人；至于其他人，有的授官都指挥使，有的授官指挥、千户、百户、镇抚、总旗；包括朱静在内的5名逃犯，也官至千户。⑤

需要说明的是，有明一代，武宗并非第一位收义子的皇帝，肇

---

① 《明通鉴》，卷四十四。
② 《御批历代通鉴辑览》，卷一百七；《明通鉴》，卷四十四。
③ 《明史》，卷十六。
④ 《明武宗实录》，卷五十七。
⑤ 《明通鉴》，卷四十四。

始者实为太祖。若再往前，则至少可以追溯至后梁太祖朱全忠。明太祖收义子的原因与武宗完全不同。清代史家赵翼解释，太祖以布衣举事，追随在身边的可用近亲，除了侄子朱文正及外甥李文忠，再也没有其他人，因此就收养了很多小孩当义子，待他们长大后，即委任他们镇守一方，"周舍镇江，道舍守宁国，马儿守婺州，柴舍、真童守处州，金刚奴守衢州，皆义子也"①。

刘瑾倒台后，钱宁没有受到大的影响。《明武宗实录》的记载是，正德五年（1510年）九月，即刘瑾伏诛次月，钱宁以锦衣卫指挥使的身份受命与覃泰等人一同掌理南镇抚司。②他晋为指挥使的原因与时间尚不清楚。

覃泰是锦衣卫的老前辈，至迟在宪宗成化十四年（1478年）已是锦衣卫千户，因追随指挥使朱骥捕盗有功，当年九月被擢为指挥佥事。11年后，他官至锦衣卫都指挥同知。至迟从正德二年（1507年）开始，他已经在南京锦衣卫管事。张永的两位兄弟，即锦衣卫都指挥佥事、安定伯张容与锦衣卫指挥使、泰安伯张富，曾与他一同掌理南镇抚司事。

在南京工作期间，钱宁应该得到覃泰不少照顾，因此，飞黄腾达之后回报了后者。正德十年（1515年）十月，正是应钱宁所请，武宗将已经在都指挥同知一职上待了20多年的覃泰擢为都指挥使。

将钱宁调往南京，应该是武宗的权宜之计：他的这位宠臣与刘瑾的关系一度十分密切，毫无疑问，刘瑾倒台之后，一定有不少人要求武宗惩治钱宁。但是，只过了3个月，事态就渐渐平息了。于是武宗又迫不及待地将钱宁调回北京，命他与锦衣卫都指挥佥事刘

---

① 《二十二史札记》，卷三十二。周舍即沐英，道舍即何文辉，马儿即徐司马，柴舍即朱文刚，真童及金刚奴不可考。
② 《明武宗实录》，卷六十七。

璋一起在堂上管事。①钱宁很快就爬上了权力的高峰。

正德六年（1511年）四月，已是锦衣卫指挥使的钱宁奉旨提督巡捕。5个月后，他晋为锦衣卫掌印都指挥佥事，提督官校办事。次年十月，因缉盗有功，且累功加升，他被擢为后军都督府都督佥事，仍在锦衣卫掌印管事，并被赐予世袭锦衣卫指挥使的恩典。又过了两个月，即正德七年十二月，钱宁自陈缉捕有功，又被擢为都督同知。正德十年（1515年）十月，还是因缉捕有功，他被擢为后军都督府右都督。两个月后，再擢至左都督。正德十三年（1518年）九月，武宗甚至授予钱宁年仅6岁的儿子钱永安锦衣卫世袭正千户之职，上任即管事。②

这些年的仕途风光，说明钱宁的固宠之计起了作用。《明书》记载，为了维持圣眷不衰，钱宁恨不得全天时时刻刻在君侧侍候。《明史》则记载，武宗在豹房酒醉后，常常枕着钱宁入睡。百官等候武宗上朝，一直等到下午三四点都见不到武宗身影，只能偷偷探听钱宁的情况，看到钱宁来了，就知道圣驾也要出来了。

正德六年至十四年，是钱宁如日中天的时代，很多官员争相贿赂他。《滇考》提到一个例子，为确保世袭官职不变成流官，云南某位土官之子载着"金宝20万"贿赂钱宁。③避忌其权势的大臣也比比皆是，内阁大学士、吏部尚书杨一清即是其中一位。

杨一清曾与钱宁交厚。他的政敌一直密切注意他的言行，希望找到足以打击他的机会。正德十一年（1516年）八月，他们的机会来了。当时，杨一清借着天灾异象，批评时政，甚至讲了"狂言

---

① 《明武宗实录》，卷七十。
② 《明武宗实录》，卷七十九、卷九十三、卷九十五、卷一百三十、卷一百三十二、卷一百六十六。
③ 《滇考》，卷下。

惑圣聪，匹夫摇国是，禁廷杂介胄之夫，京师无藩篱之讬"等语。①
于是，杨一清的政敌在钱宁面前搬弄是非，说杨一清这番话是指桑
骂槐，骂的正是钱宁。于是钱宁恨上杨一清，杨一清心中不安，恳
请致仕回乡，武宗同意所请。②

与王振、刘瑾等人一样，钱宁也培植了一大批党羽。其中，朱
谦、廖鹏及朱安值得一提。

朱谦也是武宗义子，其本名与籍贯难以考证。可以确定的是，
他曾以锦衣卫百户的身份跟随太监陆訚征讨贼寇，假冒了不少军
功。③陆訚是一位资格比较老的太监，宪宗朝时曾辅助太监陈敬镇
守大同，孝宗朝时曾镇巡甘肃、镇守大同。正德初年，陆訚调回北
京，与张永同任御马监太监。正德五年（1510年）四月，张永奉旨
提督宁夏等处军务期间，他负责从旁协助。

在陆訚与钱宁的提携下，朱谦的仕途十分顺利。正德七年
（1512年）十月，他晋为锦衣卫都指挥使。次年四月，再升为都督
佥事。

廖鹏的兄长是刘瑾的党羽、河南镇守太监廖镗。同为刘瑾党羽
的刘宇和曹元，是廖鹏的贵人。正德三年（1508年）三月，时为冠
带舍人的廖鹏自称，出差途径祥符（今河南开封）期间擒获了6名
打劫商旅的巨盗。时为兵部尚书的刘宇帮他向武宗求官。于是，武
宗授予廖鹏锦衣卫百户之职。不久后，廖鹏晋为副千户。次年三
月，在兵部尚书曹元的帮助下，他再度"滥赏冒功"，被擢为锦衣
卫指挥佥事。《明武宗实录》记载，廖鹏及其兄廖镗自称在河南擒
斩贼寇134人，而根据覆勘军功的官员们的记录，兄弟二人根本没

---

① 《明通鉴》，卷四十六。
② 《明武宗实录》，卷一百四十。
③ 《明武宗实录》，卷九十九。

有擒斩贼寇，而是妄杀了100多个无辜百姓，拿着百姓的首级去假冒军功。但是，因为廖鹏托人摆平了，这份记录当时并没有公开。[①]

在其后两年，廖鹏一路假冒军功，累官至锦衣卫指挥使。刘瑾倒台后，他的前程受到一些影响。正德六年（1511年）三月，巡抚河南都御史邓庠上本称，河南盗匪四起，民穷财尽，皆因前镇守太监廖镗及其兄弟锦衣卫指挥使廖鹏徇私枉法，擅作威福，雇用地痞无赖朱文案等人搜刮民脂民膏所致，恳请将廖鹏明正典刑，卖掉其私宅充公。武宗下诏，将廖鹏降职两级，谪往南京闲住，卖掉他的私宅充公，逮捕党羽朱文案等人治罪。

但廖鹏迅速巴结上了生命中的下一位贵人——钱宁。据说，他将自己十分喜欢的一名侍妾送给了钱宁。在钱宁的帮助下，再通过兄长廖镗的奏辩，廖鹏并未谪往南京，而是立即官复原职。从那以后，廖鹏拜钱宁为恩父，钱宁自豹房下班后，经常会去廖鹏家过夜，廖鹏非但不以为耻，反而沾沾自喜，常常夸耀于人前。[②]正德十三年（1518年）二月，在钱宁的推荐下，廖鹏被擢为锦衣卫都指挥使，掌印南镇抚司。

至于朱安，按照明人王世贞的记载，他的原名为钱安，是通过钱宁的引荐而得到武宗赏识。然而根据《明武宗实录》的记载，他认识武宗的时间可能并不迟于钱宁，因为他们二人是一起被武宗收为义子的。正德四年（1509年）十一月，二人还一起被授予锦衣卫正千户之职。

正德六年九月，在钱宁晋为掌锦衣卫事都指挥佥事的次日，朱安以锦衣卫指挥使的身份奉旨堂上办事，提督官校巡捕盗贼。[③]正

---

① 《明武宗实录》，卷四十八。
② 《明武宗实录》，卷七十三。
③ 《明武宗实录》，卷七十九。

德七年十月，他与钱宁同时被擢为都督佥事；两个月后，又同时被擢为都督同知。但朱安晋为右都督的时间比钱宁晚了整整一年，晋为左都督的时间，比钱宁晚了两年左右。^①无论钱宁是否为朱安的进身之阶，作为钱宁的副手，他一直在锦衣卫主管巡捕盗贼的事务。

从现有史料上看，朱安与司礼监太监张永关系比较密切。正德五年八月，即安化王谋反事败、刘瑾伏诛当月，张永派遣时为锦衣卫正千户的朱安执行了一项既简单又容易立功的任务：将安化王的党羽、宁夏逆贼冯经等7人押解至京。完成这项任务的次月，朱安官升一级。^②

钱宁的受宠，使其可以重塑锦衣卫的独立人格。在他掌理锦衣卫期间，东厂与西厂的提督太监只能通过与锦衣卫合作而非控制的方式来完成自己的使命。

刘瑾伏诛、内厂被撤后，西厂似乎退出了历史的舞台。《明史》的记载是，刘瑾伏诛后，谷大用也离开了西厂，武宗后来想重新起用他，被阁臣李东阳谏止。^③《明通鉴》的记载则正好相反："正德七年七月，因出现黑眚异象，京城内外流言四起，武宗欲命谷大用仍旧提督官校内外缉访，阁臣李东阳力谏，武宗不纳。"^④也就是说，正德七年（1512年）七月之后，西厂可能还存续过一段时间。因相关史料过于贫乏，具体情形尚不清楚。

至于东厂，至迟在正德七年（1512年）三月，御马监太监丘聚已卸任东厂太监之职，因为正是在这个月，内官监太监张雄受

---

① 《明武宗实录》，卷一百四十九。
② 《明武宗实录》，卷六十七。
③ 《明史》，卷三百四。
④ 《明通鉴》，卷四十四。

命"提督东厂官校办事"。据史载，张雄与张永交厚，而张永与丘聚的关系比较恶劣，因此，张永在这件事上一定发挥了作用。不过，丘聚离开东厂之后，耳目仍在，因此很快就报复了张永。正德七年十一月，他弹劾张永主管御用监期间曾指使库官吴纪等人将内帑白银7000余两抬入私宅。由于证据确凿，张永司礼监太监的职务被免，调回御用监闲住。正德九年七月，因北虏犯边，张永再获重用，奉旨总督宣府、大同、延绥等地军务。①

张雄的出身不详。据说，他有一个不幸的童年：生母寇氏去世后，父亲张锐再娶，后母对张雄百般虐待，而父亲却熟视无睹。于是，张雄愤然挥刀自宫。他入宫的途径已难考证。有明一代，自宫是被法律禁止的行为。永乐二十二年（1424年）颁布的禁令写道："凡自宫者，以不孝论罪。军犯，罪及本管头目总小旗；民犯，罪及有司里老。"成化九年（1473年）出台的规定更为严厉："私自净身希求进用者，本人处死，全家发配到烟瘴之地充军。"②但这些禁令都没能阻止张雄进宫当差。

张雄发达了之后，对父亲的怨恨一直没有消除。《明武宗实录》记载了一则让人感到心酸的故事：父亲张锐求见张雄，为张雄所拒，张雄的同事劝他原谅父亲。某日，张雄立在私宅大堂上，面前垂下一帘帷幕；在帷幕的另一边，张锐被张雄的下属杖责二十。责罚完毕，父子二人相抱而泣。张锐一定会认为自己付出的代价是值得的，因为在认回儿子的同时，他的仕途也平步青云，最终官居一品，当上了后军都督府右都督。③

在提督东厂任上，张雄似乎并无特别恶劣的表现，而且，他在

① 《明武宗实录》，卷八十五、卷九十四、卷一百十四。
② 《明会典》，卷八十。
③ 《明武宗实录》，卷一百十六。

这个职务上的时间也不长，只有一年左右，其后他被任命为司礼监太监，权势益重。正德八年，有可能是调任司礼监后不久，张雄出资在北京香山盖了一间寺庙，武宗赐匾额曰"大慧"。寺里有一座大悲殿，殿中有一座高达5丈的铜佛，故当地人又称之为"大佛寺"。①

接替张雄提督东厂的，是与张雄之父同名的御马监太监张锐。张雄、张锐以及御马监太监张忠，皆因在豹房伺候武宗而得幸，时称"三张"。

张锐的籍贯及出身背景不详。据《明史》记载，此人既凶狠又狡猾，他外出缉事时经常干的一件龌龊事是，先派喽啰去诱人犯罪，然后出面逮人，勒索到贿金后再放人。②他与钱宁在豹房结缘，一同朝夕侍奉武宗，深明"合则两利、争则两害"的道理，二人相处非常融洽。

武宗也乐见张、钱二人合作无间，凡是遇上需要隆重警戒的大事，一定会命二人一同办事。正德十二年（1517年）九月，武宗化身"威武大将军朱寿"，总督军务、亲率六师北征虏寇期间，即命二人一同提督官校，防察周密。第二年论功行赏，张锐的禄米增加24石，荫弟侄一人，钱宁则得到赏银50两，荫一子为锦衣卫世袭正千户。③同年六月，孝贞太皇太后（宪宗的第二任皇后）薨逝，二人又奉旨一同总督官军，护送棺木上山。④正德十四年八月，武宗率军讨伐宁王朱宸濠前夕，又命二人一同警戒京城安全。⑤张、钱的子侄也经常一起公干。正德九年，同在锦衣卫担任千户的张锐

---

① 《钦定日下旧闻考》，卷九十八。
② 《明史》，卷三百四。
③ 《明武宗实录》，卷一百六十四。
④ 《明武宗实录》，卷一百六十三。
⑤ 《明武宗实录》，卷一百七十七。

之侄张兰，与钱宁的女婿齐佐一同参与了发生在宣府、大同的战事；几年后，张兰官至后军都督府右都督，齐佐官至锦衣卫都指挥佥事。

钱宁、张雄、张锐皆与宁王朱宸濠有勾结，但下场并不相同。他们的命运与江彬息息相关。

江彬是宣府人，世袭蔚州卫指挥使。据《明书》记载，江彬仪表堂堂，身材魁伟，精骑善射，心思活络，能说会道，很有人缘。[1] 正德六年（1511年），流贼刘六、刘七、杨虎等人合犯京畿，京军竟不能制，不得不调遣边兵剿贼。江彬由是得到进入权力中心的机会。

江彬当时是游击将军，跟随大同总兵官张俊赴京剿贼。经过蓟州时，他杀良冒功，杀死无辜百姓20余人，诬蔑他们是盗匪。其后与贼寇交战时，江彬中了三箭，其中一箭射穿了脸面，箭头从耳朵里穿了出来，但他将箭拔出来后继续作战。一年后，贼寇渐平，武宗命边军还镇大同、宣府。边军路过京师时，武宗犒赏了他们。江彬通过厚赂钱宁，得到武宗的召见。时年武宗21岁，十分好武，看到江彬脸上的伤疤后，惊叹道："真不愧是壮士江彬！"（彬健能尔耶！）最终，江彬与宣府守将许泰都留在了北京。[2]

武宗对江彬的军事见解很是欣赏，擢其为锦衣卫都指挥佥事。据说，君臣二人称兄道弟，不分尊卑，日日一同出入豹房，甚至同榻而眠。武宗对江彬的宠爱，后来甚至发展到不讲原则的程度。一日，君臣二人下棋，江彬言语上有些不敬，侍立一侧的千户周骐训斥了他。后来，江彬寻了个机会诬陷周骐，将其打死，武宗却不闻

---

[1] 《明书》，卷一百五十四。
[2] 《明史》，卷三百七。

不问，听之任之。巡按直隶御史陈祥弹劾江彬驻军静海期间纵贼害民，给事中潘埙等人弹劾江彬在新河县苏添村杀害无辜村民康强等50余人，滥冒军功。尽管这些指控证据确凿，武宗也只是罚了江彬俸禄而已。①

眼见江彬日益受宠，钱宁心有不平，但他并没有在关键的时候表现出被武宗看重的忠勇气质。《明史》记载，一日，武宗在豹房逗老虎玩儿，没想到老虎发了性子。见情况有些不妙，武宗召钱宁帮忙，但钱宁畏惧不前，最后是江彬出手解围。事后，武宗嘴硬，对江彬说："朕一个人可以对付，哪里用得上你出手！"（吾一人足矣，安用尔！）但他心里十分感激江彬，而埋怨钱宁。因此，钱宁后来打江彬的小报告时，武宗没有理他。②

江彬十分清楚钱宁对自己的猜忌，亦深知后者经营有年，根基颇深，四周都是他的党羽，要与之抗衡，就要借边兵自固。于是，他向武宗提议，边军远比京军骁悍，若互调操练，可以提升京军战斗力。江彬想通过这种方式培植自己的势力，进而完全控制京军。但他的提议遭到朝臣反对，言官交章谏止，皆称根据祖宗成宪，京军责在守卫大内，不能无故外出，否则会有四方窥伺的危险；边军责在抵御虏寇，不能因为没有战事而放松戒备，一旦事起，就会有应对不及的祸患。内阁首辅李东阳也上本称，江彬的提议有十大弊端。时为正德七年（1512年）十一月。

但武宗十分认同江彬的意见，于是下旨，将辽东、宣府、大同、延绥四地镇军调入京师，号称"外四家"。他们纵横京师，经常在大内操练，有时还会表演角抵戏。武宗则动辄身着戎服，与江

---

① 《明武宗实录》，卷九十二、卷一百一。
② 《明史》，卷三百七。

彬一起骑马出宫，铠甲相错，难以分辨谁是谁。李东阳见到这种情况后，心灰意冷，于次月（正德七年十二月）上本请求告老还乡，武宗同意他的请求。① 接任首辅的是正德二年入阁的吏部尚书兼文渊阁学士杨廷和。

正德八年（1513年）正月，武宗命都指挥佥事江彬、都督同知许泰、武平伯陈熹分别指挥神威营、敢勇营及五军营操练。两个月后又改太平仓为镇国府，用来指挥宣府官军。六月，应英国公张懋所请，又在奋武营的西侧营造西官厅，作为发号申令之所。八月，武宗认江彬为义子，赐其朱姓。次年，江彬开始飞黄腾达。

正德九年十一月初八，武宗将江彬擢为锦衣卫都指挥同知。20日后，又命江彬与右都督许泰一同提调团营西官厅。当时在西官厅操练的官军共有1.2万人，其中6000人选自团营，3000人选自四卫军，3000人选自勇士军；正德元年所选官军则在东官厅操练。从此，东西官厅被视为精锐，十二团营则沦为老家。②

为了能让江彬提调西官厅，武宗颇费了一番心思。西官厅演练官军的计划确定后，武宗命兵部推选有勇有谋的将领提督。兵部先是推举了都督许泰、杨英、马昂，以及咸宁侯仇钺、南和伯方寿祥等人，武宗不满意，令再推。兵部又推举了怀宁侯孙应爵、丰润伯曹恺等人，武宗仍令再推，让他们推举"允合朕意者"。兵部这才不得已推举了包括江彬在内的几个人，并解释："江彬军职较低，当他还是千户的时候，就犯下妄杀平民之罪，若让他掌握中军，恐怕会惹出更大的祸害，故而不敢推举他。"武宗命人传旨兵部，江彬之罪都是过去的事情，仍命江彬与许泰提调西官厅。③

---

① 《明通鉴》，卷四十四。
② 《明史》，卷八十九。
③ 《明武宗实录》，卷一百十八。

4个月后，即正德十年（1515年）三月，武宗再升江彬为都督佥事，命其在后军都督府带俸任职，年底前又擢升其为都督同知。到了正德十一年二月，江彬已经成为后军都督府右都督。①

江彬的固宠之计与钱宁相同，也是陪武宗游乐，但他走得更远，因为他拥有的资源比钱宁更具优势。相对于活动范围主要限于京城的锦衣卫来说，在西官厅演练的官军可以出现在任何地方。江彬要做的，只是充分调动武宗对军事以及享乐的幻想，然后就可以牢牢地将武宗拴在自己的身边。

江彬常常怂恿武宗，宣府乐户美女如云，还可以视察边疆军事，骑马瞬息驰千里，十分快活自在，何必郁郁寡欢地住在大内，受到廷臣的制约？武宗深以为然。对年轻的武宗来说，江彬的出现，让他觉得外面的世界不再遥远，而且他也确信，外面的世界比想象中还要有趣。

《明史》有载，武宗的微服出宫，始于正德九年（1514年）二月。②《明武宗实录》则载，武宗即位不久，即已微服出宫。朝臣为此伤透了脑筋，经常引经据典进行规劝，天象异常时更是如此。前文对此已有交代。正德元年，武宗年仅15岁，尽管有刘瑾的支持，但对朝臣的劝谏，仍无法完全无视；何况还有一个人他不得不顾忌，那就是他的皇祖母孝贞太皇太后。《明书》记载，武宗很怕皇祖母，不敢轻易出宫。

不过，到了正德九年前后，武宗已经20多岁，阅历已丰，无论是朝臣，还是皇祖母，都不再是难以突破的阻力。根据《明武宗实录》的记载，正德九年二月初六的晚上，武宗去了教坊司，还参观

① 《明武宗实录》，卷一百二十二、卷一百三十二、卷一百三十四。
② 《明史》，卷十六。

了乐星庙。①教坊司位于西城城隍庙附近。明人刘侗、于奕正在《帝京景物略》一书中提到，每月初一至初五皆为城隍庙的开市日，开市之日，东弼教坊司，西逮城隍庙，列肆三里。②尽管二月初六并非开市日，教坊司一带仍然十分热闹。按照《明书》的说法，武宗的这次出游是受了江彬的鼓动。③

自此以后，武宗出宫次数越来越多，规模也越来越大，为害百姓的程度也越来越深。

至迟从正德九年八月开始，武宗已经在为巡边之行做准备了。征求江彬的意见后，武宗命工部速造神铳2000条，神箭10 000枝，盔甲6000副，日式腰刀1 2000把，日式长柄衮刀2000把，重翎铁矢12 000枚。因材料有限，工部在复奏武宗之后，挪用别项军费共计白银99 600两，召集商户四处购买原材料供兵仗局使用。④

但是，武宗真正意义上的巡边之行拖延了整整三年。在这段时间里，他干过的荒唐事包括：与猛虎嬉戏，为虎所伤，罢朝一月；不顾内阁学士梁储的劝阻，正月郊祀结束后，跑去京郊南海子狩猎，文武诸臣被他甩在身后，疲于奔命；应钱宁之邀，微服游览了位于京郊的石经山，那里有钱宁营建的寺院，游玩了数日才回京。

正德十二年（1517年）七月，武宗听从江彬的建议，表示要巡幸宣府，视察居庸关。御史张钦等人援引英宗旧事力阻，但武宗不听。八月初一，武宗微服访昌平。次日，阁臣梁储等人一路追赶，在沙河追及武宗，上疏请武宗回京，武宗不理。八月初六，武宗巡至居庸关，见巡关御史张钦宁可抗旨也不开门，不得已作罢。但他

① 《明武宗实录》，卷一百九。
② 《帝京景物略》，卷四。
③ 《明书》，卷一百五十四。
④ 《明武宗实录》，卷一百十五。

接着游玩了一个星期，这才回到皇宫。

八月二十一日，武宗重施故技，再度微服出行，夜出德胜门，直奔居庸关。这一次，他成功了。《明通鉴》写道，八月二十五日，武宗趁着巡关御史张钦不在关上的机会，骑着快马出了居庸关，并将谷大用留下拦住意欲追赶的文武大臣。张钦闻讯后，追赶已然不及，只能西望痛哭而已。[①]

九月初一，武宗、江彬等人抵达宣府。在那里，武宗充分感受到江彬的"忠心"。

住进江彬为自己营建的镇国公府第，见到京师豹房所藏美女珍玩已送至此处，武宗十分满意，乐不思蜀。据说，君臣二人经常夜出，遇见高门大户，即率军驰入，或索珍宝，或索美女，以致有钱人家不得不争相重贿江彬，以求免灾。军队也动辄征用百姓粮草，地方市肆因此萧然，白昼户闭，苦不堪言。[②]

十月初四，武宗终于圆了沙场点兵的梦想，领着太监张永、魏彬、张忠，以及都督江彬等人，亲率兵马，与犯边的鞑靼小王子的军队交战。结果是，杀敌16人，自损52人，另有重伤563人，武宗差点儿丢了性命。显然，这是一场大大的败仗，武宗却命大同总兵官王勋向京师报捷。

次年（正德十三年）正月初六，武宗戎服佩剑，跨乘赤马，在边骑的簇拥之下，意气飞扬地返回北京。4日后，会猎南海子。正月二十一日，他再次兴起了巡边之念，携江彬再游宣府，后被朝臣追及，不得已于二月十二日返京。自二月至七月，武宗月月外出，在京郊一带游历。七月，终于再幸宣府，次月再游大同。根据《明

---

① 《明通鉴》卷四十七。

② 《明通鉴》卷四十七；《弇山堂别集》，卷六十六；《明史》，卷三百七；《国榷》，卷五十。

史》的记载，武宗巡游期间，江彬等人每日载着数十车良家妇女追随，甚至有女人死在路上。

九月十六日，武宗在大同下诏，加封总督军务威武大将军总兵官朱寿（其实是武宗自己）为"镇国公"。次日，他授予帮助他实现英雄梦想的右都督江彬以"平虏伯"的爵位，尽管给事中刘济、御史张景旸等人强烈反对，因为江彬并没有立下相应的军功。至此，江彬的军衔虽然仍比左都督钱宁稍低，可是，在身份与地位上，他已经凌驾于钱宁之上。不过，要真正斗倒钱宁，他还需要一个机会。

宁王朱宸濠的叛乱，正是江彬的机会。朱宸濠是太祖第十七子朱权（第一代宁王）的四世孙。太祖共有26子，各有所长，其中，燕王以善战著称，宁王以善谋闻名。史载，建文元年（1399年）八月，燕兵既起，建文帝的智囊齐泰等人，因为担心燕王与宁王结盟，提议将宁王召至京师。诏下，宁王不至。燕王听说后，大喜，立即写信给宁王求援。三年后，成祖即位。永乐元年（1403年）二月，宁王的封地由大宁（今内蒙古宁城）改为南昌。①

宁王世系，自朱权以下，以"盘奠觐宸拱"字排辈。第三代宁王朱奠培已显示出勃勃野心：他的兄弟弋阳王朱奠壏在景泰年间揭发他犯有谋逆等罪，经巡抚佥都御史韩雍等人查证，指控属实，有军民六七百人受到牵连，幸而遇上英宗复位，大赦天下，才逃过罪责。天顺二年（1458年）七月，朱奠培再次犯法，王府护卫被撤，归之地方，改为南昌左卫。②

第五代宁王朱宸濠锐意成就大业。据说，朱宸濠举止文雅有

---

① 《明通鉴》，卷十三、卷十四。
② 《明英宗实录》，卷二百六十三。

度，颇通文墨，只是不太稳重，缺乏威仪。江湖术士李自然、李日芳等人一再对他说，他生具异相，且王府所在隐隐有天子气象。朱宸濠信以为真，以潜龙自居，经常诇察朝中大小事。他还重贿刘瑾，以为内援。由于二人之间的交往十分隐秘，且三厂及锦衣卫都被刘瑾控制，武宗起初对此并不知情。

朱宸濠的第一步是，请求武宗恢复宁王府的护卫建制。虽然兵部强烈反对，武宗仍然同意所请；时为正德二年（1507年）五月。《明武宗实录》称，这是因为刘瑾帮他求了请。①不过，刘瑾伏诛后，武宗又听从了科道官的建议，再度裁撤了宁王府的护卫。②

正德九年（1514年）三月，朱宸濠再请恢复王府护卫。在此之前，他征询了兵部尚书陆完的意见。知道情况不太乐观之后，朱宸濠派人车载重金，送至钱宁及教坊司伶人臧贤（他经钱宁引荐而深得武宗宠信）的府上，嘱托二人在皇上面前多说好话。得知两大御前红人都愿相助，陆完这才觉得事有可为。③次月，武宗果然下诏，恢复宁王府护卫建制，并许其屯田。④

在这个过程中，内阁首辅杨廷和及阁臣费宏都没有据理力争，时人深以为憾。由于在翰林院担任编修的堂弟费寀与朱宸濠是连襟，费宏备受质疑。其实，内阁拟旨的时候，费宏并不在阁，而是在监考，担任殿试的读卷官。同时，也没有证据表明费寀与朱宸濠私相授受。为了表明自己的清白，恢复宁王护卫的圣旨下发后不久，费宏与费寀都辞了职。在返回江西老家的路上，费宏的身后一直有锦衣卫校尉紧紧跟随，抵达山东临清时，其所乘船只被焚，所

---

① 《明武宗实录》，卷二十六。
② 《明武宗实录》，卷六十六。
③ 《明武宗实录》，卷一百十一。
④ 《明通鉴》，卷四十五。

携财物皆毁。回到老家后，费宏闭门谢客，直至世宗（即嘉靖皇帝）即位，才重新入仕，官至内阁首辅。①

费宏致仕后，朱宸濠加快了谋反的步伐。正德九年六月初一，他奏请铸造护卫及经历、镇抚司、千户所、百户所印信共58枚。见武宗同意所请，他越发放肆，甚至让王府承奉司承奉（正六品）刘吉等人招徕江湖巨盗杨清、李甫、王儒等百余人召入府中，号曰"把势"。

为掩盖意图，沽取美名，约束宗支，彰显权势，两个月后，朱宸濠再度上本，批评各地藩王的亲信欺压良民、勒索百姓、横征暴敛，请旨严惩。陆完等人交章附和，武宗优诏褒答，通行各省巡抚，一体禁约。

《明武宗实录》记载，朱宸濠虽身在南昌，朝局变化却尽在掌握，因为钱宁与陆完会及时通报京师动静。除了钱、陆二人，太监毕真、刘琅、刘璟，都指挥廖鹏、齐佐、王淮，以及都督同知王瓛等人，都是宁王的内应。《明通鉴》更是语出惊人地指出，朱宸濠贿赂了当时所有的权贵，无论是外廷的，还是内廷的。而武宗又忙于出宫巡游，因此，即便有宁王府的人潜入京师密告朱宸濠反迹，武宗也一无所闻。例如，正德十二年五月，宁王府典宝副（从八品）阎顺、典膳正（正八品）陈宣等人潜入京师，告发宁王亲信典宝正涂钦与致仕都御史李士实、都指挥葛江等人图谋不轨，结果被打入锦衣卫监狱。②

正德十四年（1519年）六月十二日，朱宸濠终于起兵反叛。两日后，叛军攻陷南康，次日攻陷九江，二十七日兵围安庆。七月初

① 《明史》，卷一百九十三；《明通鉴》，卷四十五。
② 《明通鉴》，卷四十七；《明武宗实录》，卷一百四十九。

一，朱宸濠亲自统兵，由南昌北上。12日后，朱宸濠造反的消息传至北京，当时武宗正与一众边将在豹房嬉戏。听了边将的平叛之策，武宗又动了亲征南巡的念头，敕命总督军务威武大将军镇国公朱寿（武宗自己）统领各镇兵征剿叛军。七月二十六日，武宗车驾尚未出发，提督南赣汀漳军务副都御史王阳明已经大败叛军，并擒获朱宸濠。自起事至事败，不过40余日而已。

八月二十二日，武宗车驾离京，4日后抵达涿州时，接到了王阳明的捷报。但武宗将捷报藏了起来，与江彬等人继续南巡之旅。

朱宸濠反叛的消息传至京城后，钱宁的职权很快被架空。八月初一，江彬奉旨提督东厂兼锦衣卫，钱宁及东厂太监张锐正式成为他的下属。江彬则由是成为第一权臣。[1]对钱宁来说，这是一个非常危险的信号。很快，他又收到第二个危险信号：武宗命他留守北京，不带他一起南巡。这让他十分恐慌。钱宁担心离开武宗身边，私通朱宸濠之事会被人揭发，于是千方百计乞求武宗带上他。武宗没有立即答应他，直至车驾出了正阳门，才命钱宁随行。

钱宁的命运并没有因此改变。行至山东临清时，江彬将他勾结朱宸濠的事情禀告了武宗。武宗大怒，命人将钱宁羁押起来。江彬则秘密派人回京监禁了钱宁的家人。武宗回京后，命锦衣卫抄了钱宁的家，籍没的财产包括十几万两黄金、3000箱白银、数千石胡椒，还有玉带等财物不可胜计。[2]

钱宁被羁押后不久，其党羽刘琅、刘璟、廖鹏、齐佐等人也被打入锦衣卫监狱。或许是因为没有忘记往日的情分，武宗在世时并未对钱宁及其党羽进行处理，直至世宗即位后，才将钱宁凌迟处

---

① 《明通鉴》，卷四十八。
② 《明武宗实录》，卷一百八十。

死。钱宁的养子钱杰等11人被处斩；亲生儿子钱永安因为年龄尚幼，免死；钱宁的妻妾被发配功臣家为奴。其党羽除刘璟只是被革职，有的被凌迟，有的被处斩，有的死在狱中。[①] 至于伶人臧贤，武宗车驾离京南巡前夕，已将其打入监狱。武宗离京两日后，臧贤在午门被杖责八十，发戍广西驯象卫，其家籍没。可能是因为握有不利于钱宁的证据，臧贤行至通州张家湾时，被钱宁派出的巨盗灭口。[②]

正德九年前后，钱宁圣眷正浓，他之所以帮助朱宸濠，主要原因在于，以他对武宗的了解，武宗身体孱弱，不会有皇子，未来无人继承大统，若朱宸濠能夺得帝位，则可长保荣华富贵。江彬日益受宠之后，这个想法更是根深蒂固。[③] 明人王世贞说，钱宁很会做人，对士大夫尊重有礼，也比较乐善好施，因此，对于他的伏诛，不少人都道一声"可惜"。

在江彬的陪同下，武宗的南巡之旅，以镇压叛乱为名，行享乐之实，为祸不浅。自山东至江苏，武宗动辄捕鱼打猎。他经常将捕获的猎物分赐左右，凡受一脔一毛者，都要献上金帛为谢礼。迎送武宗车驾时，沿路文武官员皆投其所好，戎装步行。江彬则总是矫诏行事，对待地方官员像奴隶一般。他还频频派出官校去百姓家索取鹰犬、珍宝、古玩等物，百姓吃了亏之后，甚至不敢回问半句话，"近淮三四百里间，无得免者"。

十二月初一，武宗一行抵达扬州。在那里，他们为害更重。《明通鉴》记载，江彬意欲霸占富豪民居，将其改成威武大将军朱寿（即武宗）的府第，为扬州知府蒋瑶所阻。于是，江彬把蒋瑶关进

① 《明史》，卷三百七。
② 《国榷》，卷五十一。
③ 《明书》，卷一百五十五。

一间空屋子，威胁要用武宗所赐铜爪折磨他，但蒋瑶不为所慑。[①]《明武宗实录》则记载了下面这则故事：

> 扬州镇守太监吴经矫诏行事，大肆搜罗美貌的少女、寡妇。一时民间汹汹，家中有女者，一夕皆嫁人，或乘夜逃匿；不幸被抓者，被分送到尼寺寄住。有二女羞怒交集，绝食而死。蒋瑶收敛二女尸身后，警告吴经，若激生民变，你将承担责任。吴经害怕事情闹大，不得不退让一步，允许富有之家交钱赎人，贫家之女则收入总督府。[②]

据说，武宗"阅妓"扬州期间，巡抚等官本要设宴招待，但为武宗所拒。武宗的意思是，设宴大可不必，折现即可。再者，因为皇帝姓朱，武宗又下旨禁止民间养猪，一时之间，所有在栏的猪几乎被屠杀干净。

离开扬州后，武宗一行去了南京，并在那里过了春节。江彬本想劝他继续南行，先去苏州，再往浙江、湖南巡幸，但由于诸臣极力劝阻，再加上地方上反抗情绪日益强烈，武宗不得已放弃了这个计划。自正德十四年十二月二十二日抵达南京，至次年八月十二日摆驾回京，武宗在那里停留了将近8个月。

正德十五年八月初八，即离开南京之前几日，王阳明遵照武宗的旨意，再奏捷报。于是，武宗正式接收了押解自江西的俘虏。十二月初抵达通州后，宁王朱宸濠被处死。当时，武宗已十分疲累，江彬劝他再幸宣府，朝臣则力请还朝。经过一番天人交战后，武宗决定回京。

正德十六年（1521年）三月十四日，武宗在豹房驾崩，时年

---

① 《明通鉴》，卷四十八。
② 《明武宗实录》，卷一百八十一。

30岁。当日，太监张永宣读遗旨，在豹房随侍圣驾的官军，劳苦可悯，交由张永、郭勋、朱泰、王宪提督统领，加意抚恤；裁撤威武团练营，官军返回先前所在军营；边军及保定官军返回地方；裁撤各地皇店，管店官校军卒返回先前所在卫。[①]

即便如此，江彬及其党羽手中的兵马仍不可小觑，朝廷内外都很担心这帮人会谋反。于是，内阁首辅杨廷和，内阁大学士蒋冕、毛纪等人与司礼监太监温祥、张永等人一起定下了诛杀江彬的计谋。皇太后（孝宗的妻子张皇后）支持他们的做法。

4日后，正在营建的坤宁宫举行隆重的上脊吻仪式（营造宫殿的一道程序），江彬与工部尚书李镋一同奉旨行礼。江彬身穿吉服入宫，未带随从。仪式结束后，江彬正欲离宫，为张永所阻。张永为了拖延时间，表示要请他和李镋吃饭。江彬感觉不妙，夺路而逃，一路跑出北安门，10余名太监在他身后紧追，逮到他后，将他脸上的胡须几乎拔光了。街道两侧的百姓看到这一幕，欢声如雷。[②]

随后，江彬被抄家，共抄得黄金七十柜，白银2200柜，其他珍宝不可胜计。世宗即位后，将江彬凌迟处死，将他的妻子儿女改籍为奴；江彬的党羽左都督神周、都督金事李琮也被处斩。据说，江彬伏诛之前，京师久旱，伏诛后遂下大雨。

---

① 遗旨中提到的郭勋、朱泰、王宪三人，分别是武定侯、定安伯以及兵部尚书。《明武宗实录》，卷一百九十七。
② 《明武宗实录》，卷一百九十七。

第十一章　嘉靖权争

武宗一生放浪形骸，元气屡弱，不克享年，无子无女。驾崩后，他年仅14岁的堂弟朱厚熜继承了皇位。厚熜是兴献王朱祐杬的世子。朱祐杬是宪宗第四个儿子，生母是孝惠皇后邵氏；他与孝宗（武宗之父）同父异母，同属于燕王世系。

世宗能够即位，内阁首辅杨廷和功不可没。《明通鉴》记载，武宗南巡回京后，病情加剧，司礼监太监魏彬（他是江彬的亲家）以皇嗣空位为由，到内阁说："国医现在已束手无策，不如花重金招募民间神医。"杨廷和知道对方是在试探自己，并没有直接回应，而是拿出伦序之说来委婉应对，魏彬无奈，只能点头称是。武宗驾崩后，张永、谷大用又来内阁讨论皇位继承人的问题，杨廷和又拿出《皇明祖训》，示以"兄终弟及"之训，建议由朱厚熜接位。在阁臣梁储、蒋冕、毛纪等人的支持下，杨廷和的建议最终得到太后（即孝宗张皇后）的认可。[1]

《明世宗实录》记载，朱厚熜自幼聪明绝顶，5岁的时候，其父兴献王口授诗词，他没听几遍就能背诵出来。少年时，无论是读书、写字等方面的学问，还是问安、视膳等方面的礼节，乃至民

---

① 《明通鉴》，卷四十九。

间疾苦、稼穑艰难等方面的认识，凡是教给他的，没有不领会精髓的。他还极重孝道，通晓《孝经》之大义。①

正德十六年（1521年）四月二十二日，朱厚熜即位，是为世宗，以次年改元嘉靖，故又称嘉靖皇帝。世宗在位45年，是明朝在位时间第二长的皇帝。在位时间最久的，是世宗之孙，即在位48年的神宗（又称万历皇帝）朱翊钧。

世宗即位不久，锦衣卫发生了巨大的变化：五月二十一日及六月初八，钱宁、江彬先后伏诛；六月十七日，世宗下诏，裁汰锦衣卫冒滥军校31 820人；七月二十七日又下诏，革除锦衣卫所及监、局、寺、厂投充新设的司库、旗校、军士、匠役，共计14.8万人。②短短百日，锦衣卫的人事编制缩减十之七八，每年节省财政开支数千万钱，一时朝野皆呼圣明。③

但这并不意味着锦衣卫在嘉靖年间的地位有所降低。事实上，几年之后，锦衣卫官校人数再度激增。詹事霍韬提供的比较确切的资料显示，截至嘉靖八年（1529年）六月，锦衣卫官员的人数达到1700余名；明人王世贞提供的数据不太确切，到了陆炳执掌锦衣卫的嘉靖中后期，锦衣卫官校已扩充到十五六万人。④

正是在陆炳掌锦衣卫事期间，锦衣卫迎来了它的黄金时代。不过，在讲述锦衣卫的黄金时代之前，有必要对嘉靖前期的锦衣卫做一番了解。

---

① 《明世宗实录》，卷一。
② 《国榷》，卷五十二；《明史》，卷十七。
③ 《弇州四部稿》，卷七十九。
④ 《明世宗实录》，卷一百二；《弇州四部稿》，卷七十九。

锦衣卫大洗牌

　　有明一代，由藩王世子一跃而成为皇帝者，只有世宗一人。不难想象，即位之初，他是何等的势单力孤。对他来说，正德朝的锦衣卫几乎完全不值得信任：这应该是他大刀阔斧地裁汰锦衣卫官校的根本原因。

　　为了保证自己的安全，即位12日后，即五月初五端午节，世宗将原先在兴献王府任职的许多侍卫官调入锦衣卫：原群牧所正千户骆安被擢为锦衣卫指挥同知，原仪卫司仪卫副（从五品）张镗、石宝以及副千户赵俊被擢为指挥佥事，典仗杨宗仁、刘俊、刘鲸，百户王銮、柳时、许通、张安、柳俊，以及所镇抚姜雄等人都被擢为正千户，书办官翟谷、吕钊被擢为副千户，冠带总旗于海、王纪，军校乔监、范纪等人也被擢为所镇抚。而且，他们的官职都可世袭。①

　　8日后，亦即五月十三日，世宗又将原兴献王府侍臣陆松（陆炳之父）擢为锦衣卫副千户。②陆松是浙江平湖人，其父亲陆墀原先是兴献王府仪卫司的小旗（相当于十夫长），后补总旗（管5位十夫长）。因此，陆家至少有三代人为兴献王府效力。③值得一提的是，陆松的妻子（亦即陆炳的母亲）是世宗的乳娘。④

　　钱宁伏诛次日，即五月二十二日，原兴献王府仪卫司仪卫正（正五品）李勋、正千户蔚聚又被擢为锦衣卫指挥同知，副千户陈寅被擢为指挥佥事，典仗所百户刘海、王继、刘深、陈彝、谷铭、王凤等人被擢为锦衣卫正千户，书办官葛锐、曹铠，冠带总旗朱

---

① 《明武宗实录》，卷二。
② 《国榷》，卷五十二。
③ 《明世宗实录》，卷一百九十一。
④ 《明书》，卷一百五十六。

龄、马荣及总旗乔成等人则被擢为锦衣卫百户，皆世袭。

如果说，世宗即位之初曾以为武宗朝锦衣卫中仍有少数几位官员虽无实权，却可信赖，那么，即位4个月后，他一定会修正自己原先的判断，因为这几位他原本以为可以信赖的官员竟然完全不理会他的处境，他们只想为自己谋取利益。

锦衣卫指挥使邵喜就是其中一位。邵喜之父是邵宗，邵宗的姐姐是宪宗的宸妃，宸妃之子是世宗之父兴献王朱祐杬。[①]也就是说，邵喜是世宗的表叔。

成化十二年（1476年）十二月，原本只是一名普通军人的邵宗被宪宗授予世袭锦衣卫正千户之职。6年后，他晋为锦衣卫指挥佥事。次年，邵宗去世，被追授为锦衣卫指挥使；长子邵华被擢为世袭锦衣卫指挥同知，另外两个儿子邵安、邵喜则被授予锦衣卫百户之职。[②]到了正德年间，邵喜已经被擢为锦衣卫指挥使。

世宗即位不久，皇权尚未完全稳固，邵喜却无视他的难处，竟然奏讨庄田。户部右侍郎秦金等人上本，严词反对。他们的理由十分充分，因为太祖、太宗时期的做法是，凡山东、河南北、直隶等地，只要是空闲之处，就任由百姓开垦，而且永不征税，皇亲国戚乃至太监等人，凡是强占军民田地及妄报投献[③]者，永戍边卫。秦金等人说，邵喜是皇亲国戚，已十分富贵，却贪得无厌，违禁奏讨，实在应该予以究治，以示警诫。[④]世宗认同秦金等人的意见，但最终还是原谅了邵喜。

---

① 《明宪宗实录》，卷一百六十。
② 《明宪宗实录》，卷二百三十八。
③ 所谓投献，指的是将田产托在缙绅名下以减轻赋役的一种做法。这里指的是别人将田产挂在邵喜的名下以逃避赋税。通过这种方式，邵喜可以向对方收取费用。
④ 《明世宗实录》，卷五。

世宗很快又发现，尽管兴献王府中的侍卫基本都调入锦衣卫任职，但是，因为经验与能力不足，这些人暂时还派不上用场。因此，他不得不从前朝锦衣卫官员中挑选几位可用之人。

朱宸即是其中一位。朱宸的父亲是前文提到过的宪宗朝锦衣卫掌印官都指挥使朱骥。孝宗弘治四年（1491年）六月，即朱骥去世半年后，朱宸承袭了锦衣卫指挥同知之职。[①]但是，在孝宗朝剩下的时间里，以及整个武宗朝，他并不受重用。确切地说，在整整30年的时间里，他的职务没有任何变化，一直是锦衣卫指挥同知。

世宗却将锦衣卫的印信交到朱宸的手中。[②]世宗这么做至少有四个原因：其一是自己的人暂时不可用；其二是朱宸的资历比较老，委任他不会引起或激化矛盾；其三是朱宸应该与旧派势力没有牵连，或者不容于旧派势力，否则，其职务不会没有变动；其四，他没有太深的根基，对权力也没有太大的野心，这意味着他随时可以被撤换。

不过，在解决自己最重视的"大礼问题"的过程中，世宗一定质疑过自己的选择，因为他没有从朱宸那里得到任何有力的帮助。

所谓的"大礼问题"，指的是兴献王的封号问题。即位6日后，世宗就下发了一道谕旨，命礼部与相关部门讨论兴献王的主祀及封号。[③]这位极重孝道的少年君主想让已故两年的父亲享受皇帝的礼遇。但是，在内阁首辅杨廷和的压力下，礼部并没有拿出令世宗满意的方案。

五月初七，礼部尚书毛澄、太常寺卿范镇，以及其他60余位文武大臣联名上本，建议世宗尊孝宗（世宗的伯父）为"皇考"，

① 《明孝宗实录》，卷五十二。
② 《明史》，卷三百七。
③ 《明世宗实录》，卷一。

改称其父兴献王为"皇叔父"，尊其母兴献王妃为"皇叔母兴献王妃"；凡祭告兴献王，或者与兴献王妃有书签往来，皆自称"侄皇帝某"。他们认为这种安排兼顾了正统与私亲，可以为万世效法。但世宗接到奏本后大怒，质问毛澄等人："父母是这么容易就可以更换的吗？"（父母可更易若是耶？）[1]他拒绝接受他们的意见，命再议。

同月二十四日，毛澄等人再度上疏，稍作让步，将前议做了小小的改动，建议世宗将兴献王称为"皇叔父兴献大王"，建议世宗对父母自称"侄皇帝名"。他们说，根据本朝祖制，皇帝称呼叔伯辈的藩王，只是伯父、叔父而已，而且是自称皇帝，并非本名，如今皇上称呼兴献王为"皇叔父"，又称"大王"，并且自称本名，而非皇帝，对先人的尊崇，可谓到了极点，臣等不敢再有其他的提议！但世宗还是不满意，命毛澄等博考前代典礼，再拿出一个新的方案来。尽管内阁首辅杨廷和，内阁学士蒋冕、毛纪等人上疏支持礼部的意见，向世宗施压，但这位年轻而固执的皇帝并不退让。

七月初三，世宗终于听到了想听的建议。

正德十六年进士及第、年已46岁的张璁上本，最合乎孝道的行为，莫过于"尊亲"，即让父亲得到尊崇，而尊亲之至，莫过于让父亲享受到天子的礼遇。他又提出，武宗遗诏只提及由兴献王长子继承皇位，并没有要求世宗尊孝宗为"皇考"。张璁支持世宗的心愿，建议在京师为兴献王另立"圣考庙"，同时，母以子贵，还要让世宗的母亲享受皇太后的礼遇。他说，只有这样，兴献王夫妇才不枉做了世宗的父母。

接到张璁的奏本后，世宗十分高兴，说："此论一出，我们父子一定可以达成心愿！"（此论一出，吾父子必终可完也！）他命人赶紧将这份奏本下发有关部门讨论。①可是，当司礼监太监将其交给杨廷和过目时，这位内阁首辅只说了一句话："秀才哪里懂得国家大事！"（秀才安知国家事！）又将奏本递了回去。世宗后来又命太监拿着手谕出示杨廷和等人，表示要尊崇父亲为"兴献皇帝"，尊崇母亲为"兴献皇后"，尊崇祖母为"圣安皇太后"。但杨廷和等拒绝接受，将手谕封还。

关于这个问题的争论一直在持续，双方的立场都很坚定，互不相让。到了九月下旬，情势发生了微妙的变化。

九月二十五日，世宗的母亲兴献王妃蒋氏自藩国安陆（今属湖北）抵达通州，到底用什么礼节迎接她进京，成为亟待决定的事情。在此之前，世宗曾命廷臣讨论奉迎母亲的礼仪。礼部尚书毛澄先后提出了两个建议，其一是由崇文门再经东安门入宫，其二是由正阳左门再经大明东门入宫，但都被世宗否决，因为两个建议都没有将蒋氏作为皇后对待。

蒋氏抵达通州后，听闻尊称未定，拒绝进京。世宗知道后非常伤心，嚷嚷着要退位，陪母亲返回安陆。但礼部尚书毛澄等人不吃这套，执议如初。于是，世宗又强硬起来，坚持要让母亲从中门入城，并且再次将张璁的奏本交给廷臣讨论，要求他们博采舆论。最终，杨廷和与毛澄等被迫让步。十月初一，太后（孝宗的张皇后）颁下懿旨，追尊兴献王为"兴献帝"，尊世宗的祖母，亦即宪宗的宸妃邵氏为"皇太后"，尊兴献王妃蒋氏为"兴献后"。三日后，蒋氏入宫。十二月，世宗不顾廷臣反对，传谕将"兴献帝"改为"兴

---

① 《明世宗实录》，卷四。

献皇帝"，将"兴献后"改为"兴献皇后"。①

世宗非常清楚，杨廷和、毛澄以及张太后等人的退让，只是无奈的权宜之计，迟早还会找自己的麻烦，用一些大道理让自己难堪，要彻底树立起自己的权威，还有很长的一段路要走。

果然，嘉靖元年（1522年）正月，首辅杨廷和、给事中邓继曾等人借着清宁宫后殿发生火灾的机会向世宗施压。他们暗示，火灾的发生是因为世宗的任性引起天怒，试图逼迫世宗撤销"兴献皇帝"以及"兴献皇后"尊号中的"皇"字。

十一月，世宗的祖母邵氏去世。在杨廷和的授意下，礼部建议"哭临一日，丧服十三日而除"，无视皇太后去世应遵循的礼节，即"哭临三日，衰服二十七日而除"。②

在这两件事上，年仅15岁的世宗十分顽强地坚持住了自己的立场。

来自以内阁首辅杨廷和为首的朝臣的压力让世宗十分郁闷。《明通鉴》以"上忽忽有所恨"来描述他在这段时期的心境。对他来说，通过调整锦衣卫的人事安排，借助缉事官校的力量进行反击，是必然的选择。

可是，锦衣卫掌印指挥同知朱宸的表现却日益让世宗不满。当世宗在十二月接到山东按察司金事史道弹劾杨廷和曾与宁王朱宸濠往来密切并且谄附钱宁、江彬等事的奏本后，这种不满的情绪肯定更为强烈。毫无疑问，若是朱宸像史道一样，愿意多花一些心思，督促缉事官校多多刺探那些胆敢挑衅皇权的廷臣及其亲属的不法事情（前文提过杨士奇被儿子拖累的事例），世宗的处境不会那么

---

① 《明通鉴》，卷四十九。
② 《明史》，卷五十九。

艰难。

于是，我们就不难理解为何一个月后（即嘉靖二年正月）吏科给事中张原会以"纳贿徇私、用人不审""克减俸钱"（即克扣属下俸禄）等在平时根本算不上什么大事的罪名弹劾朱宸。[①]经兵部覆奏，正月二十五日，世宗革去了朱宸的职务。接过锦衣卫印信的，是出身兴献王府的指挥同知骆安。二月十一日，世宗下诏，将骆安擢为署（即暂代）都指挥使，命其执掌锦衣卫，提督官校办事。[②]

同年七月，世宗做了一项在某种程度上暴露了内心深处秘密的决定：让劣迹斑斑、臭名昭著、已经被革职的锦衣卫旗校王邦奇复职。尽管工科给事中安盘上疏，历数王邦奇在正德年间贪污枉法的罪状，例如，巡捕奸盗时，经常株连无辜，严刑逼供，行话叫作"铸铜板"；缉访妖言时，先是诱骗百姓入教，然后一网打尽，行话叫作"种妖言"。安盘说，作为钱宁奸党成员之一，王邦奇能够保全性命已经是万幸，竟然肆然无忌，屡次奏请复职，屡渎天听，理应从严究治，以绝祸源。[③]但世宗还是让王邦奇复了职。4年后，正是在王邦奇的弹劾之下，杨廷和之子兵部主事杨惇因为"隐匿卷宗"而被削职为民。[④]

在史道弹劾杨廷和一事上，世宗充分表现出他的老练。他先是以史道"挟私沽誉、报怨市恩、中伤善类"为由，将其打入监牢，然后又降职两级。通过这种做法，世宗安慰了杨廷和，稳定了内阁，显示自己有一颗持正仁慈之心。不过，在内阁首辅杨廷和、内阁学士蒋冕、毛纪等人于次年致仕后，他很快就让史道官复原职。

---

① 《御选明臣奏议》，卷十九。
② 《明世宗实录》，卷二十三。
③ 《明通鉴》，卷五十。
④ 《明世宗实录》，卷七十三。

在此后20多年的时间里，史道不时被言官弹劾，但是，在世宗的庇护下，他的仕途一直十分平稳，直至嘉靖三十年（1551年），才在兵部尚书兼都察院右金都御史的职务上致仕。①

骆安执掌锦衣卫事后不久，礼部尚书毛澄的命运发生了不同寻常的变化。嘉靖二年（1523年）二月三十日，即骆安"署都指挥使"后过了19日，62岁的毛澄请求致仕，世宗恩准。两个月后，他在回乡的路上去世。②

在此后一年多的时间里，让世宗头疼的问题依然存在，在祭祀先人的礼仪规格上，仍有一些朝臣不愿合作。不过，形势已经发生了十分有利于他的变化，因为反对内阁的官员越来越多，例如南京的刑部主事桂萼、兵部侍郎席书、吏部员外郎方献夫等。

嘉靖三年二月初二，曾以清宁宫火灾为借口向世宗施压的给事中邓继曾，因为上疏维护内阁议政之权，质疑世宗权威，甚至讲了"臣恐大器不安"的话，激怒了年轻的皇帝。世宗将他打入诏狱狠狠拷掠了一番，谪其官为金坛县丞。③

内阁首辅杨廷和逐渐认识到，以往的强硬态度不再合乎时宜，继续坚持下去有可能要付出沉重的代价。于是，在邓继曾下狱后不久，他提出了致仕的请求。二月十一日，世宗同意所请。言官交章请留，世宗不予理会。④

世宗之母蒋氏入宫后，昭圣皇太后（即孝宗张皇后）对她并不十分尊重。为了报复昭圣皇太后，世宗在她生辰前夕下诏免去命妇的朝贺之礼。二月三十日，上疏质疑世宗此举的御史朱淛、马明衡

---

① 《明世宗实录》，卷四十五、卷三百七十八。
② 《明世宗实录》，卷二十三、卷二十六。
③ 《明通鉴》，卷五十一。
④ 《国榷》，卷五十三。

被打入诏狱拷讯。其后，凡是上疏为二人求情的官员，例如御史季本、陈逅，户部员外郎林应璁等，一并被打入诏狱，皆被贬谪。[①]

到了七月上旬，在大礼问题上与世宗唱反调的主要官员几乎全都黯然离场，有的免职，例如礼部尚书汪俊；有的致仕，例如内阁大学士蒋冕与太子太保、吏部尚书乔宇，其追随者很快也被一网打尽。

七月十五日，朝会结束后，蒋冕及乔宇的追随者在左顺门外跪谏，有人高呼太祖高皇帝，有人大呼孝宗皇帝，声音响彻大内。司礼监太监传旨命其离开，但群臣一直跪地不起。世宗勃然大怒，命锦衣卫官校将五品以下官员共134人打入锦衣卫监狱拷讯，四品以上及司务等官"姑令待罪"。5日后，被打入锦衣卫狱的官员及"姑令待罪"的官员共计220人再次受到拷讯。最终的判决是，四品以上官员，俸禄被剥夺；五品以下官员，皆被杖责。翰林院学士丰熙、编修杨慎等人谪戍远方；翰林编修王相、王思，给事中毛玉、裴绍宗，御史张日韬、胡琼，郎中杨淮、胡琎，员外郎申良，主事安玺、殷承叙等16名官员死在杖下。次日，世宗将先父神位奉于奉先殿的西室观德殿，上尊号为"皇考恭慕献皇帝"。

七月二十六日，武宗朝硕果仅存的阁臣毛纪致仕。九月初五，大礼更定，世宗改称孝宗为"皇伯考"，改称昭圣皇太后为"皇伯母"，称先父兴献王朱祐杬为"皇考"，称母亲蒋氏为"圣母"。10日后，上述尊号颁诏天下。

嘉靖四年闰十二月，《大礼集议》一书著成，诏颁布中外。世宗下诏曰："现在大礼已定，从今往后，凡是假言陈奏者，必罪不宥。"至此，关于大礼问题的争论基本结束。这场争论实际上是礼

---

① 《明世宗实录》，卷三十六。

制与皇权之间的较量，其要点在于，到底是皇帝的需要应该服从礼制，还是礼制应该服从皇帝的需要。世宗的胜利给出了答案。

通过帮助世宗维护皇权，张璁、桂萼、席书、方献夫等人（他们被认为是政治投机者）的付出得到了巨大回报。张、桂、方三人先后入阁。席书被任命为礼部尚书，正是在他的主导下，《大礼集议》才得以问世。后来，席书与内阁学士费宏又奉命纂修《明伦大典》。嘉靖七年（1528 年）六月初一，《明伦大典》书成，世宗亲自作序。两日后，世宗痛斥已故首辅杨廷和谬主"濮议"（即大礼问题），还妄称自己为天子之师、定策国老，将杨廷和与致仕内阁学士蒋冕、毛纪，已故尚书毛澄，致仕尚书汪俊、乔宇、林俊等人全部削籍为民。

骆安则摘掉了"署都指挥使"的帽子，成为正式的锦衣卫掌卫事都指挥使。但他的官运并不长久。嘉靖九年十二月，在兵科都给事中张润身的弹劾下，他因为"奸贪不职"而被降职为指挥佥事，此后再也没有受到重用。[①]

骆安掌锦衣卫事期间，一个名叫聂能迁的人引起了史家的兴趣。

聂能迁祖籍临江。与前面提到的纪纲一样，他原本也是诸生，后弃文从武，代兄入职锦衣卫，当上了校尉。他曾在钱宁手下办事，官至千户。世宗即位后，大力裁汰冒功滥升的锦衣卫官员，他也受到影响，降职为百户。

在因大礼问题而引起的争论中，聂能迁曾上疏支持张璁、桂萼等人的主张。在与之相熟的内官监太监崔文的帮助下，他官复原职，并很快被擢为指挥佥事。但是，狭隘的心胸最终出卖了他。由

① 《明世宗实录》，卷一百二十。

于阁臣张璁拒绝助他成为锦衣卫掌印武官，他指使他人威胁张璁。见张璁不理，于是他又弹劾张璁犯了30项罪名，但世宗没有相信他。最终，聂能迁以"妄言"的罪名被张璁的党朋骆安抓捕入狱，杖责四十而死。①

这个故事还有另一个版本：

《明伦大典》书成之后，与事者基本都升了官，只有聂能迁例外。聂心怀怨恨，与另一位不得志的官员一起上疏，诬陷礼部尚书席书与新建伯王阳明之间存在不正常的金钱关系，还将张璁等人牵连进来。但是，他的主张完全经不起考证。世宗认定他捏词妄奏、伤害正类，命法司严加审问。最终，聂能迁被认定有罪，谪戍岭南；与他一起上疏的那位不得志的官员则发配原籍为民。②

武举王佐

继骆安之后掌锦衣卫事者，是传奇人物王佐。明人王世贞在《锦衣志》一文中提到过他，但语焉不详。必须综合其他史籍，我们才能了解此人的大致情况。通过了解他，我们可以更进一步地了解锦衣卫的历史。

王佐出身不详，籍贯不详。根据《明世宗实录》的记载，正德十二年（1517年），他参加了武举考试，并得了第一名。③根据王世贞的记录，王佐得了武举第一名之后，授职锦衣卫千户。

王佐可能是第一位进入锦衣卫的武状元，但他绝对不是第一位在锦衣卫受到重用的武举。在他之前，锦衣卫指挥佥事郭良及锦衣

---

① 《罪惟录》，列传卷三十二。
② 《明史》，卷一百九十七；《明世宗实录》，卷九十。
③ 《明世宗实录》，卷二百九。

卫千户刘良都因为中了武举而被授予更多的职权。

郭良是前面提到过的武定侯郭英（太祖分封的28位侯爵之一）的后人。郭良的爷爷郭珍原本应该承袭武定侯的爵位，但这个爵位被郭珍的堂弟郭玹夺走。郭良之父郭昌最终夺回了爵位。可是，郭良尚年幼之时，郭昌过世了。于是，武定侯的爵位再次被他的叔叔（郭玹之子）夺走。

至迟在宪宗成化十四年（1478年），郭良进入锦衣卫担任指挥金事一职。中了武举后，他受命掌理卫事。弘治年间，应郭良之母所请，孝宗将武定侯的爵位还给了郭良，并命其执掌右军都督府。正德二年（1507年）六月，郭良去世。

刘良乃军人世家出身，因立下军功而授职武成卫百户，累升至正千户。天顺六年（1462年），他通过了武举考试，被擢为署指挥同知。成化年间，在兵部的推荐下，他调入锦衣卫管事，主要职责是提督官校巡捕盗贼。弘治十年（1497年），他晋为锦衣卫指挥使，同年卒于任上。《明孝宗实录》对他的评价是："良善论议，颇通文艺，自致通显，亦无忮刻，故能保其终云。"①

王佐参加武举考试时的监考官之一，是前文提到过的许泰。《明武宗实录》有载，正德十二年（1517年）四月，团营西官厅都督江彬、许泰和新宁伯谭佑等人受命监试武举。②

许泰也是一位武状元，他参加武举考试的时间是成化十七年（1481年）。根据兵部的记录，许泰的考试成绩答策俱优，骑射、步射一共中靶六箭以上。③许泰的父亲是羽林左卫带俸署都指挥使许宁。

---

① 《明孝宗实录》，卷一百二十五。
② 《明武宗实录》，卷一百四十八。
③ 《明孝宗实录》，卷二百十七。

在继续下面的内容之前，有必要对明朝的武举制度略做交代。早在吴元年（1367年），太祖即提出了开武科的想法，可是，直到差不多100年之后，武举制度才初步确立起来。

吴元年正月初三，吴王朱元璋下令开设文武科，选拔人才；并提出，武科考试，要首重谋略，武艺次之，俱求实效，不尚虚文。[①]3年后，即洪武三年（1370年），太祖下诏："自今年八月开始，文武官员，无论内廷外廷，皆由科举而进。"并规定考试分两个阶段。第一阶段的考试分三场：第一场考经题一道，四书题一道；第二场考论题一道；第三场考策题一道。第二个阶段考骑、射、书、算、律等五个项目。不过，这里所谓的"科举"，其实只是乡试而已。直到洪武四年（1371年）二月，才开设了会试科。但是，无论是乡试，还是会试，都没有单独设立武科。

根据《明会要》的记录，洪武二十年（1387年）七月，礼部请立武学，令武臣子弟在各省应试，定武举三年一考，会举六年一试。但这个提议"寻罢不行"。[②]《明太祖实录》的记载则是，太祖根本没有批准礼部的建议；他的理由是，建武学，用武举，刻意将文武分为两科的做法，是看不起天下人才，以为天下没有全才。[③]

直至天顺八年（1464年）十月，宪宗登基9个月后，才创设"武举法"。此"武举法"出自太仆寺少卿李侃在一个月前提出的建议，[④]兵部做了一些修正。根据这项制度，凡天下贡举，谙晓武

---

① 《明太祖实录》，卷二十二。
② 《明会要》，卷四十七。
③ 《明太祖实录》，卷一百八十三。
④ 太仆寺卿的职能是"掌牧马之政令，以听于兵部"。少卿共有三人，"一人佐寺事，一人督营马，一人督畿马"。见《明史》，卷七十四。

艺之人，皆有资格参加武举考试。[①]武举考试主考官是兵部官员与京营总兵官。考场有两处，其一是总兵官的帅府，考策略；其二是教场，考骑射。只有答对策题两道，骑射中靶两箭以上，步射中靶一箭以上者，方能得中武举。若能答对策题两道，骑射中靶四箭以上，步射中靶两箭以上，已有官职者，官升两级；出身旗军舍余者，[②]授职六品见习所镇抚；百姓出身者，授职卫经历（从七品），月俸大米三石。若能答对策题两道，骑射中靶两箭以上，步射中靶一箭以上，已有官职者，官升一级；出身旗军舍余者，授职冠带、总旗；百姓出身者，授职见习卫知事（从九品），月俸大米两石。"武举法"还规定，武举全都要送至京营锻炼，由总兵官指定的把总统领调派，若在日后实战中运筹得当，奋勇克敌，建立功勋，经总兵官核实，可以升职。[③]此外，还有一条：官职在指挥使以下的武官，其子弟皆要入学深造。

14年后，即成化十四年（1478年）五月前后，在太监汪直的授意下，锦衣卫副千户吴绶起草了"武举法"的细则上呈宪宗。宪宗命兵部立即讨论。兵部尚书余子俊、英国公张懋会同文武大臣暨科道官进行讨论的结果，是"武举科条"的推出。其主要内容有三：

其一，选武臣嫡子进入儒学读书、习射。

其二，确定考试的时间及内容：乡试定在九月，会试定为三月；首场考骑射，次场考论题，末场考策题。殿试定在四月初一。[④]

其三，参照进士科的做法，确定了"赐武举及第、出身"等

---

① 《明通鉴》，卷二十九。"贡举"包括贡生（在国子监读书者）、举人以及各省举荐之人。

② 明朝施行军户世袭制度，但世袭军职的一般是长子。若该军户有多个儿子，则次子以下称"余"。

③ 《明宪宗实录》，卷十。

④ 《明宪宗实录》，卷一百七十八。

程序。

但宪宗没有立即实施"武举科条"，而是命兵部行文天下，待各地教养数年，有了成效后，由巡按、提学等官奏报详情，再做处置。①

孝宗弘治年间，"武举法"细则再次得到修正。弘治六年（1493年）规定，武举六年一试，先考策略，后考骑射，策略不中者，即被淘汰。弘治十七年（1504年）又改为三年一试，并确定了出榜赐宴的程序。

或许是借鉴了边军的经验，并得到江彬的推动，到了武宗正德十四年（1519年），武艺考试的标准更加具体了：首试骑射，距靶35步（古人以举足一次为"跬"，两次为"步"，故一步约为1.5米）；次场步射，距靶80步；三场考策题一道。考试的时间也固定下来了：逢子、午、卯、酉年开乡试（仍是三年一试）。正德十四年是己卯年。

嘉靖年间，"武举法"进一步细化：逢子、午、卯、酉年的十月举行乡试；乡试次年的四月举行会试；无论是乡试，还是会试，3场考试的时间都定在考试当月的初九、十二、十五日。武举名额的分配制度也有了一个大概：若选拔10人，则6人来自边疆，4人来自腹地。

至于武举殿试，是到了崇祯四年（1631年）才有的事。②也就是说，前面提到过的武举，包括本书第一章提到的李若琏，都没有参加过殿试。

再回到王佐的故事。

---

① 《明通鉴》，卷三十三。
② 《明史》，卷七十。

根据王世贞的记录，正德十二年（1517年），王佐得了武举第一名后，授职锦衣卫千户，累升督漕参将。[①]而据《明武宗实录》记载，正德十二年六月，王佐已作为署都指挥使"把总江西南昌等卫运粮"。[②]从其肩负的"把总运粮"的职能上看，王佐更像是隶属"总督漕运总兵官"而非锦衣卫。[③]《明世宗实录》也说，王佐中了武举后，因剿灭流贼有功，被擢为都指挥佥事，历任漕运参将、锦衣卫佥书之职，后来执掌锦衣卫。也就是说，他并非像王世贞所说的，夺得武状元之后，直接进入锦衣卫担任千户一职。

正是在江西工作期间，王佐与王阳明有了交情。王阳明是宋明心学的集大成者，他被认为是明朝最负盛名的思想家，有人甚至将他与孔子、孟子、朱熹相提并论。他还是著名的军事家，最为人所知的功绩，是前文提到过平定宁王朱宸濠之乱。不过，正德十二年时，45岁的他还只是巡抚南赣汀漳等处地方左佥都御史（正四品）。

明人田汝成在《炎徼纪闻》一书中提到，王阳明十分欣赏王佐。[④]由于王阳明以品性高洁、智慧如海著称，我们可以推断王佐在思想品性及军事战略上一定颇有值得称道之处。在王世贞的笔下，王佐确实是这样的人："王佐为人诚谨自守，有志气，怀节操，精骑射，善公文，发表议论时总爱援引古人大义。"

根据《明武宗实录》的记载，正德十四年（1519年）六月，王佐晋为"协同督运参将"。[⑤]两年后的七月，即世宗即位3个月后，鞑靼小王子犯边，他作为右参将分守大同中路。[⑥]5个月后，边事已

① 《弇州四部稿》，卷七十九。
② 《明武宗实录》，卷一百五十。
③ 《明史》，卷七十六。
④ 《炎徼纪闻》，卷一。
⑤ 《明武宗实录》，卷一百七十五。
⑥ 《明世宗实录》，卷四。

平，又调回原处任职。

嘉靖二年（1523年）二月，王佐调入锦衣卫署，以千户之职都指挥使，提督巡捕事务。[①]因缉捕有功，他很快晋为指挥佥事。嘉靖四年正月，又晋为指挥同知。[②]嘉靖九年骆安降职后，王佐奉旨执掌锦衣卫印信，提督官校办事。[③]

对于王佐执掌锦衣卫期间的表现，《明世宗实录》给予了很高的评价："屡鞫告讦，不诡不激，平反甚多。"[④]其中，御史陈让、遂安伯陈镳等人被诬告一事值得一提。这个案件与世宗厌恶的张太后（孝宗张皇后）有关。

张太后的两个兄弟，即建昌侯张延龄及昌国公张鹤龄，前文已有提及。兄弟二人仗着是皇亲国戚，常常横行乡里，纵容家奴强夺百姓田庐，还经常受贿帮人脱罪，声名狼藉，臭名昭著。孝宗及武宗顾及张后的颜面，对他们百般容忍。[⑤]世宗则不同。由于张太后在"大礼"问题上总是刁难自己，因此，当张氏兄弟被人告发犯有"不轨""违制""杀人"的罪行时，世宗没有网开一面，而是顺水推舟。案件始末大致如下：

张延龄有一个家奴名叫曹鼎。正德十年（1515年），曹鼎之父曹祖曾告发曹鼎与张延龄图谋不轨，结果被武宗打入监狱，饮药自尽。再后来，一个名叫司聪的武官，因为欠了张延龄五百金，经常被索债，迫于无奈，以曹祖之事相挟。张延龄指使手下将他杀死，又命司聪之子司升毁尸灭迹，以此抵消其家所欠债务。司升一直忍

---

① 《明世宗实录》，卷二十三。
② 《明世宗实录》，卷四十七。
③ 《明世宗实录》，卷一百二十。
④ 《明世宗实录》，卷二百九。
⑤ 《明史》，卷三百。

气吞声。嘉靖十二年（1533年）九月，司升以前事状告张延龄。事下刑部。张延龄及诸家奴被逮受审。经查，张延龄擅买违制田宅及杖杀僧、婢、司聪等事证据确凿，有关谋逆的指控则缺乏证据支持。刑部尚书聂贤等将狱词上呈世宗，请圣裁。世宗不悦，说："所谓谋逆，只论谋与不谋，怎能以是否实行来定罪呢？"他斥责聂贤徇私党比，背义欺罔，令其"戴罪"（被判了罪的官员仍留职任用），会同法司及锦衣卫镇抚司秉公审案。最终，张延龄被关进刑部大牢，判了死刑。张鹤龄则被革去爵位，降为南京锦衣卫指挥同知，带俸闲住。但张延龄并没立即被处死，而是一直被关在狱中。3年后，刘东山再告张延龄不轨事，上百人被株连。次年，班期、于云鹤等人又告张氏兄弟利用旁门左道诅咒世宗，词连张太后。张鹤龄被逮，病死狱中。嘉靖十七年（1538年）正月，因犯下弑父之罪而流亡的刘东山被御史陈让捕获。于是，刘东山又诬告陈让及遂安伯陈镠等数十人。世宗命锦衣卫穷治。审理此案的正是都指挥使王佐。经审，真相大白。陈让、陈镠无罪释放，刘东山被判枷号3个月，满日即发配边疆充军。张延龄继续被关在狱中，张太后去世后被处斩。①

结案次月，王佐去世。世宗下诏，追赠后军都督府右都督之衔，按照右都督的待遇，御赐祭葬如例。②

卫帅陆炳

根据王世贞的记录，王佐去世后，由陆松接掌锦衣卫。但这条

---

① 综合自《明史》，卷三百；《明世宗实录》，卷一百五十五、卷一百九十二、卷二百八。

② 《明世宗实录》，卷二百九。

记录有误，因为陆松早在嘉靖十五年（1536年）已经离世。[①]而且，嘉靖十三年，身为锦衣卫指挥同知的陆松已在掌理锦衣卫事。在锦衣卫里，同时有两位"掌卫事"武官的现象并不罕见，前文已有交代，不再赘述。

作为兴献王府的老臣，陆松调入锦衣卫担任千户后，继续对世宗忠心耿耿。在"大礼之争"结束后，世宗下诏编撰《皇考实录》。[②]陆松参与了编辑工作，并亲纂"献皇帝持身治国之要三十五条"。因为这件事立下的功劳，他被擢为指挥佥事，时为嘉靖五年（1526年）六月。[③]两年后，他晋为锦衣卫镇抚司指挥同知，[④]此后8年，他一直在锦衣卫治理诏狱。也就是说，他主审过张延龄兄弟的案子。至迟在嘉靖十四年（1535年），陆松已是锦衣卫指挥使。次年八月，他在锦衣卫都督佥事任上去世。九月，世宗追赠其后军都督府都督同知之衔。

陆松去世后，其子陆炳请求袭职。兵部委婉地提出反对意见，理由是，陆炳中了武举，也有些功劳，若许其袭职，本来可以署指挥使，然据嘉靖九年先例，非有军功，只凭技艺、勤劳所得世袭职务，亦应查革。但世宗感念陆松的廉干勤劳，特批陆炳袭职锦衣卫指挥佥事，命其在象房管事。不久后，又提拔他"署指挥使"，在南镇抚司管事。

陆炳的出现，意味着锦衣卫的黄金时期即将来临。

前文提到过，陆炳的母亲是世宗的乳娘。但是，君臣二人间的关系，并非"共乳"而已。陆炳比世宗小3岁，出生之后，即与

---

① 《明世宗实录》，卷一百九十。
② 此所谓"皇考"，指的是世宗的生父兴献王。
③ 《明世宗实录》，卷六十五。
④ 《明世宗实录》，卷一百二十一。

父母一起住在兴献王府。因此，他自幼便与世宗生活在一起，长大后，更是整日陪伴世宗左右。他想过弃武从文，但被陆松阻止。陆松的理由是，既然可以袭职侍奉天子，何必走寒士路？即便考取了功名，还不是要仰人鼻息？[①]于是，陆炳决意继承父业。嘉靖八年，19岁的他参加了武举考试，并且在会试上取得非常好的成绩。[②]会试结束后，他被授予锦衣卫副千户之职。因此，陆松去世后，他并非以一介布衣的身份袭职。

《明书》形容陆炳"雄黠多智数，善迎合上意"[③]；《明史》则这样描绘他："武健沉鸷，长身火色，行步类鹤。"[④]"火色"即红袍，在明代是四品及四品以上文武官员的服色。有的文献也称锦衣卫为"缇骑"，称锦衣卫官员为"缇帅"；"缇"有红色的意思。"行步类鹤"，即走路的姿势跟鹤相似。在中国传统文化中，鹤是被文人喜爱的动物，画家经常将其与象征高洁的松树画在一起。因此，"行步类鹤"应该是对陆炳的褒奖，大概有轻快、优雅之意。

尽管陆炳本人具有才干，与世宗的关系也不同寻常，但是，他真正受到世宗的重视，还在其父陆松去世3年之后。在某种程度上，他的命运与英宗朝的袁彬有些类似：在某种程度上，他的幸运也是以君主的不幸为前提。

嘉靖十八年（1539年）二月初一，世宗将年仅3岁的儿子朱载壑立为太子。半个月后，启程南巡承天，即原兴献王的藩国安陆州。[⑤]世宗之所以有南巡的决定，是因为锦衣卫指挥同知赵俊（兴

---

① 《明史》，卷三百七。
② 《明书》，卷一百五十六。
③ 《明书》，卷一百五十六。
④ 《明史》，卷三百七。
⑤ 嘉靖十年（1531年）八月，世宗效仿太祖将濠州更名为凤阳府的先例，将安陆州更名为承天府。

献王府出身）正月从承天回京后，向他汇报了一个坏消息：显陵（兴献王陵寝）漏水。诸臣提议显陵北迁，世宗则想亲自视察一番再做决定。①那些反对世宗南巡的官员，例如给事中曾烶、御史刘贤等人，都被打入锦衣卫监狱。

二月二十八日，世宗车驾抵达河南卫辉的当晚，一件意外发生了。正是这件事进一步加深了世宗对陆炳的信任。

史籍记载，夜里四鼓时分，卫辉行宫突然发生了大火，甚至有宫女及宦官被烧死，一众侍从见状仓皇无计。锦衣卫指挥佥事陆炳当时正与世宗在一起，他背起世宗，跳窗而出，将皇帝送上龙辇。②

据王世贞说，世宗十分感激陆炳，却没有把这件事宣扬出去，因为它实在有损帝王颜面，因此，陆炳"独骤贵"后，其他人由于不清楚其中缘由，越发觉得陆炳高深莫测（"上心德之，不欲显其状，故炳事无传者。其官独骤贵异，他人莫测也"）。③

但王世贞的"骤贵"一说并不符实。根据《明世宗实录》的记载，自嘉靖十八年（其年被授予锦衣卫指挥佥事之职），至嘉靖二十四（1545年）年正月（其时在指挥使任上），在5年多的时间里，陆炳只不过升了两级而已。而且，陆炳在嘉靖二十一年（1542年）十月还立了另外一项大功。正是在这个月，发生了著名的"壬寅宫变"。这起事件的细节存在多个版本，其真实程度各异。大致过程如下：

十月二十一日，世宗夜宿端妃曹氏寝宫。宫女杨金英等谋逆，待世宗熟睡，用绳索勒其脖颈，结果忙中出错，打了死结。即便如此，世宗仍然昏迷过去。宫女张金英知事难成，跑去禀报皇后。皇

---

① 《明世宗实录》，卷二百二十。
② 《明通鉴》，卷五十七。
③ 《弇州四部稿》，卷七十九。

后赶至曹氏处，救下世宗。最终，杨金英、张金玲等宫女，以及端妃、王宁嫔等妃嫔，不分首犯从犯，全都凌迟处死，枭首示众。自此以后，世宗住进了西苑（今中南海），再也没有回过大内。①

《皇明大事记》记载，发生"壬寅宫变"的当天晚上，陆炳突生心理感应，带着校尉急跑至宫门外候命，"门开。皇后懿旨出。（陆炳）立应，缚逆人正法上苏，闻之，甚喜"②。

在锦衣卫的历史上，用两件大功换取官升两级，实在是再寻常不过的事情，完全谈不上"骤贵"。不过，无论"骤贵"之说是否夸张，在世宗的心里，陆炳的地位日益不可替代。但是，要执掌锦衣卫，陆炳还要再等3年。

王佐去世之后，接掌锦衣卫印信的，是同样出身兴献王府的锦衣卫都指挥使陈寅。

陈寅与陆松是老同事。在兴献王府的时候，二人同在仪卫司任事，他是副千户，陆松是总旗；显然，他是陆松的上级。调入锦衣卫之初，他的级别也在陆松之上。嘉靖二年二月，他晋为指挥佥事，而陆松当时只是千户。可是，8年之后，他仍然只是指挥佥事，陆松则已经是指挥同知。不过，并没有证据表明，二人的关系因此而变得恶劣。

从世宗对二人的工作安排上看，他们之间的关系即便算不上融洽，也不会恶劣到无法共事的程度，否则世宗不会让二人一同监督"分建九庙、改建世庙"的工程。③类似如此庄重的事情，世宗绝不会允许关系恶劣的官员将它变成政治斗争的场合。

嘉靖十四年（1535年）十月，启祥宫等宫殿修建完成，因为督

---

① 《明通鉴》，卷五十八。
② 《皇明大事记》，卷三十六。
③ 《明世宗实录》，卷一百七十二。

工有功，锦衣卫指挥使陆松被擢为署都督佥事，指挥佥事陈寅则晋为指挥同知。①陆松于次年去世后，陈寅的晋升速度明显加快。到了嘉靖十七年七月，他已经以锦衣卫掌卫事都指挥使的身份"署都督佥事"。而他之所以能够升职，是因为督造慈宁宫等宫殿有功。此时，王佐也已经去世5个月。次年正月，陈寅再次晋升，由"署都督佥事"升为都督同知，仍掌卫事。到了嘉靖十九年（1540年），他已经是锦衣卫掌卫事右都督（正一品）。

同样没有证据表明，陈寅压制了陆炳的表现。不过，若是王世贞的记录属实，对于陈寅这样的叔伯长辈，陆炳只是表面上予以尊重，他心里的真实想法是，要一步一步用计将"异己者"——无论他们是否是前辈——予以铲除（"徐以计去其异己者"）。②

陆炳具体在何种情况下晋为指挥同知，又是在何种情况下晋为指挥使，尚不清楚。可以确定的是，直至嘉靖二十四年（1545年）正月，他还只是锦衣卫指挥使而已。因为根据《明世宗实录》的记载，在这个月的十五日，陆炳以锦衣卫指挥使的身份奉旨在朝天门外施药，普济百姓。③正是从这个月开始，王世贞所谓的"骤贵"，才真正发生在陆炳的身上。

嘉靖二十四年有两个正月。闰正月初九，世宗下发了一道圣旨，命锦衣卫都指挥同知陆炳执掌锦衣卫。④这意味着，在不到一个月的时间里，陆炳跨过了都指挥佥事一级。6个月后，因为太庙完工，陆炳再次跨过都指挥使一级，直接被擢为都督佥事，仍掌锦衣卫事。同年十二月初六，又因为提督缉访有功，被擢为都督同

---

① 《明世宗实录》，卷一百八十。
② 《弇州四部稿》，卷七十九。
③ 《明世宗实录》，卷二百九十四。
④ 《明世宗实录》，卷二百九十五。

知。从正三品到从一品，陆炳只用了不到一年的时间。

陆炳之所以飞黄腾达若此，世宗的宠信固然是根本原因，或许也有来自阁臣严嵩的相助。

嘉靖十八年（1539年）二月，世宗南巡承天府，随驾大臣除内阁首辅夏言，还有另一位重要历史人物——严嵩。

严嵩是江西分宜人。弘治十八年（1505年），即孝宗驾崩、武宗即位之年，严嵩得中进士，时年25岁。整个正德年间，严嵩的仕途并不顺利。武宗去世时，41岁的他还只是翰林院编修（正七品）。但他的命运到了世宗朝有了翻天覆地的变化：4年后，他成为国子监祭酒（从四品）；嘉靖七年晋为礼部右侍郎（正三品），不久又升为左侍郎；两年后调任吏部左侍郎；嘉靖十年被擢为南京礼部尚书；嘉靖十一年改任南京吏部尚书；4年后改任礼部尚书兼翰林院大学士；嘉靖十八年正月加太子太保衔，这年严嵩59岁。

前文已经多次提到，因其具有维护礼仪的职能，锦衣卫与礼部保持着一种密切的关系。因此，无论是世宗南巡承天府期间，还是在此之前，或者在此之后，陆炳与严嵩都少不了接触。因为夏言的存在，二人更是结成了同盟关系。

夏言是江西贵溪人，正德十二年（1517年）35岁时得中进士。他比严嵩小两岁，中进士的时间比严嵩晚12年，但仕途比严嵩顺利得多：嘉靖十年（1531年），夏言已经是礼部尚书；5年后入阁；嘉靖十七年，内阁首辅李时去世，他成为内阁首辅，当时56岁。

王世贞说，夏言一度比较关心陆炳，陆炳对夏言也十分尊敬。[①]这很可能是基于陆松在世时与担任了5年礼部尚书的夏言建立的良好关系。但是，夏言与陆炳之间的这种类似于叔侄的关系，因为前

① 《弇州四部稿》，卷七十九。

者的"謇谔自负"①及后者的多行不法，一朝反目成仇。

《明史》记载，一日，某位御史弹劾陆炳多项不法事，夏言当即拟旨逮治。陆炳迫于无奈，取重金求夏言放过自己，夏言不肯。于是，陆炳长跪不起，泣下谢罪不止，夏言才作罢。自此以后，陆炳恨夏言入骨。②

夏言因"謇谔自负"而树下的敌人，除了陆炳，还有武定侯郭勋及严嵩。

对这个比他年轻两岁的同乡兼上级，严嵩起初十分尊敬，曾亲自登门，请夏言赴宴喝酒，可夏言闭门不见。严嵩大失面子，也恨上了夏言。

严嵩与夏言的不和在随驾承天府期间即有表现。嘉靖十八年（1539年）三月十二日，世宗一行抵达承天府。次日，世宗拜谒显陵，礼臣上表请行贺礼，夏言表示反对。世宗不得已作罢，心情很是郁闷。严嵩极善察言观色，数日之后，再次上表请贺。世宗十分高兴，当即下旨行贺礼。③

两个月后，在回京的路上，夏言因为上呈《居守敕》稍迟而激怒世宗。世宗斥责他"怠慢不恭"，将其免职。数日后，世宗怒气已解，又下旨让夏言以礼部尚书、武英殿大学士的身份重新入阁。④

3年后，即嘉靖二十一年（1542年）六月，世宗以"久雨伤禾"为由切责内阁。严嵩借着这个机会，联合世宗跟前的红人道士陶仲文，弹劾夏言欺君罔上、舞文弄法诸罪。七月初一，世宗革去夏言首辅之职。接任首辅的是谨身殿大学士翟銮。八月，礼部尚书严嵩

---

① 謇谔，正直敢言的意思。《明史》，卷一百九十六。
② 《明史》，卷三百七。
③ 《明世宗实录》，卷二百二十二。
④ 《明通鉴》，卷五十七。

以武英殿大学士的身份入阁。整两年后，即嘉靖二十三年八月，翟銮削籍，严嵩进为首辅。正是在严嵩担任首辅后的一年多时间里，陆炳"骤贵"。

不过，严嵩与陆炳共同的旧仇人夏言，并没有一蹶不振，而是很快又出现在他们的面前。

陆炳被擢为都督同知之后，过了13日，即嘉靖二十四年十二月十九日，夏言回到北京，再次入阁，并以华盖殿大学士的身份担任首辅。据说，夏言罢职回乡后，每逢新年及世宗生日，都会上表祝贺，自称"草土臣"，世宗也渐渐想起他的好处，于是将他召回北京，重新起用。①

一场彻底的较量在所难免。这一次，夏言付出了沉重的代价。但此番使他付出代价的主要不是他"謇谔自负"的个性，而是他的政治抱负。

夏言一直想立不世之功，因此，当总督陕西三边侍郎曾铣在嘉靖二十五年十二月以及嘉靖二十六年十一月两度上疏请求出兵收复河套时，他极力赞成。而他之所以赞成，还有另一个原因，即他的岳父苏纲与曾铣交厚，经常在他面前称赞曾铣的本事。因此，夏言屡次上疏举荐曾铣，并且提出在群臣之中，再也找不出一个像曾铣那样忠心耿耿的人。而且，曾铣以往的表现确实也证明他懂得军事。《国榷》作者谈迁评价他"果决、有锐气、通谋略"。

对于夏言的建议，世宗起初颇为心动，命廷臣讨论出兵河套的可行性及策略。可是，当廷臣将讨论结果上呈后不久，世宗又改了主意。他提出了几个问题：河套的寇患已经存在很长时间，现在出征的话，是否师出有名？兵力是否有余力？粮草是否有余积？是否

---

① 《明通鉴》，卷五十八。

可以确保出征必然成功？世宗认为曾铣的意见不足为信，只恐百姓会因此遭受"无罪之杀"。他说："卿等作为辅弼之臣，应该讨论明白是否真该出兵。"①

严嵩明白世宗的顾虑，上疏陈述，要胜虏寇很不容易，河套大概不能收复。出征的问题，除了师出无名，花费还不少。其实廷臣无人不知出兵是荒谬之举，之所以没有反对，只是有些畏惧某人而已，并引咎辞职。②兵部尚书王以旂、吏部尚书闻渊、礼部尚书费寀、都察院左都御史屠侨等人也纷纷上疏附和严嵩的意见。于是，先前讨论的结果完全被推翻。

严嵩还对世宗说，夏言先前拟旨褒扬曾铣时，没有给他发表意见的机会。显然，他想让世宗得出这样一个结论，即夏言之所以独断专行，支持出兵河套，是出于私心，是为了私利，而非社稷安危。听闻严嵩的指控后，夏言十分恐慌，赶紧上本请罪，并辩解，严嵩起初并无异议，实在不明白为何现在将责任完全推到自己的身上。③但世宗已经完全被严嵩说动，怒火难平，命锦衣卫官校速逮曾铣。世宗说，夏言之所以不顾国家安危及百姓生死而举荐曾铣，只是为了满足曾铣建功立业的私心而已。

嘉靖二十七年（1548年）正月初六，世宗再次罢免夏言一切官职。三月十八日，陆炳将曾铣的狱词上呈世宗。这个倒霉的军事将领承认了与夏言私相授受的指控，他交代，他的儿子曾淳通过夏言的岳父苏纲送了数万金给夏言。总之，仇鸾先前对曾铣与夏言"朋谋为奸，妄议复套"，以及曾铣"冒报功捷"的指控，全都得到"证实"。

---

① 《明世宗实录》，卷三百三十二。
② 《国榷》，卷五十九。
③ 《明通鉴》，卷五十九。

仇鸾是正德年间名将仇钺之子，袭爵咸宁侯。嘉靖二十三年（1544年）正月，他被任命为充总兵官镇守甘肃等地。但他坠了其父名头，在甘肃贪纵酷虐，恣为不法。时任总督陕西三边侍郎的曾铣弹劾他不听调遣。于是，世宗停了他的俸禄，命人调查相关指控是否属实。可能以为自己在劫难逃，仇鸾的行事更加狂悖无忌。这让曾铣有机会弹劾他犯下其他几项罪。嘉靖二十六年十二月十四日，锦衣卫将仇鸾押解入京，关入锦衣卫监狱。在严嵩与陆炳的授意下，仇鸾对曾铣提出了上述指控。

嘉靖二十七年（1548年）四月初二，即曾铣"招供"半个月后，夏言被打入锦衣卫监狱。《国榷》记载，夏言罢职之后，返回故里，行至丹阳时被逮。他十分清楚自己的命运，指着路旁的白杨树说："白杨，白杨，尔能知我此去不返乎？"①

如果夏言被逮的地点及械至京城的时间无误，则完全存在这样一种可能性，即早在曾铣"招供"之前，陆炳已派出锦衣卫官校去缉拿这位前首辅。理由是：丹阳位于江苏镇江东南，距北京有1200千米，若锦衣卫官校是从曾铣招供之日出发，意味着他们在15日的时间里走完了2400千米的路程，每日行程（返程时还带着曾铣）在160千米左右，这在当时几乎是不可能完成的事情。要知道，快递官书文件的士卒（即急递铺兵）一昼夜只能跑400里。②

夏言下狱后上疏陈冤，指控严嵩诬陷自己。世宗不理，还将为夏言说情的刑部尚书喻茂坚、都御史屠侨、大理寺卿朱廷等人痛斥一番，停掉他们的俸禄。最终，夏言与曾铣私相授受的罪名坐实，论律当斩，妻儿流放3000里。③同年十月，夏言被斩。大概由于他

---

① 《国榷》，卷五十九。
② 《元史》，卷一百一。
③ 《明世宗实录》，卷三百三十五。

过于高傲，不近人情，尤其是再被起用后，亦不无因私废公的做法，因此，对于他的不幸，史家惋惜之意多于同情。

曾铣认罪后不久，仇鸾被释放出狱。①

严嵩、陆炳和仇鸾都是这次政治斗争的赢家。严嵩再次当上内阁首辅。这一次，他占据首辅的位置长达14年，直至嘉靖四十一年（1552年）五月被革职。仇鸾仍是咸宁侯，两年后被任命为大同总兵官，圣眷日隆。至于陆炳，大概在曾铣入狱前后已晋为正一品右都督。嘉靖二十七年（1548年）八月初九，即夏言入狱4个月后，世宗以庆贺自己生日为由，加授陆炳"光禄大夫柱国"的勋阶。在锦衣卫历史上，陆炳是唯一享此殊荣者。

两年后，这位右都督的权柄益重。

嘉靖二十九年（1550年）八月十四日及十七日，蒙古俺答汗大军先后进犯古北口和通州，京师戒严。世宗下诏，命诸镇兵勤王，同时分遣文武大臣各9人防守京城九门，由定西侯蒋傅、兵部侍郎王邦瑞总督，另遣陆炳、礼部侍郎王用宾等巡视皇城四门。

这次危机给了陆炳展露才干的机会。在此之前，由于大同等地边警频传，他未雨绸缪，大大充实了锦衣卫的实力。《明书》记载，陆炳招募了10 000多名勇士充作锦衣卫校尉，每月耗费太仓米40 000石，他们总是鲜衣怒马出入市中，让百姓感到畏惧。

陆炳巡视皇城四门的做法是，分别调派300名锦衣卫辑事官校至各门巡察，专责防止奸细混入城里；其他校尉则巡查京师大街小巷，维护治安，遇有乘机抢掠者，逮其首领绳之以法。陆炳的策略赢得朝野一致好评。

因为俺答汗的入侵，咸宁侯仇鸾也得到一个"被迫立功"的

① 《明世宗实录》，卷三百三十四。

机会。

俺答汗大军进犯京师前，侵扰了大同，时为七月。面对虏寇大军，刚当上大同总兵官不久的仇鸾惶惧无策，听从门客时义、侯荣的计谋，贿赂了俺答汗才躲过一劫。《明通鉴》记载，俺答汗接受了贿金，并送给仇鸾一支作为结盟信物的传箭后，率军东去。① 只是"东去"并非撤兵回草原，而是东侵。八月初八，俺答汗入侵大兴州。听到这个消息后，仇鸾知道，要求增援的圣旨迟早会来，与其被动发兵，不如主动驰援。当他率军赶至居庸关时，已经兵疲马乏。数日后，虏寇进犯通州，但仇鸾的补给问题仍未解决。

陆炳得知后上疏，要遏制敌寇前锋，必须依靠仇鸾大军，若补给迟迟不到位，会令将士寒心。他提出几项建议：兵部立即发兵应援；户部立即发银充饷；蓟镇守臣宜早做准备，待虏寇退兵时予以伏击；待到事宁之日，根据巡按御史王忬的记录，赏功罚过。世宗听了之后深以为然。他痛批户部尚书李士翱等人不以国事为重，命他们"停俸戴罪"，立即将粮饷送至仇鸾麾下各营。

不得不倚重边军的原因，是团营基本无兵可用。团营本来应该有精兵12万，可在籍者当时只有四五万，且半数以上成为营帅、中官的私役，并不归队操练，剩下的人也多为老弱。这批残兵被驱出城门应敌时，竟然痛哭流涕不敢上前，他们的将领也是战战兢兢的样子。②

八月二十日，在陆炳等人的举荐下，仇鸾被任命为平虏大将军（一说"平北大将军"），统摄来京勤王的诸镇兵约五六万人，节制各路兵马。3日后，俺答汗退兵。其实，他们本来就无意攻城，在

---

① 《明通鉴》，卷五十九。
② 《明史》，卷八十九。

京师附近大肆劫掠七八日后，见所得已经超过预期，遂整顿辎重往白羊口方向而去。[1]又过了两日，即八月二十五日，京师解严。次日，仇鸾大军在古北口一带与俺答汗大军不期而遇。一场厮杀下来，明军死伤千余人，仇鸾差一点儿被俘虏。同日，世宗将兵部尚书丁汝夔与兵部左侍郎杨守谦处死，理由是前者"罔上毒民"，后者"党同坐视"，"皆死有余辜"。[2]同时受到责罚的还有刑部侍郎彭黯、大理寺卿沈良才等人。九月初一，俺答汗大军成功出塞。20余日后，户部尚书李士翱被免职。仇鸾非但隐瞒了败绩，还令诸将收斩战场上的遗尸，假冒军功，妄称大捷，竟赢得世宗褒奖，加授太保衔。

这次危机带来的最大改变，是世宗听从了吏部侍郎王邦瑞的建议，在九月上旬先后颁布了两道谕旨：其一是罢团营，恢复三大营的旧制，东西两官厅被裁撤；其二是撤销内臣所负提督、监枪等职。其影响是，宦官的地位与影响力有所降低，文武大臣的地位则相对提高。相应的人事变动是，咸宁侯仇鸾受命总督京营戎政；王邦瑞改任兵部左侍郎，专督营务，两个月后升任兵部尚书；右都督陆炳则晋为左都督。嘉靖三十年（1551年）十一月，因擒获甘州叛逆哈舟儿，陆炳加封太子太保衔。[3]

严嵩与仇鸾合谋害死曾铣后，曾约为父子。仇鸾把持军权后，权势已凌驾于严嵩之上，严嵩却以子视之如故，因此，二人的关系变得非常恶劣，在世宗面前多次弹劾对方。世宗选择相信仇鸾，一度疏远了严嵩。于是，严嵩想与陆炳联手对付仇鸾。[4]

---

① 白羊口，今属大同。
② 《明世宗实录》，卷三百六十四。
③ 《明世宗实录》，卷三百七十九。
④ 《明史》，卷三百八。

陆炳与仇鸾之间的关系，有些类似于钱宁与江彬的关系，《明史》用"争宠"二字做了概括。只是这一次的胜利属于锦衣卫一方。

其实，即便是军权在握后，仇鸾对陆炳也颇为忌惮，多次主动表示交好之意，陆炳则表面答应，心怀不善。

由于世宗倚信仇鸾，陆炳未敢轻举妄动，只是秘遣辑事官校，伺察其不可告人的秘事，或者收买仇鸾的近侍，了解其不为人知的动向。总之，有关仇鸾的大事小情，没有陆炳不知道的，更不用说他贿赂俺答汗并与之秘密结盟的事。陆炳将证据妥为封藏，待机而动。

陆炳虽然受宠，也不能经常看见世宗，这是因为世宗已经住进西苑修道，他本人则要执行公务。而且为了专心修道，世宗一般不接见朝臣。

为了让世宗接见自己，陆炳想了一个主意：他经常带着亲兵在射所练习射箭。据说，中靶之声整个大内都能听见。某日，世宗听见了中靶声，问陪同修道的真人陶仲文："这是陆炳在射箭吗？"陶仲文知道世宗想起了陆炳，而且他本人又与陆炳交厚，于是十分夸张地说："陆炳乃天生神将，是来保护陛下的。"世宗听了十分高兴，当即派一名小宦官去请陆炳相见。

不知是巧合，还是陆炳的故意安排，当日，刚从大同率兵返回京师的仇鸾带着手下在射所与陆炳的人比武。结果是仇鸾的人败了，因此，他的脸色非常难看。陆炳举起酒杯，说了一番意味深长的话。他说，仇大将军麾下有30万骑之众，讲的是调兵遣将的本事，我陆某人乃一介宫廷侍卫而已，讲的是个人武技的出众，就像汉代的羽林、期门，唐代的飞骑、矿骑，职在保卫宫廷，不能跟大将军相提并论啊。

　　小宦官将这些情形都看在眼里，并详细禀告世宗。世宗听完默然不语。此后，他更加眷顾陆炳，却怀疑仇鸾不称职。①

　　嘉靖三十一年（1552年）四月初三，仇鸾在大同镇川堡再次战败，阵亡200余人，丢了战马200余匹，却掩败不闻，谎报斩敌首五人，获寇马30匹，向世宗请赏。

　　俺答汗这一次进犯大同，始于嘉靖三十年十二月。同年三月，仇鸾与兵部尚书赵锦等人提出一项与俺答汗修约的建议，以俺答汗答应永不犯塞为条件，在大同边境重开马市。尽管内阁首辅严嵩、兵部主事杨继盛等人都表示反对，世宗还是同意了这项建议。四月，大同镇羌堡开了马市。可是，俺答汗的铁骑还是再度叩边。次年三月，仇鸾奉旨率军开赴大同，甫一交锋即尝败绩。

　　世宗同意了仇鸾的请赏要求。但接下来的事情颇不寻常。五月初三，即镇川堡败绩一个月后，仇鸾接到了世宗召其回京议事的谕旨。在此之前，仇鸾曾提出一项显然不合时宜（当时北疆相继告急）的建议：将镇守在京师门户宣府、大同二镇的精兵调到位于京畿附近的保安、怀来一带，以捍卫京师的安全。这项莫名其妙的提议，很可能让世宗觉察出几分居心叵测的味道。

　　六月，已经被召回京师的仇鸾又提议将固原、宁夏、甘肃各镇新兵3000人，以及延绥军2000人调入京卫。世宗还是没有同意。七月，虏寇进犯蓟州（今天津蓟州区）。当时后背生疮、病情严重的仇鸾请旨返回军营，被世宗制止。②八月初九，世宗收回仇鸾的大将军印绶，命兵部侍郎蒋应奎暂掌戎政。八月十二日，仇鸾疽发而死。

---

① 《明书》，卷一百五十六。
② 《明通鉴》，卷六十。

八月十一日，陆炳本想举报仇鸾与俺答汗秘密结盟一事，因为担心证据不足，就派人找到仇鸾的亲信时义、侯荣，吓唬他们若不赶紧逃去俺答汗那里避祸，很可能会被逮捕。时、侯信以为真，果然逃跑，逃至半路即被陆炳派出的校尉抓获。人证、物证（即俺答汗送给仇鸾的箭信）俱在，仇鸾谋反叛国之事得到证实。

世宗大怒，命陆炳会同三法司拟罪。八月十五日，已经去世3日的仇鸾被"剖棺斩首，枭示九边"。仇鸾的父母妻儿，以及时义、侯荣都被处斩。仇鸾的侍妾、女儿及孙辈，被发配功臣家为奴，财产皆被充公。①

既然仇鸾被证实叛国，他对首辅严嵩的指控自然没了说服力。严嵩重新得到世宗的信任。世宗对陆炳的宠信与倚重更是日益加深。嘉靖三十二年（1553年）二月二十日，因诛逆有功，陆炳进封少保兼太子太傅衔，按伯爵的爵位领取俸禄。②

根据《明通鉴》的记载，为防御外寇，两个月后，世宗下令营筑京师外城，命陆炳总督京营戎政。③《明世宗实录》的记载则是，成国公朱希忠奉旨总督京营戎政，陆炳从旁协助。

同年四月，陆炳由少保进封太保。在真人陶仲文的推荐下，次年七月，世宗让陆炳陪同自己一起修道。陆炳自此在西苑当值。陪同世宗修道的朝臣还有朱希忠、安平伯方承裕，以及严嵩等人。④

在整个嘉靖年间，宦官相对不受重视。《明史》称："世宗驭中官严，不敢恣。"⑤因此，东厂的势力远不如锦衣卫。而且陆炳掌锦

---

① 《明世宗实录》，卷三百八十八。
② 《国榷》，卷六十。
③ 《明世宗实录》，卷三百九十六。《明通鉴》，卷六十。
④ 《明通鉴》，卷六十。
⑤ 《明史》，卷九十五。

衣卫事后，前后三任东厂太监（宋兴、麦福与黄锦）都与他保持了非常友好的关系。

宋兴去世后，陆炳甚至亲自撰写墓志铭。根据铭文的记录，嘉靖二十四年春（陆炳在该年闰正月被任命为掌锦衣卫事都指挥同知），宋兴以内官监太监的身份奉敕提督东厂。在此之前，他总督内书馆事务，陆炳当时在内书馆担任教席，二人建立了"寅恭之宜"。①至于麦福，因为辑事有功，嘉靖二十七年（1548年）世宗恩准他的兄弟麦祥当了锦衣卫百户。在陆炳麾下效力的麦祥甚得提携，至迟在12年后已官至右都督。②黄锦的侄孙黄时坤也在锦衣卫任事，同样很得陆炳照顾，官至右都督，掌印南镇抚司。③据王世贞说，陆炳与首辅严嵩及黄锦都有姻亲关系。

对于和自己做对的太监，陆炳毫不留情。资历深厚的司礼监太监李彬（早在正德十四年已督管神机营中军二司以及练武营）一直想找机会打击和压制陆炳，结果却赔上身家性命。嘉靖三十六年（1557年）二月初四，陆炳劾奏李彬侵盗皇室真工所物料及内府钱粮达数十万钱，还私役军士在黑山会造坟，其规格有僭越的嫌疑，大逆不道，应该将其明正典刑。世宗命锦衣卫将李彬逮捕，送至镇抚司拷讯，再下刑部拟罪。最终，李彬及其党羽内官监太监杜泰、李庚、王恺等人皆被处死，籍没白银40多万两，其他财宝数不胜数。④

同年八月初十，世宗又加授陆炳少傅衔。⑤至此，陆炳的完整

---

① 见《北京图书馆藏中国历代石刻拓本汇编》，第55册，第111页，中州古籍出版社，1989年5月第1版。

② 《明世宗实录》，卷三百六十七、卷四百五十一。

③ 《明穆宗实录》，卷三。

④ 《明世宗实录》，卷四百四十四；《国榷》，卷六十二。

⑤ 《国榷》，卷六十二。

身份是"掌锦衣卫事太保兼少傅左都督"。太保属于"三公"头衔，少傅属于"三孤"头衔。有明一代，同时兼具"三公""三孤"的官员，只有陆炳一人而已。[①]

毫无疑问，陆炳代表着锦衣卫的黄金时代。正是从这个时代开始，包括内阁大学士、六部尚书等在内的士大夫放弃了轻视武官的传统偏见，越来越愿意让家人在锦衣卫谋得一职。嘉靖朝内阁首辅徐阶、万历朝首辅张居正等，都有子嗣在锦衣卫担任高职。徐阶的孙子徐本高在崇祯年间官至锦衣卫管卫事左都督，张居正的儿子张简修则在南镇抚司管事。

但这个时代同时也是短暂的，随着陆炳的去世戛然而止。

陆炳去世的时间，是嘉靖三十九年（1560年）十二月十一日，享年50岁。根据《明世宗实录》的记载，他是"暴卒"，即突然死亡。根据《国榷》的记录，陆炳患有严重的肺炎，乃咳痰不止而死。

陆炳去世后，世宗很伤心，亲撰诏书表彰他为国尽忠的功德，追赠其"忠诚伯"的爵位，赐谥号"武惠"。

《明世宗实录》如此评价陆炳的发迹以及他享有的尊荣：陆炳，一介校尉出身，却跻身于公、孤之列，"出司巡徼，入典直赞，自谒郊庙，以至诸祷祀，皆得与焉，亲近尊宠，即勋贵大臣莫能望也"。[②]

"诸祷祀，皆得与"，指的是陆炳参与了各种祭祀活动。前文所述，锦衣卫最初的职能是仪仗及仪卫，作为武官的锦衣卫掌事者，在一定程度上扮演了礼官的角色。不过，在嘉靖以前，其有关礼仪的职掌，只不过是陈列仪仗、履行护卫职责而已。从嘉靖三十

---

① 《明史》，卷三百七。
② 《明世宗实录》，卷四百九十一。

年（1551年）开始，他们有了更加神圣的职责：嘉靖三十年九月二十一日，时值秋分，当行大享礼（《明史》称"大飨礼"），右都督陆炳奉旨赴太庙行礼；[①]嘉靖三十二年八月二十日，陆炳参与祭奠历代帝王；嘉靖三十四年二月，陆炳陪同成国公朱希忠祭典帝社、帝稷；嘉靖三十五年正月十一日，陆炳奉旨参与祈谷；[②]嘉靖三十九年十一月十九日，即去世前一月，陆炳奉旨"圜丘视牲"。[③]

尽管陆炳与严嵩的交情很深，其为人也十分贪狡，却并非一无是处。他对德行俱佳的文武官员十分敬重，即便是审理世宗定下的大案，他也会尽力保护无辜官员。《明书》提到一个例子：嘉靖三十六年（1557年），抗倭名将俞大猷被胡宗宪诬陷入狱，陆炳见到俞大猷后，赠其两千金及其他珍宝，让他贿赂严嵩，帮他逃过一死。《明史》的记载则是，陆炳亲自出马，给了严嵩之子严世蕃很多好处，才把俞大猷救出，让他有机会立功于塞上。

陆炳救助的对象并不限于士大夫。《明书》作者明末清初的傅维麟认为，上至朝臣、士大夫，下至贩夫走卒，乃至贫贱濒死者，很多人都得到过他的帮助。而且，无论有多大困难，他一句话就能解决；他的这些故事，直至明末仍在流传。正因为陆炳折节广交，声誉颇隆，嘉靖年间无人敢触他的霉头。

陆炳的办案能力也很出色。由于耳目众多，手下人才济济，本人又极有才干，势力一度遍布京畿的白莲教几乎被他连根拔起。[④]

① 《明世宗实录》，卷三百七十七。哀冲太子朱载基出生两个月即夭折，庄敬太子朱载壑卒于嘉靖十八年（1539年），时年17岁。
② 《明世宗实录》，卷四百一、卷四百一十九、卷四百三十一。
③ 根据《明史·礼志》："大祀前一月之朔，（上）躬诣牺牲所视牲，每日大臣一人往视。"又："嘉靖九年，复分祀之制，礼部上大祀圜丘仪注：前期十日，太常寺题请视牲。次请命大臣三员看牲，四员分献。前期五日，锦衣卫备随朝驾，帝诣牺牲所视牲。"见《明史》，卷四十七、卷四十八。
④ 《明书》，卷一百五十六。

内阁首辅徐阶（嘉靖四十一年至隆庆二年在任）主编的《明世宗实录》记载，在陆炳麾下效力的人，不少是"以武范禁"的豪侠。《国榷》则进一步说明，这些豪侠多来自长安，只要这些人的表现让陆炳感到满意，一般很快就可以富贵加身，故而都愿效死力。①

陆炳的耳目遍布天下，但其压榨的对象似乎主要限于富民。《明世宗实录》写道，有钱人只要犯下小错，动辄就会被严刑逼供，屈打成招，然后会被定罪，财产被没收。陆炳通过这种方式夷灭了无数有钱人家，积累了巨大的财富。因此，他过着一种穷奢极欲的生活：在京畿一带，他拥有十几处别墅，其富丽堂皇的程度无人可比，宅内美姬如云，纨绮宝玩盈库，随便在哪间房休息，一切需求都能得到满足。他还拥有良田无数，在扬州、嘉兴、南昌、承天等富饶城市，还开了不少赌场、商铺及酒肆。②

陆炳去世两年后，即嘉靖四十一年（1562年）五月，内阁首辅严嵩被免职。3年后，严嵩之子严世蕃被处死，主要罪名是谋逆及私通倭寇；被籍没的财产包括黄金3万多两，白银202万两，房屋6600多间，珍宝不可胜计。③根据户部尚书高耀言的记录，嘉靖四十三年的岁入还不到白银247万两。④

再过一年，即嘉靖四十五年（1566年）十二月十四日，世宗驾崩，享年59岁。次年，87岁的严嵩病故。⑤

但故事并没有结束。

3年后，即明穆宗隆庆四年（1570年），御史张守约追论陆炳

---

① 《国榷》，卷六十三。
② 《明世宗实录》，卷四百九十一。
③ 《明世宗实录》，卷五百四十九。
④ 《明世宗实录》，卷五百五十二。
⑤ 《明史》，卷三百八。

生前罪过，指控他与严世蕃相勾结，窃弄威权，作恶多端，犯下十桩大罪。他说，既然严世蕃已经伏法就戮，那就也应该把陆炳的尸体刨出来戮尸，把陆炳的儿子陆绎、侄子陆绪、仆人陆佐等人逮捕起来问罪，没收他们的财产。穆宗同意张守约的建议，下诏命锦衣卫逮捕陆炳的子侄及仆人送法司审问。不少被陆炳欺辱过的官员也趁机陈诉冤情。九月初七，法司做出了"开棺戮尸，削夺官爵，籍没其产，追赃还官"的判决。原本有官职在身的陆绎、陆绪等人被革职，发原籍为民，仆人陆佐等则被发配边卫，永远充军。[①]

同年十二月，明穆宗将陆炳的几座宅院赐给了已故李皇后的父亲，即德平伯李铭。李铭本是一名锦衣卫百户。嘉靖三十一年，他的女儿嫁给了皇三子朱载垕（即未来的穆宗），他因此而升为千户。次年，他的女儿被封为王妃。据说，皇三子夫妻二人鹣鲽情深。只不过好景不长，几年之后，王妃就病故了。穆宗登基后，将李氏追谥为皇后，并将岳父李铭封为德平伯。李铭的儿子李鹤在神宗年间官至左都督。

隆庆五年（1571年）正月，穆宗又将陆炳的20余处宅院分别赐给庆都伯杜继宗和固安伯陈景行。杜继宗是世宗杜皇后的兄长，也就是穆宗的亲舅舅；陈景行则是穆宗陈皇后的父亲，他原先只是一名锦衣卫副千户，在李铭封伯的同日，他被封为固安伯。[②]他至少有两个儿子被授予世袭锦衣卫百户的职位。

隆庆五年二月，穆宗再将陆炳的12 287亩庄田赐给了德平伯李铭的兄弟、锦衣卫指挥佥事李钰。[③]

根据《明神宗实录》的记录，陆炳被定罪后，他的家族被追赃

---

① 《明穆宗实录》，卷四十九。
② 《明穆宗实录》，卷四。
③ 《明穆宗实录》，卷五十二、卷五十三、卷五十四。

数十万，到了万历三年（1575年），已经家贫如洗了。同年四月，他的儿子陆绎上本，乞求皇帝施恩，停止追赃。四月初七，神宗接到奏本后，征询内阁首辅张居正的意见。张居正说，陆炳既有罪，也有功，且其罪只是枉法而已，并非谋反、叛逆、奸党等大罪。根据国法，只有犯下这三项大罪的罪犯，朝廷才可以籍没其财产，而且在籍没财产与追赃这两种刑罚之间，只能选择一种执行，不能在籍没财产之后，再进行追赃。张居正还说，陆炳立下过保驾的功劳，倘若陛下不能庇护其子孙后代，世宗在天有灵，一定会不安心的！据说，年仅12岁的神宗听了这番话后又惊又怕，委托张居正全权处理此事。次日，旨出，命法司从公审议陆炳生前之功罪，并核实陆家是否真的已经倾家荡产。

就这样，陆炳家人的罪责得到豁免。①

陆炳去世次日，世宗命后军都督府左都督朱希孝接掌锦衣卫事，提督东司房。希孝及其兄长成国公朱希忠，是成祖麾下大将朱能的后人。

世宗对朱希孝也十分宠信。《明世宗实录》记载了几个细节：嘉靖四十年（1561年）十一月初十，宗行大祀仪（帝王最隆重的祭祀），当时天冷地冻，世宗脱下自己的外套，赐给代为行礼的朱希孝御寒。次月，又让朱希孝进西苑陪自己修道。朱希孝拥有太保及太傅头衔。在锦衣卫历史上，他享有的尊荣只是稍逊陆炳而已，尽管在权势及影响力方面，二人不能相提并论。朱希孝与陆炳共事过很长一段时间。至迟从嘉靖二十四年（1545年）开始，他一直是陆炳的下属。正是在这一年，陆炳被擢为掌锦衣卫事都督金事，而朱

---

① 《明神宗实录》，卷三十七。

希孝直至嘉靖三十二年（1553年）仍然是都指挥使。[①]不过，自嘉靖三十九年十二月接掌锦衣卫事，至万历二年（1574年）四月去世，其中包括整个隆庆年间，朱希孝一直是锦衣卫掌事者。

---

① 《明世宗实录》，卷三百一、卷三百九十六。

第十二章　万历逐利

　　锦衣卫在隆庆年间（1567—1572年）的历史比较平淡，其建制并无变化；发生的最大事件，莫过于对陆炳的追戮。这段历史（仅就锦衣卫而言）平凡无奇的原因，主要是穆宗能力不足且无心政事，司礼监、御马监等内宫衙门亦未冒起兼具野心与能力的人物，内阁则相对强势。尽管其内部并不和睦，权力斗争不断，但内阁大学士们至少在两个方面态度一致：其一是耻于利用锦衣卫达成政治目的，其二是抑制皇权。于是，我们可以看到，在隆庆二年六月（内阁首辅为徐阶）和隆庆三年十二月（内阁首辅为李春芳），锦衣卫前后两次缩编，共计裁汰近1500名官校。[①]

　　当然，财政上的压力，即户科都给事中魏时亮在隆庆二年七月上呈的一份奏本中提到的天下三大患——"藩禄不给、边饷不支、公私告匮"，[②]也是导致锦衣卫缩编的重要原因之一。无论如何，在当时的政治背景下，锦衣卫缺少表现的机会，但它仍然保持着相对独立的地位。原因在于，尽管锦衣卫掌事者、左都督朱希孝为人"宽然"（王世贞语），能力不及陆炳，他的地位与影响力却不容小

---

① 《明穆宗实录》，卷二十一、卷四十。
② 《明穆宗实录》，卷二十二。

觑，而东厂太监冯保当时还处在被压制的状态。

到了神宗朝，情况发生了很大的变化。

冯保居正

万历初年发生在内阁首辅高拱与次辅张居正之间的政治斗争众所周知，不再详述。简言之，神宗的父亲穆宗朱载垕即位后不久，时任内阁首辅徐阶与曾在裕王府（穆宗即位前是裕王）担任侍讲的内阁大学士高拱在权力场上较量了一番，结果是高拱罢职。隆庆二年（1568年），高拱卷土重来，与同在裕王府当过侍讲的内阁大学士张居正结盟，联手将徐阶赶下台。接任内阁首辅的是相对温和的李春芳。三年后，即隆庆五年（1571年），次辅高拱又将李春芳逐出内阁，取而代之，以张居正为次辅。其后，高拱与张居正在处理徐阶的问题上产生严重分歧，二人交恶。隆庆六年五月穆宗驾崩、神宗即位后不久，高、张二人展开了一场政治较量，其结果是高拱去职，张居正成为首辅。

在这个过程中，司礼监太监冯保起了至关重要的作用。

冯保祖籍深州（今属河北），早在嘉靖中期已担任司礼监秉笔太监。穆宗隆庆元年，他奉旨提督东厂兼掌御马监事，成为司礼监二号人物。隆庆三年，司礼监掌印太监因故去职，冯保本该递补这一职务，却因当时正好触怒了穆宗，丧失了机会。不过，这个职务并没有立即找到合适的人选，冯保一直以为自己还有机会。然而，在内阁首辅高拱的推荐下，这个职位最终被授予原御用监太监陈洪。陈洪于隆庆五年罢职后，高拱又推荐原尚膳监太监孟冲接任此职。因此，冯保对高拱恨之入骨，而选择与张居正结盟。

《明通鉴》记载，张居正见穆宗沉疴难起，欲引冯保为内助，在穆宗驾崩前夕，二人有密函往来十几次。高拱听说这件事后，极为愤怒地质问张居正："你们两个人干吗偷偷摸摸密函往来？天下大事，为何不与我等商量，却与太监密谋？到底居心何在？"只见张居正满脸惭色，连连道歉。

当然，对冯保来说，仅与张居正结盟是不够的；要当上司礼监掌印太监，他必须得到两宫太后（穆宗陈皇后及神宗生母李皇后）的支持。而高拱过于强势，正好是两宫不乐意见到的。一朝天子一朝臣的道理自不用说，眼下新帝幼小，让一个看上去同样可信却更有能力的太监执掌司礼监，同时让张居正去制约高拱，保持内外权力平衡，显然更符合自己的利益。

无论如何，穆宗驾崩两个时辰后，冯保就取代孟冲，当上了司礼监掌印太监，这天是隆庆六年五月二十六日。他很快就将了首辅高拱一军。

六月初十，9岁的神宗登基。冯保故意立在御座旁边不走，以致举朝大骇。高拱以"主上幼冲，惩中官专政"为由，奏请废黜司礼监的行政权力，使权归内阁，并授意给事中雒遵、程文上疏抨击冯保。高拱还亲拟圣旨，要革冯保的职。张居正将他的动态告知冯保。冯保则在两宫太后面前指控高拱擅权，蔑视幼君。6日后，太监传召群臣，宣两宫及皇帝旨意。高拱以为冯保必定被逐，匆匆入殿，没想到诏书竟然历数其擅权之罪，并罢免了他的官职。59岁的首辅大受打击，伏地不起，最后还是张居正搀扶他出了宫，并替他雇了骡车，将他送出宣武门。①

从此，47岁的张居正开始了长达10年的首辅生涯。冯保则集司礼监掌印太监与东厂太监二职于一身，总理内外，不可一世。他

① 《明通鉴》，卷六十五。

对高拱的恨意并没有消失，一直等待机会进行报复。

万历元年（1573年）正月十九日，神宗下朝后，在冯保等人的陪伴下回宫，行至乾清宫门外时，遇到冒充太监的王大臣（一说其本名章龙，应天府靖江人）。冯保命人将他拿下，关进东厂监狱，又令家仆辛儒探监，许之以利，令其诬告高拱有行刺的意图，并承认自己是刺客，王大臣被迫应承。次日，锦衣卫掌卫事左都督朱希孝等人会审此案，王大臣却突然翻供，大喊："我的供词都是屈打成招。他们对我许下富贵的承诺，要我诬告高阁老，可我哪里认得高阁老啊！"迫于压力，冯保不得不放弃计划。王大臣则移送法司坐斩。[①]

为首辅所用的厂卫

尽管冯保提督东厂，且与内阁首辅张居正相唱和，但在朱希孝去世之前，锦衣卫基本还保持独立（"卫犹不大附厂也"）。[②]朱希孝去世的时间是万历四年（1577年）四月，赐谥"忠僖"。[③]此后，锦衣卫相对独立的地位基本终结，沦为东厂太监打击异己的工具，直至明朝灭亡。

朱希孝去世后，接掌锦衣卫的是都指挥使余荫。神宗朱翊钧还是太子时，余荫在东宫做过侍卫。[④]但他无力与冯保抗衡。事实上，由于冯保极得神宗之母李太后的信任，既掌印司礼监，又提督东厂，少年时的神宗都几乎完全生活在冯保的阴影里。

---

① 《明史》，卷三百五；《国榷》，卷六十八。

② 《明史》，卷九十五。

③ 《明神宗实录》，卷二十四。

④ 《明神宗实录》，卷六十九。

　　《明史》及《钦定文献续通考》记载，冯保掌印司礼监之后，建了一个"内厂"，署衙位于东上北门的北边。[①]永乐年间设立于东安门外的东厂，则被称为"外厂"。但冯保的"内厂"与刘瑾的"内厂"不同，它并非一个独立的衙门，而是东厂增设的指挥机构。显然，东厂的建制可能有所扩大，但具体情形尚不清楚。

　　冯保提督之下的东厂，其职责没有大的变化，仍是缉访谋逆、妖言、大奸、大恶等事。例如，万历四年九月，捕获了"弑母烧尸"的张大金；万历六年四月，捕获了造谣生事的妖僧如灯，将其杖责一百后，打回原籍为民。[②]然而，在性质上，此时的东厂与原先已有很大不同。

　　东厂与内阁之间，原本是监督与被监督的关系，水火不容，不过，因为冯保与张居正的交情，这种关系硬生生被改变了，尽管这种改变只是暂时的。

　　总而言之，张居正比较维护冯保的颜面，冯保也比较捍卫张居正的权威，二人携手稳定住了局面。

　　万历二年十二月，张居正将户科给事中赵参鲁贬职五级，并将其谪调地方任职，就是为了维护与冯保的关系。事件大致如下：南京一个名叫张进的小太监酒后无德，侮辱了给事中张颐。言官们同仇敌忾，纷纷上疏请求严治，赵参鲁是表现最为激烈的一个。张居正将他调出京城后，又力劝冯保管好自己的党羽。[③]

　　为了张居正，冯保也得罪了不少太监。张居正的诸项改革举

---

① 《明史》曰："皇城内宫城外，凡十有二门：曰东上门、东上北门、东上南门、东中门、西上门、西上北门、西上南门、西中门、北上门、北上东门、北上西门、北中门。"见卷六十八。
② 《明神宗实录》，卷五十四、卷七十四。
③ 《明神宗实录》，卷三十一；《明史》，卷二百十三。

措，例如尊主权、课吏职、信赏罚、一号令，要是没有地方的全力配合，根本不可能有成效，但冯保在这方面给了他很大帮助：他派出的东厂及锦衣卫缉事官校，让外出办事的太监不敢与地方官大肆勾结。久而久之，不少原先依附于冯保的太监渐渐疏远他，张居正的改革却"虽万里外，朝下而夕奉行"。

　　在很大程度上，正是因为有冯保的鼎力相助，张居正的改革才能在10年的时间里取得骄人的成绩。用《明史》的话说，张居正固然很有才华，但他能当上首辅，独掌国柄，主持改革，是因为有冯保帮他（"由保为之左右也"）。

　　讲到明代阁臣与宦官间的这种特殊关系，明史学家孟森有一段极为精彩的评论。他说，历朝历代，宦官与士大夫属于对立的两方，士大夫决不与宦官结盟。然而到了明代，大有作为的士大夫的背后，总是能看到宦官的身影，例如于谦有兴安相帮，张居正有冯保相助，士大夫要想做出一番有利于天下的大事业，缺少得势宦官的帮助是不可能成功的（"欲为士大夫任天下事，非得一阉为内主不能有济"）。①

　　有明一代，与内阁保持良好关系的太监不在少数，除了前文提到的兴安，还有宣宗朝的金英、宪宗朝的怀恩等。同时掌印司礼监并提督东厂的太监也不乏其人，例如世宗朝的麦福、黄锦，万历中后期的张诚、陈矩。②但是，同时掌印司礼监、提督东厂并且与内阁保持良好关系的太监，恐怕只有冯保一人而已。

　　冯保是一个十分复杂的角色。他善琴能书，颇知雅意，却又野心勃勃。他拥有权势，贪财无度，却又约束家人子弟，使其不敢肆

①　孟森：《明史讲义》，上海古籍出版社，2002年6月第1版。
②　《万历野获编》，卷六。

恶，京师官民对此称道不已。他睚眦必报，陷害高拱，打击异己，却又很讲义气，处处维护张居正。他十分自负，行事似乎只凭喜恶，不论是非，亦不虑长远，以致对少年神宗过分严厉，忽视对方的尊严，遗祸他日。

而冯保之所以对神宗特别严厉，是因为神宗生母李太后对小皇帝抱有很高期待，叮嘱冯保好好教导他。据说小皇帝很怕冯保，与小太监玩耍时，只要看见他，就会正襟危坐，即便到了18岁，还是如此。

据《明史》记载，那时有两个太监很受神宗喜爱，一个是乾清宫管事孙海，另一个是打卯牌子（或者御前牌子）客用。[1]二人经常诱导神宗夜游别宫，小衣窄袖，横刀跨马。冯保觉得有失体统，将这些事禀告李太后。太后把神宗叫到身前，严厉批评他。神宗长跪受教，既惶且惧。冯保又委托张居正草拟罪己诏，并将诏书颁示阁臣。据说诏书用词非常抑损，神宗看了后十分羞愧，可是迫于太后的压力，不得不下诏。[2]

根据《国榷》的记载，神宗"长跪受教"一事发生在万历八年（1581年）十一月十二日，但冯保向太后禀报的事情，却并非神宗在太监孙海、客用的教唆下夜游别宫，而是在当日于乾清宫举行的夜宴上，受到一个名叫孙海客的太监的蛊惑，差一点杖毙了两个太监。[3]

要是《国榷》记载属实，那么，李太后让神宗"长跪受教"主要是出于两个原因：其一是她对儿子的要求一向很严（"帝或不读

---

[1]　乾清宫管事的职掌是"督理御用诸事"。打卯牌子"掌随朝捧剑"。他们的地位稍低于司礼监太监以及东厂太监。御前牌子也属于近侍。见《明史》，卷七十四。

[2]　《明史》，卷三百五。

[3]　《国榷》，卷七十一。《国榷》提到的太监是孙海客，而非孙海、客用二人。

书，即召使长跪"）；其二是她信奉佛教，不能容忍自己的儿子动辄施以严刑峻罚。①

借着这次机会，张居正在次日呈上的一份奏本中表达了插手宫中事务的意愿。他引述诸葛亮《出师表》中的名句"宫中府中，俱为一体；陟罚臧否，不宜异同"，表示此后不敢以外臣自限，凡是与皇上的起居有关的事，只要有所耳闻，一定竭忠敷奏；只要发现皇上身边有奸佞不忠者，一定不避嫌怨，将抬出祖宗之法，奏请处治。

对于张居正的要求，神宗迫于太后的压力，不得不认可。②神宗原本只想薄惩孙海客，将他打发到南京闲住，最终却同意了张居正的建议，将他充作净军。在张居正的提议下，与冯保不和的太监，例如司礼监太监孙德秀、温泰，以及兵仗局太监周海等人，几乎全都被赶出北京。

神宗对张居正及冯保的厌恶是可以理解的，但他的这种情绪隐藏得非常深。表面上，他对二人十分尊敬，称张居正为"太师张太岳先生"，赏赐冯保几枚象牙印章，上刻"光明正大""尔唯盐梅""汝作舟楫"字样，却派太监张诚秘密监视二人。

神宗对张居正的报复，直至后者去世两年后才开始。万历十二年（1584年）四月，神宗命当时已经当上司礼监太监的张诚、刑部侍郎丘橓、左给事中杨廷相，以及锦衣卫都指挥曹应魁等人一起前往湖广江陵，会同巡抚等官查抄张居正的家，其兄弟子侄的家产也都被籍没。③据说，听闻官差将至，张居正的家人躲入密室避难，

---

① 《明史》，卷一百十四。
② 《明通鉴》，卷六十七。
③ 《明神宗实录》，卷一百四十八。

有十余人生生被饿死。①

张居正去世半年后，江西道御史李植参奏冯保犯下12项死罪。万历十年（1582年）十二月初八，神宗下旨，冯保欺君误国，罪恶深重，本当明正典刑，念其肩负皇考托付，劾劳日久，姑且从宽处置，降为奉御（从六品），发南京闲住。②十年后，冯保病故。神宗籍没其家，得金银百余万，珠宝无数。

作为冯保的亲信，锦衣卫指挥同知徐爵、太监张大受等人也被抄家，巨万家财充公。冯保经常通过此二人与张居正互通消息。徐爵本是逃兵，通过关系而投到冯保门下。这个人既狡诈又大胆，同时欺蒙两边，几度让冯保与张居正互相猜疑，又重归于好。他经常参与筹划，权势越来越大，日益骄横起来，以至于夜访禁门时，守卫者竟然不敢查验其通行证件。③

冯保被谪南京当日，太监张鲸奉旨提督东厂。神宗还是太子的时候，张鲸即在身边伺候。神宗重用他，除了他可靠，还因为他为人刚毅果决。张鲸在提督东厂的同时，还手握内府供用库的印信。

锦衣卫掌卫事者当时是都督同知刘守有。刘守有出身名门，祖父是嘉靖名臣、当过都御史与兵部尚书的刘天和。刘天和致仕时有太子太保衔，去世后，世宗追赠少保衔，赐谥号"庄襄"。根据王世贞的记录，张居正在位时，刘守有像奴婢一样被他驱使（"受役如奴"）。④《万历野获编》作者沈德符则记录，刘守有是湖广麻城人，与来自湖广江陵的张居正是同乡，二人关系不错，张居正在位时，倚重他为亲信干将。不过，刘守有好像并不盲从张居正的意见，否

---

① 《明史》，卷二百十三。
② 《明神宗实录》，卷一百三十一。
③ 《明神宗实录》，卷一百三十三。
④ 《嘉靖以来首辅传》，卷八。

则的话，他不会想方设法保全因弹劾张居正而被逮问的御史傅应桢、刘台等人。

张居正去世之后，刘守有转而成为东厂太监张鲸的亲信。①但他的日子并不好过。沈德符记载了一件幼时听说的事：每次离开东厂太监的府第，回到家之后，刘守有的脸色一定会非常难看，大概因为谒见时必定要叩头，而他是儒家子弟，且出身不凡，实在不甘心过得像东厂太监的奴隶一样。②

刘守有应该颇通权术，故而与内阁大学士申时行（万历十二年九月成为首辅）等人保持着不错的关系。因此，尽管言官们经常弹劾他的不法作为，例如，御史陈性学弹劾他包庇横行害人的下属，犯下通赂卖法等七项大罪；御史何出光弹劾他与张鲸相倚为奸、专擅威福，犯下八项死罪。但由于有申时行等人为他开脱，他总是有惊无险。③

根据《国榷》的记载，奉旨查抄张居正、冯保、徐爵、张大受等人家族的，正是刘守有及其同僚李廷禄、张照、郭尚友等人，而查抄所得的财产，大部分被私下瓜分，充公的不过一两成而已。④

万历十二年十二月，刘守有被擢为左都督，次年六月加太子太保衔。他是万历年间继朱希孝之后官职最高的锦衣卫掌事者。万历十六年（1588年）十一月，在言官的不断弹劾下，刘守有终于因为隐匿查抄所得财产而被免职。但对他来说，可以善终已是十分难得的结局。

接替刘守有执掌锦衣卫的是都指挥佥事许茂橚。在明武宗正

---

① 《明神宗实录》，卷二百五。
② 《万历野获编》，卷二十一。
③ 《明神宗实录》，卷一百三十二、卷一百五十一。
④ 《国榷》，卷七十二；《明神宗实录》，卷一百三十二。

德年间当过江西按察司副使、因反对宁王朱宸濠叛乱而被处斩的许逵，是许茂樁的先人。世宗即位后，追赠许逵都察院左副都御史，谥"忠节"，其子许场授锦衣卫正千户之职。许茂樁是许场的子嗣。

万历十八年（1590年），张鲸提督东厂之职被免，取而代之的是司礼监太监张诚。6年后，即万历二十四年，刑科都给事中侯廷佩控告张诚犯有背主欺君、联姻外戚、擅作威福等罪行。于是，张诚与被他打败的冯保一样，降为从六品奉御，司香孝陵。①

继张诚之后提督东厂者，是司礼监秉笔太监陈矩。

妖书案

陈矩籍贯安肃（今河北徐水），为人平恕，识大体，颇有贤名。明史上著名的"妖书案"，就是他经办的。

这起案件发生在万历三十一年（1603年）十一月十二日。阁臣朱赓在家门外拾到一册名为《续忧危竑议》的书，该书借"郑福成"之口表达观点。"郑福成"并非真有其人，而是暗指郑妃之子福王朱常洵当立为太子。《续忧危竑议》的大意是，神宗虽然在两年前的十月已经将恭妃王氏所生的皇长子朱常洛（未来的明光宗）立为太子，但这并非神宗本意，而是迫不得已的做法，一定不会就此确定太子人选。神宗之所以让朱赓进入内阁，是因为"赓""更"同音，暗示自己有了易储的心意。由于此书极其诡妄，时人谓之"妖书"。②

"妖书案"的实质是立储之争，然而牵涉其中的，不仅有神宗

---

① 《明神宗实录》，卷二百九十三。
② 《明通鉴》，卷七十三。

的两位妃子及皇子，还包括楚恭王朱英㷿（明太祖第六子楚昭王朱桢世系）的儿子朱华奎，宗人朱华越，及内阁首辅沈一贯，阁臣沈鲤、朱赓，礼部侍郎郭正域，锦衣卫掌卫事左都督王之桢，锦衣卫都指挥使周嘉庆等人。这些人属于不同的派系，互相倾轧不已。

阁臣之间的矛盾主要与楚王的继承人问题有关。隆庆五年（1571年），楚恭王去世，朱华奎继任楚王。万历三十一年（1603年），宗人朱华越揭发朱华奎并非楚恭王之子，神宗诏令有司彻查。首辅沈一贯支持朱华奎，次辅沈鲤及其门生郭正域则支持朱华越。双方各执己见，互不妥协。

神宗听闻"妖书案"后震怒不已，敕令东厂、锦衣卫及五城总捕衙门严行访缉，务在得获。在这个过程中，政敌之间互相打击。缉校则唯恐天下不乱，于是捕风捉影，大案频发，株连甚众。

首辅沈一贯欲陷害沈鲤、郭正域；锦衣卫左都督王之桢（他大概在万历二十三年前后接替许茂橯执掌锦衣卫事）等人则因为素来与周嘉庆不睦，便指控后者是"妖书案"的案犯；在东厂任事的锦衣卫百户蒋臣捕获疑犯京师无赖皦生光；巡城御史康丕扬捕获疑犯僧人达观、医者沈令誉等；锦衣卫同知胡化则称，妖书是某官阮明卿的手笔；其后，厂卫又捕获疑犯毛尚文等。这些"涉案人员"都不简单：例如周嘉庆的舅舅是吏部尚书李戴；沈令誉与郭正域过从甚密；僧人达观则经常游走贵人之门，与郭正域有仇；毛尚文则是郭正域的家仆……再加上案情复杂，于是久久无法结案。

最终，为了顾全大局，陈矩不得不将京师无赖皦生光定罪。据说，皦生光曾以包继志为名，伪造诗词，勒索富商包继志，其中有"郑主乘黄屋"之语。陈矩的想法是，即便皦生光与"妖书案"无关，但前罪已当死；再者，若这起案件迟迟找不到主犯，圣上必定非常愤怒，将会有更多的人受到牵连。于是，为了保全沈鲤、郭正域、周嘉庆等人，他不得不牺牲皦生光。[①]

据说，陈矩提督东厂期间，平反了许多冤狱。他在万历三十五年（1607年）去世，神宗赐祠额曰"清忠"。在他之后担任东厂太监的是李竣与卢受。

用《明史》的话说，东厂在万历中后期的表现不算恶劣，原因在于，自冯保、张诚等人相继获罪之后，东厂官员深感畏惧，行为有所收敛，不敢像以前那么放肆。另一方面，神宗对东厂势大也颇为不安，故职位有缺时也不做补充。到了万历中后期，"用事者寥寥，东厂狱中至生青草"[②]。

白银时代

除了"狱中至生青草"，这个时期的厂卫还有另一个特征——为神宗敛财。

关于神宗的贪财程度，历史学家孟森用一句话做了点评："帝王之奇贪，从古无若帝（神宗）者。"他甚至认为，神宗对张居正与冯保抄家的主要动机就是贪财（"当时构居正及冯保之罪，唯言其多藏为最动帝听"）。[③]

而神宗之贪财，除为满足本人在物质上的需要（他在国库空虚的时候还坚持要营建三殿二宫），还在于通过厚赐亲属与亲信，追求一种精神上的满足感或虚荣感。他曾在某个场合赐予岳父（即王皇后的父亲）都督王伟白银1.5万两，外加庄田500顷；在同一个场合，还分别赐予另外两位岳父（即刘昭妃的父亲、锦衣卫千户刘应

---

① 综合自《明史》卷二二六；《明通鉴》，卷七十三；《明神宗实录》，卷三百九十。
② 《明史》，卷三百五。
③ 孟森：《明史讲义》。上海古籍出版社，2002年6月第1版。

节，以及杨宜妃的父亲、锦衣卫千户杨臣）白银5000两，外加庄田100顷。而当年的岁入不过430余万两而已。[①]

如果我们承认皇帝（尤其是立国两三朝以后的皇帝）只不过是拥有特权的普通人，那么，他们在物质及精神上的这种追求应该是可以理解的，只不过为了实现这种追求，他们不得不付出昂贵的代价。

早在张居正主政时期，年少的神宗已有挥霍奢靡的迹象。张居正曾屡次上谏，要求量入为出，停止铺张浪费，结果留中不发。言官则多次请停苏、松织造，神宗不听；张居正出面后，神宗也只是稍作让步而已。

至迟在万历十七年（1589年），神宗的贪婪程度已引起朝臣的极大不满。十二月二十一日，正七品大理寺左评事雒于仁上疏，直指"皇上之病，在酒色财气者"。[②]他还批评神宗利用东厂太监张鲸敛财，疏有"李沂之疮痍未平，而张鲸之资贿复入，此其病在贪财也"之语。[③]

所谓"李沂之疮痍未平"，指的是吏科给事中李沂疏劾张鲸倚势乘宠、招权纳贿，犯下万般罪恶，并指责神宗因为收了张鲸进献的金银珠宝而包庇他，有损圣德。这激怒了神宗，李沂被打入北镇抚司监狱拷讯。[④]时间是万历十六年十二月，当时，李沂刚上任一个月。

神宗显然不会欣赏雒于仁的直谏。阅毕后者奏疏，他非常愤怒。由于时值岁末，留中十日。

---

① 《明神宗实录》，卷七十六、卷八十五。
② 《明神宗实录》，卷二百十八。
③ 《明通鉴》，卷六十九。
④ 《明神宗实录》，卷二百六。

新年正月初一，神宗在毓德宫赐宴首辅申时行，以及阁臣许国、王锡爵、王家屏等。20岁的皇帝先是诉苦，说自己一直以来心肝二经火气太旺，本来已有改善，但看了雒于仁的奏本之后，因动怒而引起肝火复发，至今未愈。然后又辩白雒于仁谓朕因为收受了张鲸的贿赂，所以用他，去年李沂也这么说，但是，朕是为天子，富有四海，天下之财，皆朕之财，朕若贪张鲸之财，何不抄没了他？不过，在暗示自己有贪财的理由与权力的同时，神宗也退让了一步，以换取朝臣对自己的支持。他让司礼监太监传谕申时行（皇帝与阁臣同在殿中，但相距较远，只能通过太监传话），命其代表自己斥责张鲸。《明神宗实录》写道：

> 时行等云："张鲸乃左右近臣，皇上既已责训，何须臣等？"司礼监入奏，上复令传谕云："此朕命，不可不遵。"有顷，张鲸至。向上跪。时行等传上意云："尔受上厚恩，宜尽心图报，奉公守法。"鲸自称以多言得罪。时行等云："臣事君，犹子事父。子不可不孝，臣不可不忠。"鲸呼万岁者三，乃退。司礼监入奏。上曰："这才是不辱君命。"①

自此以后，张鲸宠遇渐衰。正如前文所述，就在该年，提督东厂的职责被交给了张诚。

但神宗敛财的脚步并未停止。到了万历二十四年（1596年）七月，史家所谓"采榷之祸"开始。清代史家评论："识者以为明亡盖兆于此。"②

---

① 《明神宗实录》，卷二百十九。
② 《明史》，卷八十一。

在此之前，神宗已从太监那里听闻京畿一带商人提出的开矿建议，知道开矿可以迅速积累财富，只是因为内阁首辅申时行、阁臣王锡爵等人极力反对，不得不作罢。到了万历二十四年，因为前些年在宁夏、朝鲜等地用兵，国用大匮，再加上要营建宫室，很有捉襟见肘的尴尬。因此，当神宗在六月十九日听到府军前卫副千户仲春提出的通过开矿筹措营建宫殿之费的建议之后，他不再犹豫，很快就迫使朝臣同意了这种做法。

七月二十日，在太监王虎的带领下，户部郎中戴绍科、锦衣卫指挥佥事张懋忠（致仕兵部尚书张学颜之孙）前往畿内开矿。次日，在太监鲁坤的带领下，锦衣指挥佥事杨宗吾（嘉靖朝内阁首辅杨廷和之曾孙）前往汝南开矿。其后，太监陈增、王忠、田进、张忠、曹金等人分别赴山东、永平、昌黎、山西及浙江等地开矿。^①

历史学家孟森说，"帝（神宗）之敛钱，皆用内监"，不过，"帝实非溺内监者"。但后一句话似乎有些过于宽容了。正如《明史》所言，神宗对那些帮助自己敛财的太监及厂卫官校十分纵容："唯四方采榷者，帝实纵之，故贪残肆虐。"他们下到地方之后，荼毒生灵，"矿脉微细无所得，勒民偿之……假开采之名，乘传横索民财，陵轹州县"。^②

对他们的开矿之举，地方官若有所阻拦，动辄被逮问罢黜。万历二十四年十月，即开矿4个月后，镇守怀来的参将梁心、守备李获阳等人，因阻挠矿事而被在怀来横岭一带主持矿务的锦衣卫千户郑一麒弹劾。神宗命锦衣卫官校将梁心押解至京师究问，同时将李获阳降职一级，命其"待罪管事"，警告他务必"协同开采"，不许

---

① 《明通鉴》，卷七十一；《明神宗实录》，卷二百九十八、卷二百九十九。
② 《明史》，卷三百五、卷八十一。

像以往那样抗阻疏慢，若有意违抗，引起事端，必将重治不饶。①
益都知县吴宗尧也因为阻挠矿务、屡次弹劾奉旨在山东开矿的太监
陈增的罪行。例如，"日征千人凿山，多捶死；又诬富民盗矿，三
日捕系五百人"，惹怒了神宗，被锦衣卫逮至京师拷讯。据说，奉
旨逮捕吴宗尧的使者进入益都县城后激起民变，甚至发生行刺陈增
之事。见到吴宗尧被押走，百姓哭声震地。这位为民请命的县官在
京师被关押了一年之后，被革职为民。②

　　万历二十五年（1597年）四月，河南巡按姚思仁上疏称，开
矿至少有八大弊端。例如，"矿盗啸聚，召乱之可虑"，"矿夫残害，
逃亡之可虑"，"民间开矿，失业之可虑"，"奏官肆横，激变之可
虑"等，乞求神宗停止开矿。但这份极有见地的奏疏最终并未呈给
神宗。③

　　种种倒行逆施，甚至连锦衣卫官员都看不下去。3年后，锦衣
卫经历司（职掌出纳文移）武官钱一鹗上疏，指责矿税管员的酷虐
之举。他说，祖宗朝派锦衣卫官校逮人只是偶尔一用，而且只针对
大奸巨恶，可是现在，锦衣卫官校不是用来对付奸恶之辈，而是用
来对付贤哲之人；不是用来抑制作奸犯科，而用来干预奉公守法。
长此以往，必然导致人心不服，累及皇家与社稷安危。这份奏疏同
样没能上呈神宗。④不过，即便姚思仁与钱一鹗的奏本顺利呈报神
宗，也未必会改变神宗的决定。

　　无论如何，从神宗朝中期开始，东厂及锦衣卫的职责又多了一
项，即捍卫皇家的矿业利益，打击偷盗矿产的行为。一个例子是，

---

① 《明神宗实录》，卷三百三。
② 《明神宗实录》，卷三百二十六；《明史》，卷二百三十七。
③ 《明神宗实录》，卷三百九。
④ 《明神宗实录》，卷三百四十八。

万历四十三年（1615年）三月，陈大等人即因偷盗铜瓦而被东厂缉获，神宗命锦衣卫将其交付法司究问。[1]

当然，在履行职责的过程中，奉旨开矿的太监及锦衣卫官校少不了利用职务之便勒索百姓，或者诬陷商人，大敛资财。例如，万历三十八年（1610年）十月，东厂太监李竣诬陷商人侯国卿家中所藏黄金为矿金，对其严刑拷打，问罪于他。吏科给事中梅之焕上疏弹劾李竣诬陷良民，却无人将奏疏呈给神宗。

《明史》所谓"（万历中后期）东厂狱中至生青草"的说法，很可能只是针对政治冤狱而言，因对矿政不满而被关进厂卫监狱的官民其实并不在少数。[2]

万历二十九年（1601年）四月，刑科给事中杨应文在一份奏本中提到，被逮捕的监司、守令及平民已有150多人。这些人虽经拷问，未送法司，仍押在东厂狱中，"狱禁森严，水火不入，疫疠之气，充斥囹圄"。他用"钳结之祸"四字概括因对矿政不满而遭遇的囹圄之灾。[3]

根据锦衣卫掌印指挥使骆思恭（他在万历四十年年底被任命为掌卫事者）的记录，万历四十六年（1618年）五月前后，北镇抚司在押监犯几近200名，经常有犯人"抛瓦声冤"。[4]4个月后，北镇抚司的理刑千户陆逵也在一份奏本中不无同情地提到久押在监的囚犯在精神上受到的折磨："狱犯怨恨久监，至有持刀断指者。"[5]（令人感到疑惑的是，刀从何来？）

---

① 《明神宗实录》，卷四百七十六、卷五百三十。
② 《明史》，卷九十五。
③ 《明神宗实录》，卷三百九十八。
④ 《明神宗实录》，卷五百七十。
⑤ 《明神宗实录》，卷五百七十四。

军事支持

除了上述内容，关于万历末年的锦衣卫，还有一件事情值得一提：它的一位掌事者被任命为总兵官，挂帅辽东，上阵御敌。

前文提到过的江彬与陆炳等人，都在不同程度上被授予军权，但他们的情况并不相同。江彬先是以都督之职提督京营，后又奉旨提督东厂兼锦衣卫，但归根结底，他是以边将身份入职锦衣卫的。陆炳则正好相反，他曾以锦衣卫掌卫事都督的身份总督或协理京营戎政，但在有生之年，他并没有带兵上过前线。因此，在锦衣卫的历史上，掌卫事者挂印镇守边疆，李如桢很可能是第一人。史载，万历四十七年（1619年）四月初七，神宗"敕锦衣卫右都督李如桢为征虏前将军总兵官，镇守辽河东兼备倭总兵官，往代（李）如柏"。[①]

不过，要理解这项人事任命，仅从锦衣卫的角度去看还远远不够。

李如桢出身军人世家。他的高祖李英是高丽人，归顺明朝后授职世袭铁岭卫指挥佥事。李氏家族世代居住铁岭，是当地的望族。到了他的父亲李成梁这一代，李家的声望达到顶点。至迟在万历三年（1575年），李成梁已经是镇守辽东总兵官左军都督府左都督（正一品）。万历七年（1579年）五月，封为宁远伯。

但李成梁可能只是一位枭雄，而非英雄。若《明史》的记载属实，在他镇守辽东期间，大捷固然有之，冒功之举亦不罕见：亲见敌人深入内地，却以坚壁清野为借口，拥兵观望，谎报战绩，杀良冒功。他最受人诟病的一件事，是出卖已经归顺的女真建州左卫领袖塔克世，也就是清朝奠基者努尔哈赤的父亲。因为他的战功都

---

① 《国榷》，卷八十三。

在塞外，容易掩饰，督抚、监司只要稍稍违背他的意思，就会被处置，没人敢向朝廷禀告实情，以致整个内阁都被他蒙蔽，再加上皇帝对他十分信任，李成梁位望益隆。

李成梁至少有9个儿子，其中5个是总兵官，4个是参将。当上总兵官的，除了李如桢，还有李如松、李如柏、李如樟、李如梅。长子李如松34岁时已经是山西总兵官。他最为人所知的事迹，是在万历二十年（1592年）年底带兵回到朝鲜，帮助抵御丰臣秀吉的入侵。次年年底，李如松班师回国，论功擢为中军都督府左都督。万历二十五年（1597年），他被任命为辽东总兵官。次年四月，土默特入侵辽东，李如松率轻骑远出塞捣其巢，在抚顺遇伏，力战而死。明人谈迁对李如松的评价是，骁果有余而智计不足，但即便如此，他仍然是李成梁最出色的儿子。如松一死，"诸弟俱败，溃其家声，彼纨绔又不足道矣"。[①]李如柏与李如桢即是"纨绔又不足道"的两位。

李如柏是李成梁的次子，最初是千户，因饮酒误事而被免职，后被重新起用，当上副总兵后又被劾免职。重新起用后，官至右都督，又因病辞官。万历四十六年（1618年）四月，后金大汗努尔哈赤在盛京（今沈阳）誓师，正式向明朝宣战。两个月后，蒙古绰哈部进犯辽东。在英国公张惟贤等人的推荐下，引疾家居20余年的李如柏被任命为辽东总兵官。这位已经65岁的总兵官很走运，因为蒙古人很快就退了兵，只是他的好运气很快就耗尽了。

万历四十七年（1619年）二月，明朝兵部侍郎杨镐在辽阳誓师，兵分四路，出击后金。因为杨镐失策，军事将领刚愎自用、不遵号令，再加上军事计划外泄，这次军事行动在次月以惨败收场。率师

---

① 《国榷》，卷七十八。

六万（《明通鉴》的数据，应该有所夸大）从南路进攻的李如柏，竟然被20名后金哨兵的疑兵之计吓住，自乱阵脚，导致1000多名士兵因人踩马踏而死。[①]

正是在这个背景下，神宗做出了委任锦衣卫左都督李如桢（李成梁第三子）为辽东总兵官，顶替李如柏的决定。这项人事任命再一次显示出神宗在军事上的轻率，因为李如桢此前一直在锦衣卫任事，毫无军事经验。

至迟在万历十年（1582年）九月，李如桢已经当上了锦衣卫指挥使。4年后，他以都指挥使的身份调南镇抚司金书管事，5年后又奉旨提督街道。锦衣卫官员巡视京城街道、沟渠，最早可能始于宪宗成化年间，即锦衣卫受命提督五城兵马司之后，最迟始于正德八年（1513年）。万历三十二年（1604年）七月，李如桢又以锦衣卫官卫事者的身份提督京城内外巡捕，再过3年，晋为都督金事。[②]从都指挥使到都督金事（都是正二品，但意义不同，前文已有解释），他用了21年，以其显赫的身世而言，这种晋升速度在一定程度上说明了他的无能。但神宗对李家一直十分器重，李如松遇伏战死后更是如此，因此，尽管李如桢多次被言官弹劾，本人也在兵部的例行考核中多次自陈不职，其晋升之路并未中断。至迟在万历四十四年（1616年），他已经当上右都督。

根据户科给事中李奇珍的奏本，神宗之所以命李如桢为"镇守辽河东兼备倭总兵官"，是应兵部所请（时兵部尚书黄嘉善），而兵部又是"从辽人之请也"（即接受辽东赞画刘国缙以及巡抚周永春

---

① 《明通鉴》，卷七十六。
② 《明神宗实录》，卷一百二十八、卷一百八十、卷二百三十一、卷三百九十八、卷四百三十四。

的建议）。①而廷议之所以没有反对，是顺从神宗的心意，让李如桢有立功的机会。正如前文所述，立功（哪怕是只斩敌首一二人）是皇帝擢升亲信及爱将的最佳理由或者借口。

李奇珍在万历四十七年（1619年）三月二十五日上呈的奏本中忧心忡忡而又小心翼翼地说，李如柏做不成的事情，难道就只能寄希望于李如桢吗？"但恐他日之如桢，不异今日之如柏"。②四月初二，即李如桢任命诏书下达前5日，李奇珍在另一道奏本中写道："臣唯愿言之不验，则李氏之福，国家之幸也。"③但是，"唯愿言之不验"的心愿没有实现，而他的担心，很快就成为现实。

李如桢进入辽东后，先是不给地方大员面子，要求总督汪可受前来见礼，④然后又拥兵不救，导致辽东军事重镇铁岭在七月二十五日被后金军队攻克，3位守将阵亡，余众尽歼。铁岭是李氏宗族墓地之所在，李如桢拥兵不救的原因十分简单，因为兄长李如柏接到回京的旨意后，将族人、部属及资财全都一起迁到北京。用李如桢的话说，铁岭已经成为一座孤城，孤城难守，不如放弃算了。⑤

于是，言官交相弹劾李如桢。兵科给事中薛凤翔嘲讽他只是一个纨绔子弟，不懂军事，建议撤换。巡按山东御史陈王庭请旨从速处置，以肃军法。辽东经略兵部右侍郎兼右佥都御史熊廷弼则劾其"十不堪"。福建道御史彭际遇则恳请罢免兵部尚书黄嘉善，并诛杀李如柏、李如桢，以伸国法。南京国子监学录乔拱璧请求逮捕李如桢及其奸党卢受，以清乱本。

---

① 《明神宗实录》，卷五百八十二。赞画，明代督抚下属官职，取赞襄谋划意。
② 《明神宗实录》，卷五百八十。
③ 《明神宗实录》，卷五百八十一。
④ 《国榷》，卷八十三。
⑤ 《明通鉴》，卷七十六。

但神宗并没有处罚李如桢，而是让他戴罪立功，直至次年（1620年）七月，在熊廷弼的再次弹劾之下，才罢免了他的官职。当月，神宗驾崩。两个月后，李如柏自杀身死。天启初年，在言官的再一次弹劾之下，李如桢下狱论死。崇祯四年（1631年），思宗念及李成梁的功勋，特赦其死罪，将他发配充军。

锦衣卫职权的再扩大

李如桢的经历在某种程度上体现了明末锦衣卫的新特征：随着后金势力的日益强大以及地方叛乱形势的日益严峻，作为皇帝亲军的锦衣卫与具体执行军事任务的京营及边军的互动比以前更为频繁。这种互动既体现在人事方面，也体现在技术层面。从另外一个角度看，随着兵部的地位日益重要，它对锦衣卫的影响越来越大。

在技术层面，《明熹宗实录》提到，天启二年（1622年）二月，熹宗命户部拨付帑银3万两，让锦衣卫千户陈正论与谭谦益速制战车。[①]正如吏科给事中侯震阳在一份奏本中所言，火器无疑是中国的一项优势，"然火器用以临敌，必借车；用以守城，必借台造车"。因此，朝廷对"战车"项目寄予了很高的期待。

陈正论的籍贯出身不详。有据可查的资料是，天启元年他以京卫武举的身份进入锦衣卫，并授职正千户。[②]从其职责上判断，他应该是在南镇抚司任职，管理军匠。谭谦益则是文人，接受这项任务时，他的职务是刑部陕西司主事，他的背景资料同样匮乏。因此，我们很难理解为何熹宗要让一位刑部官员参与速制战车一事。

---

① 《明熹宗实录》，卷十九。

② 《明熹宗实录》，卷八。

可以确定的是，谭谦益并非一个完美的人选。因为包括《明熹宗实录》《明史》《东林列传》在内的史籍都记载了下面这件荒唐事：

天启三年九月，即"战车"项目启动年余之后，谭谦益向朝廷举荐了一位自称能驱使神兵讨剿逆贼的楚地奇人宋明时。南京兵部主事邹维琏听说这件事后，立即上疏，援引前朝及本朝妖人（例如能剪纸人、纸马作战的"佛母"唐赛儿）作乱事败的事例，斥其荒谬，证其无稽。他建议熹宗慎重决定，以免天下及后世嘲笑本朝无人。熹宗认为有理，下诏送蓟辽总督军前一试。[①]试才的结果不言而喻。3个月后，熹宗下旨，将宋明时打回原籍。谭谦益则被贬职，天启五年官复原职，"以原官造车著劳，仍与优叙"。[②]

根据《明史》的记录，谭谦益荐举宋明时，是魏忠贤授意。如果这条记录属实，那么，谭谦益之所以能够参与"战车"项目，也可能是魏忠贤的荐举。因为史料不足，这个项目的最终结果无从考究，从谭谦益官复原职一事上推断，效果可能不坏。

崇祯八年（1635年）九月，锦衣卫南镇抚司又发明了"活轮战车式"。[③]这个项目的主导者是南镇抚司都指挥戚昌国。戚昌国的父亲有一个极其响亮的名字——太保右都督戚继光。

上述两个案例与前文提到的孝宗朝军械设计大师、锦衣卫军人施义的案例迥然不同。如果说，施义自荐赴前线立功只是个人行为，那么，上述项目则完全是政府行为。或许可以提出这样一种假设：随着军事压力逐渐加大，南镇抚司的地位日益重要。万历朝太子太保兵部尚书张学颜之孙张懋忠，万历、泰昌、天启三朝御史张

---

① 综合自《明熹宗实录》，卷三十八；《明史》，卷二百三十五；《东林列传》，卷十九。

② 《明熹宗实录》，卷四十二、卷六十二。

③ 《国榷》，卷九十四。

铨之子张道浚，以及锦衣卫左都督骆思恭之子骆养性，都曾在南镇抚司任职。

在其他层面，锦衣卫也开始对兵部提供支持。例如，天启元年（1621年）四月，兵部尚书崔景荣鉴于兵力不足，请旨分道招募兵勇，结果是锦衣卫都指挥使张懋忠、指挥使万邦孚等人分别奉旨前往通州、天津等处，以及宣府、大同等处募兵。

不过，锦衣卫的支持可能并非出于公心，而是为了谋取部门私利或照顾部属。从另一个角度说，熹宗（或足以影响熹宗的魏忠贤）之所以派锦衣卫官员去执行类似任务，是为了给他们立功或者谋私利的机会。

关于这次募兵，朝廷开出的条件十分优越：

> 能募兵百名以上者，准武进士授卫镇抚；二百名以上者，授把总；三百名以上者，授千总；五百人以上者，授守备。其见任百户，募兵百人者，授副千户；副千户募百人，升正千户；以上递升。为事立功及废闲将领，以职尊卑，并所募之多寡，临时查酌复职。募兵应用银两，虽奉旨发帑百万，然各项支用，尚虑不敷，闻巡青衙门尚多收贮，合借十万两，以凑招募之用。①

事实上，仅募兵预算110万两这一项指标，就足以让贪得无厌的官员们为这个项目争得头破血流。对比一下袁崇焕的待遇，就不难理解这次募兵的实质。根据《明熹宗实录》的记载，天启二年（1622年）三月，朝廷拨给山海关监军佥事袁崇焕的募兵银两，只

---

① 巡青，意为巡视禾苗、牧草的生长情况。《明熹宗实录》，卷九。

有区区2000两而已。①

尽管花费宏大，募兵的结果却十分不理想。天启二年二月，兵部左侍郎王在晋上疏，京师应募的兵勇（即张懋忠负责招募的兵勇）都是乌合之众，领军饷的时候，人人骁勇；入操的时候，则个个懒散，而且编制混乱，东营点兵西营应的现象比比皆是。②

除了募兵，天启元年（1621年）六月，锦衣卫指挥使万邦孚还奉旨前往大同买马，太仆寺拨付的买马款项达到5万两。根据兵部尚书黄嘉善在万历四十七年（1619年）七月上呈的奏本，边马的价格当时大概是每匹12两左右。换句话说，5万两白银本该买到4000匹马。可是，4个月后，太仆寺只收到160匹马，而且大多瘦弱不堪。天启二年十二月，掌管牧马之政令的太仆寺卿柳佐上疏，质疑万邦孚贪污渎职。同月，兵科给事中魏照乘也上疏弹劾万邦孚。尽管熹宗下旨调查，但这件事最终似乎不了了之。天启三年十二月，万邦孚甚至官升一级，成为都指挥佥事，调任南镇抚司佥书管事。③

无论是募兵，还是买马，原本都不属于锦衣卫的职权范围。这些职权，就像太祖赋予锦衣卫执法特权或者受降的权力，只是熹宗（或者魏忠贤）出于权宜之计而临时授权。显然，这种权宜之计在某种程度上损害了国家利益，为锦衣卫官员谋取私利大开方便之门。

---

① 《明熹宗实录》，卷二十。
② 《明熹宗实录》，卷十九。
③ 《明熹宗实录》，卷二十九、卷四十二。

第十三章　锦衣误明

前文提到，陆炳的去世，意味着锦衣卫黄金时代的终结；朱希孝去世后，锦衣卫相对独立的地位基本丧失，成为东厂的附庸机构。必须说明的是，这里所说的锦衣卫，主要指职掌缉查不轨及巡捕盗贼的分支机构，具体地说，是东司房与西司房，而非整体意义上的锦衣卫，尽管在其他方面，例如职掌侍卫及礼仪的分支机构的人事任命方面，在一定程度上也会受到司礼监（东厂的管理机构）的制约。

三大案

相对于万历年间的表现，到了天启年间，锦衣卫作为东厂附庸的特征更加明显。"天启"是熹宗朱由校（光宗长子）的年号。但在讲述天启年间的情形之前，有必要对短命的光宗朝稍做交代。

万历四十八年（1620年）七月二十一日，57岁的神宗驾崩。10日后，即八月初一，38岁的太子朱常洛即位，是为光宗，以次年改元泰昌。"泰昌"二字寄托了光宗对未来的期待，而他的表现似乎也足以让时人对未来充满憧憬。

神宗去世次日，尚未登基的朱常洛就一反乃父贪婪成性、不识大体的作风，拨付内帑百万，充作辽东军饷，并且召回矿税、榷税及盐税中官，令朝野十分感动。两日后，他又拨内帑百万犒边。神宗在世时，辽东缺饷，国库空虚，群臣请拨付内帑救济，神宗却十分不情愿，总是推说内帑不足。自万历四十四年至四十八年，仅拨付内帑60余万两应急。[1]

光宗即位之后的表现（尽管他因好色而受到批评）也称得上励精图治，然而不幸的是，他的统治尚未满月即告终结。

根据《国榷》的记载，光宗即位只过了半个月，就因重病而免朝。据说主要原因是"妖书案"的嫌疑人之一郑贵妃（她担心光宗有朝一日会报复她和她的儿子福王朱常洵）进献的8位美丽侍姬，令他过度沉迷于酒色之中，以致身体大坏。

大概因为身患便秘之疾，5日后，光宗又服用了掌御药房的司礼监秉笔太监崔文升（据说是受郑贵妃指使）进献的泻药，以致一昼夜出恭三四十次，精神日益萎靡。又8日后，即八月二十九日，光宗从随侍太监魏进忠（即魏忠贤，他当时与李选侍皆在乾清宫服侍皇帝）那里听闻鸿胪寺丞李可灼有仙丹，于是命其进献，服用数剂后，仅过两日，即驾崩于乾清宫。

以上就是明朝三大案之一的"红丸案"。[2]三大案皆与光宗朱常洛有关。另外两大案是"梃击案"和"移宫案"。

"梃击案"发生在万历四十三年（1615年）五月初四，经过大致如下：当日酉时，蓟州人张差手持一根枣木棍，闯入太子朱常洛居住的慈庆宫，击伤守门内侍李鉴，闯至前殿屋檐下时，才被内侍韩本用等人制服，后交由东华门守卫指挥朱雄等收押。张差受审后被处死，但主使者的身份似乎并未查明，最终不了了之。据说，郑

---

① 《明通鉴》，卷七十六。
② 《国榷》，卷八十四。

贵妃及其兄弟左都督郑国泰是幕后主使者，意在刺杀太子，以便福王取而代之。

"移宫案"始于光宗驾崩次日。根据《明通鉴》的记载，光宗驾崩前夕，李选侍一直在乾清宫相陪，试图与心腹太监魏进忠挟皇太子自重。得知光宗驾崩的消息后，群臣入临，被一群太监拦住，但给事中杨涟、内阁大学士刘一燝、英国公张惟贤等人最终还是成功地将太子朱由校（其母才人王氏已于一年前去世）带至文华殿，群臣叩首，山呼万岁，然后拥着太子回到慈庆宫，择日登基。

但李选侍无意离开乾清宫，她希望15岁的太子即位后能够允许她继续居住于乾清宫。于是，九月初二，杨涟、刘一燝、吏部尚书周嘉谟、御史左光斗及司礼监掌印太监王安等人联名上疏，请李选侍离开乾清宫。3日后，李选侍被迫移居哕鸾宫，太子则回乾清宫居住。次日，太子登基，是为熹宗。在左光斗的建议下，熹宗于九月十五日下诏，以当年八月以前为万历，以后为泰昌，次年改元天启。①

天启年间情形与正德初期有几分相似：武宗即位时14岁，熹宗即位时15岁；武宗聪颖、好逸乐，熹宗则心灵手巧，喜欢做木匠活儿。更重要的一点是，二人都厌烦政事，朝政皆由阴狡势雄的太监把持。

魏忠贤颇有刘瑾之风。正如刘瑾每每在武宗玩得兴起的时候拿政事去烦他，魏忠贤也总是在熹宗引绳削墨时禀奏政事。久而久之，熹宗烦不胜烦，说了一句："朕已悉矣，汝辈好为之。"②无论这段记载是否出于史官的杜撰，基本可以确定的是，就像刘瑾在正德初年的表现一样，天启三年（1623年）以后的一切，包括东厂、锦

---

① 《明通鉴》，卷七十六。
② 《明史》，卷三百五。

衣卫在内，都在魏忠贤的影响之下。事实上，魏忠贤的权势与影响力可能比刘瑾还要大，因为熹宗不如武宗聪明，天启年间的朝局也更为恶劣：

于内廷，武宗可以分化"八党"，有张永等人可用；于外廷，朝臣比较团结，有王阳明、杨一清等人可用。因此，刘瑾擅权数年后，落个凌迟处死的下场。可是，在整个天启年间，内廷则魏忠贤独大，包括司礼监掌印太监王体乾在内，十二监、四司、八局的首领太监都是他的党羽；外廷党争为害，非但无法制衡内廷，反为魏忠贤所用，上至内阁、六部，下至地方总督、巡抚，都有魏忠贤的死党，例如文臣"五虎"：崔呈秀、田吉、吴淳夫、李夔龙、倪文焕，以及武臣"五彪"：田尔耕、许显纯、孙云鹤、杨寰、崔应元，还有主持各政府机构的"十狗"：吏部尚书周应秋、太仆少卿曹钦程等，此外还有所谓的"十孩儿""四十孙"等。

所谓党争，指的是万历中后期形成的东林党与齐楚浙诸党之间的政治斗争。双方成员的品性都良莠不齐，都有不可小觑的政治势力，都有可以理解的政治立场，都有偏激的政治手段，斗争的结果也各有胜负。孰是孰非、孰功孰过，很难评断。总而言之，到了天启年间，东林党（以及被诬陷为东林党的官员）的政敌与魏忠贤互相利用，共同对付所谓的东林党。于是，锦衣卫以及东厂第一次作为真正意义上的党派斗争的工具而登上历史舞台。

党争工具

魏忠贤，原名李进忠，直隶肃宁人。本来有妻有女，妻子冯氏，女儿嫁给一个叫杨六奇的人。因为嗜酒好赌，挥霍无度，他日益贫困，最终无以为继，将妻子送人（也可能是卖了）之后，挥刀自宫,进宫谋生。这是《罪惟录》的记载。[①] 显然,投机与贫困是导致他入宫的根本原因。而如果《明史》的记录属实,这个人就是彻头彻尾的恶棍,导致其自宫的原因更是匪夷所思:魏忠贤年轻时是个混混,经常与其他混混打架,却很少打赢,为此十分苦闷,一生气就自宫了。[②]

李进忠进宫的时间是万历中期。他起初投入司礼监东厂太监孙暹名下,后得内官监马谦之助,捞到一个肥缺,进入储藏诸如银朱、黄丹、水银、乌梅、藤黄等贵重药材的甲字库任职,手头逐渐宽裕起来。通过买通关系,他得到为熹宗生母王才人办理膳食的机会,后又在司礼监太监魏朝的举荐下,得到司礼监掌印太监王安的赏识。王才人在万历四十七年(1619年)去世(据说为李选侍所害)之后,他改服侍李选侍。

光宗驾崩后,杨涟疏请李选侍"移宫",牵连李进忠。在王安的帮助下,他找到一位同名者顶包,自己更名为魏进忠,继续在乾清宫当值。

熹宗的乳母客氏,原先与魏朝"对食"[③],也就是搭伴过日子,后来却与魏进忠相好。据说,因为争风吃醋,魏朝与魏进忠曾在乾清宫暖阁厮打。熹宗问明客氏心之所向,将魏朝谪往凤阳。魏朝行至半路被杀。在客氏的帮助下,魏进忠很快得到圣宠。熹宗即位当月,即泰昌元年(1620年)九月,魏进忠的兄长魏钊承荫授职锦衣卫千户。次月,魏进忠奉旨以御马监太监的身份提督位于崇文门的皇店宝和三店。[④]不知在何时被赐名忠贤。

---

① 《罪惟录》,列传二十九。
② 《明史》,卷三百五。
③ 对食,即对坐而食,宫女与宫女或者宫女与太监之间搭伴过日子。
④ 《明熹宗实录》,卷一。

　　天启元年，司礼监掌印太监王安被害后，魏忠贤成为内廷最有权势的人。关于王安的遭遇，史籍的记载并不相同。《国榷》的记载是，天启元年（1621年）七月十二日，王安被谪为净军，发配南海子，未述及原因。①《明通鉴》记载，客氏担心步李选侍后尘，故与魏忠贤定计，指示给事中霍维华弹劾王安。天启元年五月，魏忠贤先矫诏将其谪往南海子充净军，而后又将李选侍的心腹刘朝任命为南海子提督，命其杀死王安。②《明史》及《明熹宗实录》的记载与《明通鉴》大致相同。王安死后，他的亲信有的被贬谪，有的被逐出宫廷，司礼监印信则传到太监王体乾手上。

　　同年冬，魏忠贤被擢为司礼监秉笔太监。③至迟从泰昌元年开始，东厂太监由秉笔太监出任已确定为制度。秉笔太监一般有4至9人，最受宠者提督东厂。④

　　有明一代，司礼监掌印太监的地位本来在秉笔太监和东厂太监之上，但看到魏忠贤与客氏的影响力，王体乾心甘情愿地成为魏忠贤的党羽。万历二十九年（1601年）入宫、天启年间在内直房管理文书事务的太监刘若愚在所著《酌中志》一书中提到，王体乾看见魏忠贤坐着轿子从玄武门入宫，甚至会跪在道旁，等到魏忠贤经过后才起身。

　　魏忠贤生性多疑，隐忍而狠毒，善于阿谀奉承。熹宗对他很是信赖，让他批阅奏章。据说他不识字，是明朝少数几位不识字的秉笔太监之一，但他记性非常好，而且识字的司礼监太监，例如王体乾、李永贞等人，都心甘情愿地受他驱使。凡是奏章，都是他们先

---

① 《国榷》，卷八十四。
② 《明通鉴》，卷七十七。
③ 《罪惟录》，传二十九。
④ 《酌中志》，卷十六。

过目，然后将要点禀报魏忠贤，由魏忠贤决定如何处理。魏忠贤总是在熹宗做木工活正在兴头的时候汇报政事，熹宗为了图清净，索性让他代为处理，这等于是赋予魏忠贤"矫诏"的权力。

不过，直至天启三年（1623年），魏忠贤始突破权力平衡，成为权倾天下的人物。这一年的正月，他的党羽顾秉谦、魏广微入阁。次年，同情东林党的首辅叶向高，大学士韩爌、朱国祚先后致仕，顾秉谦晋为首辅。天启六年（1626年）九月，顾秉谦致仕，魏忠贤的另一名党羽、天启五年入阁的大学士黄立极晋为首辅。在黄立极于天启七年十一月致仕前（熹宗八月驾崩，思宗同月即位），内阁基本由魏党控制。

也是在天启三年年初，东林党领袖、都察院新任左都御史赵南星，利用六年一次的京察制度，弹劾了许多反对东林党的官员，他们有的被贬黜，有的甚至被削籍，即被剥夺了做官的资格。同年十月被擢为吏部尚书后，他仍然以排斥异己为行事原则，因此，越来越多的人被推向阉党阵营。

天启三年十二月二十五日，魏忠贤奉旨提督东厂。当时锦衣卫掌印者为左都督骆思恭。熹宗的父亲光宗还是太子的时候，骆思恭曾担任东宫侍卫。万历三十年（1592年），他调入锦衣卫，在南镇抚司佥书管事。神宗驾崩、光宗即位时，他已经是锦衣卫掌印都指挥使。熹宗即位几个月后，将他擢为左都督，仍掌锦衣卫事。魏忠贤受命提督东厂的当月，骆思恭晋封为少傅兼太子太傅。10个月后，锦衣卫的权柄交到他的老同事田尔耕的手上。

田尔耕出身名门，他的父亲是神宗朝兵部尚书田乐。《明史》所谓田尔耕是田乐之孙的记载是错误的。[①]《明神宗实录》记载，万

---

① 《明史》，卷三百六。

历二十七年（1599年）四月，神宗褒奖田乐的功劳，加封他为太子太傅，荫一子为世袭锦衣卫正千户。5个月后，有一名锦衣卫逮捕了举报田乐接受贿赂的任丘县民杨朝栋，他就是田尔耕。[①]

田尔耕后来也进入南镇抚司，并成为骆思恭的上级。万历四十年（1612年）十一月，骆思恭为指挥同知，田尔耕则是都指挥佥事。正是从这个时候开始，骆思恭踏上青云路，田尔耕却停滞不前，直至熹宗即位才飞黄腾达。天启元年，田尔耕鸿运当头：正月还是都指挥使，八月晋为都督同知，十一月升为右都督，十二月升左都督。天启四年（1624年）十月，田尔耕接掌锦衣卫，成为魏忠贤最得力的助手之一。

魏忠贤的另一个得力助手，是同样出身名门的许显纯。许显纯的祖父是驸马都尉许从诚，祖母是世宗最小的女儿嘉善公主。据说，田尔耕与许显纯都是魏忠贤的义子。[②]

许显纯进入锦衣卫的时间不详，可以确定的是，天启四年五月，他取代锦衣卫都指挥同知刘侨，成为北镇抚司的掌印者。刘侨之所以被取代，用左副都御史杨涟的话说，是因为他不肯杀人媚上，不肯遵照魏忠贤的吩咐陷害东林党人。

天启四年四月，魏忠贤外甥傅应星的结拜兄弟、刑科给事中傅櫆上疏，弹劾曾受王安恩惠的内阁中书舍人汪文言与左佥都御史左光斗、吏科给事中魏大中朋党为奸。汪文言被打入诏狱。御史黄尊素与北镇抚司掌印者刘侨交厚，叮嘱他将汪文言一人定罪就好，不要牵涉他人。最终，汪文言被廷杖除名，其他人没有被株连。[③]五

---

① 《明神宗实录》，卷三百三十三、卷三百三十八。
② 《钦定续文献通考》，卷一百三十六。
③ 《明通鉴》，卷七十九。

月初一，刘侨被革职，许显纯取而代之。[①]换句话说，到了天启四年，东厂、锦衣卫及北镇抚司已全在魏忠贤掌控之下。正是在这一年，魏党与东林党人展开了最激烈的较量。

魏忠贤之所以仇视东林党人，是因为他本人经常被东林党出身的言官及同情东林党人的官员弹劾。天启元年（1620年）十月，礼部仪制司主事刘宗周甚至疏责他"指鹿为马"，等同于暗示他是当世赵高，会将国家带到崩溃的境地。魏忠贤的情人客氏，也是在东林党人的弹劾下，在同年九月被逐出宫，尽管不到一个月又被召回。总之，提拔那些被东林党视为异己的官员，掌握机动灵活的执法工具，是魏忠贤打击仇敌、捍卫自身利益的必然选择。

眼见魏忠贤权势日大，天启四年六月，东林党人副都御史杨涟上疏，弹劾魏忠贤违背太祖定下的太监不许干政的禁令，指控他犯下24项大罪。随后，御史李应升、吏科都给事中魏大中、河南道御史袁化中等人也纷纷上书，弹劾魏忠贤。类似奏本有数十份之多，但在熹宗及客氏的支持下，魏忠贤的地位丝毫没有动摇。

七月，同情东林党人的内阁首辅叶向高见势不妙，主动辞职。十月，东林党领袖吏部尚书赵南星及左都御史高攀龙致仕。十一月，吏部侍郎陈于廷、副都御史杨涟、佥都御史左光斗被革职，内阁大学士韩爌致仕。陈于廷被革职后不久，与他交厚的刑部尚书乔允升告病辞职。十二月，御史梁梦环为取悦魏忠贤，再度上疏弹劾汪文言。汪文言又被打入北镇抚司监狱，接受许显纯的拷问。[②]这就是所谓"东林之祸"的开始。

一个月后，即天启五年（1625年）正月，魏忠贤将亲信李养正

---

① 《国榷》，卷八十六。
② 《明通鉴》，卷七十九。

擢为刑部尚书，为审理汪文言案做准备。已经开始审讯汪文言的许显纯，本想给杨涟、左光斗等人安上以妄议"移宫"的罪名，但大理寺丞徐大化向魏忠贤献策，与其让他们坐"移宫罪"，不如指控他们收受杨镐、熊廷弼的贿赂，因为"封疆事重，杀之有名"[①]。魏忠贤赞同他的意见，于是，一方面命许显纯再审汪文言，另一方面命徐大化准备弹劾杨涟、左光斗等人的奏疏。需要交代的背景是，杨镐、熊廷弼都担任过辽东经略一职，因为辽东战事不利，他们分别在万历四十七年八月及天启二年二月下狱，都被定为死罪。徐大化当时是弹劾熊廷弼的官员之一。杨涟等人曾上疏为熊廷弼求情。

再审汪文言时，许显纯"五毒备至"，试图摧毁他的意志。许显纯先是逼迫汪文言诬攀杨涟收受熊廷弼的贿赂，但汪文言宁死不从，仰天大呼："这世上岂有贪赃的杨大洪（杨涟号大洪）！"后又逼汪文言诬陷左光斗等人收受贿赂，汪文言说："左光斗是清廉之士，若要我诬陷他，我宁愿一死。"许显纯没有办法，便以汪文言的名义写了一份供词。汪文言听说之后，说："现在随你怎么做都好，反正他日我会与你当面对质。"许显纯恼羞成怒，杀了汪文言，呈上狱词：杨涟、左光斗坐赃 20 000，魏大中坐赃 3000，袁化中坐赃 6000，礼科给事中周朝瑞坐赃 10 000，兵部员外郎顾大章坐赃 40 000；赵南星、邓渼、毛士龙等 15 人也牵连在内。

三月，熹宗下旨，将杨涟等六人逮入诏狱，赵南星等 15 人则削籍追赃。六月，杨涟、左光斗等 6 人入狱。魏忠贤矫旨，命北镇抚司严刑拷问，五日一回奏，直至追赃结束，再送刑部拟罪。七月，杨涟、左光斗、魏大中被折磨至死。杨涟死后被抄家，没官财产不到千金；他的母亲、妻子夜宿谯楼，他的两个儿子只能沿街乞讨。

---

① 《明史》，卷三百六。

八月，袁化中与周朝瑞死在狱中。九月，顾大章死。

魏忠贤对东林党及同情东林党的官员与学者的迫害，一直持续到明思宗即位才停止。东林党与阉党的斗争，则一直持续到明朝灭亡。

在魏忠贤的控制之下，锦衣卫辑事官校与东厂挡头、番役及其眼线的渗透程度，以及办案手段的残忍程度，达到这两个机构创设以来的极致。用《明史》的话说，厂卫对百姓的荼毒之害已经到了顶点：民间偶语，只要冒犯了魏忠贤，动辄被抓受辱，甚至遭受剥皮、割舌的刑罚，被杀的人不可胜数，道路以目。

史书记载了下面两件事情。

其一，某日夜，有四人在密室饮酒。一人酒醉，谩骂魏忠贤，其余三人不敢应声。骂声未歇，番役破门而入，将四人拘至魏忠贤的住处，谩骂者当场被杀，其他三位则得到赏金。[①]

其二，中书舍人吴怀贤诵读杨涟奏疏时，击节称叹。家奴密告东厂，而后吴怀贤被杀，其家被籍。[②]

至于锦衣卫及东厂的刑讯手段，"五毒具备"只是一般程序。"五毒"指的是械、镣、棍、拶[③]、夹棍五种刑具，"五毒具备"的意思是五种刑具都要用一遍。用刑后，囚犯全身血肉溃烂，求生不得，求死不能。

刘瑾所造的"枷"，亦是东厂及锦衣卫的刑具之一。至于这种"枷"与晋代发明的"枷"有何不同，尚不清楚。到了魏忠贤时代，刘瑾的"枷"已改良为"大枷"，诸如断脊、坠指、刺心之刑也开始施行。

---

① 《明史》，卷九十五。
② 《明史》，卷三百五。
③ 拶，使用木棍或类似物体夹犯人的手指或脚趾。

锦衣卫的建制在魏忠贤时代进一步完善。天启七年（1627年）五月，熹宗下发一道谕旨，命人铸造锦衣卫提督西司房官旗巡捕关防。这意味着西司房与北镇抚司一样，成为一个相对独立的机构。当时提督西司房的武官，是魏忠贤的老下属、前东厂理刑左都督杨寰。

魏忠贤在熹宗朝可谓备极荣宠。天启五年（1625年）正月，熹宗甚至授予魏忠贤的族人世袭都督同知的职务，而在此之前，世袭军职很少有指挥使级别以上的。魏忠贤的族叔魏志德授职都督佥事，外甥傅应星授职左都督，侄子魏良卿晋宁国公，食禄比照魏国公徐弘基（徐达九世孙）的级别，其他几个侄子或外甥，有的授职世袭锦衣卫同知，有的授职都督佥事。更令人讶异的是，魏忠贤的党羽竟然在全国各地为他建造生祠。然而，他的好运气随着熹宗的驾崩而消逝。

天启七年十一月初一，明思宗即位3个月后，魏忠贤被谪往凤阳。根据《国榷》的记载，5日后，即十一月初六，魏忠贤行至阜城（位于今河北东南），下榻尤氏旅舍，忽闻思宗诏谕："魏忠贤……不思自惩，将素畜亡命之徒，身带凶刃，不胜其数，环拥随护，势若叛然。命锦衣卫官旗扭解押赴，跟随群奸，实时擒奏。"

深知诏狱有多么恐怖的魏忠贤与他的一位追随者选择了自缢。[①]但思宗没有放过他，下旨磔其尸，悬首河间，家人魏良卿等皆弃市。[②]随后，思宗又命人查抄了魏忠贤与客氏的家财。客氏最终被笞杀于浣衣局。《明通鉴》写道，抄家客氏时，发现她的家里藏有8个怀了孕的宫女，大概是想效仿吕不韦。思宗大怒，命人将这8个

---

① 《国榷》，卷八十八。
② 《明史》，卷三百五。

宫女都处死了。不难设想，倘若熹宗驾崩时间推迟数月，有婴儿呱呱坠地，被立为太子，朱氏江山很可能就落入外人之手。

崇祯元年（1628年）六月，田尔耕与许显纯一并伏诛。

崇祯的选择

熹宗驾崩于天启七年八月二十二日，时年22岁。3日后，光宗第五子、17岁的信王朱由检即位，是为思宗，又称毅宗，或庄烈帝。

熹宗以昏庸无道著称，但他对这位比自己小5岁的异母兄弟却比较照顾。即位两年后，他就将这位13岁的弟弟封为信王，将后者已经去世8年的母亲刘选侍（据说是被光宗虐待至死）追封为贞静贤妃。熹宗弥留之际，又比较稳妥地将皇位传给了这位唯一在世的兄弟。

思宗比他的皇兄勤勉得多，据说每天工作14个小时以上，可惜童年的生长环境（万历后期及天启年间不断上演的宫廷斗争）让他养成了过分多疑的性格。正应了明朝开国功臣刘基的名言："多疑之人其心离，其败也以扰。"①

刘基这句话，既是对以往历史人物成败经验的总结，也是对未来历史人物的善意提醒。它可能并非是对太祖的暗讽，因为他将这句话记录在《郁离子》一书中时，朱元璋还没有夺取天下，还在"兄弟同心、其利断金"的创业时期。但立国之后，太祖确实也患了多疑症，无论是杀功臣为子嗣除隐患也好，还是用重典治天下也罢，都是他开给自己的药方。

与太祖的情形相似，思宗的多疑在很多时候并非无端。无论是

① 刘基：《郁离子》。

贴上党争标签（这个标签掩盖了参与者追逐私利的动机）的官员们的互讦、言官的弹劾，还是来自厂卫的侦缉报告，通过各种方式或各种渠道掌握的信息，都足以毁掉他对朝臣的信任。但是，他的多疑似乎不太合乎时宜：太祖立国之初，人心思安，国力日盛，北元势衰；思宗朝的情形则相反，内乱频频，国力衰微，建房势张。在内忧外患的背景下，多疑的性格使他无力解决党争之患。

这组数据在一定程度上可以说明崇祯年间政治斗争的激烈程度：思宗在位17年间，先后有50多位大学士粉墨登场，首辅人数达到9人。

这一政治现实让思宗十分无奈。崇祯十四年（1641年）二月，思宗抱怨："朕自御极以来，事无大小，皆亲自裁决，是以积劳成疾，诸症交侵。"①"事无大小，皆亲自裁决"，区区9字，似乎足以让后人理解明朝国运终结在崇祯朝的原因。我们至少可以从中推出4种可能性：其一，朝臣可用，且思宗知其可用，疑之，不让其为己分忧；其二，朝臣可用，而思宗不知其可用，闲散之，无法让其为己分忧；其三，朝臣可用，无心为君分忧；其四，朝臣不可用，无力为思宗分忧。无论是何种可能性，结论只有一个，即军政机构效率低下。

思宗在抱怨"事无大小，皆亲自裁决"时可能想不到，未来的情况会变得更加严重：崇祯十四年至十七年，首辅有3位，内阁大学士则几乎每年一全换。

事实上，让思宗备受困扰的这种局面，在某种程度上是他本人亲手促成的，尽管他的动机似乎并无太大不妥。

始于万历中晚期的党争之所以没有因为魏忠贤的伏诛与大批阉

---

① 《国榷》，卷九十七。

党成员的削籍而画上句号，是因为东林党的势力空前膨胀，迫使思宗基于权力均衡的需要，不得不支持礼部尚书温体仁与礼部侍郎周延儒（这两位未来的内阁首辅都被载入《明史·奸臣列传》）的意见，在崇祯元年十一月免去了原本有望入阁的东林党领袖、礼部侍郎钱谦益的职务，并将他削籍，以彻底结束钱谦益的政治生命。①

思宗本想借此培植一股或者几股可以制衡东林党的势力，免得东林党独大、受其掣肘，其用心不可谓不深，用药不可谓不猛，但他的才华到此止步。他非但没有摆脱随之而来的副作用，相反，他本人也成为副作用的一部分。

确切地说，思宗非但没能解决党争之患，他本人还有意无意地卷入到党争漩涡之中，以致党争之祸愈演愈烈，一直持续到明朝结束。他或许确实称得上克勤克俭、无怠无荒，但他同时也确实缺乏识人之智、用人之明，缺乏足以平息党争、团结朝野、解决内乱、抵御外敌的魄力与能力。

面对大大小小官员们的贪污腐败以及横行无忌，他无力回天，唯有焦急怨恨而已。崇祯十四年二月十八日发布的一份诏谕表达了他的愤怒之情：

> 时事多艰……灾黎困穷已极……况今畿内山东、河南等处，流土猖獗，兵民戕杀，几无宁日，甚至人人相食，朝不保暮。如此情形，深堪闵恻。又胡氛未息，议调多兵，势必措饷。然催征原非得已，唯恨贪官奸吏借此作弊，朘削有限之民力，其苦何堪？至于倚上凌下，民受冤抑，无所控诉。或官吏行酷，暗害民生。或谳狱不平，奸良颠倒。或绅衿土豪，骄

---

① 《御批历代通鉴辑览》，卷一百十四。

横侵霸。或藩王宗室，暴虐恣睢。或勋戚及内外官，不实修职业，唯营己私。或蒙蔽隐徇，朋庇作奸，罔念军国之重。种种情弊，有一于此，皆足仰干天和。[①]

他对朝臣的猜忌、不满甚至怨恨，一直持续到他生命的最后一刻。3年之后，京师城陷，思宗留下"皆诸臣误朕"的遗言之后，以身殉国。

正因为思宗对诸臣不信任，或者反过来说，正因为诸臣不值得信任，宦官势力在崇祯年间极度膨胀。

翰林院检讨杨士聪提供的数据是，自神宗朝万历二十九年（1601年）至四十八年（1620年）长达20年的时间里，宫里没有增选过宦官；熹宗朝只选过一次宦官；可是，思宗在位的17年里，却选了3次宦官，使宫中人口增加了1万人左右，月粮消耗增加3.2万石，靴料用银竟然增加5万两。[②]

正因为思宗对法司不满，对诸臣怨恨，锦衣卫与东厂继续扮演着重要角色，因为这两个机构可以帮他迅速处理问题，甚至可以帮他泄私愤。正如清初人邵廷寀所言，锦衣卫、东厂、西厂都是"诏狱"，它们是天子在三法司之外设置的"私狱"。[③]天子利用"私狱"泄私愤，顺理成章。崇祯十五年（1642年）十一月前后，思宗也曾暗示过这一点。

当时，两位官员（即姜埰与熊开元，后文将会提到他们）因为触怒思宗而被打入诏狱，都御史刘宗周在圣驾前为他们求情，并提出"有罪应交付法司审问，动用诏狱有伤国体"的意见。思宗大

① 《国榷》，卷九十七。
② 《国榷》，卷一百。
③ 《思复堂文集》，卷九。

怒，说："三法司与锦衣卫都是刑官，哪里有什么公私之分？……碰到贪赃坏法、欺君罔上的案件，锦衣卫难道要不闻不问吗？"（法司锦衣皆刑官，何公何私？……有如贪赃坏法，欺君罔上，皆不可问乎？）①

对于厂卫的危害，思宗并非不清楚，因为言官一定会向他汇报厂卫的劣行。

崇祯四年（1631年）五月，给事中徐国荣在一份奏本中提醒思宗，在厂卫诸多官校中，能够不欺瞒皇上的，大概只有执掌厂卫的大臣。可是，执掌厂卫的大臣不得不寄耳目于旗校、挡头、番役等下级军校，下级军校又不得不寄耳目于市井无赖，而这些人很少有忠肝义胆、见利而不忘义的。更何况，当时的情况是，厂卫有权监督缉拿别人，别人却无权监督缉拿厂卫，若厂卫的人颠倒是非、混淆黑白，却没人敢管他们，他们怎么可能不为所欲为呢？

徐国荣还举例，荼毒百姓与无辜官吏的，除了真正的厂卫辑事旗校，还有冒充厂卫旗校的奸棍恶少，这帮人敲诈勒索、无恶不作。例如来京城贩卖丝绸的商人刘文斗，以及铺户罗绍所、李思怀等10余户商家，被冒充厂卫的混混赵瞎子等人敲诈白银2000多两。还有那些散布在各个衙门、冒充密探的混混，他们为了勒索钱财而刻意留意官吏的隐私，官吏往往不得不偷偷给他们"封口费"，久而久之，竟然相沿为例。②

思宗也曾告诫锦衣卫掌事者要约束手下。

崇祯十一年（1638年），天呈异象，火星逆度，两次为灾。六月，思宗告诫锦衣卫提督东司房吴孟明，缉访不轨、机密大事时，

---

① 《明史》，卷二百五十五。
② 《春明梦余录》，卷六十三。

务必要掌握真凭实据，决不可疏忽大意、偏听偏信，决不许径自拿
人、动用私刑；若是误害善良、饰虚为实、偏执到底、护短遂非、
轻视人命，破了当官的戒条，有违天地之和，将"自损阴功"。①

可叹的是，思宗一方面担心刑狱不公引起天怒，对厂卫旗校及
番役徇私枉法、诬陷官民的做法深恶痛绝，要求他们秉公查质、据
实参奏；另一方面，他本人多疑如故，诏狱频频，以致呼冤者比比
皆是。

疑朝臣，信宦官；轻法司，重诏狱。这是思宗的选择。

末代厂卫

在锦衣卫历史上，提督东司房吴孟明有一席之地。

吴孟明祖籍绍兴山阴，祖父吴兑在嘉靖年间当过兵部主事，与
内阁首辅高拱交厚。据说，高拱罢相回乡时，只有吴兑送行，一路
送到通州潞河才返回。万历年间，吴兑当过兵部尚书，并加封太子
少保；担任蓟辽督抚期间，名将戚继光是他的下属。万历十一年
（1583年）六月，神宗感念他的功劳，荫其子吴有孚锦衣卫世袭正
千户之职。②因此，吴有孚的子嗣隶籍锦衣卫。

吴有孚本人官至锦衣卫都指挥同知，曾在南镇抚司管事。吴孟
明是他的儿子，有些文化，曾两中乡试副榜第一名。③因无缘参加
会试，他不得不放弃文官仕途，承袭锦衣卫正千户之职。许显纯掌
印北镇抚司期间，他是北司的理刑千户。据说，吴孟明曾劝许显纯
为将来留条后路，不要对东林党人赶尽杀绝。许显纯被说服，先后

---

① 《春明梦余录》，卷六十三。
② 《明神宗实录》，卷一百三十八。
③ 嘉靖时，乡试始有正榜和副榜之分。副榜不能参加会试。

释放了近40位东林党狱囚。许显纯审讯杨涟、左光斗等人时，吴孟明负责整理狱词，并在狱词中写下诸如"皆无佐证"之语，为将来的翻案昭雪留下余地。因为这个原因，他被逐出北镇抚司（一说他因为审理汪文言案时偏袒汪而被免职）。①

思宗即位之后，吴孟明官复原职。崇祯二年（1629年）六月，他开始金书锦衣卫。因为能力出众，同年十一月，他受命与礼部左侍郎徐光启（明朝最著名的天主教徒与科学家）一起操练京营士兵。②至迟在崇祯十一年（1638年）六月，他取代锦衣卫都督同知邹之有，开始提督锦衣卫东司房。

在邹之有之前提督东司房的是刘侨。天启七年（1627年）十一月，即魏忠贤自尽、田尔耕被免职抄家当月，在锦衣卫指挥使方弘瓒的举荐下，刘侨重回锦衣卫，并于崇祯二年（1629年）十一月奉旨提督东司房。

崇祯五年（1632年）二月，刘侨被免职。不久后，邹之有奉旨提督东司房。崇祯九年（1636年）正月，邹之有晋为都督同知。因为史料缺乏，目前暂时无法提供更多有关方、邹二人的信息，因而也无法解释人事变动背后的原因。

吴孟明死后，他的儿子吴邦辅袭职锦衣卫正千户，在北镇抚司理刑。他的上司是骆养性以及后文将要提及的梁清宏。

骆养性，字泰如，是前文所述锦衣卫掌卫事左都督骆思恭的儿子，早在天启三年十二月已经承父荫授职总兵官。③6年之后，即崇祯二年，他被任命为锦衣卫南镇抚司金书。

骆养性与吴孟明的风格与归宿各不相同，但对东厂的态度是一

---

① 《畿辅通志》，卷七十四。
② 《国榷》，卷九十。
③ 《明熹宗实录》，卷四十二。

样的，都在观望，不敢有所违背。东厂相对强势的地位，是万历以来厂卫关系的继续。

思宗即位、魏忠贤伏诛之后，先后有9位太监提督东厂，即王体乾、王永祚、郑之惠、李承芳、曹化淳、王德化、王之心、王化民、齐本正。如果《国榷》的记载无误，曾经是魏忠贤爪牙的司礼监太监王体乾，至迟在天启七年八月（思宗即位当月）已经提督东厂。不过，两个月后，他因为有罪而被免职。① 而根据《崇祯长编》的记载，魏忠贤直至天启七年九月仍是东厂太监。②

无论何种记载更为贴近真实，可以确定的是，王体乾担任东厂太监的时间不长，因为到了崇祯元年（1628年）四月，东厂太监变成了司礼监太监王永祚。③

关于其他几位东厂太监的在位时间，史籍的记载有不少互有冲突的地方。例如，根据《明史纪事本末》的记载，崇祯十二年（1639年），王之心在东厂太监任上；而根据《明史》的记载，王德化担任东厂太监的时间要早于王之心。若这两条史料都无误，那么，王德化担任东厂太监的时间应该早于崇祯十二年，但根据《江西通志》的记录，崇祯十六年（1643年）的东厂太监却是王德化。④

若以《国榷》以及《崇祯长编》为依据，则以下事件基本可以确定：

> 天启七年九月至十月，司礼监太监王体乾提督东厂；
>
> 崇祯元年四月至崇祯二年七月，司礼监太监王永祚提督

---

① 《国榷》，卷八十八。
② 《崇祯长编》，卷二。
③ 《崇祯长编》，卷八；《国榷》，卷八十九。
④ 《江西通志》，卷五十八。

东厂；

　　崇祯二年七月至某年某月，司礼监太监曹化淳提督东厂；

　　崇祯六年十一月至崇祯七年十二月，司礼监太监郑之惠提督东厂；

　　崇祯七年十二月至崇祯十年二月，司礼监太监李承芳提督东厂；

　　崇祯十年二月至八月，司礼监太监曹化淳提督东厂；

　　崇祯十年八月至崇祯十二年九月，司礼监太监王之心提督东厂；

　　崇祯十二年九月至崇祯十三年六月之后的某个时间，司礼监太监王德化提督东厂；

　　崇祯十五年七月至崇祯十七年三月，司礼监太监齐本正提督东厂。

　　因此，如果《明史》的记载无误，即王化民提督东厂的时间晚于王之心，那么，他提督东厂的时间，可能在崇祯十三年至十五年之间。

　　东厂太监的频频更替，也容易让人得出另一个结论，即思宗对东厂太监也缺乏信任。

　　但这个结论并不完全正确。王体乾姑且不论，他与其他8位东厂太监无法相提并论。思宗任命他为东厂太监，只是为了稳住魏忠贤。在剩下的8个人中，除了李承芳因为被指在抄没王体乾家产的过程中移匿赃产而戍外卫，其他7位似乎一直很得思宗的信任。离开东厂之后，他们继续得到重用。例如，两度提督东厂的曹化淳在卸任东厂太监的职务后，又先后两度提督京营戎政。因此，思宗多次更换东厂太监的人选，可能主要并非因为对他们缺乏信任，而是源于一种体制上的安排，为的是防止他们与朝臣勾结，危害皇室。

《国榷》记载，吴孟明担任锦衣卫金书之职始于崇祯二年（1629年）六月。《明史》又说，他与东厂太监王德化共事过，而王德化在崇祯十二年（1639年）才提督东厂。如果这些史料属实，则可以推断，吴孟明在锦衣卫任职的时间至少有10年，共事过的东厂太监至少有5位，即曹化淳、郑之惠、李承芳、王之心、王德化。

吴孟明十分尊重东厂太监的意见，"观望厂意不敢违"[①]，但在翰林院检讨杨士聪看来，包括吴孟明在内的锦衣卫堂上官，尊重的并非东厂太监本人，而是东厂太监的主人思宗。他在《玉堂荟记》一书中写道："锦衣治岳（即刑狱），虽与刑部不同，然亦伺上意旨所在，而加轻重也。"[②]

正是存在于"轻重"之间的权力，给了锦衣卫官员谋取私利的机会。崇祯十一年（1638年）调入刑部任职的李清，在《三垣笔记》中记载了下面这则事例：

由于考选不公，吏部尚书田惟嘉被翰林院检讨杨士聪弹劾，但田惟嘉与文书房某个太监的关系很好。前面提到过，奏章一般先封呈交通政司，再由通政司交文书房。那个文书房太监看到杨士聪的奏章后，向田惟嘉通报了消息，于是，田惟嘉提前准备好抗辩疏稿。但他犯了一个错误。他过早地将这份疏稿送到通政司。杨士聪得知消息后，再度弹劾他，要求他解释参疏未下、辩疏先上的原因。思宗命田惟嘉回奏，但田惟嘉无言以对。最终，田惟嘉主仆4人都被打入镇抚司监狱，他收受的贿赂连夜被运往锦衣卫。

李清进入刑部后，与提督东司房的吴孟明打过交道。他说："吴

---

① 《明史》，卷九十五。
② 《玉堂荟记》，卷上。

孟明这个人，倒是不常陷害良善，只是非常贪财，他的儿子吴邦辅更是如此。"吴孟明每次缉获州县官员的送礼单，一定会故意泄露礼单上的姓名，然后沿门索贿，直到心满意足才罢休。东厂的做法也是如此。某位知县托人转送翰林院编修胡守恒白银24两，求后者为自己写篇文章。胡守恒还没有收下这笔钱，得知消息的东厂番役却已经登门索贿，他花了一大笔钱才摆平。

在李清记录的诸多事例中，最引人深思的，是一段发生在他与刑部尚书郑三俊之间的对话。

根据李清的记录，他进刑部后不久，郑三俊即被罢职。某日，他登门拜访郑三俊，向其取经。当问及刑部何事最冤时，郑三俊给出的答案并非诏狱，而是盗情，因为东厂番役缉获所谓盗匪之后，一定会用重刑，让他们诬攀有钱而可欺的官民，待后者倾家荡产后，就将案子呈给东厂，而东厂呈给皇帝的狱词一定是振振有词的。没过几日，皇帝就会下达让刑部审理的旨意，再过十几日，刑部就会按照东厂的意见回奏，又过几日，人犯被处决。据郑三俊说，三法司唯一能做的只是对那些无赃无证或者案情十分可疑的人犯缓以秋决，为破案争取时间。李清曾质问某位刑部官员为何不敢替无辜受诬者平反，对方回答，天下或许有不贪污的清官，却没有不贪财的廉吏，若是刑部推翻了东厂的狱词，他日东厂番役一定会借题发挥，逮捕污吏，命其诬攀刑官，到时候官与吏一个也跑不掉，都会送命。[①]

不过，相对于盗情，诏狱的情况更有助于我们了解思宗，了解那个时代。

---

① 《三垣笔记》，卷上。

最后的诏狱

崇祯年间最值得一提的诏狱是"薛国观案"和"姜垛、熊开元案",后者有可能是明朝最后的诏狱。但在介绍这两起案件之前,有必要简单介绍一下发生在崇祯三年(1630年)的"袁崇焕案"。

关于蓟辽总督、兵部尚书袁崇焕的功过,以及"袁案"的曲直,历史学家的意见至今仍未统一,因为现存史料抵牾之处颇多。清代官修《明史》关于其人其案的记载似乎越来越受质疑,因为人们相信官方史家都会为了政治需要而篡改历史。

全方位探讨"袁案"与本书主旨不符,这里只就"袁案"引发的另一项指控进行陈述,因为它与一位锦衣卫左都督有关。

袁崇焕被打入锦衣卫监狱的时间是崇祯二年十二月初一,当时后金军队(袁崇焕奉旨遏阻的敌人)正在攻打京城。他被处死的时间是崇祯三年八月十六日。《国榷》提到思宗处死袁崇焕的理由:"袁崇焕付讬不效,专事期隐,市粟谋款,纵敌不战,散遣援兵,潜携喇嘛、僧人入城……依律磔之。"《崇祯实录》的记载基本相同。①《崇祯长编》的记载则是:"袁崇焕付托不效,专恃欺隐,以市米则资盗,以谋款则斩帅,纵敌长驱,顿兵不战,援兵四集,尽行遣散,及兵薄城下,又潜携喇嘛,坚请入城,种种罪恶,命刑部会官磔示。"②对那些为袁氏求情的人,思宗斥责他们,袁崇焕所作所为"致庙社震惊,生灵涂炭,神人共忿,重辟何辞?!"③

确实,无论袁崇焕的战术理由有多么充分,在后金军队进逼乃至围攻京师的过程中,他确实做过"斩帅"(斩杀平辽总兵官左都

---

① 《国榷》,卷九十一;《崇祯实录》卷三。
② 《崇祯长编》,卷三十七。
③ 《国榷》,卷九十一。

督毛文龙)、"纵敌不战,散遣援兵",以及请旨率兵入城等事,相关指控并非无中生有;但有关"谋款"(与后金达成秘密协议)的指控则缺乏足够的证据支持。

事实上,涉嫌"谋款"的并非袁崇焕一人。袁崇焕下狱半个月后,即崇祯二年十二月十六日,江西道御史高捷指控太子太保内阁大学士钱龙锡是袁崇焕"谋款""斩帅"的主谋。①6日后,钱龙锡引疾致仕。五日后,礼部侍郎周延儒入阁。十二月三十日,何如宠、钱象坤奉旨入阁。据说,何、钱二人曾于当晚呈递辞表,但终究还是被思宗催促进内阁办事。②何、钱的请辞之举,让人怀疑周延儒是攻击钱龙锡的幕后主使者。《明史》甚至断言,除了周延儒,内阁大学士温体仁和吏部尚书王永光都是主谋。③

言官对钱龙锡的攻击,并没有因为他的致仕而停止。崇祯三年八月,山东道御史史范④疏参钱龙锡支持袁崇焕斩杀毛文龙,袁崇焕五年平辽的说法也是因为他的支持而被采信。史范还说,钱龙锡将袁崇焕用来买马的钱偷偷寄存在自己的姻亲、锦衣卫左都督徐本高家。钱、袁二人巧为钻营,使皇上法不得伸。⑤

思宗看到奏本后,要求北镇抚司刑官严讯袁崇焕,在五日内审查明白袁崇焕是否与钱龙锡私相授受,又命廷臣讨论钱龙锡私结边臣一事。与此同时,他还命左都督徐本高就史范的指控进行自辩。

徐本高是嘉靖朝内阁首辅徐阶的长孙,他的职务全称是锦衣卫提督街道管卫事左都督。万历三十八年(1610年),他袭职锦衣卫

① 《崇祯实录》,卷二。
② 《国榷》,卷九十。
③ 《明史》,卷三百八。
④ 史范之"范"字,本为上下结构,下边还有一"土"字。
⑤ 《崇祯长编》,卷三十七。

正千户，次年与还是庶吉士的钱龙锡联姻。天启六年（1626年），他因为反对魏忠贤建生祠而被削籍；在那之前，他在北镇抚司理刑。思宗即位后，他和刘侨同时被起用。崇祯三年（1630年）三月，即袁崇焕被杀前五月，他晋为左都督。[①]

八月初八，徐本高在自辩奏本中提出两项在逻辑上很有说服力的证据：

其一，钱龙锡致仕离京前，思宗赏过他一个恩典，即允许他驾乘驿马回乡，称得上恩礼从容，圣眷犹在，他完全可以趁机将财产带回老家，何必将数万财产寄存在徐家？其二，他家只有陋室数间，可谓墙卑室浅，要是收存了数万资财，早就被人发现了。

最终，思宗也认为这项指控纯属风闻，不再追究徐本高。[②]但钱龙锡没能逃脱牢狱之灾。袁崇焕被处死的次月，他被捕入狱，次年五月获释，改戍边定海卫。《明史》记载，他在明朝灭亡后离世。《国榷》则载，他卒于崇祯九年（1636年）十月。[③]

本书开篇提到的北镇抚司掌司事锦衣卫指挥同知李若琏，即是参与审讯袁崇焕的刑官之一。由于替袁崇焕辩解，他被贬官两级。他原先应该很被思宗看重，崇祯二年八月他还只是北镇抚司理刑千户时，就在文华门接受思宗的召见。

综上所述，无论"袁案"的是非曲直如何，单就"谋款"的指控而言，在某种程度上只是权力斗争的噱头而已。

如果说，袁崇焕被打入诏狱并被处死，主要是因为思宗怀疑他在政治上出了问题，那么，"薛国观案"之所以发生，主要是因为经济问题。

———————————

① 《国榷》，卷九十一。
② 《崇祯长编》，卷三十七。
③ 《明史》，卷二百五十一；《国榷》，卷九十五。

朝臣的贪腐问题，在崇祯年间十分严重。弹劾袁崇焕与钱龙锡的史范，因为在巡按淮安、扬州期间贪墨白银30多万两而遭到检讨杨士聪的弹劾，最终免职入狱，病死在狱中。

思宗的岳父，即皇后周氏的父亲，亦即锦衣卫带俸右都督嘉定伯周奎，也是一个大贪官。李自成军队攻陷京城后，在他家抄得现银52万两，以及价值数十万两的珍珠宝贝。就在京师城陷前夕，思宗曾派太监徐高造访其家宅，希望他带头捐献军饷。他先是哭穷，后来迫于无奈，十分勉强地奏捐了1万两。除了周奎，曾经提督东厂的太监王之心，在城破之后，也被李自成的军队搜刮出价值15万两的财物。①

根据户科右给事中黄承昊提供的数据，"祖宗朝"边饷只有49万两，神宗朝时边饷有285万两，崇祯初年的岁入不到300万两。②也就是说，周、王二人被李自成军队抄获的财产总和，粗略估计，相当于"祖宗朝"边饷的两倍，神宗朝边饷及思宗朝岁入的三分之一。

上面这两位，一个是思宗的岳父，一个是思宗的家奴。如果说，他们贪墨到如此程度思宗还一无所知，那只能说思宗耳不聪、目不明；如果思宗知情而不处理，则只能说明他容忍、纵容甚至包庇他们贪污。无论何种情况贴近真实，有关思宗本人生活简朴的传说，例如他穿着打补丁的衣服，则让人感到一种荒诞的意味。

以下再回到薛国观案。《明通鉴》记载，思宗曾经与礼部尚书、内阁首辅薛国观公开讨论朝臣贪腐之事，后者的建议竟然是，加大厂卫机构的缉查力度。他对思宗说，倘若厂卫得人，朝臣怎敢如

① 《国榷》，卷一百。
② 《明怀宗端皇帝实录》，崇祯元年六月条目。

此?！侍候在思宗身边的东厂太监王德化听到这句话，吓出了一身冷汗。①

这件事应该发生在王德化担任东厂太监后不久。很快，他就证明了自己的能力。崇祯十三年（1640年）正月，即受命提督东厂四个月后，他手下的挡头和番役就获得了一份通贿名单，词连吏科都给事中阮震亨。同月二十八日，阮震亨被打入北镇抚司监狱，判了死刑。②

薛国观在批评厂卫不得人的时候肯定没有想到，他的话刺痛了侍奉在思宗身侧的王德化，以至于王德化"专查其阴私"，他自己也将在几个月后因为坐罪贪腐而成为东厂的阶下囚。

薛国观是陕西韩城人，为人阴鸷刻薄，学问并不高。天启年间，在担任户部给事中期间，他弹劾过多位东林党人。时内阁首辅温体仁（崇祯六年至十年为首辅）一向仇视东林党人，很欣赏他，将他推荐给思宗，从此受到重用。③

薛国观秉政期间（崇祯十二年二月至十三年六月为首辅），继续沿袭温体仁的风格，引导思宗苛待臣下。④他的刻薄为自己树下很多敌人。由于他自己并非完人，既没有卓越的才智，也没有高洁的操守，因此，敌人很容易就找到了报复他的办法，即打探他的不法事迹（例如行贿受贿等），并将相关证据上报东厂。由于他的弹劾而被打入诏狱并死在廷杖之下的内阁中书周国兴及杨余洪的家人，还有受他欺骗的礼部主事吴昌时（他与东厂理刑官吴道正交厚）等人，即是通过这种方式进行报复。

① 《明通鉴》，卷八十七。
② 《崇祯实录》，卷十三。
③ 《明史》，卷二百五十三。
④ 《明通鉴》，卷八十七。

在东厂太监王德化的督促下，东厂辑事官校也经常在薛宅附近窥伺。他们控告薛家藏匿了御史史范寄存的巨额财产。尽管薛国观极力辩解，这件事纯属无稽，是敌党的构陷，但生性多疑的思宗对他的信任逐渐瓦解。

不过，导致他日后失败的，是另外一件事情。

由于当时国库空虚，而军事开支庞大，思宗向薛国观问计。薛国观的意见是，向外戚武清侯李国瑞等人筹借。但李国瑞（其曾祖之妹是思宗的曾祖母孝定太后）不愿借款，思宗大怒，夺其官爵。李国瑞惊惧而死，外戚人人自危。正好五皇子重病，于是外戚勾结内官，传播谣言称，孝定太后已经成佛，成了九莲菩萨，她怪罪思宗没有照顾好李国瑞，于是让五皇子代父受过。不久后，五皇子薨逝。思宗大惊，赶紧将所借款项归还，并将李国瑞7岁的儿子封侯。因为这件事，思宗恨上了薛国观，只是伺机而发。[1]

不久后，给事中袁恺上疏，揭发了几件薛国观纳贿的事。崇祯十三年（1640年）六月二十一日，思宗将薛国观免职。次年七月，因为牵涉其他案件，薛国观应诏回京。八月初八傍晚，东厂理刑官吴道正派锦衣卫官校到他的家里，将他迫害致死。薛国观是继嘉靖朝内阁首辅夏言之后又一位死在厂卫手里的首辅。

薛国观被害前后，锦衣卫掌卫事都督同知吴孟明去世，由骆养性接掌锦衣卫事。当时，北镇抚司的管事者是梁清宏，东厂太监先后是王德化、王化明、齐本正。他们监视的对象，是首辅周延儒（崇祯十四年至十六年为首辅）领导下的朝臣。

相对于温体仁及薛国观排斥异己、禁止言路的做法，周延儒（尽管他被定性为奸臣）的做法正好相反，他广引清流，言路亦蜂

---

[1] 《明史》，卷二百五十三。

起论事。①

　　但言路蜂起的气氛并不是思宗想要的，因为他不仅多疑，而且自负独断，容不下批评。

　　大概在崇祯十五年（1642年）十一月前后，忌恨言官或者因为言官的评语而在仕途受挫者，匿名创造了所谓"二十四气之说"，诋毁24位言官，而思宗当时正好下诏责备言官替人卸责，为人出缺，以权谋私。因此，性情耿直的给事中姜埰认为思宗一定受到"二十四气之说"的影响，上疏直指思宗中了大奸巨蠹的圈套，而且禁止言官论事十分不智，如果人人都保持沉默，怎么与陛下讨论天下大事呢？

　　思宗闻言大怒。他认为姜埰藐视了自己的智慧，立即把他打入诏狱。明清史家认为，思宗诏责言官，实在是因为当时忧劳天下、有感而发，并非受到匿名之说的影响，姜埰没有调查清楚事实就仓促上疏，失之谨慎，故而罹祸。

　　姜埰案的主审官是北镇抚司掌印都指挥使梁清宏。梁清宏出身名门，曾祖是在万历年间当过兵部尚书和吏部尚书、并被加封为太子太保的梁梦龙。因为感念梁梦龙的功勋，神宗赐其子世袭锦衣卫的官职。

　　但梁清宏的名声似乎不佳。《明史》称，他与北镇抚司另一位锦衣卫官员乔可用"朋比为恶"。②乔可用的出身背景不详。根据《闽中理学渊源考》的记载，他应该是一名掌刑官，性情残酷。黄道周的学生、闽南文人涂仲吉因为上疏触怒思宗而被打入锦衣卫狱后，乔可用对他用了拶刑，将他的十指全都夹断。③

---

① 《明史》，卷二百五十八。
② 《明史》，卷九十五。
③ 《闽中理学渊源考》，卷八十三。

除了姜埰，当时因建言而下狱的官员，还有行人司副（从七品）熊开元。[①]

熊开元有政才，也有辩才。崇祯五年（1632年），他担任吏科给事中，主要由于他的疏谏，阉党成员、临阵脱逃的辽东巡抚王化贞才最终伏法。不过，他自视甚高，胸襟稍窄，不识时务。

后来，他因为违反官员考选规定而被降职，在光禄寺监事（从八品）以及行人司副等职位上停留了很长时间，生活比较困顿。而在此期间，其他缘于同样原因而被降职的人都已经高升。迫于无奈，他向首辅周延儒诉苦，希望得到更好的机会。而首辅当时正好有急事，话还没说完，也没表态，就匆匆乘轿外出，礼节上可能也有欠缺。熊开元羞怒交集，伺机报复。

崇祯十五年（1642年）闰十一月，清兵自河间南下，京畿南边州县多不守，遂乘胜入侵山东。与此同时，李自成的大军正在围攻河南军事重镇汝宁。初七，思宗发布一份罪己诏，请官民直言政事，凡是说得在理的，都有面圣言事的机会。[②]

于是，熊开元进了宫，在思宗面前暗讽首辅不得人。他说，陛下求治15年，可天下一天比一天乱，原因在于庸人占据了高位，并且相继为奸，致使天灾人祸接踵而至，直至今日仍未衰止；又批评首辅偏袒私人，以致督抚失地丧师。

周延儒当时也在场。他坦承徇私，却绝不承认受贿。思宗询问熊开元有无实证。碍于周延儒在侧，熊开元支吾以对。最后，周延儒故示大度，请思宗下旨命熊开元补写一份详细的书面报告，思宗

[①] 行人司"职专捧节、奉使之事。凡颁行诏敕，册封宗室，抚谕诸蕃，征聘贤才，与夫赏赐、慰问、赈济、军旅、祭祀，咸叙差焉。每岁朝审，则行人持节传旨法司，遣戍囚徒，送五府填精微册，批缴内府"。见《明史》，卷七十四。

[②]《明通鉴》，卷八十八。

同意所请。

可是，熊开元呈上的书面报告依然是泛泛而谈，并没有陈述对周延儒不利的实据。原来，这位首辅虽然表面大度，实际上非常担心熊开元的证词对己不利，于是利用自己的影响力，说动大理寺卿孙晋、大理丞吴履中、兵部侍郎冯元飙、礼部郎中吴昌时（他曾经是熊开元的下属）等人劝熊开元慎重行事。

孙晋、冯元飙对熊开元说，首辅提拔的人大多是贤人，如果首辅下台，则贤人将尽数被逐。熊开元被说服，因此，他的报告只是复述一遍面圣时说过的话。这相当于承认自己对周延儒的指控并无实据，实属诽谤。当时的情况是，外敌压境，朝野恐慌，思宗正要倚仗他十分信任的首辅团结朝廷上下文武大臣，一致对外，怎料熊开元却不顾大局、"诬陷"首辅，以致朝野上下自乱阵脚，因此，思宗见到熊开元的报告后大怒，立即命锦衣卫将熊开元打入诏狱。

在此之前，北镇抚司掌印者梁清宏已经将姜埰案的狱词呈上，但思宗不满意，下旨强调，姜埰一案，情罪特重，而且类似"二十四气之说"那样的匿名文书，见到就应当毁去，为何屡腾奏牍？命快速查明案件真相。

由于梁清宏要再审姜埰案，思宗将熊开元的案子交给锦衣卫掌事者骆养性（他在同年十月被擢为都督同知）审理。

骆养性是熊开元的同乡，对首辅周延儒一向不满。他在次日即呈上狱词。但思宗对这份狱词不太满意，认为熊开元诬陷首辅，是要让皇帝成为孤家寡人，以方便他办事，这个案件必定有主使者。骆养性没有对他用刑，实在是渎职，希望他严加拷问，查明真相。可是，严刑逼供之下，熊开元非但没有招出主使者，反将周延儒的隐私全部抖搂出来。骆养性将狱词呈给思宗过目，思宗下令廷杖熊开元，然后押回监狱。

　　不久后，梁清宏又将姜垶的狱词呈上，与前词并无不同。根据《明通鉴》的记载，此后思宗越想越怒，密令骆养性偷偷将姜、熊二人处死。骆养性觉得心里没底，于是征求同僚的意见。同僚说，难道你不知道田尔耕、许显纯的下场吗？骆养性终究没有奉命行事。但这件事泄露了出去，有人奏报思宗，请思宗将骆养性一并处死。骆养性听说之后十分害怕。幸运的是，"上亦不欲杀谏臣，疏竟留中"。[①]《明史》关于这件事的记载基本相同，亦有"帝亦不欲杀谏臣"之语。不过，所谓的"不欲杀谏臣"，只是不愿意背上诛杀谏臣的骂名罢了。

　　思宗又命法司定罪量刑。刑部尚书徐石麒等人的意见是，判姜垶戍边，熊开元赎徒。思宗认为徐石麒徇私枉法，罢了他的官。崇祯十五年（1643年）十二月十一日，命人将姜垶、熊开元押至午门，廷杖一百，仍下镇抚司鞠治。[②]

　　据说，姜垶受杖刑之后，不省人事，几近死去，他的兄弟姜垓口含尿液灌到他的嘴里，才让他苏醒过来。姜垶后来被关到刑部监狱。

　　姜垶、熊开元被打入诏狱后，都御史刘宗周上疏为二人求情。按照他的说法，国朝从未有过言官下诏狱的先例。他在奏本中暗讽思宗因私废公，思宗认为他偏私，将他革职为民。

　　次年秋季，京师发生大瘟疫，思宗下旨，准囚犯取保外出。姜垶、熊开元被释出狱后，登门感谢曾出力相救的亲朋好友。思宗听到风声后，暗示刑部尚书张忻进行处理。结果姜、熊二人重新被关进狱中。

---

① 《明通鉴》，卷八十八。
② 《国榷》，卷九十八。

直至崇祯十七年（1644年）二月，姜埰才被释放出狱，并被发配宣州卫。一个多月后，他正要前往戍守之所时，京城陷落。而熊开元早在同年正月已经发配杭州。明朝灭亡之后，他出家为僧。据说，姜、熊二人皆终老苏州。

在远赴杭州的路上，熊开元的心情应该是愉快的：内阁首辅周延儒已经在一个月前（崇祯十六年十二月初五）被思宗赐死，罪名是"机械欺蔽，比匪营私，滥用金人，封疆贻误"[①]。

北京内城沦陷的次日，即崇祯十七年三月，十九日思宗本人也以身殉国。

当日黎明时分，思宗听闻内城被攻破，曾鸣钟召集百官，但没有人向他报到。陪同他走完生命中最后一程的，只有司礼监太监王承恩一人。登上万岁山之后，思宗在自己的衣襟上留下了遗诏，然后自缢于刚建成不久的寿皇亭。

遗诏写道："朕凉德藐躬，上干天咎，致逆贼直逼京师，皆诸臣误朕。朕死，无面目见祖宗，自去冠冕，以发覆面，任贼分裂，无伤百姓一人。"[②] 显然，直至这一刻，他仍然羞于承认自己的过错。"皆诸臣误朕"之语足以证明，所谓的"凉德藐躬，上干天咎"，只不过是自谦之词而已。在勇于承担方面，他甚至比不上年少荒逸的武宗。[③]

服侍思宗殉国后，王承恩自缢于思宗身边，身死仍保持跪姿。次年四月，清廷以顺治帝（他当时只有7岁）的名义为王承恩树碑

---

① 《国榷》，卷九十九。
② 《明通鉴》，卷九十；《国榷》，卷一百。
③ 在去世的前一日，武宗对他母亲和内阁大学士们说了这样一句话："前事皆由朕误，非汝曹所能预也。"见第十章。

立传，表彰他"事君有礼，不忘其忠"的忠烈品德。[①]碑在北京昌平区十三陵的思陵。

与前任李若琏一样，北镇抚司掌事者梁清宏也以身殉节，据说是绝食而死。他的名字被列入《钦定胜朝殉节诸臣录》。[②]他的殉国行为，与《明史》对他的恶评（"镇抚梁清宏、乔可用朋比为恶"）形成强烈的对比。

深受思宗器重与信任的锦衣卫掌印者骆养性，却选择了卖国求荣之路。就在明亡当年，亦即顺治元年（1644年），他摇身一变，成为清朝的天津总督。[③]

明朝终结后，锦衣卫依然作为政治斗争的工具而存在。不过，因为南明皇帝在相当程度上已沦为傀儡，并非具有实权的统治者，他与锦衣卫之间的关系更像合作，而非君臣。原本作为皇帝亲军的锦衣卫，此时周旋在皇帝与热衷于党争的各党（例如吴党与楚党）之间，为了自己的生存空间与利益而挣扎。正如此时的皇帝已经不像皇帝，此时的锦衣卫也只是徒有虚名而已。

明末清初的沈起有所谓"明不亡于流寇，而亡于厂卫"的评语。[④]大概因为此语撇清了士大夫的责任，因而被当作极有见地的观点，经常被后世文人引用。不过，若太祖泉下有知，以他对士大夫的猜忌与厌恶，恐怕是不愿意承认的。

---

① 　见《北京图书馆藏中国历代石刻拓本汇编》，第61册，第4页，中州古籍出版社，1989年5月第1版。
② 　《钦定胜朝殉节诸臣录》，卷六。
③ 　《皇朝文献通考》，卷五十五。
④ 　《元明事类钞》，卷五。

后　记

本书书稿完成于2013年12月。次年9月，台湾三民书局以《历史的线索：锦衣王朝》为名推出繁体版。本想于同年推出简体版，却因种种原因，迟至今日。原因之一是，应出版界一位友人的建议，对原先直接引用的历史文献原文做了一些技术性处理。简言之，就是将古文译成白话文，将直接引语变为间接引语，以方便读者阅读。原因之二是，为了避免内容上有误导读者的硬伤，经友人介绍，征求了明史专家的意见。2016年春节前夕，中国社会科学院明史研究所研究员张金奎老师审阅了书稿，并在热心鼓励之余，就几处细节性问题提出了专业而具体的修改意见。

正是上述两项工作，使得简体版与繁体版稍有不同。但对我来说，这两项工作的意义已经超出书稿本身，因为它促使我进一步思考自2010年写作《蒙古帝国》以来一直在思考的两个问题，即"历史是什么"以及"历史应该怎样书写"。对于这两个问题的认识，我一直觉得"客观"应是第一原则，"无我"是应有之义，但现在我开始认为"有我"同样有意义。

最后是感谢。感谢张金奎老师对我的帮助。感谢后浪出版的编辑：一位尽责的图书编辑为一本书的问世所付出的艰辛与努力，行外人是难以体会的。

是为后记。

出版后记

谈到明代，区别于其他朝代的最显著特征大概就是锦衣卫及经常与之一起出现的东厂、西厂了。在以明代为背景的武侠电影和小说中，从来不乏身着飞鱼服、腰佩绣春刀的威武的锦衣卫，还有身姿妖娆、严酷冷血的厂公。然而，这是历史上真实的锦衣卫吗？锦衣卫和宦官是什么关系？明代的锦衣卫从来都对东厂、西厂言听计从吗？

延续了《蒙古帝国》里写作思路，作者在本书中仍然抱持着问题意识：锦衣卫到底是怎样的机构？它在历史舞台上到底扮演了怎样的角色？明朝，是否真如世人所言，误于厂卫？为了找寻这些问题的答案，本书主要围绕两条线索展开：其一是锦衣卫的建制始末与职能的发展过程；其二是锦衣卫及相关机构在重大历史事件中的表现。

梳理全书，可以概括出以下时段可称为锦衣卫发展的关键期：洪武年间，创设锦卫衣；永乐年间，设立东厂以监督锦衣卫；宣德年间，缉捕寇盗正式成为锦衣卫的职责；正统年间，锦衣卫被赋予官方外交职能；成化年间，锦衣卫提督京城治安，取代五城兵马司；正德年间，厂卫合流，锦衣卫完全由宦官控制；嘉靖年间，锦衣卫迎来黄金时代，力压东厂；万历年间，锦衣卫沦为东厂附庸；天启年间，宦官把控厂卫，锦衣卫第一次正式成为朝臣党争的工具。

本书将锦衣卫的创建演变置于明代历史的大背景中考察，以锦衣卫的发展为经线，以明代的帝王更替为纬线，勾勒各个时期皇权需求与锦衣卫的发展轨迹之间的关系。锦衣卫创建于明太祖时期，主要任务是维护礼仪纲纪，以应对朱元璋在立国之初对"正纪纲""立礼法""定名分""明号令"的急迫需求。随着局势的发展，在后来的时间里，锦衣卫被陆续赋予了各类新职能：治理诏狱、外交出使、缉奸弭盗、监督朝臣，等等。皇权的需求还强烈地影响了东厂、西厂的发展，设立东厂是因为锦衣卫一家独大，缺乏监督，而设立西厂是因为东厂并不能完全被信任，皇帝需要更多的情报源。皇权、锦衣卫、东西厂在历史进程中相互交织，在明朝后期，厂卫甚至开始卷入朝臣党争，成为其中的一股重要力量。

在后记中，作者提到认识历史时的"无我"与"有我"，这是历史讨论中经常被讨论的主题。在写作时，作者尝试着体现"有我"，所以本书也可以算是一本私家历史，希望可以启发读者们发现更多的私家历史。

服务热线：133-6631-2326　188-1142-1266
读者信箱：reader@hinabook.com

后浪出版公司
2020年1月

图书在版编目（ＣＩＰ）数据

锦衣卫 / 易强著 . -- 北京 : 中国友谊出版公司 ,
2020.1（2023.3 重印）

ISBN 978-7-5057-4378-6

Ⅰ . ①锦… Ⅱ . ①易… Ⅲ . ①厂卫—史料—研究
Ⅳ . ① K248.205

中国版本图书馆 CIP 数据核字 (2019) 第 282038 号

Chinese edition © 2019 Ginkgo (Beijing) Book Co., Ltd.
All rights reserved.
本书中文版权归属银杏树下（北京）图书有限责任公司

书名	锦衣卫
作者	易　强
出版	中国友谊出版公司
发行	中国友谊出版公司
经销	新华书店
印刷	北京天宇万达印刷有限公司
规格	889×1194 毫米　32 开
	13.25 印张　308 千字
版次	2020 年 1 月第 1 版
印次	2023 年 3 月第 3 次印刷
书号	ISBN 978-7-5057-4378-6
定价	74.00 元
地址	北京市朝阳区西坝河南里 17 号楼
邮编	100028
电话	（010）64678009